Les systèmes juridiques des États européens
Die Rechtsordnungen der europäischen Staaten

édité de Prof. Dr. Gerhard Robbers
herausgegeben von Prof. Dr. Gerhard Robbers

Volume 3
Band 3

Prof. Nicole Guimezanes

Introduction au droit français

2. Auflage

Nomos Verlagsgesellschaft
Baden-Baden

Die Deutsche Bibliothek – CIP – Einheitsaufnahme

Guimezanes, Nicole:
Introduction au droit français / Nicole Guimezanes. – 2. Aufl. – Baden-Baden : Nomos Verl.-Ges., 1999
(Les systèmes juridiques des États européens ; Vol. 3)
ISBN 3-7890-5985-4
NE: Die Rechtsordnungen der europäischen Staaten

2. Auflage 1999

Les systèmes juridiques des Etats européens

La connaissance et la compréhension d'un système juridique s'acquiérent plus facilement en ayant d'abord une vue d'ensemble de ses différentes parties. La finalité de cette collection est précisément de donner un tel aperçu général. Son but est de tenter d'aider tous ceux qui souhaitent avoir une première approche de l'un des systèmes juridiques européens. Chaque volume traite des principales branches du droit et des questions juridiques importantes pour sa compréhension et son utilisation. Les auteurs ont suivi dans la rédaction de leur ouvrage un plan élaboré en commun, dans la mesure où il pouvait convenir à leur propre système. Il est ainsi possible de comparer les questions et les réponses qui leurs sont apportées.

C'est grâce au concours généreux de la Fondation Fritz Thyssen et du Fond de recherche de l'Université de Trèves que cette collection a pu être réalisée.

Gerhard Robbers

Avant – Propos

Cet ouvrage s'inscrit dans une démarche collective aux pays européens destinée à présenter le droit national sous un volume réduit. Cette finalité explique le caractère nécessairement superficiel de son contenu. Une bibliographie à la suite de chaque chapitre n'indique que quelques manuels récents et de consultation aisée qui permet au lecteur d'avoir une vision plus complète de chacune des matières. Les principaux traités sont indiqués dans l'introduction. Par ailleurs le plan suivi a été uniformisé afin de faciliter la consultation de la collection ce qui risque de susciter l'étonnement d'un juriste français qui ne trouvera pas toujours certains développements à leur place habituelle, l'auteur a essayé cependant de limiter cet inconvénient au minimum.

Nicole Guimezanes

Table des Matières

Index des Abréviations

ALD	Actualités législatives Dalloz
AJDA	Actualités juridiques de droit administratif
art.	Article
BALO	Bulletin des annonces légales obligatoires
BODAC	Bulletin officiel des annonces civiles et commerciales
Bull.	Bulletin des arrêts de la Cour de cassation
C.	Code
CA	Cour d'appel
C. civ.	Code civil
C. com.	Code de commerce
C. consom.	Code de la consommation
CGI	Code général des impôts
C. org. jud.	Code de l'organisation judiciaire
C. pén.	Code pénal
C. proc. civ.	Code de procédure civile
C. proc. pén.	Code de procédure pénal
C. séc. soc.	Code de la Sécurité sociale
C. trav.	Code du travail
C. voies d'exéc.	Code des voies d'exécution
C. cass.	Cour de cassation
Cass. ass. plèn.	Cour de cassation, assemblée plénière
Cass. civ.	Cour de cassation, chambre civile
Cass. crim.	Cour de cassation, chambre criminelle
Cass. req.	Cour de cassation, Chambre des Requêtes
Cass. soc.	Cour de cassation, chambre sociale
ch.	Chambre
chron.	Chronique
COB	Commission des opérations de bourse
coll.	Collection
concl.	Conclusion
Cons. const.	Conseil constitutionnel
CE	Conseil d'Etat
CSG	Contribution sociale généralisée
D.	Décret
D.	Dalloz recueil
Dr. pén.	Revue Droit Pénal
Dr. soc.	Droit social
éd.	Edition
EURL	Entreprise unipersonnelle à responsabilité limitée
F	Francs
Gaz. Pal.	Gazette du palais
G.A.J.A.	Grands arrêts de la jurisprudence administrative

GIE	Groupement d'intérêt économique
INPI	Institut national de la propriété industrielle
JCP	Juris-Classeur périodique (Semaine juridique)
JDI	Journal de droit international (Clunet)
JO	Journal officiel
L.	Loi
LGDJ	Librairie générale de droit et de jurisprudence
Ord.	Ordonnance
OFPRA	Office français de protection des réfugiés et apatrides
OMI	Office des migrations internationales
OPA	Offre publique d'achat
PUF	Presses universitaires de France
RCS	Registre du commerce et des sociétés
RMI	Revenu minimum d'insertion
Rev. crit. DIP	Revue critique de droit international privé
Rev. sc. crim.	Revue de science criminelle et de droit pénal comparé
RTD civ	Revue trimestrielle de droit civil
SA	Société anonyme
SARL	Société à responsabilité limitée
SAS	Société anonyme simplifiée
SMIC	Salaire minimum interprofessionnel de croissance
SNC	Société en nom collectif
s.	Suivant
TGI	Tribunal de grande instance
trib.	Tribunal
V.	Voir
VRP	Voyageur, représentant, placier

1. Introduction

1.1. *Traditions, divisions et sources du droit*

On ne peut acquérir une idée exacte du droit d'un pays que si celui-ci se trouve replacé dans son contexte historique. Il convient donc de rappeler la tradition juridique française, avant d'envisager les divisions du droit qui en découlent et d'examiner enfin les sources du droit, fruits également de l'évolution juridique.

1.1.1. *La tradition juridique*

La tradition juridique concerne essentiellement le droit civil mais celui-ci ne débute pas avec le code civil. Certes la codification du droit civil est caractéristique du système français comme des divers droits continentaux, mais cette codification est le fruit d'une évolution historique qu'il faut d'abord retracer, avant d'envisager sa mise en œuvre et son évolution depuis 1804.

A. *La période antérieure à la codification*

Cette période se subdivise en deux sous périodes d'inégale durée. L'une qui représente le droit de l'Ancien régime, antérieur à 1789, l'autre connue sous le nom de période du droit intermédiaire qui couvre les années de la Révolution française de 1789 à 1804.

I. *L'Ancien régime*

La taille de cet ouvrage ne permet pas une étude détaillée de l'évolution du droit sous l'Ancien régime, il suffira d'en indiquer les éléments les plus importants.
En 476 *l'Empire romain d'Occident disparaît* et laisse place en Gaule à la coexistence de populations germaniques et gallo-romaines où prédomine le principe de la personnalité des lois. Pour connaître le droit applicable, qui est largement coutumier, il fût procédé à l'élaboration de ce que l'on a appelé les lois barbares mais ces lois étaient assez rudimentaires et contenaient essentiellement du droit pénal.

L'établissement progressif de la féodalité et le repli sur de petites unités politiques contribuera à instaurer le principe de la territorialité des coutumes: la même coutume s'appliquera à tous les habitants d'un territoire donné sans qu'il soit nécessaire de rechercher leur origine.

Au Moyen-Age, la France est un pays essentiellement coutumier. Mais elle peut être divisée en deux zones géographiques, au Nord de la Loire, les pays de coutumes, appliquent des coutumes variées d'origine germanique alors qu'au Sud, les pays de droit écrit connaissent une coutume générale fondée sur le droit romain et en particulier, sur la codification de Justinien.

L'évolution du droit sous *l'ancien régime* est marquée par quatre éléments essentiels: la rédaction des coutumes, le renouveau du droit romain, le peu d'influence du pouvoir royal sur le droit privé et l'importance de la doctrine.

1. *La diversité des coutumes*

La diversité des coutumes existant dans le nord de la France (une soixantaine de coutumes générales et plus de sept cent coutumes locales) les rendait difficile à connaître. Par l'Ordonnance de Montil-les-Tours le roi de France Charles VII ordonna en 1454 la rédaction des coutumes. Cette rédaction fût assez lente et se déroula tout au long du XV°siècle et du début du XVI°siècle. C'est un événement important car il est à l'origine de l'idée de codification qui se développera plus tard. Il contribue d'autre part à fixer le droit mais sans le figer puisque certaines coutumes seront réformées dès la fin du XVI°siècle.

2. *Le renouveau du droit romain*

A partir du XIII° siècle on assiste en Europe au développement des universités et à la renaissance du droit romain qui constitue une des matières essentielles de l'enseignement qui y est donné. Mais à la différence de certains pays européens le droit romain ne sera pas «reçu» en France en ce sens que ses règles ne seront pas obligatoires dans le royaume même si elles ont pu avoir une influence décisive dans certains domaines notamment celui des obligations et des contrats.

3. *La faible influence du pouvoir royal*

Les rois de France n'ont eu qu'un rôle relativement faible dans l'évolution du droit privé. Il fallut attendre Louis XIV et les ordonnances de Colbert sur la procédure civile (1667), sur la procédure criminelle (1670), sur le commerce (1673) et sur la marine (1681) et Louis XV avec les ordonnances du chancelier Daguesseau relatives aux donations (1731), aux testaments(1735) et aux substitutions fideicommissaires (1747), pour voir la monarchie intervenir dans ce domaine. Louis XIV avait même nommé une commission de codification du droit privé mais il dût abandonner ce projet en raison de l'opposition des Parlements.

4. *L'importance de la doctrine*

C'est un élément à souligner car dans d'autres pays la doctrine n'a pas eu une semblable influence. Son rôle a été déterminant dans la réalisation de l'unité du droit français. Les travaux de Dumoulin et Loysel au XVI°siècle et surtout ceux de Domat et Pothier aux XVII°siècle ont préparé la rédaction du code civil.
A la fin du XVIII°siècle, le droit français est resté, pour le nord de la France coutumier, et la rédaction des coutumes n'a pas fait disparaître leur diversité ce qui faisait dire à Voltaire que «le voyageur changeait plus souvent de coutumes que de chevaux». Il faut également souligner que le droit canonique jouait un rôle important notamment dans le droit de la famille, ce qui ajoutait encore à la complexité juridique de l'Ancien régime.

II. *La période du droit intermédiaire*

La Révolution marque une rupture dans l'organisation de la société française. Elle réalise l'unité politique et juridique de la France Elle instaure des principes opposés à ceux qui avaient cours sous l'Ancien régime et en particulier le principe de l'égalité, après l'abolition des privilèges dans la nuit du 4 août 1789.
Cela se traduisit dans le droit de la famille par la suppression du droit d'aînesse et de masculinité, par l'égalité successorale entre enfants naturels et légitimes.
Le principe du caractère absolu du droit de propriété était affirmé, la liberté contractuelle proclamée ainsi que la faculté d'exercer librement le commerce après l'abolition des corporations par la loi Le Chapelier de 1791 et le décret d'Allarde toujours en vigueur.
La Révolution développe le droit public en adoptant plusieurs constitutions et réforme le système judiciaire.
La période intermédiaire connaît une grande activité législative dont un certain nombre de règles seront reprises par le code civil. Mais la volonté de doter la France d'un code des lois civiles communes à tout le royaume ne pourra être réalisée malgré les trois projets présentés par Cambacérès, ce sera l'œuvre de Bonaparte.

B. *La codification*

Le 13 août 1800 une commission de quatre magistrats est nommée pour rédiger le code civil. Ce projet est prêt en quatre mois, soumis aux tribunaux pour observations et proposé à la procédure législative. Bonaparte participa activement aux séances devant le Conseil d'Etat chargé de préparer les lois et certaines dispositions du droit de la famille portent son empreinte.
Le code civil est promulgué par la loi du 21 mars 1804 (30 Ventôse An XII) qui abroge tout le droit antérieur dans les matières qui faisaient l'objet du code.
Le code civil présente trois caractères essentiels:
– il pose des règles claires et pratiques et son style était cité en exemple par Stendhal,
– c'est une œuvre modérée, œuvre de transaction entre le droit des pays de coutumes et le droit des pays de droit écrit tout en consacrant une grande partie des réformes de la Révolution,
– le code reflète l'esprit individualiste et libéral défendu par les philosophes du XVIII° siècle et réalise l'un des objectifs de l'Ecole du droit naturel.
Les qualités du code civil français lui valurent un grand succès et il servit de modèle à de nombreux autres codes dans le monde.
Néanmoins un certain nombre de critiques lui ont été adressées:
– le code civil est trop individualiste, il ne traite pas des personnes morales et se montre hostile aux groupements (fondations, associations),
– il s'est essentiellement préoccupés des questions patrimoniales en privilégiant le patrimoine immobilier qui à l'époque constituait la principale source de richesse. On lui a ainsi reproché de ne s'intéresser qu'aux possédants,
– il a fait de la liberté contractuelle un principe trop absolu,
– l'application d'un strict principe d'égalité en matière de succession a conduit à un morcellement trop important des terres,
– la famille est conçue d'une façon autoritaire ne laissant guère de place à la femme dans le direction du ménage.
Le code civil fût suivi du code de procédure civile en 1806, du code de commerce en 1807, du code pénal en 1810 et du code d'instruction criminelle en 1812.

C. *L'évolution du droit depuis les codifications napoléoniennes*

Les codifications napoléoniennes ont été suivies par un demi siècle de calme législatif où peu de textes sont venus modifier les codes.
La période qui s'étend du milieu du XIX° siècle à l'époque contemporaine se caractérise par le développement du droit public, la spécialisation de plus en plus grande des juristes, une œuvre jurisprudentielle d'interprétation du code

civil très importante, une socialisation du droit que les transformations économiques et sociales ont rendu nécessaire.
A partir de 1884 le Parlement s'attacha à réformer le droit mais ce mouvement ne prendra une véritable ampleur qu'après 1945.
La révision du code civil avait été envisagée dès le début du XX° siècle mais sans succès. Ce n'est qu'après la seconde guerre mondiale que la refonte du code civil revint à l'ordre du jour et une commission fût instituée à cet effet. Mais finalement plutôt que de procéder à une nouvelle rédaction qui ne faisait pas l'unanimité, on préféra procéder par des réformes successives de certaines parties du code.
Des pans entiers du code civil ont été depuis lors modifiés, de nouvelles lois sont venues s'ajouter au code sans y être intégrées, la jurisprudence enfin a contribué à modifier le droit du code civil.
En revanche en ce qui concerne les autres codes les réformes ont été plus énergiques. Le code d'instruction criminelle a été remplacé par le code de procédure pénale en 1958, code qui fait à l'heure actuelle l'objet de modifications importantes. Le code de procédure civile a été remplacé par un nouveau code en 1975, enfin le code pénal a été remplacé en 1992. Il est entré en vigueur le 1er mars 1994.
Il faut préciser que le nombre des codes s'est notablement développé et qu'il en existe pratiquement dans toutes les matières (plus d'une cinquantaine). A la différence toutefois des codes napoléoniens, il s'agit souvent d'un simple regroupement des textes concernant une matière.

1.1.2. *Les divisions du droit*

Le droit français connaît une distinction traditionnelle entre le droit public et le droit privé qui remonte au droit romain. Cette distinction fondamentale est actuellement remise en cause en raison de frontières devenues plus incertaines entre les diverses matières, phénomène accentué par une spécialisation accrue du droit.

A. *La distinction traditionnelle*

Elle est importante car elle commande la répartition des juridictions et la formation des juristes.
Historiquement le droit privé était le droit civil. Le droit public n'est apparu que plus tardivement et ne s'est véritablement développé qu'à partir de la fin du XIX° siècle.
Le droit privé régit les relations des particuliers entre eux alors que le droit public vise à organiser l'Etat et les collectivités publiques ainsi que leurs rela-

tions avec les particuliers. Mais le critère fondé sur le domaine d'application de ces deux branches du droit est insuffisant pour rendre exactement compte de la distinction, il faut ajouter une différence dans la finalité. Le droit public a pour finalité l'intérêt général et surtout il traduit la spécificité de la puissance publique investie de pouvoirs particuliers. Le droit privé assure la sauvegarde des intérêts privés

Théoriquement droit public et droit privé sont distincts par leur but, leur caractère et leur sanction.

Le droit public concerne les règles relatives à l'Etat.

Il se subdivise en:

– droit constitutionnel dont l'ensemble des règles président à l'organisation politique de l'Etat et à son fonctionnement,

– droit administratif qui définit les règles relatives à l'administration et aux services publics, droit de la puissance publique,

– droit international public qui s'intéresse aux règles gouvernant les rapports interétatiques.

Le droit privé se subdivise essentiellement entre le droit civil et le droit commercial. Le droit civil est le droit privé commun par opposition au droit commercial qui ne concerne que les relations commerciales. Cette division est d'ailleurs antérieure au code civil et remonte aux ordonnances de Colbert qui en réglementant spécifiquement le commerce avait créé une différence de statut entre les commerçants et les non commerçants.

Cette division a tendance à s'estomper à l'heure actuelle au profit d'une certaine commercialisation du droit privé (sociétés, droit de la faillite).

Du droit public et du droit privé se sont détachées d'autres branches du droit présentant essentiellement un caractère mixte ce qui a conduit à s'interroger sur le bien fondé de cette division du droit.

B. *La remise en cause de la distinction entre droit public et droit privé*

Plusieurs critiques ont été adressées à cette distinction classique. D'une part, elle est imprécise et fausse dans l'opposition qu'elle opère entre intérêt général et intérêt particulier. Et si cette distinction reste néanmoins utile elle ne peut être considérée comme la «summa divisio» du droit.

D'autre part, elle est inadaptée à l'évolution économique et sociale qui a engendré une multiplication des branches du droit. Le développement des branches du droit conduit d'ailleurs à l'individualisation de matières mixtes relevant à la fois du droit public et du droit privé.

Il en est ainsi du *droit pénal*, ou droit criminel, qui regroupe l'ensemble des règles juridiques organisant la réaction de l'Etat vis à vis des infractions et des délinquants mais rattaché au droit privé pour l'enseignement, ou du droit

social qui réunit le droit du travail et le droit de la sécurité sociale détaché du précédent depuis 1945. Ces matières sont rattachés au droit privé car le droit du travail est issu du code civil dont deux articles seulement traitaient du contrat de travail dénommé alors contrat de louage de services.
Font également parties de ces matières mixtes *la procédure civile et la procédure pénale* qui déterminent l'organisation et la compétence des juridictions ainsi que les règles relatives au déroulement du procès devant ces instances.
Enfin le *droit international privé* qui non seulement régit les relations entre particuliers présentant un élément d'extranéité mais traite de la nationalité et de la condition des étrangers relève à la fois du droit privé et du droit public.
Plus récemment le *droit communautaire* a rejoint cette catégorie mixte puisqu'il intéressé aussi bien les particuliers que l'Etat.

C. *L'extension des branches du droit*

A partir des troncs constituant le droit public ou le droit privé se sont détachés des branches qui ont acquis ou qui tendent à acquérir leur autonomie.
Ainsi les finances publiques et le droit fiscal se sont détachés du droit administratif, comme les libertés publiques ou le droit de la construction.
De même constituent de nouvelles branches du droit privé le droit rural, le droit des assurances, le droit des transports, le droit de la propriété intellectuelle, qui a fait l'objet en 1992 d'une codification regroupant la propriété littéraire et artistiques et la propriété industrielle (Brevet d'invention, dessins et modèles et marques).

1.1.3. *Les sources du droit*

En droit français la doctrine s'accorde pour reconnaître à la loi et à la coutume le caractère de sources du droit en revanche les opinions diffèrent à l'égard de la jurisprudence. Les traités internationaux constituent également une source du droit. Enfin bien que n'étant pas à proprement parler une source du droit la doctrine et les principes généraux constituent des «autorités» qui influencent le droit.

A. *La loi*

La loi est la première source du droit. Mais la loi doit être entendue dans un sens large de «règle de droit formulée par un organe étatique compétent et présentant un caractère général, abstrait et permanent».
Cette définition conduit à englober dans la loi, *les règlements* (décrets et arrêtés émanant du pouvoir exécutif et de l'administration) ce qui rend

nécessaire l'établissement d'une hiérarchie entre ces textes de provenance diverse.

La loi au sens strict du terme est le texte voté par le Parlement mais la Constitution de 1958 a limité doublement le domaine de la loi (art. 34) puisqu'elle prévoit expressément les matières dans lesquelles la loi doit intervenir (droits civiques et garanties fondamentales, nationalisation des entreprises, détermination des crimes et délits et des peines qui leur sont applicables, procédure pénale, nationalité état et capacité des personnes, régimes matrimoniaux successions et libéralités) et les matières dans lesquelles elle ne fixe que les principes fondamentaux (régime de la propriété, des droits réels et des obligations civiles et commerciales, le droit du travail, le droit syndical et la sécurité sociale).

Les domaines qui ne sont pas attribués à la loi relève des décrets du Premier Ministre (règlement autonome) qui ont une force identique à celle de la loi (art. 37). A certains égard les règlements autonomes ont une force supérieure à la loi puisque leur constitutionnalité ne peut être contrôlée alors que celle de la loi peut l'être dans certaines conditions (V. Infra 2. 2).

Par ailleurs le Parlement peut, par une loi d'habilitation, autoriser le gouvernement à prendre des ordonnances dans des domaines relevant de la loi. *Les ordonnances* ainsi prises doivent être soumises à la ratification du Parlement dans un délai qu'il précise.

Enfin le gouvernement peut prendre des *décrets d'application* d'une loi dont la validité reste subordonnée à la loi, soit qu'une loi lui confère ce droit, soit qu'il découle de sa mission d'assurer l'exécution des lois qui lui est confiée par la Constitution (art. 21). Les décrets peuvent faire l'objet d'un contrôle de légalité comme les actes émanant des autorités administratives (ministres, préfets, maires) qui peuvent prendre des arrêtés dans les limites de leur compétence.

Pour être obligatoire la loi votée par le Parlement doit être promulguée par le Président de la République et publiée au Journal officiel. Le mode de citation normal d'une loi est le suivant par exemple: Loi n° 92-3, 3 janvier 1992 sur l'eau, J. O. 4 janv. 1992 (le premier chiffre mentionne l'année et le numéro de la loi, sont indiqués ensuite sa date, son objet et la date de sa publication au Journal Officiel).

La loi entre en vigueur à Paris un jour franc après sa publication et en province un jour franc après l'arrivée du Journal officiel à la préfecture ou à la sous-préfecture. Dans le délai d'un jour franc n'est pas compris le jour qui sert de point de départ («dies a quo») ni celui qui sert de point d'arrivée («dies ad quem»). Cette règle peut être écartée lorsque la loi prévoit elle même la date de son entrée en vigueur, c'est le cas lorsqu'il s'agit d'une réforme importante ainsi la date d'entrée en vigueur du nouveau code pénal résultant de quatre lois du 22 juillet 1992 a été fixé au 1er mars 1994.

Le législateur peut également subordonner l'entrée en vigueur de la loi à l'intervention d'un décret d'application.

Mais quelle que soit la date de l'entrée en vigueur de la loi elle s'applique à tous conformément au principe selon lequel «nul n'est censé ignorer la loi».

On distingue entre les loi impératives qui ne peuvent être écartées par la volonté des parties et les lois supplétives qui n'interviennent qu'en cas de défaut de volonté des parties.

La loi peut être abrogée soit de façon expresse par une autre loi, soit tacitement lorsque les dispositions d'une loi nouvelle sont incompatibles avec celles de la loi ancienne. La désuétude c'est à dire l'inapplication prolongée de la loi n'est pas constitutive d'abrogation.

En principe la loi ne s'applique que pour l'avenir elle n'a *pas d'effet rétroactif.* Ce principe s'impose au juge alors qu'il ne s'impose pas au législateur qui peut toujours prévoir un effet rétroactif de la loi qu'il édicte sauf en ce qui concerne les lois pénales.

Les modes d'interprétation de la loi ont varié. Au XIX°siècle les juristes remplis d'admiration pour le code civil ont procédé à une interprétation exégétique de la loi qui conduisait à un légalisme excessif. Cette interprétation stricte a été abandonnée au début du XX° siècle.

A l'heure actuelle l'interprétation de la loi s'attache plus à l'esprit du texte qu'à sa lettre. A la recherche de l'intention du législateur dans les travaux préparatoires s'ajoutent divers modes de raisonnement tels que le raisonnement par analogie, par a fortiori, ou par a contrario.

B. *La hiérarchie des lois*

La hiérarchie des lois résulte de la Constitution de 1958.

Au sommet de la hiérarchie se trouve la Constitution elle-même, puis les traités et les lois, qui sont de deux sortes:

– *Les lois organiques* qui ont pour objet de fixer les modalités d'organisation et de fonctionnement des pouvoirs publics. Le domaine d'intervention de ces lois est déterminé par la Constitution. Elles ne peuvent être votées que selon une procédure particulière fixée par les articles 46 et 61 al. 1 de la Constitution.

– *Les lois ordinaires* qui résultent soit de l'initiative gouvernementale (cas le plus fréquent), soit de l'initiative parlementaire, et qui sont votées par les deux chambres du Parlement en termes identiques. En cas de désaccord une commission mixte s'efforce de trouver un compromis. Si celui-ci est impossible c'est l'Assemblée nationale qui finalement décide du texte définitif.

Viennent ensuite:

– les ordonnances du président de la République (Constitution art. 38).

– les décrets autonomes pris par le Premier Ministre (Constitution art. 37)

– les décrets d'application pris par le Premier Ministre également (Constitution art. 21)
– les arrêtés ministériels, préfectoraux ou municipaux.
On ajoute généralement à cette énumération les circulaires qui ne sont en principe que les instructions données par les ministres à leurs services. Elles sont inopposables théoriquement aux administrés à l'exception de celles qui ont été publiées mais à condition qu'elles ne soient pas contraires à la loi et aux règlements auxquels cas elles peuvent être annulées par les juridictions administratives.

C. *La coutume*

La coutume est à l'heure actuelle une source secondaire du droit français.
La coutume se définie comme un usage devenu à certaines conditions une règle de droit. Elle est constituée d'un élément matériel, la répétition d'actes semblables pendant une certaine période de temps et d'un élément psychologique, la conviction de celui qui respecte la coutume de se conformer à une règle obligatoire.
La coutume peut être applicable en raison du renvoi explicite ou implicite qu'y effectue la loi. Elle complète alors la loi (coutume «secundum legem». Elle peut aussi combler les lacunes de la loi (coutume «praeter legem») mais elle ne peut pas écarter la loi, du moins la loi impérative (coutume «contra legem»).
Le domaine d'application de la coutume est assez restreint toutefois en matière commerciale, la «lex mercatoria» joue un rôle important.

D. *La jurisprudence*

La jurisprudence est constituée par l'ensemble des décisions rendues par les tribunaux. La question s'est cependant posée de savoir si en interprétant la loi les juges peuvent créer le droit. La doctrine n'est pas unanime, pour certains, la jurisprudence ne peut pas être une source du droit.
Ces auteurs invoquent le principe de la séparation des pouvoirs pour refuser au juge le pouvoir de immiscer dans la compétence qui appartient au législateur. On y ajoute la prohibition de l'article 5 du code civil qui interdit au juge de se prononcer par voie de disposition générale et réglementaire. Enfin l'incertitude de la jurisprudence s'opposerait à ce qu'on puisse la considérer comme une source du droit. La jurisprudence ne serait pour le Doyen Carbonnier qu'une autorité morale.
La plupart des auteurs contemporains reconnaissent cependant à la jurisprudence le caractère de source du droit[1]. Il résulte de l'identification entre l'interprétation créatrice de droit et la loi interprétée. Ce caractère découle

1 La jurisprudence aujourd'hui, libres propos sur une institution controversée, RTD Civ. 1992 p. 237.

également du pouvoir confié à la Cour de cassation d'unifier l'interprétation de la loi.

Le système français ne connaît pas en principe l'autorité du précédent comme dans le système de Common Law, en ce sens que le juge n'est pas tenu de se conformer à ses décisions antérieures. Mais en fait il s'y conforme spontanément souvent.

Par ailleurs les arrêts de la Cour de cassation présentent une importance particulière. Ils fixent en général un point de droit controversé. Rien n'empêche, cependant, une juridiction inférieure de statuer dans un sens différent elle s'expose simplement à ce que sa décision soit cassée par la Cour suprême ce que ne souhaitent en général pas les tribunaux. Ils se conforment donc spontanément aux solutions retenues par la Cour de Cassation. Seuls les arrêts de l'Assemblée plénière s'imposent aux juridictions inférieures (V. infra 1. 2).

Finalement la jurisprudence, bien que n'ayant qu'une autorité relative n'excluant pas les revirements, constitue une source de droit dans la mesure où elle révèle le droit positif c'est à dire le droit tel qu'il est appliqué.

Les jugements et arrêts constituant la jurisprudence se présentent sous une forme assez courte. Ils comportent l'exposé des faits et de la procédure, les demandes des parties le raisonnement juridique qui conduit à la solution retenue par le tribunal. Les décisions de justice doivent être motivées.

En ce qui concerne les arrêts des cours d'appel et de la Cour de cassation, ils sont rendus sous la forme «d'attendu» c'est à dire que chaque partie du raisonnement de la Cour est précédé de la formule «attendu que» et se termine par la formule «par ces motifs». La Cour d'appel de Paris et les juridictions administratives utilisent la formule «considérant que».

Les arrêts de la Cour de cassation lorsqu'ils cassent une décision commencent toujours par viser le texte de la loi dont l'interprétation par les juges du fond est erronée (Vu l'article «x» de la loi du . . .).

Les décisions sont citées en indiquant la juridiction qui les a rendues, sa date, la référence à une revue juridique et la note du commentateur, par exemple: Cass. 1ère civ. (première chambre civile de la Cour de cassation) 19 nov. 1991, D. (Dalloz) 1993 (année). 277 (page), note J. Massip. – CE (Conseil d'Etat) 18 déc. 1991, JCP (Semaine juridique), G, (édition générale), 1993 (année), II (partie jurisprudence) 22050 (numéro) note A. Bernard. – CA Versailles (cour d'appel de Versailles) 4 déc. 1992, D. 1993. 286 note J. Prévault. – TGI Nanterre 6 mai 1980 . . .

E. *Le droit international et le droit communautaire*

Les conventions internationales, dès qu'elles ont été ratifiées, ont, aux termes de l'article 55 de la Constitution une autorité supérieure à la loi.
Toutefois si une convention internationale comporte des dispositions jugées par le Conseil constitutionnel non conformes à la Constitution celle-ci doit être modifiée en conséquence pour permettre la ratification du traité. C'est ce qui s'est passé pour la ratification du traité de Maastricht et du traité d'Amsterdam.
Le principe de la supériorité du traité sur la loi implique que les dispositions d'une convention internationale ne puissent pas être modifiées par une loi postérieure qui leur serait contraire. Cette conséquence s'est imposée difficilement aux tribunaux français mais la Cour de cassation[2] comme le Conseil d'Etat[3] ont finalement fait application de ce principe. Il a été retenu par le Conseil constitutionnel pour annuler une disposition de la loi du 23 juillet 1993 modifiant le droit de la nationalité.
Dans les deux cas il s'agissait d'admettre la supériorité des normes communautaires qui tirent leur force du traité de Rome. A cette occasion d'ailleurs la Cour de cassation a affirmé que le traité de Rome «instituait un ordre juridique propre intégré à celui des Etats membres; qu'en raison de cette spécificité, l'ordre juridique qu'il a créé est directement applicable aux ressortissants de ces Etats et s'impose à leurs juridictions».

F. *Les autorités: la doctrine, les principes généraux du droit*

La doctrine est constituée par l'ensemble des écrits publiés concernant le droit. Elle émane soit des universitaires, soit des praticiens (avocats, magistrats, notaires). La doctrine n'est pas une source de droit en ce sens que l'opinion des auteurs ne s'impose pas au juge.
Mais elle est susceptible d'influencer la jurisprudence dans la mesure où les juges peuvent s'inspirer des opinions soutenues par la doctrine pour résoudre une question de droit difficile.
Elle peut également suggérer au législateur les réformes qui sont nécessaires. Son influence est encore plus décisive lorsque la rédaction d'un projet de loi est confiée à un ou plusieurs de ses membres.
Les principes généraux du droit ont d'abord été dégagés par la doctrine et la jurisprudence en droit public en l'absence d'une codification de ce droit. Mais leurs rôles n'a pas été négligé non plus en droit privé où la Cour de Cassation,

2 Cass. Ch. mixte 24 mai 1975, *Jacques Vabre* D. 1975 p. 497 concl. *Touffait*; JCP 1975, G, II, 18180 bis, concl. *Touffait;* Rev. crit. DIP 1976 p. 347 note *J. Foyer* et *D. Holleaux*.
3 CE 20 oct. 1989, *Nicolo*, D. 1990 p. 135 note *P. Sabourin*; JCP 1989, G, II 21371 concl. *Frydman*; Rev. crit. DIP 1990 p. 125 note P. L.

à plusieurs reprises, s'est référée à ces principes, comme par exemple celui de l'équité, qui défend de s'enrichir aux dépens d'autrui, lorsqu'elle a élaboré la théorie de l'enrichissement sans cause absente du code civil.

1.2. *L'organisation des juridictions*

1.2.1. *Introduction: caractères généraux*

L'organisation des juridictions relève soit de la Constitution pour les juridictions constitutionnelles, soit de la loi pour les tribunaux de l'ordre judiciaire ou les tribunaux administratifs. Il y a donc trois ordres de juridictions en droit français.

Ces ordres obéissent à un certains nombres de principes généraux dont nous n'indiquerons que les plus importants.

Le premier de ces principes est celui de *la séparation des autorités administratives et judiciaires*. La loi des 16-24 août 1790 défend aux juges (judiciaires) de troubler de quelque manière que ce soit les opérations des corps administratifs et de citer devant eux les administrateurs en raison de leurs fonctions. Cette interdiction est à l'origine de la création, à côté de l'ordre judiciaire, d'un ordre administratif pour résoudre les litiges survenant entre l'administration et les administrés.

Des conflits de compétence étant susceptibles de se présenter entre les deux ordres un *Tribunal des conflits* a été institué par une loi du 24 mai 1872.

Ce principe de la séparation des pouvoirs vaut a fortiori pour la juridiction constitutionnelle d'origine beaucoup plus récente.

Le principe de la gratuité de la justice signifie que les parties ne payent pas leurs juges qui sont rémunérés par l'Etat.

Le principe du double degré de juridiction est important à souligner car il n'existe pas dans tous les systèmes. Ce principe dicté par un souci de bonne administration de la justice donne aux plaideurs *le droit* de porter leur affaire devant une juridiction de second degré sous réserve que le montant du litige atteigne une somme déterminée. Mais il n'est pas nécessaire d'obtenir une autorisation ni du juge qui a rendu la décision, ni de la juridiction d'appel. Ce droit n'existe pas en matière constitutionnelle pour des raisons propres à l'organisation de la juridiction constitutionnelle (V. infra).

Le principe de la collégialité exige qu'un litige soit soumis à plusieurs juges et implique que le jugement soit rendu au nom de la juridiction et non pas individuellement. La pratique des «concurring opinions» ou des «dissenting opinions» n'existe pas en France.

Les Français sont très attachés au principe de la collégialité même s'il connaît des dérogations importantes notamment devant les juridictions de l'ordre judiciaire.

1.2.2. *Les différents ordres de juridiction*

Nous envisagerons successivement l'ordre constitutionnel, l'ordre judiciaire, l'ordre administratif et enfin le Tribunal des Conflits qui, bien que ne constituant pas un ordre, joue un rôle important pour répartir les compétences entre l'ordre judiciaire et l'ordre administratif.

A. *L'ordre constitutionnel*

La Constitution de 1958 avait institué le Conseil constitutionnel et la Haute cour de justice. La réforme opérée par la loi constitutionnelle du 27 juillet 1993[4] ajouté une autre juridiction, la Cour de justice de la République.

I. *Le Conseil constitutionnel*

Il est composé de neufs membres désignés à raison de trois par le Président de la République, trois par le président de l'Assemblée nationale et trois par le président du Sénat, à ces membres s'ajoutent les anciens présidents de la République qui sont membres de droit. Les membres sont renouvelables par tiers tous les trois ans et ne peuvent exercer plus d'un mandat. Le président du Conseil constitutionnel est désigné par le chef de l'Etat parmi ses membres.
Le Conseil Constitutionnel ne peut pas être saisi par les particuliers. Il était saisi initialement par le Président de la République, le Premier Ministre et les présidents de l'Assemblée nationale et du Sénat. La réforme constitutionnelles du 29 octobre 1974 a donné aux parlementaires le droit de saisir le Conseil constitutionnel à condition que soixante députés ou soixante sénateurs le souhaitent.
Le Conseil constitutionnel contrôle notamment la constitutionnalité des lois. Ce contrôle est obligatoire pour les lois organiques et pour les règlements des assemblées parlementaires, il est facultatif pour les lois ordinaires et les traités.
Le rôle du Conseil constitutionnel s'est cependant notablement élargi depuis les années 1970 et il n'y a pas, à l'heure actuelle de lois importantes qui ne soient pas déférées au Conseil.

4 L. n° 93-952: JO 28 juill. 1993.

Il faut cependant souligner que le Conseil constitutionnel ne peut exercer son rôle qu'avant la promulgation de la loi. Après cette promulgation aucun contrôle de la constitutionnalité ne peut être opéré ni par le Conseil constitutionnel, ni par les autres tribunaux.
Le Conseil constitutionnel contrôle la compatibilité des lois non seulement avec les normes constitutionnelles mais également par rapport aux principes fondamentaux auxquels fait référence le Préambule de la Constitution[5].
Cette référence a permis au Conseil constitutionnel de dépasser la fonction initiale qui lui avait été conférée par les constituants de 1958 d'éviter les empiétements du pouvoir législatif sur le domaine réservé à l'exécutif, pour protéger les libertés publiques. Néanmoins l'élargissement de ses compétences ne fait pas l'unanimité et certains se sont élevés contre le risque d'un «gouvernement des juges».
Les décisions du Conseil constitutionnel ne sont susceptibles d'aucun recours. Elles s'imposent aux pouvoirs publics et à toutes les autorités administratives et juridictionnelles (V. infra 2. 2).

II. *La Haute Cour de justice*

La Haute Cour de Justice est compétente pour juger les actes accomplis par le *président de la République* dans l'exercice de ses fonctions, en cas de haute trahison.
Elle est composée d'un président, de deux vice-présidents, de 24 juges titulaires et douze juges suppléants élus par moitié par l'Assemblée nationale et par moitié par le Sénat.

III. *La Cour de Justice de la République*

La Cour de justice de la République est destinée à juger *les membres du gouvernement* qui sont pénalement responsables des actes accomplis dans l'exercice de leur fonction et qualifiés de crimes ou délits au moment où ils ont été commis.
Cette nouvelle juridiction comprend quinze juges: – douze parlementaires élus en nombre égal, par l'Assemblée nationale et par le Sénat en leur sein, après chaque renouvellement général ou partiel de ces assemblées; – trois magistrats du siège à la Cour de cassation, dont l'un préside la Cour de justice.
Son organisation et son fonctionnement sont prévus par la loi organique du 23 novembre 1993[6]. Elle s'est réunie pour la première fois début 1999.

5 Décision du 16 juill. 1971, D. 1972 p. 685.
6 L. n° 93-1252: JO 24 nov. 1993.

B. *L'ordre judiciaire*

L'ordre judiciaire est composé des *juridictions civiles*, dont l'objet est de statuer sur des litiges d'intérêt privés, et des *juridictions pénales* dont l'objet est de réprimer les infractions. En application du principe du double degré de juridiction on trouve des juridictions de premier degré dites de première instance et des juridictions d'appel. Au sommet de la pyramide la Cour de cassation a la mission d'uniformiser l'interprétation de la règle de droit.
En matière civile on distingue entre *les juridictions ordinaires* et *les juridictions d'exception*, cette dénomination trompeuse signifie seulement que les juridictions d'exception sont saisies de certaines catégories de litiges déterminés par la loi et n'ont pas une compétence générale de droit commun, il serait plus exact de parler de juridictions spécialisées. Il faut souligner qu'elles n'existent qu'au premier degré.
L'ensemble des juridictions civiles a rendu plus de deux millions de décisions en 1997.

I. *Les juridictions civiles ordinaires*

Au premier degré, on trouve le Tribunal de grande instance qui constitue la juridiction de droit commun, il est issu de l'ordonnance du 22 décembre 1958, au second degré la Cour d'appel et au sommet la Cour de cassation.

1. *Le tribunal de grande instance*

Il y a actuellement 181 tribunaux de grande instance en métropole. Le tribunal de grande instance (TGI) est divisé en chambres, il siège normalement dans une formation de trois juges dont un président et deux assesseurs, tous magistrats auxquels il faut ajouter le ministère public (V. infra) et le greffier.
Ses audiences sont publiques mais dans les litiges touchant à la vie privée des plaideurs, en matière de divorce ou de filiation, par exemple, il siège en chambre du conseil (ceci désigne non une formation particulière du tribunal mais le local attenant à la salle d'audience où les juges se retirent habituellement pour délibérer), seul son jugement est alors rendu en audience publique.
La réunion de tous les membres du tribunal constitue l'assemblée générale qui a des fonctions uniquement administratives.
Le principe de la collégialité est écarté devant ce tribunal dans un certains nombre de cas.
Il en est ainsi, en premier lieu, pour les pouvoirs particuliers qui sont conférés au président du tribunal.

– Celui-ci est en effet habilité à prendre des ordonnances sur requête au moyen desquelles il prescrit certaines mesures ou délivre des autorisations à la demande d'un intéressé.
– Il prend également des ordonnances de référé lorsqu'une situation urgente exige que des mesures soient prises immédiatement afin d'éviter des dommages irréparables.
Il en est de même, en second lieu, pour les juges spécialisés au sein du tribunal de grande instance, par exemple, pour le juge aux affaires familiales qui statue seul, en principe, en matière de divorce.
Le tribunal de grande instance a une compétence générale de droit commun ce qui veut dire qu'il connaît de tous litiges de nature privée dès lors que la loi n'en confie pas expressément la connaissance à une juridiction spécialisée.
Il connaît des litiges dont le montant est supérieur à 50 000 F[7] (7 621, 95 euros) et, sans limitation de valeur, des litiges pour lesquels il a une compétence exclusive: litiges touchant à l'état des personnes, à la propriété et à la nationalité.
Il statue en premier et dernier ressort pour les litiges d'une valeur inférieure à 25 000 F[8] (3 810,97 euros) Ceci signifie que ses décisions ne sont pas susceptibles d'appel, seul un pourvoi en cassation est possible, fondé sur un point de droit. Au delà de ce montant il statue en premier ressort c'est à dire que sa décision peut être frappée d'appel.
Le tribunal de grande instance territorialement compétent est en principe celui du lieu où le défendeur a son domicile, ou à défaut, sa résidence[9].
Ses décisions sont des jugements.

2. *La Cour d'appel*

C'est la juridiction de droit commun du second degré appelée à statuer sur des affaires jugées en première instance par le tribunal de grande instance. Il existe trente trois cours d'appel.
Les juges à la cour d'appel sont des «conseillers».
Chaque cour d'appel est dirigée par un Premier président qui assure des fonctions administratives (administration de la cour et surveillance des juridictions de premier degré de son ressort) et des fonctions juridictionnelles propres (ordonnances sur requête et ordonnance de référé).
Elle est divisée en chambres souvent spécialisées (notamment une chambre sociale) ayant chacune à leur tête un président.

7 C. org. Jud. art. R. 321-1 modifié D. n° 98-1231, 28 déc. 1998: JO 30 déc. 1998
8 C. org. Jud. art. R. 311-2 modifié D. n° 98-1231, 28 déc. 1998: JO 30 déc. 1998
9 C. proc. civ. art. 42 s.

L'audience est publique sauf exceptions prévues par la loi. L'audience ordinaire se tient avec trois conseillers dont un président. L'audience solennelle regroupe deux chambres sous la présidence du Premier président.
D'autres formations sont prévues: l'assemblée des chambres, dans certains cas exceptionnels, et l'assemblée générale pour traiter de questions administratives intéressant le fonctionnement de la cour.
L'appel est porté devant la cour d'appel dans le ressort territorial de laquelle se trouve le tribunal qui a statué en première instance. La cour rend un arrêt qui confirme ou qui infirme le jugement du tribunal de grande instance. Elle rejuge l'ensemble de l'affaire aussi bien en faits qu'en droit.
Ses décisions sont des arrêts.

3. *La Cour de cassation*

En unifiant le droit de la France, les Révolutionnaires ont eu le souci d'en assurer une interprétation uniforme en créant en 1790 le Tribunal de cassation qui deviendra en 1802 la Cour de cassation. La fonction de la Cour de cassation est restée celle d'assurer l'unité d'interprétation du droit[10].
La Cour de cassation comprend[11] le Premier président qui est le premier magistrat de l'ordre judiciaire, six présidents, les présidents de chambres, 85 conseillers et 48 conseillers référendaires auxquels il faut ajouter les membres du parquet, 23 et le procureur général (V. infra 1. 3) et 13 auditeurs, qui exercent des fonctions administratives, (documentation, informatique . . .).
La Cour de cassation est divisée en six chambres: trois chambres civiles, une chambre commerciale, une chambre sociale et la chambre criminelle ayant chacune des attributions spécialisées.
Le Premier Président préside les débats de l'une des chambres, il dispose de pouvoirs administratifs étendus et veille au bon fonctionnement de la Cour. Les présidents de chambre ont également des pouvoirs administratifs importants dans l'organisation et la surveillance de leur chambre. Enfin l'assemblée générale de la Cour intervient aussi dans son administration.
La Cour doit comporter cinq conseillers pour statuer et l'audience est publique sauf dispositions contraires de la loi.
Avant d'être soumise à une chambre civile, les affaires sont examinées par une formation de trois magistrats appartenant à cette chambre. Ils statuent lorsque la solution du pourvoi s'impose, dans le cas contraire l'examen du pourvoi est renvoyé à l'audience de la chambre[12].

10 La Cour de cassation a été saisie en 1997 de 26 687 pourvois.
11 D. n° 98-1314, 31 déc. 1998: JO 3 janv. 1999
12 C. org. jud. art. L. 131-6 et L. 131-6-1 (L. 97-395, 23 avril 1997: JO 25 avril 1997).

Lorsqu'une affaire soulève une question de principe susceptible de se poser devant plusieurs chambres, elle est jugée par *la chambre mixte* spécialement constituée à cet effet et composée de conseillers des différentes chambres intéressées. Elle est saisie soit par le premier Président soit par un arrêt de la chambre saisie du pourvoi ou encore lorsqu'il y a partage égal des voix au sein de la chambre initialement saisie ou à la demande du procureur général.

Enfin *l'Assemblée plénière* de la Cour de cassation est la formation la plus solennelle de la Cour. Elle est composée des délégués de toutes les chambres de la Cour, son rôle est de connaître des seconds pourvois et des premiers lorsque une affaire pose des questions de principe très sérieuses.
La Cour de cassation est saisie par un *pourvoi* formé par l'une des parties à un litige contre l'arrêt d'une Cour d'appel. Lorsque les parties n'ont pas attaqué la décision, la Cour peut être saisie d'un *pourvoi dans l'intérêt de la loi* par le Procureur général s'il estime que la décision comporte une grave contrariété au droit.
Enfin, la loi du 15 mai 1991 a instauré, à l'instar de celle de 1987 pour le Conseil d'Etat, une *saisine pour avis* de la Cour. Avant de statuer sur une demande soulevant une question de droit nouvelle, présentant une difficulté sérieuse et se posant dans de nombreux litiges, les juridictions de l'ordre judiciaire peuvent par une décision non susceptible de recours, solliciter l'avis de la Cour de cassation qui se prononce dans le délai de trois mois à compter de sa saisine. Il est sursis à toute décision sur le fond de l'affaire jusqu'à l'avis de la Cour. Cet avis ne lie pas la juridiction qui a formulé la demande. La demande d'avis ne s'applique pas en matière pénale[13].
La Cour de cassation n'est pas un troisième degré de juridiction car son rôle n'est pas de rejuger l'affaire.
Elle est juge du droit et vérifie simplement si dans l'espèce qui lui est soumise la règle de droit a été correctement appliquée et interprétée par le juge du fond.
Elle est juge de cassation.
Lorsqu'elle est saisie d'un pourvoi deux solutions sont possibles:
– soit elle estime que le juge du fond a correctement appliqué la loi et la Cour rejette le pourvoi. La décision attaquée devient irrévocable,
– soit elle estime que la décision attaquée est entachée d'une erreur de droit, elle casse alors cette décision. Mais elle ne donne pas la solution définitive, elle renvoie pour ce faire devant une autre juridiction de même degré.
Elle peut casser sans renvoi lorsque la cassation n'implique pas qu'il soit à nouveau statuer au fond.

13 Loi n° 91-491, 15 mai 1991: JO 18 mai 1991. F. Zenati, La saisine pour avis de la Cour de cassation, D. 1992, chron. p. 247

La juridiction de renvoi rejuge toute l'affaire et elle est libre de ces appréciations en fait ou en droit.
Deux solutions sont encore ici possibles:
– ou bien elle juge dans le sens de l'arrêt de cassation et l'affaire est définitivement réglée,
– ou bien elle adopte une solution identique à celle des premiers juges et un nouveau pourvoi peut être formé contre cette décision.
Ce second pourvoi est porté devant l'Assemblée plénière de la Cour de cassation qui a le choix entre approuver cette décision ou bien casser à nouveau. Dans ce cas il y a encore renvoi devant une juridiction de même degré que celle qui a statué. Cette seconde juridiction de renvoi est libre d'apprécier les faits mais elle doit se conformer à l'arrêt de l'Assemblée plénière sur les points de droit jugés par celle-ci.

II. *Les juridictions civiles d'exception*

Les juridictions civiles d'exception sont des juridictions de premier degré qui ont une compétence d'attribution. L'appel des jugements rendus par ces juridictions est porté devant la Cour d'appel. Le pourvoi en cassation est directement possible lorsque les décisions sont rendues en dernier ressort.

1. *Le tribunal d'instance*

Le tribunal d'instance est une juridiction à juge unique compétente pour toutes les affaires civiles dont le montant est inférieur à 50 000 F[14] (7 621, 95 euros). Il n'y a pas de division en chambre.
Ses décisions sont rendues en dernier ressort jusqu'à 25 000 F (3 810,97 euros) et avec appel possible au delà.
Il existe 473 tribunaux d'instance.

2. *Le tribunal de commerce*

Il y a 227 tribunaux de commerce qui se singularisent par leur composition. Ils sont en effet constitués, non pas de magistrats mais de commerçants, élus par les autres commerçants de la circonscription.
Ils sont compétents pour connaître des litiges intéressant le droit commercial. Leur décision ne sont susceptibles d'appel qu'au delà de 13 000 F[15] (1 981,70 euros). Ils siègent à trois juges.

14 C. org. jud. art. R. 321-2 modifié D. n° 98-1231, 28 déc. 1998: JO 30 déc. 1998
15 C. com. art. 639

3. *Le conseil de prud'hommes*

Ce tribunal est composé à égalité de représentants des employeurs (2) et de représentants des salariés (2), élus respectivement par ces deux catégories professionnelles. Ils sont compétents pour statuer sur les questions intéressant le droit du travail. Il statue en dernier ressort jusqu'à 22 000 F (3 353, 65 euros) et au delà à charge d'appel[16]. L'appel est porté devant la chambre sociale de la Cour d'appel et le pourvoi en cassation est présenté à la chambre sociale de la Cour de cassation. Ils sont au nombre de 270.

4. *Les tribunaux des affaires de sécurité sociale*

Ce sont des tribunaux dont la composition est à la fois paritaire et échevinale. Il en existe 116. Ils sont présidés par un magistrat assisté de deux assesseurs représentant chacun les employeurs et les salariés mais ils ne sont pas élus. Ils sont désignés par le premier président de la cour d'appel sur une liste dressée par le directeur régional de la sécurité sociale et établie sur proposition des organisations syndicales les plus représentatives. Ils ont pour mission de statuer sur les contestations opposant les organismes de la sécurité sociale aux usagers. Ils jugent en dernier ressort jusqu'à 25 000 F et au delà à charge d'appel devant la chambre sociale de la cour d'appel[17].

5. *Les tribunaux paritaires des baux ruraux*

Ces tribunaux sont présidés par le juge d'instance assisté de deux assesseurs, l'un représentant les bailleurs et l'autre les preneurs, élus par chacune de ces catégories. Il est compétent pour connaître des litiges relatifs aux baux ruraux. Il statue en dernier ressort jusqu'à 25 000 F (3 810,97 euros) et au delà à charge d'appel[18].

III. *Les juridictions pénales*

Les juridictions pénales sont chargées de réprimer les infractions et d'infliger des peines.
En application du principe de l'unité des juridictions civiles et pénales ce sont les mêmes juridictions (sauf en matière de crime) qui assurent la justice civile et pénale mais sous une dénomination différente. Elles sont donc soumises

16 C. trav. art. D. 517-1 modifié D. n° 98-1174, 21 déc. 1998: JO 29 déc. 1998
17 C. séc. soc. art. R.142-25 qui renvoie aux taux fixé pour le tribunal d'instance
18 C. org. jud. art. L.443-1 qui renvoie aux taux fixé pour le tribunal d'instance

également au contrôle de la Cour de cassation et emploient les mêmes juges. Il existe également des juridictions d'instruction et des juridictions spéciales pour les mineurs. Elles ont rendu en 1997 près de 12 millions de décisions.

1. *Les juridictions d'instruction*

En matière criminelle et, de façon facultative en matière correctionnelle, il doit y avoir une instruction préparatoire qui est l'œuvre du juge d'instruction.
Le juge d'instruction est un juge du tribunal de grande instance nommé par décret du Président de la République. Il constitue une juridiction à juge unique dont la mission est d'instruire à charge et à décharge des affaires dont il est saisi.
Il a également compétence pour prendre un certain nombre de mesures: mesures d'instruction, délivrance de mandats (mandat de comparution, mandat d'amener, mandat d'arrêt), ordonnance de non lieu lorsque les charges retenues contre une personne ne sont pas suffisantes ou, dans le cas contraire, ordonnance de renvoi devant la juridiction de jugement. Ces ordonnances sont susceptibles d'appel devant *la Chambre d'accusation* qui est une chambre spéciale de la cour d'appel.

2. *Les juridictions de jugement*

Les différentes catégories de juridictions pénales sont liées à la division des infractions en trois catégories: les infractions les moins graves sont les contraventions, puis les délits et les infractions les plus graves sont les crimes.
Les contraventions relèvent du tribunal de police, les délits du tribunal correctionnel et les crimes de la Cour d'assise.
Le tribunal de police est constitué par le juge d'instance, c'est une juridiction à juge unique.
Le tribunal correctionnel est le nom que prend le tribunal de grande instance lorsqu'il statue en matière pénale. Leurs décisions sont susceptibles d'appel.
L*a Cour d'assise* présente des caractères plus originaux.
Il y a une Cour d'assise par département. A la différence des autres juridictions elle fonctionne par intermittence, par sessions, en principe trimestrielles, de quinze jours chacune.
Elle est composée de trois magistrats, un président, conseiller à la Cour d'appel et deux assesseurs désignés par le Premier président, soit parmi les conseillers à la Cour d'appel, soit parmi les juges des tribunaux de grande instance. Ces trois magistrats sont assistés d'un jury composé de neufs jurés qui sont considérés comme étant l'expression de la souveraineté populaire. Ils sont tirés au sort à partir d'une liste établie par le maire de chaque commune. Il s'y ajoute un représentant du ministère public.

A la différence du système britannique les magistrats et les jurés délibèrent et votent ensemble sur les faits et sur l'application du droit mais les décisions défavorables à l'accusé ne peuvent être prises qu'à la majorité de huit voix ce qui implique une majorité de jurés.
Enfin les arrêts rendus par la Cour d'assise ne sont pas susceptibles d'appel mais seulement d'un pourvoi en cassation devant la chambre criminelle. Il y a actuellement des projets de réforme de la Cour d'assise qui prévoient notamment l'institution d'un appel contre ses décisions.

3. *Les juridictions pour mineurs*

Le juge des enfants est un magistrat du tribunal de grande instance qui constitue à lui seul une juridiction autonome. Il est compétent pour prononcer de simples mesures de rééducation à l'encontre de mineurs de dix-huit ans ayant commis une contravention grave (de la cinquième classe), des délits ou même des crimes à condition qu'il ait moins de seize ans.
Si le juge estime que ces mesures ne sont pas suffisantes et que des mesures de placement sont nécessaires, il devra réunir *le tribunal pour enfant* qui est composé de lui même et de deux assesseurs qui ne sont pas des magistrats mais de simples particuliers âgés de plus de 30 ans et s'intéressant particulièrement aux problèmes de l'enfance. Il en existe 133.
Ils sont nommés par le ministre de la justice sur proposition du Premier président de la cour d'appel. Le tribunal pour enfant connaît des contraventions et délits commis par un mineur ainsi que des crimes commis par un mineur de 16 ans.
Enfin pour les crimes perpétrés par des mineurs de seize à dix huit ans existe *la Cour d'assise des mineurs* qui ne diffère de la Cour d'assise ordinaire que par la qualité des assesseurs choisis parmi les juges des enfants et la tenue des audiences à huis-clos.

C. *L'ordre administratif*

Lors de sa création en 1799 par l'article 52 de la Constitution de l'An VIII, le Conseil d'Etat était un organisme chargé de conseiller le chef de l'Etat en matière juridique. A l'époque les ministres statuaient sur les litiges les opposant aux administrés et demandaient conseil au Conseil d'Etat. Ainsi fut crée en 1806 une commission du contentieux dont la fonction était de préparer les décisions des ministres.
C'est la loi du 24 mai 1872 qui a conféré au Conseil d'Etat le pouvoir de juger directement «au nom du peuple français» comme les juridictions de l'ordre judiciaire.

En 1800 ont été institués des Conseils de préfecture qui conseillaient également les préfets pour certains types de litiges. Ils ont été remplacés en 1953 par les tribunaux administratifs qui sont juges de droit commun en première instance dans les matières administratives.
Enfin pour remédier à l'encombrement du Conseil d'Etat ont été crées, en 1987, les Cours administratives d'appel.
A l'heure actuelle l'ordre administratif se compose donc du Conseil d'Etat, des Cours administratives d'appel et des tribunaux administratifs. Il faut y ajouter de nombreuses juridictions administratives spécialisées dont nous ne traiterons pas ici (Cour des Comptes, Commission bancaire, Commission de recours des réfugiés . . .).

I. *Le Conseil d'Etat*

Le Conseil d'Etat est organisé par l'ordonnance du 31 juillet 1945 et le décret du 30 juillet 1963.Il est constitué de six sections. Cinq sections administratives qui exercent une fonction consultative et une section du contentieux qui exerce la fonction juridictionnelle. Cette dernière est divisée en dix soussections. Sauf pour les affaires simples, la formation de jugement comprend deux sous-sections. En cas de problèmes difficiles, c'est la section du contentieux, formation particulière, ou l'assemblée du contentieux qui sont amenées à statuer.
Le Conseil d'Etat est présidé en principe par le Premier Ministre. En fait c'est le vice-président du Conseil d'Etat qui en assure la présidence effective. Il est nommé par le Conseil des ministres.
A ces deux personnages s'ajoutent six présidents de sections. Le Conseil d'Etat comprend quatre catégories de membres[19], les auditeurs, les maîtres de requêtes, les conseillers d'Etat en service ordinaire et les conseillers d'Etat en service extraordinaire (V. infra 1. 3. pour les conditions de leur recrutement).
Parmi les maîtres de requêtes sont désignés *les commissaires du gouvernement* qui, contrairement à leur nom, ne représentent pas le gouvernement mais sont simplement chargés de formuler des observations et de prendre des conclusions en présentant la solution qu'ils estiment, en droit, devoir être donnée aux litiges. Les juges ne sont pas obligés de suivre leur avis.
Le Conseil d'Etat a une double compétence consultative et contentieuse.
Il a une compétence consultative générale en matière de régularité juridique des décisions d'origine gouvernementale et d'organisation administrative. Il est saisi par le chef de l'Etat ou les membres du gouvernement et doit donner son avis sur les ordonnances et les projet de lois ainsi que pour certains règle-

19 Le Conseil d'Etat comprend environ 300 membres.

ments. A cette compétence il convient d'ajouter celle de pouvoir donner des avis, à la demande d'un tribunal administratif ou d'une Cour administrative d'appel, lorsqu'une question de droit nouvelle présente une difficulté sérieuse et se pose dans de nombreux litiges[20]. Le Conseil d'Etat doit statuer dans un délai de trois mois pendant lequel il est sursis à toute décision[21].
Sa compétence contentieuse est triple, il est juge de premier et de dernier ressort, il est juge d'appel et juge de cassation. Il est saisi en principe par les administrés qui contestent une décision de l'administration. Il y a environ 8 000 saisines par an. Ses décisions sont des arrêts et non des jugements.
La compétence de premier et dernier ressort est une compétence d'attribution c'est à dire qu'elle doit lui être expressément conférée par un texte.
Il s'agit principalement *des recours pour excès de pouvoir* contre les décrets, ordonnances de l'article 38 de la Constitution, décisions du Président de la République prises dans le cadre de l'application de l'article 16 de la Constitution, recours en annulation des décisions prises par les organismes administratifs collégiaux à compétence nationale, recours en interprétation ou en appréciation de légalité d'un certain nombre d'actes.
La compétence d'appel du Conseil d'Etat s'exerçait essentiellement à l'encontre des décisions des tribunaux administratifs mais une partie de cette compétence a été transférée aux Cours administratives d'appel en 1987. Il reste cependant que le Conseil d'Etat connaît encore en appel des jugements des tribunaux administratifs rendus en matière d'appréciation de légalité, de contentieux des élections municipales et cantonales et des jugements des juridictions administratives spécialisées.
Sa compétence de cassation s'exerce à l'encontre des décisions rendues en dernier ressort par les juridictions administratives spécialisées et depuis 1987 par les Cours administratives d'appel. Le Conseil d'Etat veille à la régularité de la procédure administrative et assure l'unification de la jurisprudence.

II. *Les Cours administratives d'appel*

Les Cours administratives d'appel créées en 1987 sont actuellement au nombre de six (Paris, Lyon, Bordeaux, Nantes, Nancy, Marseille). Elles sont divisées en chambres composées d'un président, de cinq conseillers et deux commissaires du gouvernement. Pour les cas difficiles, il existe une formation plénière. Les arrêts de ces Cours peuvent faire l'objet d'un recours en cassation devant le Conseil d'Etat.

20 L. n° 87-1127, 31 déc. 1987, art. 12: JO 1er janv. 1988.
21 Loi n° 87-1127, 31 déc. 1987 portant réforme du contentieux administratif: JO 1er janv. 1988, art. 12.

III. *Les tribunaux administratifs*

Successeurs, en 1953, des anciens Conseils de Préfecture, les tribunaux administratifs sont actuellement au nombre de 35. Ils sont divisés en chambres composées chacune d'un président et de trois ou quatre membres.
Ils ont une compétence de droit commun pour les litiges administratifs. Le tribunal territorialement compétent est celui dans le ressort duquel l'autorité administrative a pris la décision ou signé le contrat litigieux mais de nombreuses dérogations sont prévues pour éviter l'encombrement du tribunal de Paris.
Leurs décisions sont susceptibles d'appel soit devant la cour d'appel administrative, soit devant le Conseil d'Etat.

D. *Le Tribunal des Conflits*

Créé en 1872 le Tribunal des Conflits est une juridiction paritaire composée d'un président, le ministre de la justice, qui ne siègent qu'en cas de partage des voix, et de huit membres: trois conseillers d'Etat en service ordinaire et trois conseillers à la Cour de cassation élus au sein de leur juridiction pour trois ans. Ces six juges désignent deux autres membres et deux suppléants choisis dans chacune des deux juridictions suprêmes. L'ensemble de ces juges élisent un vice président qui préside le plus souvent le tribunal.
Le Tribunal des conflits a pour rôle de trancher les conflits de compétence entre l'ordre judiciaire et administratif. Depuis 1932 il est autorisé à trancher au fond pour les affaires dans lesquelles il y a eu contrariété de jugement entre les deux ordres entraînant ainsi un déni de justice.
Il est saisi soit par le ministre de la justice soit par les parties, soit par le Conseil d'Etat ou la Cour de cassation lorsqu'un litige présente une difficulté sérieuse de compétence. Ce dernier cas de saisine est le plus fréquent.

1.3. *Les professions judiciaires*

Les professions judiciaires désignent d'une part *les magistrats et les juges* et d'autre part *les auxiliaires de la justice*. Le terme *juriste* s'adresse aux personnes qui ont fait des études de droit. L'enseignement du droit se fait à l'université dans le cadre des Facultés de droit. Il dure en principe quatre années sanctionnées chacune par un examen, à l'issue de ces quatre examens les étudiants acquièrent la maîtrise en droit. Ils peuvent ensuite poursuivre leur cursus afin d'obtenir un DEA (diplômes d'études approfondies) et préparer une thèse de doctorat ou bien se diriger vers la vie professionnelle ou bien préparer un DESS (diplômes d'études supérieures spécialisées) qui est une formation à finalité professionnelle.

A. *Les magistrats et les juges*

Le terme «magistrat» s'applique aux juges de l'ordre judiciaire alors que dans l'ordre constitutionnel ou administratif on utilise le terme de «juge».
Le recrutement des uns et des autres diffère selon qu'il s'agit de l'ordre judiciaire ou de l'ordre administratif.

I. *Les magistrats de l'ordre judiciaire*

Les magistrats de l'ordre judiciaire sont des fonctionnaires nommés par le Président de la République dans des conditions strictement définies par la loi. Ils sont nommés jeunes et font carrière dans la magistrature.
Leur statut est fixé par l'ordonnance n° 58-1270 du 22 décembre 1958 modifiée par la loi organique du 25 février 1992[22]. Il y a deux sortes de recrutement, le recrutement normal et le recrutement au tour extérieur.
Les candidats *recrutés par la voie normale* doivent être titulaires en principe de la maîtrise en droit délivrée par une université française. Il est possible d'être titulaire d'un diplôme étranger à condition qu'il soit reconnu équivalent au diplôme français ou, s'il a été délivré par un Etat membre de l'Union européenne, qu'il figure sur une liste établie par décret en Conseil d'Etat. Ils doivent d'autre part réussir le concours d'entrée à *l'Ecole nationale de la magistrature* (ENM) ce qui leur donne la qualité d'auditeurs de justice. Ils suivent dans cette école une formation professionnelle de 27 mois constituée de cours et de stages en juridiction. Ils subissent ensuite un examen de sortie qui permet d'établir un classement et de fixer un ordre pour le choix des postes.
Le recrutement au tour extérieur est la possibilité de recruter des magistrats qui ne sont pas passé par l'ENM. Ce mode de recrutement existe depuis 1960 mais il est peu utilisé et doit respecter un certain pourcentage. Il permet cependant de pallier la pénurie des effectifs. Des personnes qui ont exercée d'autres fonctions juridiques et qui sont expressément visées par l'ordonnance du 22 décembre 1958 peuvent être admises par cette voie (anciens avocats, professeur des universités, fonctionnaires . . .).
Les magistrats doivent prêter serment lors de leur entrée en fonction. Ils sont répartis entre la magistrature assise et la magistrature debout.

22 L. n° 92-189: JO 29 fév. 1992.

La magistrature assise ou encore les magistrats du siège ont pour fonction de juger alors que *la magistrature debout* désigne *le ministère public* dont la fonction est de représenter la société. Il est présent dans toutes les juridictions mais son rôle varie selon qu'il s'agit de juridictions civiles ou pénales. Les magistrats peuvent passer de l'une à l'autre de ces catégories.
Les magistrats du siège sont indépendants et cette indépendance est garantie par le principe constitutionnel de l'inamovibilité. Ceci signifie que le magistrat ne peut pas faire l'objet d'une mesure individuelle prise à son encontre par le gouvernement en dehors des cas prévus par la loi.
Cette règle ne s'applique pas aux magistrats du parquet, le ministère public est un agent du pouvoir exécutif auprès des tribunaux, il est subordonné à son supérieur hiérarchique et en dernier lieu au ministre de la justice. Mais ce dernier ne peut prendre une décision de déplacement qu'après avoir pris l'avis de la commission de discipline du parquet et sa décision peut faire l'objet d'un recours administratif.
La magistrature fait l'objet d'une organisation hiérarchisée et les magistrats avancent progressivement dans la carrière. L'avancement se fait au choix mais il est entouré d'un certain nombre de garanties pour éviter l'arbitraire. Les magistrats doivent être inscrits au tableau d'avancement qui indique publiquement la liste des magistrats proposés à l'avancement par une commission d'avancement composée de magistrats de la Cour de cassation, des cours d'appels et des tribunaux[23]. Cette commission est élue pour quatre ans, non renouvelable, par un collège de magistrats des cours et tribunaux et du ministère de la justice.
Pour les membres du parquet la loi du 25 février 1992 a institué une commission consultative du parquet chargée de donner un avis sur les propositions de nomination à l'ensemble des emplois du parquet sauf pour le procureur général auprès de la Cour de cassation et auprès des Cours d'appel
Le Conseil supérieur de la magistrature prévu à l'article 65 de la Constitution a fait l'objet d'une réforme par la loi constitutionnelle du 27 juillet 1993, il est présidé par le Président de la République. Le ministre de la justice en est le vice-président de droit, il peut suppléer le Président de la République. Le conseil supérieur de la magistrature comprend deux formations, l'une compétente à l'égard des magistrats du siège, l'autre à l'égard des magistrats du parquet.
A l'égard des magistrats du siège, le conseil fait des *propositions* pour les nominations à la Cour de cassation, pour les nominations des premiers présidents de cour d'appel et pour celles des présidents de tribunal de grande instance. Les autres magistrats sont nommés sur son simple *avis conforme*. Le

23 Pour la composition précise de cette commission V. Ord. n° 58-1270 du 22 décembre 1958, art. 35.

Conseil statue comme conseil de discipline des magistrats du siège. A l'égard des magistrats du parquet le conseil donne son *avis* pour leur nomination à l'exception des emplois auxquels il est pourvu en conseil des ministres. Il donne également son avis sur les sanctions disciplinaires concernant les magistrats du parquet.

II. *Les juges de l'ordre administratif*

La situation des juges administratifs est différente de celle des magistrats en ce sens que l'ordre administratif ne connaît pas la même homogénéité que l'ordre judiciaire.
On y trouve cependant la distinction entre le recrutement normal et le recrutement au tour extérieur.
La voie normale d'accès aux juridictions administratives est le passage par l'*Ecole nationale d'administration* (ENA). On entre dans cette école par un concours ouvert aux titulaires d'une maîtrise ou d'un diplôme équivalent notamment celui des Instituts d'études politiques.
Mais à la différence de l'ENM, l'ENA a une fonction beaucoup plus large, celle de former les cadres de l'administration et pas seulement les juges administratifs.
Les études sont partagées entre les enseignements et les stages, elles durent trois ans à l'issue desquelles il y a un examen de sortie permettant de classer les élèves et c'est en fonction de leur rang de sortie qu'ils accéderons soit au Conseil d'Etat, soit aux Cours administratives d'appel soit aux tribunaux administratifs. Contrairement aux élèves qui sortent de l'ENM, les élèves de l'ENA ne sont jamais assurés qu'ils exerceront des fonctions juridictionnelles et le déroulement de leur carrière sera bien différent selon qu'ils accèdent au Conseil d'Etat ou aux autres juridictions administratives.
Le recrutement au tour extérieur occupe une place plus importante dans l'ordre administratif que dans l'ordre judiciaire pour au moins trois raisons. Il paraît nécessaire, en effet, de faciliter le passage de l'administration active à la juridiction administrative, ce passage est facilité par l'absence d'un esprit de corps aussi développé que dans l'ordre judiciaire, enfin le recrutement issu de l'ENA n'est pas suffisant pour faire face au volume d'affaires soumis à ces juridictions.
Au Conseil d'Etat le tour extérieur ne vise que les maîtres de requêtes et les conseillers d'Etat. Un quart des maîtres de requêtes et un tiers des conseillers d'Etat peuvent être recrutés selon ce procédé.
Il existe aussi des conseillers d'Etat en service extraordinaire. Ce sont des personnalités choisies pour quatre ans mais qui ne siègent que dans les formations administratives du Conseil d'Etat. Le Conseil d'Etat compte plus de trois cent membres.

Le recrutement au tour extérieur intéresse également les autres juridictions administratives dont les juges forment un corps unique différent de celui du Conseil d'Etat.
Les juges des juridictions administratives ne bénéficient pas théoriquement du principe de l'inamovibilité mais l'inamovibilité est implicitement reconnue par la loi aux conseillers des tribunaux administratifs et des cours administratives d'appel. Quant au Conseil d'Etat il y existe une inamovibilité de fait, fruit d'une coutume séculaire.
L'avancement se fait indépendamment au sein du Conseil d'Etat et des autres juridictions administratives. Il est fondé sur le principe du choix.
Mais ce principe est tempéré au Conseil d'Etat par la nécessité d'être inscrit sur un tableau d'avancement élaboré par le vice-président du Conseil d'Etat et les présidents de sections qui en réalité proposent un avancement dans l'ordre d'ancienneté.
Pour les autres juridictions toute promotion au choix est subordonnée à une inscription au tableau d'avancement établi par le Conseil supérieur des tribunaux administratifs et de cours administratives d'appel. Mais il faut souligner que l'aboutissement normal de la carrière pour ces juges n'est pas l'accès au Conseil d'Etat.
Les magistrats n'ont pas le droit de grève et sont tenus à la réserve qu'impose leur fonction. Ils ont toutefois le droit de se syndiquer. Il n'existe pas de dispositions légales concernant les juges administratifs.
Magistrats et juges ne peuvent pas exercer d'activités professionnelles extérieures à leur fonction excepté des activités d'enseignement.
Ils ne peuvent pas exercer de mandat politique national (membre du Parlement ou président de conseil régional), en revanche les mandats régionaux, départementaux ou municipaux ne leur sont pas interdits pourvus qu'ils ne soient pas exercés dans la circonscription où ils exercent leur fonction de juge.

B. *Les auxiliaires de la justice*

Cette catégorie comprend plusieurs professions appelées à participer à l'exercice de la justice et du droit. Le statut de ces profession est variable selon les catégories. On y trouve des personnes qui exercent une activité libérale, d'autres sont des officiers ministériels, d'autre enfin sont fonctionnaires.

I. *Les activités libérales*

Il s'agit essentiellement des avocats auxquels il convient d'ajouter les administrateurs judiciaires et les mandataires judiciaires à la liquidation des entreprises.

1. *Les avocats*

Ils exercent une profession libérale et indépendante. La profession d'avocat réglementée par la loi du 31 décembre 1971 a fait l'objet d'une réforme importante par la loi du 31 décembre 1990[24]. Cette dernière loi fusionne la profession d'avocat avec celle de conseil juridique qui antérieurement faisait l'objet d'une réglementation particulière. Elle permet d'autre part aux avocats d'exercer leur activité sous la forme d'une association, d'une société civile professionnelle, d'une société d'exercice libéral ou d'une société en participation[25].

L'avocat a pour *mission d'assister son client et de le représenter en justice.*

Son rôle d'assistance consiste à conseiller son client par des consultations écrites ou orales qui peuvent intervenir soit lors d'un litige, soit en dehors de tout litige.

Au cours d'un litige il assiste son client lors de l'instruction et lors du procès, par la plaidoirie. Les avocats ont le droit de plaider devant toutes les juridictions de droit commun sauf le Conseil d'Etat et la Cour de cassation devant lesquels il existe des avocats spécialisés. Les avocats ont le monopole de la plaidoirie mais celui-ci n'est toutefois pas absolu car les parties, en matière civile, peuvent théoriquement se défendre elles-mêmes et le monopole n'existe pas devant les juridictions d'exception.

L'avocat représente son client en vertu d'un mandat «ad litem» qui a la caractéristique d'être un mandat présumé (il n'y a pas de procuration écrite faite par le client à l'avocat) et général. Ce mandat permet à l'avocat de représenter son client dans tous les actes de la procédure.

Les avocats sont organisés auprès de chaque tribunal de grande instance en «*barreaux*» ou «*Ordres*» qui sont des personnes morales autonomes les unes par rapport aux autres.

Chaque barreau est administré par un Conseil de l'Ordre élu pour trois ans par l'Assemblée générale de l'ordre composée de l'ensemble des avocats inscrits au barreau. Les fonctions du Conseil de l'ordre sont importantes il statue notamment sur les demandes d'admission au barreau et sur les poursuites disciplinaires.

Le Conseil de l'ordre est présidé par le Bâtonnier élu pour deux ans par l'Assemblée générale. Il n'est pas immédiatement rééligible.

Au plan national il y a un Conseil national des barreaux composé de soixante membres élus pour trois ans.

24 L. n° 90-1259, 31 déc. 1990: JO 5 janv. 1991.

25 L. n° 90-1258, 31 déc. 1990: JO 5 janv. 1991 relative à l'exercice sous formes de sociétés des professions libérales soumises à un statut législatif ou réglementaire ou dont le titre est protégé.

Trois conditions générales sont requises pour accéder à la profession d'avocat:

– le candidat doit être français ou ressortissant d'un Etat membre de la Communauté européenne ou à titre de réciprocité, appartenir à un Etat qui admet l'accès des Français à cette activité, ou encore avoir la qualité de réfugié ou d'apatride,

– le candidat ne doit pas avoir subi de condamnations pénales ou disciplinaires,

– le candidat doit répondre à des conditions de connaissances et d'aptitudes professionnelles:

– il doit être titulaire d'une maîtrise en droit délivrée par les Facultés de droit,

– il doit ensuite être admis dans un centre régional de formation professionnelle d'avocats après un examen auquel il ne peut se présenter que trois fois. Pendant un an il y suivra un enseignement de caractère pratique et des stages.

A l'issue de cette formation il passe les épreuves du certificat d'aptitude à la profession d'avocat (CAPA).

En cas de succès il demande au Conseil de l'ordre son inscription sur la liste du stage et il prête serment devant la cour d'appel. Il porte le titre d'avocat et peut effectuer tous les actes de la profession. Pendant la durée du stage (deux ans) il suit encore des enseignements et effectue un stage auprès d'un avocat français ou étranger, ou encore chez un notaire ou un expert-comptable. En fin de stage lui est délivré un certificat de fin de stage s'il a accompli les obligations imposées par le décret du 27 novembre 1991 (art. 77).

Il peut alors demander son inscription au tableau d'un barreau. L'avocat ne peut être inscrit qu'à un seul barreau ce qui ne l'empêche pas d'établir un bureau secondaire dans le ressort d'un autre barreau.

L'avocat est tenu au secret professionnel. Il ne peut pas être poursuivi en raison des paroles et des écrits qui sont en rapports avec l'exercice de sa profession. Il bénéficie de l'inviolabilité de son cabinet (impossibilité d'une perquisition sauf s'il a commis des actes délictueux mais celle-ci ne peut se faire qu'en présence du bâtonnier) et de sa correspondance.

Certaines activités sont incompatibles avec la profession d'avocat telle que la fonction publique, ou l'emploi comme salarié, sous réserve de l'emploi salarié dans le cadre d'un cabinet d'avocat, ou encore l'exercice du commerce.

L'avocat est indépendant à l'égard de son client en ce sens qu'il ne doit pas admettre inconditionnellement les thèses de celui-ci. Il est d'autre part responsable pour les fautes commises à l'égard du client dans l'exercice de son activité. S'il commet des fautes graves il relève de la juridiction disciplinaire du conseil de l'ordre.

Enfin l'avocat est rémunéré par des honoraires déterminés librement et fixés en accord avec le client mais le pacte de «quota litis» (c'est à dire des honoraires proportionnels aux gains du client) est prohibé par la loi. En cas de non paiement de ses honoraires une procédure particulière est prévue mais si elle n'aboutit pas l'avocat peut demander en justice le paiement de ceux-ci.

2. *Les administrateurs judiciaires et les mandataires liquidateurs*

Ces deux professions ont été instituées par la loi du 25 janvier 1985 dans le cadre des procédures collectives. Elles sont incompatibles avec l'exercice de toute autre profession.
Les administrateurs judiciaires sont des mandataires chargés par décision de justice d'administrer les biens d'autrui ou d'exercer des fonctions d'assistance ou de surveillance dans la gestion de ces biens.
Les mandataires liquidateurs sont chargés par décision de justice de représenter les créanciers et de procéder éventuellement à la liquidation d'une entreprise.
L'exercice de ces activités est subordonnée à l'inscription sur une liste élaborée par une commission professionnelle. La nationalité française est exigée.

II. *Les officiers ministériels*

Ce sont des personnes titulaires d'un office acquis avec l'agrément du gouvernement et qui exercent certaines fonctions publiques à titre de monopole. C'est un vestige de la pratique de la «vénalité et de l'hérédité des charges» qui existait avant la Révolution.
Les avoués près les Cours d'appel ont pour fonctions d'accomplir, pour le compte de leurs clients qu'ils représentent, les actes de procédure nécessaires devant la cour. L'avocat n'a, devant la Cour d'appel, qu'un rôle d'assistance et de plaidoirie.
Les avocats au Conseil d'Etat et à la Cour de cassation ont un monopole devant ces deux juridictions suprêmes où ils assument à la fois la procédure et la défense de leurs clients. Il y a soixante offices «d'avocats aux Conseils».
Les huissiers de justice ont la charge de signifier les actes de procédure, de procéder à l'exécution forcée des décisions de justice ayant force exécutoire et d'opérer les saisies. En dehors de tout monopole ils peuvent effectuer des constats ou procéder au recouvrement des créances. Ils ont une compétence territoriale limitée au ressort du tribunal d'instance de leur résidence.
Les notaires dressent des actes authentiques qui ne peuvent être contestés que par une procédure particulière la «procédure d'inscription de faux». Ces actes sont également exécutoires c'est à dire qu'aucune autre formalité n'est nécessaire pour en obtenir l'exécution forcée.
Le notaire exerce aussi des fonctions de conseil importantes.

La loi impose que certains actes soient passés devant notaire (donation, contrat de mariage, constitution d'hypothèque).
Les commissaires-priseurs estiment la valeur des biens mobiliers et sont chargés de la vente publique aux enchères des meubles et autres effets mobiliers corporels.

III. *Les fonctionnaires*

Il s'agit principalement des *greffiers* dont le statut de fonctionnaires date de 1965 (sauf les greffiers devant le tribunal de commerce).
Les greffiers sont des auxiliaires précieux des juges, ils assurent la mise en forme matérielle des décisions et leur conservation. Ils tiennent un certain nombre de registres (registre du commerce par exemple).
Ces professions sont réglementées et exigent des conditions qui sont communes: être de bonne moralité satisfaire à des conditions de compétence professionnelle impliquant la possession de diplômes, de stages et d'inscription soit à un ordre, soit sur une liste d'aptitude.
Il faut ajouter aux auxiliaires de justice les **conciliateurs de justice** institués en 1978[26] et les médiateurs devant les juridictions judiciaires créés en 1995[27].
Les conciliateurs de justice ont pour mission de faciliter, **en dehors de toute procédure judiciaire**, le règlement amiable des différends portant sur des droits dont les intéressés ont la libre disposition. Le **médiateur** est une personne désignée, avec l'accord des parties, **par le juge** saisi d'un litige, pour procéder soit à une tentative de conciliation, soit à une médiation pour tenter de parvenir à un accord entre les parties.

1.4. *La littérature juridique*

1.4.1. *Les recueils de lois*

Le Journal officiel qui paraît tous les jours est l'instrument de référence, dans lequel on trouve toutes les lois et tous les décrets et parfois des circulaires.
On retrouve ces textes regroupés dans les codes(une soixantaine) dont il existe plusieurs collections remises à jour tous les ans, notamment les codes Dalloz et les codes Litec.

26 D. n° 78-381, 20 mars 1978: JO 23 mars 1998
27 L. n° 95-125, 8 fév. 1995: JO 9 fév. 1995

Certaines revues juridiques publient les textes les plus importants (Gazette du Palais, Dalloz et Semaine juridique).

1.4.2. *Les recueils de jurisprudence*

Il existe un recueil officiel des décisions de la Cour de cassation: le Bulletin des arrêts de la Cour de cassation.
Les autres publications sont d'origine privées il en est ainsi du Recueil des arrêt du Conseil d'Etat appelé aussi recueil Lebon du nom de son fondateur, qui publie les décisions du Conseil d'Etat, du Tribunal des conflits, des principaux arrêts des cours administratives d'appel et les jugements importants des tribunaux administratifs. Il existe depuis 1990 un Recueil de jurisprudence des tribunaux administratifs et des Cours administratives d'appel. Les décisions du Conseil constitutionnel sont publiées au Journal officiel et dans le Recueil des décisions du Conseil constitutionnel qui paraît annuellement.
Il existe une collection des grands arrêts rendus en matière civile, pénale, droit international privé, administratif, travail, fiscal, droit communautaire. Seuls les arrêts les plus important y sont regroupés accompagnés de commentaires.
Beaucoup des revues contiennent les décisions des cours et tribunaux suivies de notes émanant soit de praticiens soit la plupart du temps d'universitaires: Gazette du Palais (Gaz. Pal.), Dalloz (D.)et Semaine juridique (JCP).

1.4.3. *Les ouvrages de doctrine*

Les ouvrages de droit comprennent plusieurs catégories de livres, les traités, les encyclopédies, les manuels. Ils ne diffèrent que par leur taille car ils présentent tous à la fois la doctrine et la jurisprudence de façon plus ou moins approfondie.
Les traités comportent plusieurs volumes et constituent l'étude exhaustive d'une matière aussi bien sur le plan doctrinal que jurisprudentiel. Il en existe dans les principales branches du droit. Par exemple, pour les plus récents:

Droit public:
G. Burdeau, Traité de sciences politiques (10 volumes)
A. de Laubadère, J-C. Venezia et Y. Gaudemet, Traité de droit administratif de (quatre volumes);

Droit pénal:
R. Merle et A. Vitu, Traité de droit criminel, (quatre volumes).

Droit privé:
J. Ghestin (sous la direction de) Traité de droit civil (huit volumes); *Ph. Malaurie et L. Aynès* Traité de droit civil, (neuf volumes); *G. Marty et P. Raynaud*, Traité de droit civil (neuf volumes); *MM. Mazeaud et F. Chabas* Leçons de droit civil, (neuf volumes); *G. H. Camerlynck* (sous la direction de) Traité de droit du travail(neuf volumes); *Y. Saint-Jours*, (sous la direction de) Traité de sécurité sociale (cinq volumes); *G. Ripert et R. Roblot*, Traité de droit commercial; *J. Bigot* (sous la direction de) Traité de droit des assurances, . . .

Les encyclopédies donnent également une vue exhaustive d'une matière, souvent destinées à la pratique elles subissent une mise à jour permanente. Elles existent dans pratiquement toutes les branches du droit.
Les deux plus importantes sont:
– L'Encyclopédies juridique Dalloz, divisée en Répertoires par branche du droit, elle comporte plus de trente volumes (Droit civil, droit commercial, droit pénal, droit du travail, procédure . . .)
– Les Jurisclasseurs constituent une collection encore plus imposante comportant plus de cent volumes portant notamment sur les matières suivantes: Civil, commercial, procédure, pénal, international, administratif, fiscal, travail, sociétés, Europe . . .
Les manuels sont des ouvrages, en général, destinés aux étudiants qui donnent une vision de ce qui constitue l'essentiel d'une matière. Chaque maison d'édition a sa collection de manuels: Précis Dalloz, Thémis (PUF), Droit (LGDJ), Droit (Litec), Droit-Sciences économiques (Masson), Précis Domat (Montchrestien), Enseignement (Economica), Droit privé (A. Colin), Droit civil (Cujas).
Il faut y ajouter *les monographies et les thèses* publiées portant sur des sujets spécifiques et qui sont regroupées parfois au sein de bibliothèques: Bibliothèque de droit privé Bibliothèque de droit public, Bibliothèque de droit social, Bibliothèque de droit international . . . (LGDJ).

1.4.4. *Les revues juridiques*

Les revues les plus connues sont les trois suivantes: La Gazette du Palais (Gaz. Pal.) qui paraît trois fois par semaine, la Revue Dalloz (D.) et la Semaine juridique (JCP) qui paraissent une fois par semaine. Chacune de ces revues contient des articles de doctrine, de la jurisprudence, et de la législation.
Nombreuses sont les *revues juridiques spécialisées* dans les grandes branches du droit. Elles paraissent en général trimestriellement: Revue trimestrielle de

droit civil, de droit commercial, de droit international privé, de droit public de droit européen, de sciences criminelles, le journal de droit international, la revue française de droit constitutionnel, la revue de droit public, la revue française de droit administratif (RFDA), L'actualité juridique de droit administratif (AJDA)(mensuel), . . .
Elles comportent en général des articles de doctrines importants, de la jurisprudence ou des analyses de jurisprudence et de la législation, souvent également de la bibliographie.

1.4.5. *Les banques de données*

Les banques de données ont pris une très grande importance en droit. Elles peuvent être consultées pour certaines d'entre elles par le Minitel mais d'une façon générale il est possible de les interroger en s'adressant au service du SEDAC de la bibliothèque Cujas à Paris. Les grandes bibliothèques de provinces sont également dotées de terminaux y donnant accès.
Parmi les banques de données, citons Juris-Data et Lexis qui fournissent des informations générales, Lex qui permet de rechercher les textes législatifs ou réglementaires, puis des banques plus spécifiques sur la jurisprudence de la Cour de cassation et du Conseil d'Etat qui sont aussi diffusés en disques laser.
Internet permet maintenant de pouvoir consulter notamment le Journal Officiel français (http://www.legifrance.gouv.fr) et celui des Communautés européennes (http://www.europa.eu.int).

Bibliographie

Introduction au droit

J. L. Aubert, Introduction au droit, Paris (352 p.), Armand Colin 7° éd. 1998; Introduction au droit,(128 p.), Paris, PUF, Que sais-je? n° 1808, 8° éd. 1995.

Ch. Beaudet, Introduction générale et historique à l'étude du droit (256 p.), Paris, Centre de publications universitaires, 1998,

R. Cabrillac, Introduction générale au droit (224 p.), Paris, Dalloz, 2° éd. 1997, coll. Cours

J. Carbonnier, Droit civil, Introduction (352 p.), Paris, PUF coll. Thèmis, 25° éd. 1997.

P. Courbe et Ch. Diton-Gallais, Guide des études de droit (248 p.), Paris Dalloz, 2° éd. 1996

J. Ghestin, G. Goubeaux et M. Fabre-Magnan, Introduction générale (904 p.), Paris, LGDJ 4° éd. 1994.

J. P. Gridel, Notions fondamentales de droit et droit français, Introduction, méthodologie, synthèse (820 p.), Paris, Dalloz 3° éd. 1998.

D. Mainguy, Introduction générale au droit (130 p.), Paris, Litec 1997, coll. Objectif Droit
Ph. Malaurie, Droit civil, Introduction générale, (392 p.), Paris, Cujas, 2° éd. 1994
F. Chabas, Leçons de droit civil, Introduction à l'étude du droit (628 p.), Paris, Montchrestien 11° éd. 1996.
J.-C. Ricci, Introduction à l'étude du droit (160 p.), Paris, Hachette 1998, coll. Les Fondamentaux
B. Starck, Introduction au droit par *H. Rolland et L. Boyer*, Paris Litec, 4° éd. 1996.
F. Terré, Introduction générale au droit (672 p.), Paris, Dalloz, 4° éd. 1998.

Histoire du droit

J. L. Harouel, J. Barbey, et E. Bournazel, Histoire des institutions de l'époque franque à la Révolution, (592 p.) Paris, PUF, collect. Droit fondamental, 8° éd. 1998.
H. Legoherel, Histoire du droit public français (128 p.), Paris, PUF, Que sais-je? n° 755, 3° éd. 1994.
J. Imbert, Histoire du droit privé (128 p.), Paris, PUF. Que sais-je? n° 408 8° éd. 1996.
R. Szramkiewicz et R. Bouineau, Histoire des institutions: 1750-1914, Paris. Litec, 3° éd. 1998.

Organisation judiciaire

L. Cadiet, Droit judiciaire privé, Paris, Litec 1998.
J. Heron, Droit judiciaire privé, Paris, Montchrestien, 2° éd. 1998.
D. Lochak, La justice administrative, (160 p.) Paris, Montchrestien, coll. Clefs, 3° éd.1998.
R. Perrot, Institutions judiciaires (608 p.) Paris, Montchrestien, 8°éd. 1998.
M. L. Rassat, Institutions judiciaires (320 p.), Paris, PUF coll. 1er cycle, 2° éd. 1996.;- La justice en France (128 p.), Paris, PUF, Que sais-Je? n° 612, 5° éd. 1996
H. Régoli, Institutions judiciaires (210 p.), Paris, Dalloz, coll. Cours 1996
A. Rials, L'accès à la justice, (128 p.), Paris, PUF, Que sais-Je? n° 2735, 1° éd.1993
J. Vincent, S. Guinchard, G. Montagnier, A. Varinard, La justice et ses institutions (820 p.) Paris, Dalloz, 4° éd. 1996

2. Le Droit Public

2.1. *Introduction*

Le droit public concerne d'une façon générale les règles qui mettent en cause les différents organes du pouvoir politique.
Ainsi que nous l'avons déjà mentionné c'est à la Révolution française qu'il faut faire remonter le début de l'élaboration d'un véritable droit public. Ce fût en premier lieu l'élaboration du droit constitutionnel puisque nombreuses furent les constitutions qui se succédèrent. Puis ce fût l'élaboration du droit administratif facilitée par la loi de 1872 qui consacrait l'activité purement contentieuse du Conseil d'Etat et l'arrêt *Cadot* du 13 décembre 1889 dans lequel le Conseil d'Etat affirmait sa compétence générale en tant que juge administratif.

2.2. *Le droit constitutionnel*

2.2.1. *L'histoire du droit constitutionnel*

Depuis la première Constitution adoptée par l'Assemblée Constituante le 3 septembre 1791 et dont l'objectif était d'appliquer les principes proclamés par la Déclaration des droits de l'homme du 26 septembre 1789, se sont succédées en France une quinzaine de constitutions qui ont marqué tous les changements politiques intervenus au cours de ces deux siècles.
La première Constitution de 1791 exprimait l'idéal individualiste de la bourgeoisie éclairée du XVIII° siècle. Cela se traduit par l'affirmation de quelques principes fondamentaux tels que la souveraineté nationale, le principe du gouvernement représentatif, le principe de la séparation des pouvoirs et de la primauté de la loi, la liberté, l'égalité et le droit de propriété dont le code civil dira plus tard qu'il s'agit du droit de jouir et de disposer d'une chose de la manière la plus absolue pourvu qu'on n'en fasse pas un usage prohibé par la loi ou les règlements (C. civ. art. 544).
De courte durée cette Constitution fût remplacée par celle de 1793 qui reflétait les conceptions plus rigoureuses de la Convention mais elle n'eut pas le temps

d'être appliquée. Le Directoire élabora une nouvelle Constitution dont l'apport essentiel fût la création du bicamérisme.
Les constitutions adoptées sous le Consulat, puis sous l'Empire se caractérisèrent par une forte concentration du pouvoir dans les mains du premier Consul, puis de l'empereur.
Les Chartes constitutionnelles qui sont accordées en 1814 et 1830 consacrent le gouvernement des classes possédantes en instituant un suffrage censitaire qui ne permet qu'à une minorité de siéger au parlement. Elles marquent cependant la naissance du régime parlementaire partagé entre deux chambres.
La Constitution du 4 novembre 1848 est issue de la révolution de février 1848 qui est à l'origine de la Seconde République. Cette révolution à la différence de la précédente n'est plus d'origine bourgeoise mais d'origine prolétarienne.
Cette Constitution se caractérise par la reprise d'un certains nombres de principes de 1789 mais son inspiration est moins individualiste et plus «solidariste» ce qui la conduit à inscrire au nombre des droits de l'homme le droit au travail et le droit à l'assistance, par exemple.
Elle instaure le suffrage universel dont on ne s'écartera plus et confère le pouvoir législatif à une assemblée unique conformément à une conception absolue de la séparation des pouvoirs. Mais l'absence de moyen d'action de l'exécutif sur le législatif, et réciproquement, conduit au coup d'Etat du 2 décembre 1851.
Napoléon III dans la *Constitution du 15 janvier 1852* reprend les institutions du premier Empire et instaure un pouvoir exécutif fort. Le régime parlementaire est écarté. Le pouvoir législatif est partagé entre trois organes: le Conseil d'Etat qui prépare les lois, le Corps législatif qui les discute et les vote et le Sénat qui en vérifie la constitutionnalité.
La défaite militaire devant l'Allemagne le 4 septembre 1870 entraîne la chute du Second Empire et la proclamation de la Troisième République qui durera jusqu'en 1940.
Les lois constitutionnelles de 1875 instituent un régime parlementaire, le pouvoir exécutif est confié au Président de la République et le pouvoir législatif est partagé entre la Chambre des députés et le Sénat. La première est élue au suffrage universel direct, le second est élu au suffrage indirect à deux et trois degrés.
Le régime de la Troisième République se caractérise par une multiplication de petits partis et la nécessité d'une «concentration républicaine» pour gouverner, ce qui conduit à une grande instabilité gouvernementale accrue par la toute puissance du parlement.
La Troisième République est une période de formation de la tradition républi-

caine marquée par un certain libéralisme politique puisque un contenu juridique est donné aux grandes libertés affirmées par la Déclaration des droits de l'homme de 1789: liberté de la presse en 1881, liberté de conscience et de culte en 1905; d'autres libertés sont également consacrées: liberté syndicale en 1884, liberté d'association en 1901.

La défaite de 1940 sonne le glas de la Troisième République remplacée par le régime de Vichy dans lequel l'essentiel du pouvoir exécutif et législatif est concentré dans les mains du chef de l'Etat.

L'ordonnance du 9 août 1944 du gouvernement de la France libre, sur le rétablissement de la légalité républicaine, prévoit la rédaction d'une nouvelle constitution.

Après de nombreuses difficultés la *Constitution est promulguée le 27 octobre 1946* et consacre la naissance de la Quatrième République qui ne durera que douze ans.

Le régime adopté est un régime parlementaire dans lequel l'Assemblée nationale, qui succède à la Chambre des députés, tient un rôle prépondérant alors que le Conseil de la République, qui remplace le Sénat, ne dispose que de pouvoirs limités et constitue une «chambre de réflexion».Quant au pouvoir exécutif, il associe le Président de la République au Président du Conseil des ministres. Le premier est irresponsable et n'a que des pouvoirs symboliques alors que le second exerce la réalité le pouvoir. Il est le chef de la majorité parlementaire et il est responsable devant le parlement.

L'absence de majorité parlementaire, en raison du mode de scrutin, à la proportionnelle, retenu, alliée à l'absence de solidarité gouvernementale conduisit à une grande instabilité et finalement à la paralysie du système.

Le coup de force militaire du 13 mai 1958 à Alger va accélérer la décomposition du régime et favoriser le retour du Général de Gaulle qui devient d'abord Président du conseil des ministres. C'est sous son égide et celle du Garde des Sceaux, Ministre de la Justice, Michel Debré, qu'est élaborée la Constitution de la Cinquième République.

Elle est promulguée *le 4 octobre 1958*. A la suite des élections législatives le Général de Gaulle est élu Président de la République.

2.2.2 *Le domaine du droit constitutionnel*

A. *Introduction*

Le droit constitutionnel en France a un domaine et une importance différente de ceux qu'il revêt dans d'autres pays.

Les ouvrages de droit constitutionnel français ne sont pas limités au droit

constitutionnel national. Ils traitent de science politique et comportent en général trois parties l'une consacrée aux principaux systèmes du monde, l'autre à l'histoire constitutionnelle française, la troisième réservée à l'étude de notre organisation constitutionnelle actuelle. Encore faut-il préciser que les libertés fondamentales n'y figurent pas et sont habituellement examinées dans les ouvrages de libertés publiques. Certains domaines, enfin, tels que ceux des rapports entre l'Etat et les particuliers relèvent du droit administratif.
Par ailleurs le contrôle de la constitutionnalité des lois reste encore limité comparé à d'autres pays comme les Etats-Unis ou l'Allemagne.
La conception française du droit constitutionnel se fonde sur l'existence d'une constitution. Celle-ci a son origine dans les théories développées au XVIII° siècle et notamment la théorie du pacte social.
L'élaboration d'une constitution a paru aux Révolutionnaires comme le moyen à la fois de limiter le pouvoir des dirigeants, d'instaurer la participation du peuple au pouvoir et d'affirmer les droits du citoyen. Mais la croyance en la vertu des textes pour assurer la démocratie et le respect des droits du peuple s'est estompée devant les pratiques politiques et la preuve qu'une constitution n'est qu'un faible rempart contre la volonté de puissance d'un gouvernement.
Néanmoins, depuis deux siècles la France est régie par une constitution écrite dont l'élaboration et la modification obéit à des conditions de procédure très strictes. Son rôle est de préciser les règles relatives à la dévolution et à l'exercice du pouvoir.
Nous étudierons le contenu du droit constitutionnel après avoir examiné, pour nous conformer au plan prédéterminé, les droits fondamentaux bien qu'ils n'entrent pas, en France, dans le domaine du droit constitutionnel. Quant à l'examen du droit de la nationalité il y sera procédé, conformément à la conception française, lors de l'étude du droit international privé (V. infra 4.8.1.).

B. *Les droits fondamentaux*

Après avoir rappelé quelques généralités nous examinerons ces droits avant d'étudier la protection dont ils font l'objet.

I. *Généralités*

Contrairement à certains pays, la Constitution française de 1958 ne comporte pas d'énumération des droits fondamentaux, cependant elle fait référence à la Déclaration des droits de l'homme de 1789 et au Préambule de la Constitution de 1946 en ces termes: «Le peuple français proclame solennellement son attachement aux droits de l'homme et aux principes de la souveraineté nationale tels qu'ils ont été définis par la Déclaration de 1789, confirmée et complétée par le Préambule de la Constitution de 1946».

L'étude des droits fondamentaux ne relève pas, dans les Facultés de droit, du droit constitutionnel mais du cours de «Libertés publiques» généralement enseigné en troisième année alors que le droit constitutionnel figure au programme de la première année. Cette terminologie, préférée à celle de droits fondamentaux, rend d'ailleurs inexactement compte du contenu de ce cours qui recouvre à la fois l'étude des principales libertés mais aussi celle d'un certain nombre de droits. Elle est le fruit de l'évolution historique qui, partant des droits naturels, a développé des droits publics, des droits individuels et leur a assimilé tout une série d'autres droits disparates.

La source d'un certain nombre de libertés publiques ou de droits fondamentaux se trouve dans *la Déclaration de 1789 et dans le Préambule de la Constitution de 1946.* Le Conseil constitutionnel a reconnu un caractère constitutionnel à ce préambule par une décision du 16 juillet 1971.

Mais il ne s'agit que d'une déclaration des droits, leur protection juridique n'est pas organisée. Il n'y a pas au niveau constitutionnel de véritable protection des libertés. Cette protection relève de la loi qui a, par ailleurs, consacré d'autres libertés.

L'article 34 de la Constitution rattache, en effet, au domaine de la loi «les garanties fondamentales accordées aux citoyens pour l'exercice des libertés publiques».Toutefois la garantie législative est d'une portée moindre que la garantie constitutionnelle car ce qu'a fait une loi, une autre peut le détruire, si bien que tout repose en définitive sur le libéralisme du législateur. Mais lorsque le législateur n'est pas intervenu, c'est l'exécutif qui pourra, le cas échéant, réglementer une liberté, il le fera toutefois sous le contrôle du Conseil d'Etat (V. infra).

Le Préambule de la Constitution de 1946 vise, à côté de la Déclaration de 1789, «les principes fondamentaux reconnus par les lois de la République». Or il n'existe aucun texte fixant la liste de ces principes. Il faut entendre par là, en réalité, les principes dégagés par la jurisprudence du Conseil constitutionnel à partir de l'ensemble des lois (V.infra).

Le Conseil constitutionnel considère que ces principes ont aussi une valeur constitutionnelle en raison de leur mention dans le Préambule de 1946 auquel il a reconnu la même valeur. C'est cet ensemble constitué par la Déclaration de 1789,le Préambule de 1946 et les principes fondamentaux que la doctrine a appelé le «bloc de constitutionnalité».

Il convient également de mentionner les instruments internationaux dont l'influence sur les juges français est indéniable, en particulier la Déclaration universelle des droits de l'homme de 1948 et la Convention européenne des droits de l'homme de 1950.

La France n'a ratifiée cette dernière que le 31 décembre 1973[1] et n'a admis le recours individuel devant la commission européenne des droits de l'homme que le 9 octobre 1981[2]. Intégrée dans l'ordre juridique interne la convention a une valeur supra législative qui impose au juge national de prendre en considération des droits fondamentaux qui n'ont pas été proclamés en tant que tels dans le droit interne.
Il en est de même de la Déclaration des droits de l'enfant du 20 novembre 1989 ratifiée par la France[3] et applicable depuis le 6 septembre 1990.

II. *Le contenu des libertés publiques*

La Déclaration des droits de l'homme de 1789 inspirée à la fois par la tradition judéo-chrétienne, la doctrine des droits naturels du XVII° siècle et la philosophie des lumières du XVIII° siècle s'adresse à l'homme et au citoyen non sans un certain idéalisme. Mais si elle admet un certain nombre de libertés pour tous, elle réserve néanmoins certains droits aux citoyens.
Elle proclame tout d'abord, dans une formule célèbre un double principe de *liberté et d'égalité*: «Les hommes naissent et demeurent libre et égaux en droit». Ils ont des droits naturels et imprescriptibles dont elle donne une liste: la liberté, la propriété, la sûreté et la résistance à l'oppression.
La liberté consiste à pouvoir faire tout ce qui ne nuit pas à autrui. Elle rencontre toutefois une double limite: la jouissance par autrui de la même liberté et les dispositions de la loi. Celle-ci ne peut défendre que les actes nuisibles à la société.
La propriété est un droit inviolable et sacré dont nul ne peut être privé sauf lorsque la nécessité publique, légalement constatée, l'exige et sous la condition d'une juste et préalable indemnité.
La sûreté implique le respect de trois principes:
– nul homme ne peut être accusé, arrêté ou détenu que dans les cas déterminés par la loi et selon les formes qu'elle a prescrites;
– nul ne peut être puni qu'en vertu d'une loi établie et promulguée antérieurement au délit et légalement appliquée;
– tout homme est présumé innocent jusqu'à ce qu'il ait été déclaré coupable.
Quant à la résistance à l'oppression elle ne fait pas l'objet d'autres mentions dans la Déclaration de 1789 sans doute, comme l'a écrit un auteur, parce qu' «il est difficile d'organiser une reconnaissance juridique de l'état d'oppression et de donner aux particuliers les moyens d'y résister par la force».

1 L. n° 73-1227, 31 déc.1973; la convention a été publiée par le décret n° 74-360, 3 mai 1974: JO 4 mai 1974.
2 D. n° 81-917, 9 oct.1981: JO 14 oct.1981.
3 L. n° 90-548, 2 juill.1990: JO 5 juill.1990.

On notera de ce qui précède l'importance également donnée au *principe de la légalité*. Seule la loi peut limiter ou organiser l'exercice d'un droit naturel de l'homme: on ne peut obliger un individu à faire ce qu'elle n'exige pas et tout ce qu'elle n'interdit pas est permis.

La loi est l'expression de la volonté générale mais seuls les citoyens, c'est à dire les personnes qui ont la nationalité française, directement ou par leurs représentants peuvent concourir à sa formation. Tous les citoyens sont égaux devant la loi et peuvent accéder aux dignités, places et emplois publics à la seule condition qu'ils en aient les capacités, la vertu et le talent.

La loi est encore la seule limite mise à l'exercice d'autres libertés telles que la liberté d'opinion et la liberté religieuse, la liberté de parler, d'écrire ou d'imprimer.

Enfin la Déclaration donne au citoyen le droit de consentir et de prévoir l'impôt à condition qu'il soit également réparti entre eux en raison de leurs facultés.

Ces droits et libertés ont été réaffirmés par la Préambule de la Constitution du 27 octobre 1946 qui a complété la Déclaration en proclamant «les principes politiques, économiques et sociaux particulièrement nécessaires à notre temps». Deux principes d'ordre politique y sont énoncés: l'égalité entre l'homme et la femme et le droit d'asile sur le territoire de la République pour «tout homme persécuté en raison de son action en faveur de la liberté». Quant aux *principes d'ordre économique*, ils concernent:

– le devoir de travailler et le droit d'obtenir un emploi ainsi que l'absence de discrimination dans le travail en raison des origines, des opinions ou des croyances de chacun;
– la liberté syndicale;
– le droit de grève;
– la participation des travailleurs à la détermination collective des conditions de travail et de gestion des entreprises;
– l'affirmation d'un principe de nationalisation des exploitations qui ont ou acquièrent le caractère d'un service public national ou d'un monopole de fait.

Enfin le Préambule énonce un certain nombre de principes d'ordre social dont la portée juridique reste vague. Ainsi la Nation assure à l'individu et à la famille les conditions nécessaires à leur développement, elle garantit à tous, notamment à l'enfant, à la mère et aux vieux travailleurs la protection, la santé, la sécurité matérielle, le repos et les loisirs, elle proclame la solidarité et l'égalité de tous les Français devant les charges résultant des calamités nationales, elle garantit l'accès de l'enfant et de l'adulte à l'instruction à la formation professionnelle et à la culture.

Ces dernières dispositions qui s'apparentent davantage à des déclarations d'intention qu'à une consécration de droits fondamentaux sont insuffisam-

ment précises pour pouvoir être invoquées valablement devant les tribunaux.
A ces dispositions s'ajoutent un certains nombre de lois qui ont affirmé une liberté publique ou un droit fondamental ou qui ont précisé des droits constitutionnels.
On citera à titre d'exemple: la loi du 30 juin 1881 sur les réunions publiques prévoyant qu'elles peuvent se tenir librement, la loi du 29 juillet 1881 sur la liberté de la presse, la loi du 1er juillet 1901 autorisant la libre création d'association, la loi du 9 décembre 1905 concernant la séparation de l'Eglise et de l'Etat, la loi du 30 septembre 1986 relative à la liberté de communication.

Mais au fur et à mesure que le Conseil constitutionnel est amené à se prononcer sur les libertés instituées par ces lois, elles sont absorbées par la qualification de «principes fondamentaux reconnus par les lois de la République» et acquièrent donc une valeur constitutionnelle. Depuis la décision du Conseil constitutionnel du 16 juillet 1971 rendue au sujet de la loi du 1er juillet 1901, de nombreuses décisions ont confirmé la position de la haute juridiction. C'est le cas par exemple, pour la liberté individuelle qui implique la liberté d'aller et de venir (12 janvier 1977), la liberté de l'enseignement (23 novembre 1977), l'inviolabilité du domicile (29 décembre 1983) ou la liberté d'expression des universitaires (20 janvier 1984) . . .

III. *La protection juridique des libertés*

La protection juridiques des libertés est assurée de diverses manières selon l'organe contre les atteintes duquel il est nécessaire de se prémunir. Il faut distinguer entre les atteintes qui peuvent être portées aux libertés par le législateur ou par le pouvoir exécutif et l'administration. Dans le premier cas, le Conseil constitutionnel a une compétence exclusive, dans le second, la compétence est partagée entre les tribunaux administratifs et les tribunaux judiciaires. Il faudra enfin préciser le rôle du médiateur.

1. *Les atteintes portées aux libertés par le législateur*

L'hostilité traditionnelle du droit public a établir un contrôle du respect des libertés par le législateur explique qu'il ait fallu attendre la Constitution de 1958 pour voir instaurer un contrôle, restreint il est vrai, puisque le Conseil constitutionnel ne pouvait à l'origine être saisi que par la Président de la République le Premier Ministre et les présidents des deux assemblées.
La réforme constitutionnelle du 29 octobre 1974 en permettant à soixante députés ou à soixante sénateurs de saisir le Conseil Constitutionnel a contribué à une saisine plus fréquente de celui-ci. Mais le contrôle de la cons-

titutionnalité des lois notamment dans leur respect des droits fondamentaux est imparfait pour au moins trois raisons:
– les particuliers ne peuvent pas saisir directement le Conseil constitutionnel, et la proposition de modification dans ce sens présentée lors de l'examen de la réforme constitutionnelle de mai 1993, a été écartée par le Sénat;
– les lois ne peuvent être contrôlées qu'entre le moment où elles ont été votées et celui où elles sont promulguées;
– seul le Conseil constitutionnel est juge de la conformité de la loi avec la Constitution. Aucun autre recours n'est possible.
Néanmoins, l'exercice de ce contrôle restreint n'a pas empêché, le Conseil constitutionnel, depuis sa décision du 16 juillet 1971, de s'être imposé comme le défenseur des libertés fondamentales.

2. *Les atteintes portées aux libertés par le pouvoir exécutif*

Les atteintes qui pourraient être portées aux libertés par le pouvoir exécutif peuvent faire l'objet de trois sortes de contrôles.

a) *Les juridictions administratives* ont un large pouvoir de contrôle des actes administratifs faisant griefs à un particulier. Ce contrôle porte sur le respect par l'administration de la loi et des principes généraux du droit.
Une distinction s'impose toutefois entre l'acte administratif pris en application d'une loi et celui qui est pris en l'absence d'une loi ou à titre autonome. Dans le premier cas, le Conseil d'Etat qui n'est pas juge de la constitutionnalité des lois ne pourra que vérifier la compatibilité de l'acte avec la loi sans rechercher si celle-ci est conforme ou non à la Constitution, a fortiori si celle-ci a été déclarée conforme par le Conseil constitutionnel.
En revanche, dans le second cas, le juge administratif recherche si l'acte administratif a respecté les principes généraux du droit. Or le Conseil d'Etat les déduit, soit de la Déclaration de 1789 ou du Préambule de 1946, soit d'une certaine tradition libérale et estime que ces principes s'imposent au gouvernement et à l'administration. Il existe donc un contrôle important de la conformité des actes de l'exécutif aux droits fondamentaux auxquels se réfère la Constitution. L'initiative de ce contrôle est largement ouverte au citoyen.
Néanmoins ce contrôle présente quelques faiblesses car le citoyen hésite parfois à exercer un recours, source de soucis qui ne sont pas toujours proportionnels au préjudice subi. Le recours pour excès de pouvoir n'est, par ailleurs, pas suspensif d'exécution, ce qui nuit à son efficacité d'autant plus que la procédure est longue.
Deux sanctions sont possibles: l'annulation de l'acte administratif illégal portant atteinte aux libertés de l'intéressé et la réparation du préjudice subi. Mais l'inertie de l'administration ruine parfois l'intérêt de ces solutions.

b) *Les tribunaux judiciaires* jouent aussi pour des raisons historiques un rôle important dans la protection des libertés publiques.
Le juge judiciaire intervient pour juger pénalement les agents publics qui ont porté atteinte aux libertés.
Il apprécie la légalité des règlement administratifs par voie d'exception: lorsqu'un règlement sert de fondement à une poursuite pénale et que le prévenu invoque son illégalité, le juge pénal est compétent pour apprécier sa légalité mais il ne peut pas l'annuler, il refusera simplement de l'appliquer.
Enfin le juge judiciaire est traditionnellement gardien des libertés individuelles ainsi que le rappelle l'article 66 de la Constitution.
S'agissant des autres libertés, il n'est compétent que lorsque le comportement fautif de l'administration constitue une voie de fait, c'est à dire lorsqu'on est en présence d'une atteinte irrégulière et grossière à une liberté publique. Mais il a, alors, des pouvoirs supérieurs à ceux du juge administratif puisqu'il peut ordonner la cessation du trouble sous astreinte, c'est à dire qu'il peut, en réalité, adresser des injonctions à l'administration.

c) *Le rôle du médiateur*. La France, à l'imitation de certains systèmes étrangers s'est dotée en 1973 d'un médiateur dont le rôle, resté modeste dans les premières années qui ont suivi sa création, tend à s'accroître.
Le médiateur est nommé pour six ans par le gouvernement. Il n'est pas renouvelable et son mandat est incompatible avec toute fonction parlementaire. Il ne peut être mis fin à ses fonctions qu'en cas d'empêchement constaté par un collège composé de conseillers à la Cour de cassation, au Conseil d'Etat et à la Cour des comptes. Il ne peut recevoir d'instructions de personne et bénéficie d'une immunité pour les opinions ou les actes accomplis pendant l'exercice de ses fonctions.
Le Conseil d'Etat[4] a, cependant, jugé que le médiateur avait le caractère d'une autorité administrative, ses décisions, généralement rares, il est vrai, peuvent donc être soumises au juge administratif si elles font grief.
Le médiateur n'est pas saisi directement par les administrés mais par un député ou un sénateur à la suite de la réclamation de l'intéressé (personne physique ou morale, française ou étrangère).Un parlementaire peut, toutefois, agir en son propre nom lorsqu'il estime qu'une question mérite l'intervention du médiateur.
Celui-ci est chargé de recevoir les réclamations concernant, dans leurs relations avec les administrés, le fonctionnement des administrations de l'Etat, des collectivités publiques territoriales, des établissements publics et de tout autre organisme investi d'une mission de service public.

4 CE 31 juil.1981, *Retail:* D.1981 p. 622 note *Y. Gaudemet.*

Lorsqu'une réclamation lui semble justifiée, le médiateur fait toutes les recommandations nécessaires pour régler les difficultés dont il est saisi, il peut aussi faire toutes propositions tendant à améliorer le fonctionnement de l'organisme concerné. Il est informé des suites qui sont données à ses interventions. Il peut rendre publiques ses recommandations. Il est habilité, en cas d'inertie de l'organisme concerné, à engager contre tout agent responsable une procédure disciplinaire ou même à saisir les juridictions répressives. Les ministres et toutes les autorités publiques doivent faciliter la tâche du médiateur.

Il faut enfin préciser, que la réclamation présentée au médiateur, doit avoir été précédée des démarches nécessaires auprès des administrations concernées et qu'elle n'interrompt pas les délais de recours devant les juridictions compétentes. Le médiateur ne peut intervenir dans une procédure engagée, ni remettre en cause le bien-fondé d'une décision juridictionnelle. Il présente tous les ans au Président de la République et au Parlement un rapport sur ses activités qui fait l'objet d'une publication officielle.

Malgré le nombre important et croissant de dossiers traités par an[5], le médiateur français est loin d'avoir le prestige et les pouvoirs de certains de ses homologues étrangers. Il est vrai qu'il a rarement eu l'occasion d'intervenir en matière de libertés publiques en raison du bon fonctionnement de la juridiction administrative dans son appréciation de la légalité.

C. *Le système de gouvernement*

La France est une République unitaire, laïque, démocratique, sociale et libérale fondée sur le suffrage universel, la suprématie du droit et le pluralisme politique.

Elle a pour devise: «Liberté, Egalité, Fraternité».

I. *Les caractères généraux de la Constitution*

La Constitution de 1958 s'inscrivait dans un climat de réaction contre le régime de la Quatrième République ce qui explique certaines de ses caractéristiques mais le régime constitutionnel parlementaire prévu a évolué vers un régime présidentiel et la Constitution a été modifiée à plusieurs reprises notamment en 1962,1974,1992 et 1993.

La Constitution a renforcé les pouvoirs du Président de la République et celle du gouvernement, elle a limité l'hégémonie parlementaire, elle a prévu un contrôle de la constitutionnalité des lois tout en restreignant par ailleurs le domaine de la loi.

5 Le médiateur a été saisi de 45 867 dossiers en 1997, soit près de 30 % de plus qu'en 1992.

La Constitution peut être modifiée par une loi constitutionnelle adoptée dans des conditions particulières.
L'initiative de la révision de la Constitution appartient concurremment au Président de la République sur proposition du Premier Ministre et aux membres du Parlement. Deux procédures sont prévues par l'article 89 de la Constitution:
– le projet de révision (initiative présidentielle) ou la proposition (initiative parlementaire) de loi doit être voté par l'Assemblée nationale et le Sénat, en termes identiques. La loi doit ensuite être approuvée par référendum avant de devenir définitive.
– il n'y a pas de référendum si le Président de la République décide de soumettre la loi au Parlement convoqué en Congrès, c'est à dire les deux chambres réunies. La révision doit alors être approuvée à la majorité des trois cinquièmes des suffrages exprimés.
La révision ne peut pas intervenir lorsqu'il est porté atteinte à l'intégrité du territoire et la forme républicaine du gouvernement n'est pas susceptible de faire l'objet d'une révision.

II. *Les organes de l'Etat et leurs compétences*

Il faut envisager l'organisation, le fonctionnement et les compétences du pouvoir exécutif et du pouvoir législatif.

1. *Le pouvoir exécutif: le Président de la République et le Gouvernement*

Le pouvoir exécutif est partagé entre le Président de la République et le gouvernement.

a) *Le Président de la République*

Depuis la modification constitutionnelle du 6 novembre 1962, le Président de la République est élu pour sept ans au suffrage universel direct.
La majorité absolue des suffrages exprimés est requise si celle-ci n'est pas obtenue au premier tour, un deuxième tour est organisé quinze jours plus tard. Mais seuls peuvent s'y présenter les deux candidats qui ont recueilli le plus grand nombre de voix au premier tour, le cas échéant après le retrait de candidats plus favorisés.
La réduction de la durée du mandat présidentiel à cinq ans est une question qui est fréquemment évoquée mais qui n'a pas encore été résolue.
Le Président est rééligible. En cas de cessation des ses fonctions en raison de sa démission, de son décès ou d'une incapacité, l'intérim est assuré par le Président du Sénat qui dispose des mêmes pouvoirs que le Président à l'exception du droit de dissoudre l'Assemblée nationale, du droit de faire procéder à

une révision de la Constitution ou de consulter le pays par référendum. Des élections doivent être organisées dans un délai de vingt jours au moins et de trente-cinq jours au plus.
Le rôle du Président de la République est de veiller au respect de la Constitution et d'assurer par son arbitrage le fonctionnement régulier des pouvoirs publics ainsi que la continuité de l'Etat. Il est le garant de l'indépendance nationale, de l'intégrité du territoire, du respect des traités, de l'indépendance de l'autorité judiciaire. Il est le chef des armées. Il n'est pas responsable des actes accomplis dans l'exercice de ses fonctions sauf en cas de haute trahison où il est justiciable de la Haute Cour de justice.
La Constitution de 1958 a fait du Président de la République l'élément essentiel du régime en lui conférant des pouvoirs propres à côté des pouvoirs qu'il partage avec le gouvernement.
Le principe est que le Président partage ses pouvoirs. Ceci se traduit par la nécessité que ses décisions soient contresignées par le Premier Ministre et les ministres intéressés qui en endossent ainsi la responsabilité politique.
L'exception consiste dans l'attribution au Président de pouvoirs propres dont l'exercice ne requiert pas de contreseing (art.19) même s'il doit recueillir, dans certains cas, des avis. Cette nouveauté introduite en 1958 lui confère des pouvoirs importants dont la mise en œuvre variera selon que la majorité parlementaire lui est favorable ou qu'au contraire on se trouve en période de cohabitation.
Les pouvoirs propres au Président de la République concernent:
– la nomination du Premier Ministre (art. 8),
– la possibilité de soumettre au référendum tout projet de loi portant sur l'organisation des pouvoirs publics, sur des réformes relatives à la politique économique ou sociale de la nation et aux services qui y concourent ou sur l'approbation ou la ratification d'un traité qui, sans être contraire à la Constitution, aurait des incidences sur le fonctionnement des institutions (art.11). Cette faculté a souvent été utilisée par le général de Gaulle.
– la dissolution de l'Assemblée nationale (art.12),
– l'utilisation des pleins pouvoirs en cas de crise grave mettant en péril la nation (art.16),
– la faculté de communiquer avec le Parlement par des messages qu'il fait lire et qui ne donnent lieu à aucun débat (art.18),
– la nomination de trois membres du Conseil Constitutionnel (art. 56),
– la saisine de cette juridiction pour faire vérifier la constitutionnalité d'une loi (art. 61) ou d'un traité (art. 54).
Outre les pouvoirs spécifiques dévolus au Président de la République par la Constitution, elle lui confère un certain nombre d'attributions telles par exemple, la présidence du Conseil des ministres, la convocation du parlement en session extraordinaire, la promulgation des lois, la nomination aux emplois

civils ou militaires, la négociation et la ratification des traités, l'initiative de la révision constitutionnelle, le droit de grâce.

b) *Le gouvernement*

Le gouvernement est composé du Premier Ministre, des ministres et des secrétaires d'Etat. Il détermine et conduit la politique de la Nation. Ses membres sont pénalement responsables devant la Cour de justice de la République (V. supra 1.2.), des actes accomplis dans l'exercice de leurs fonctions et qualifiés de crimes ou délits au moment où ils ont été commis.

aa) *Le Premier Ministre* est nommé par le Président de la République qui a une totale liberté de choix notamment si la majorité parlementaire est de la même tendance que lui, si au contraire elle lui est hostile, il doit choisir le Premier Ministre dans les leaders de cette majorité. Mais en tout état de cause le Premier Ministre doit avoir la confiance de la majorité parlementaire.

Le Premier Ministre dirige l'action du gouvernement et assure l'exécution des lois. Il exerce le pouvoir réglementaire. Il est responsable de la défense nationale.

Il peut à titre exceptionnel suppléer le Président de la République et présider le conseil des ministres à condition d'en avoir reçu le mandat exprès.

Le Premier Ministre est le chef de l'administration et nomme aux emplois civils et militaires par délégation du Président de la République.

Lorsqu'il existe une harmonie de pensée entre le Président et la majorité parlementaire le Premier Ministre met en œuvre la politique présidentielle, au contraire en période de cohabitation, le rôle du Président de la République est moindre et la politique suivie est celle de la majorité parlementaire.

Le Premier Ministre est responsable devant l'Assemblée nationale qui peut censurer le gouvernement. Il a également une responsabilité de fait devant le Président de la République. Cette responsabilité non prévue par la Constitution se manifeste lorsque il y a une communauté de vue entre la majorité et le Président, ce dernier peut demander au Premier Ministre sa démission lorsqu'il souhaite modifier sa politique ou s'il estime que sa politique n'est pas conduite de façon satisfaisante, en revanche dans l'hypothèse de la cohabitation cette responsabilité ne peut pas jouer.

La cessation d'activité du Premier Ministre résulte de sa démission, en cas de désaccord avec le Président, ou lorsque l'Assemblée nationale adopte une motion de censure ou lorsqu'elle désapprouve le programme ou une déclaration de politique générale du gouvernement. Le Président de la République met fin au fonction du Premier Ministre sur la présentation par celui-ci de la démission du gouvernement.

bb) Le choix des *membres du gouvernement* incombe normalement au Premier Ministre dont la liberté varie selon que le Président est soutenu par la majorité, dans un tel cas le Président va intervenir activement dans la composition du gouvernement, dans le cas inverse le rôle du Président se limitera, le cas échéant, à récuser certain choix. C'est le Président de la République qui sur proposition du Premier Ministre nomme les autres membres du gouvernement et met fin à leurs fonctions.

Les membres du gouvernement sont le plus souvent choisis parmi les députés mais ils peuvent également être extérieurs au Parlement. Leur nomination entraîne une incompatibilité avec l'exercice de tout mandat parlementaire ou tout emploi public ou de toute activité privée. Ils sont remplacés au Parlement par leurs suppléants. Lorsque le ministre cesse ses fonctions il ne retrouve pas automatiquement son siège à l'Assemblée nationale. Le suppléant, à la demande du ministre, peut démissionner et des élections partielles ont lieu. Le suppléant n'est pas autorisé à se présenter contre lui.

Enfin, les ministres siègent chaque mercredi au Conseil des ministres alors que les Secrétaires d'Etat n'y ont pas accès sauf lorsqu'une question de l'ordre du jour les concerne.

Ils assistent le Premier Ministre dans la mise en œuvre de sa politique et assurent la gestion de leur ministère. Le gouvernement joue un rôle important dans l'élaboration des projets de lois et dans la préparation de la loi de finance.

2. *Le pouvoir législatif: le Parlement*

Le Parlement comprend l'Assemblée nationale et le Sénat qui sont composés différemment mais obéissent à des règles communes et ont des attributions du même ordre.

a) *L'Assemblée nationale* est élue au suffrage universel direct pour cinq ans. Elle est constituée de 577 députés et représente les citoyens.

Le mode de scrutin actuellement en vigueur est le scrutin uninominal majoritaire à deux tours. Le territoire est divisé en autant de circonscriptions que de siège à pourvoir et chaque circonscription élit un député.

Pour être éligible le candidat député doit être électeur et remplir les conditions suivantes: être Français, avoir vingt- trois ans et jouir de ses droits civils et politiques ou ne pas avoir subi un certain nombre de condamnations pénales. Chaque candidat doit se présenter avec un suppléant appelé à remplacer le titulaire en cas de vacance du siège: décès, fonction incompatible avec celle de député (ministre par exemple) mais la démission du titulaire entraîne une élection partielle.

b) *Le Sénat* est élu au suffrage universel indirect pour neuf ans renouvelable par tiers tous les trois ans. Il comprend 321 sénateurs et assure la représentation des collectivités territoriales de la République.

C'est, en effet, un collège départemental de grands électeurs qui élit les sénateurs. Il est composé des députés, des conseillers généraux et des délégués des conseils municipaux. Les candidats doivent remplir les mêmes conditions que les députés mais être âgés d'au moins trente-cinq ans.
Deux modes de scrutins sont utilisés selon l'importance des départements. C'est le scrutin majoritaire à deux tours pour les départements qui n'ont que quatre siège à pourvoir (la majorité des départements) et c'est la représentation proportionnelle pour quatorze départements qui disposent de cinq sièges ou plus.

c) *Les parlementaires* sont soumis à des *incompatibilités* et bénéficient *d'immunités.*
Les activités publiques sont en principe incompatibles avec un mandat parlementaire.
Il n'est pas possible de cumuler un mandat de député et un mandat de sénateur ou un mandat parlementaire avec la qualité de ministre. La loi de 1985 limite par ailleurs le cumul d'un mandat parlementaire avec un autre mandat électif local (conseil régional, maire, député à l'Assemblée européenne) à un seul.
Les activités privées ne sont pas en principe incompatibles avec un mandat parlementaire mais de nombreuses exceptions sont apportées à ce principe notamment pour les fonctions de direction de sociétés ou d'entreprises qui reçoivent une aide financière des collectivités publiques ou qui font appel public à l'épargne, ou qui exécutent des travaux pour les collectivités publiques ou qui ont une activité de construction ou de promotion immobilière.
Ces incompatibilités ne font pas obstacle à l'élection d'un candidat mais celui-ci une fois élu a un délai de quinze jours pour opter entre son mandat ou la fonction incompatible. A défaut il est déclaré démissionnaire d'office et sans délai par le Conseil constitutionnel saisi par le bureau de l'assemblée ou le ministre de la justice.
Les parlementaires bénéficient d'immunités destinées à garantir leur indépendance. C'est ainsi qu'ils ne peuvent être poursuivis civilement ou pénalement pour les opinions et les votes émis dans l'exercice de leur fonction. Cette irresponsabilité est perpétuelle.
Ils sont également protégés par l'**inviolabilité:** aucun membre du Parlement ne peut faire l'objet, en matière criminelle ou correctionnelle, d'une arrestation ou de toute autre mesure privative ou restrictive de liberté qu'avec l'autorisation du Bureau de l'assemblée dont il fait partie. Cette autorisation n'est pas requise en cas de crime ou délit flagrant ou de condamnation définitive (Const. art. 26).
L'article 27 de la Constitution prohibe tout mandat impératif de la part des électeurs.

Les parlementaires perçoivent une indemnité qui constitue un véritable traitement et sont soumis à un régime fiscal favorable.
Depuis la réforme constitutionnelle du 4 août 1995[6] le Parlement se réunit en session ordinaire le premier jour ouvrable d'octobre jusqu'au dernier jour ouvrable de juin et ne tient qu'une seule session par an au lieu de deux sessions. Le nombre des séances ne peut excéder cent- vingt (Const. art. 28). Il peut siéger en session extraordinaire sur convocation du Président de la République à la demande du Premier Ministre, ou de la majorité des députés, sur un ordre du jour déterminé.

d) *Le Parlement* a une fonction législative et une fonction de contrôle de l'exécutif.
aa) La fonction législative
L'initiative des lois appartient au gouvernement (projet de loi) et aux parlementaires (proposition de loi) à condition qu'elles n'aient pas pour conséquence une diminution des ressources publiques ou l'aggravation des charges publiques et qu'elles n'empiètent pas sur le pouvoir réglementaire. En réalité la plupart des lois ont pour origine un projet gouvernemental.
Le projet de loi est soumis au Conseil d'Etat pour avis, puis fait l'objet d'une délibération en Conseil des ministres avant d'être déposé sur le bureau de l'une des deux assemblées, à l'exception de la loi de finance qui doit être soumise en premier lieu à l'Assemblée nationale.
Le projet est ensuite étudié par l'une des six commissions de l'une des assemblées, des amendements peuvent être apportés au texte initial. Un rapport est élaboré qui sera présenté par le rapporteur de la Commission, à la suite de l'exposé du gouvernement à l'Assemblée ou au Sénat. Après discussion le texte est voté, puis transmis à l'autre assemblée. Si celle-ci ne la vote pas dans des termes identiques le texte revient devant la première. Si le désaccord persiste, après deux lectures par chaque assemblée ou une seule si le Gouvernement a déclaré l'urgence, le Premier Ministre a la faculté de provoquer la réunion d'une commission mixte paritaire composée de députés et de sénateurs chargée d'élaborer un texte susceptible d'être accepté par les deux chambres.
Le texte élaboré par la commission mixte peut être soumis pour approbation aux deux assemblées, aucun amendement n'est recevable s'il n'a été approuvé par le gouvernement.
Si la commission ne réussit pas à élaborer un texte ou si celui-ci n'est pas adopté, le gouvernement peut, aux termes de l'article 45 de la Constitution, après une nouvelle lecture par les deux assemblées, demander à l'Assemblée

6 L. const. n° 95-880, 4 août 1995: JO 5 août 1995.

nationale de statuer définitivement. L'Assemblée nationale a donc le dernier mot en cas de conflit avec le Sénat.
La loi est éventuellement soumise au contrôle du Conseil constitutionnel avant d'être promulguée par le Président de la République et publiée au Journal officiel.
bb) Le contrôle de l'exécutif
La mise en cause de la responsabilité politique du gouvernement devant l'Assemblée nationale (le gouvernement n'est pas responsable devant le Sénat) résulte soit d'une décision de Premier Ministre, prise après délibération du Conseil des ministres qui décide de poser la question de confiance, soit du dépôt signé par un dixième au moins des députés d'une motion de censure. Elle doit être adoptée à la majorité des membres composant l'assemblée et seuls sont recensées les voix favorables à la motion. Si la motion est votée, le gouvernement doit démissionner. Un député ne peut être signataire de plus de trois motions de censure au cours d'une même session ordinaire et de plus d'une au cours d'une même session extraordinaire (Const. art. 49).

III. *Le droit international et le droit communautaire*

1. *Le droit international*

La Constitution confie au Président de la République la négociation et la ratification des traités internationaux.
Une distinction est faite entre certains traités qui ne peuvent être ratifiés qu'en vertu d'une loi et les traités qui peuvent être ratifiés sans autorisation législative.
Les *traités nécessitant une loi* sont les traités de paix, les traités de commerce, les traités ou accords relatifs à l'organisation internationale, ceux qui engagent les finances de l'Etat, ceux qui modifient les dispositions de nature législative, ceux qui sont relatifs à l'état des personnes et ceux qui comportent cession, échange ou adjonction de territoire. Dans ce dernier cas le consentement des populations intéressées doit avoir été recueilli.
Le gouvernement reste toutefois libre de demander au Parlement l'autorisation de ratifier des traités qui n'entrent pas dans les cas visés à l'article 53 de la Constitution.
Le Président de la République peut également, aux termes de l'article 11, soumettre au référendum un projet de loi tendant à autoriser la ratification d'un traité qui, sans être contraire à la Constitution, aurait des incidences sur le fonctionnement des institutions.
Pour *les accords non soumis à ratification*, le Président de la République doit être informé de leur négociation.

Le traité ou l'accord international, dès lors qu'il est de nature à affecter par son application les droits et obligations des particuliers, n'est opposable aux citoyens que s'il a été publié au Journal officiel. Les autres engagements internationaux s'adressant aux autorité publiques, celles-ci en sont nécessairement informées.

La réforme constitutionnelle du 25 juin 1992 a prévu la saisine du Conseil constitutionnel lorsque le Président de la République, le Premier Ministre les présidents des assemblées ou soixante députés ou sénateurs estiment qu'un engagement international comporte des clauses contraires à la Constitution. Si tel est l'avis du Conseil constitutionnel, une réforme de la Constitution doit intervenir avant la ratification du traité. C'est ce qui s'est passé pour la ratification du traité de Maastricht et du traité d'Amsterdam.

Enfin les traités ou accords régulièrement ratifiés ou approuvés ont, dès leur publication une autorité supérieure à celle des lois, sous réserve, de leur application par l'autre partie (Const. art. 55).

La supériorité du traité sur la loi, qui traduit une conception moniste du droit, n'a cependant reçu une consécration jurisprudentielle qu'en 1975 par la Cour de cassation[7] et en 1989 par le Conseil d'Etat[8] à l'occasion d'ailleurs de l'application du droit communautaire.

En revanche, le Conseil constitutionnel ne contrôle pas la conformité des lois aux engagements internationaux: «une loi contraire à un traité n'est pas pour autant contraire à la Constitution[9]».

Quant à la condition de réciprocité posée par l'article 55 de la Constitution, il a été jugé, non sans discussions, que son appréciation relevait du gouvernement[10].

L'interprétation des traités dès lors qu'elle ne soulève pas une question de droit public international relève, selon les Chambres civiles de la compétence des tribunaux judiciaires[11] alors que la Chambre criminelle de la Cour de Cassation[12] estime qu'il faut en référer au gouvernement. Le Conseil d'Etat qui partageait cette position l'a abandonnée[13] en 1990.

7 Cass. ch. mixte, 24 mai 1975, *J.Vabre*, JCP 1975,G, II,18180 bis, concl. *Touffait*; D. 1975. 497, concl. *Touffait*.
8 CE 20 octobre 1989, *Nicolo*, JCP 1989, G, II,21371, concl. *Frydman;* D.1990.135 note *P. Sabourin*.
9 Décision n° 75-54 du 15 janvier 1975: D. 1975 p. 529 note L. Hamon.
10 Cass.1re civ. 6 mars 1984, Rev.crit.DIP,1985 p.108 note *G. Droz*; JDI 1984 p. 859 note *J.Chappez*.
11 Cass. 3e Civ. 27 mars 1973, Rev. crit. DIP 1975 p. 287 note *H. Batiffol*; JDI 1974 p.110 note *D. Ruzié*.
12 Cass. crim. 19 janv. 1982, JDI 1982 p. 685, note *J. Chappez*.
13 CE 29 juin 1990, *Gisti*, D.1990 p. 560 note *P. Sabourin*.

2. *Le droit communautaire*

La réforme constitutionnelle du 25 juin 1992 a complété la Constitution par un titre XIV consacré aux Communautés européennes et à l'Union européenne.

Trois dispositions importantes y figurent, les deux premières sont édictées sous réserve de réciprocité:

– d'une part la France consent aux transferts de compétence nécessaires à l'établissement de l'union économique européenne ainsi qu'à la détermination des règles relatives au franchissement des frontières extérieures des Etats membres de la Communauté européenne;

– d'autre part, il est accordé un droit de vote et d'éligibilité aux élections municipales aux seuls citoyens de l'Union européenne résidant en France sous réserve que ces citoyens ne puissent être maires ou adjoints au maire et ne participent pas à la désignation des électeurs sénatoriaux et à l'élection des sénateurs.

– enfin l'article 88-4 précise que le gouvernement a une obligation d'information et doit soumettre au Parlement les propositions d'actes communautaires comportant des dispositions de nature législative dès que celles-ci sont transmises au Conseil des communautés.

Les règles du droit communautaires sont considérées comme des règles internationales mais d'une nature spécifique. Cette spécificité concerne essentiellement le droit communautaire dérivé c'est à dire les normes émanant des organes communautaires. Il s'agit des règlements, normes générales et directement obligatoires sur l'ensemble du territoire de la Communauté européenne, des directives qui s'imposent aux Etats membres quant aux résultats à atteindre mais qui les laissent libre du choix des moyens (loi, règlement . . .),des décisions qui sont obligatoires mais visent une personne déterminée.

Les normes communautaires ne font pas l'objet d'un contrôle de constitutionnalité dès lors qu'elles ne donnent pas lieu à l'intervention d'une loi susceptible d'être soumise au Conseil constitutionnel.

Les juridictions administratives peuvent cependant sanctionner un décret d'application d'une loi contraire à une directive en ce qu'il manque de base légale et engager la responsabilité de l'Etat[14].

14 CE 28 février 1992, JCP 1992, G, II, 21859, note *G.Teboul*; D.1992 p. 213 et chr. *R. Kovar* p. 207.

IV. *La position des partis politiques dans la Constitution*

Une seule disposition de la Constitution fait référence aux partis politiques et en consacre l'existence. Il s'agit de l'article 2 qui énonce que les partis et les groupements politiques concourent à l'expression du suffrage. Ils se forment et exercent leur activité librement. Ils doivent respecter les principes de la souveraineté nationale et de la démocratie.
Les partis sont constitués sous la forme d'association bénéficiant de la personnalité juridique et des droits qui en découlent.
Deux lois du 11 mars 1988 et du 15 janvier 1990 modifiées à plusieurs reprises, régissent le financement des partis et ont tenté d'instaurer leur transparence financière.
Le financement des partis est assuré en partie par l'Etat et en partie par des dons de personnes privées. Dans ce dernier cas les dons sont soumis à certaines restrictions: interdiction des dons des Etats étrangers, utilisation d'un chèque au delà d'un montant de 1 000 F.(152, 44 euros), distinction entre les dons émanant de personnes physiques qui ne peuvent excéder 30 000 F (4 573, 17 euros) et de personnes morales qui ne peuvent dépasser au maximum 500 000 F. (76 219, 51 euros)
Le financement public des partis se fait en fonction de deux séries de critères: d'une part il s'applique aux partis ayant présenté des candidats dans soixante quinze circonscriptions au moins et il est déterminé en fonction des suffrages obtenus aux élections législatives; d'autre part il concerne les partis représentés à l'Assemblée nationale et il est évalué en fonction du nombre de leurs élus. Les dépenses électorales font l'objet d'un plafonnement dont le taux varie selon le type d'élection[15]. Une loi du 19 janvier 1995[16] a fixé les règles relatives au financement de la vie politique et notamment au financement des campagnes électorales. L'Etat rembourse à chaque candidat une somme représentant 50 % du plafond prévu de ses dépenses à condition qu'il ait obtenu au moins 5 % des suffrages exprimés au premier tour.
Enfin les partis doivent confier l'encaissement des fonds qu'ils reçoivent à une association de financement ou à un mandataire financier afin de faciliter le contrôle. Ces associations ou ces mandataires doivent être agréés par la Commission nationale des comptes de campagne et des financements politiques.
Les principaux partis français sont en partant de l'extrême droite pour aller vers l'extrême gauche: le Front national, le RPR (Rassemblement pour la République), l'Union pour la défense de la France (UDF), les écologistes, le parti socialiste et le parti communiste.

15 Ce plafond est fixé pour l'élection des députés à l'Assemblée nationale à 250 000 F. (38 109, 75 euros) plus 1 F. (0, 15 euro) par habitant de la circonscription: code électoral art. L. 52-11.
16 L. n° 95-65, 19 janv. 1995: JO 21 janv. 1995.

V. *Le statut des religions*

La France est un Etat laïque qui respecte toutes les croyances, cette affirmation qui figure à l'article 2 de la Constitution n'est que la confirmation de la loi du 9 décembre 1905 concernant la séparation de l'Eglise et de l'Etat. Aux termes de ce texte, la République ne reconnaît, ne salarie, ni ne subventionne aucun culte et garantit le libre exercice des cultes. Rien d'étonnant à ce qu'il n'y ait alors dans la Constitution pas de référence au statut des corps religieux.

Il faut toutefois signaler la situation particulière des départements d'Alsace - Lorraine rendus à la France en 1919. Dans ces trois départements (Bas-Rhin, Haut-Rhin et Moselle) la loi de 1905 ne s'applique pas et on y a conservé le système du Concordat de 1801.On y distingue entre les cultes licites et tolérés échappant au contrôle de l'Etat et ceux qui font l'objet d'une reconnaissance officielle: le culte catholique, les deux principales Eglises protestantes, et le culte israélite. Ces cultes reconnus sont érigés en services public, les ministres du culte sont nommés en accord avec les autorités religieuses et l'Etat, et ce dernier les rémunère. C'est le ministère de l'intérieur qui gère ces services publics et leur budget.

VI. *Le droit fiscal constitutionnel*

La Déclaration des Droits de l'homme de 1789 proclame dans son article 14 que «les citoyens ont le droit de constater, par eux-mêmes ou par leurs représentants, la nécessité de la contribution publique, de la consentir librement, d'en suivre l'emploi et d'en déterminer la quotité, l'assiette, le recouvrement et la durée». C'est pourquoi, dans son article 34 qui précise le domaine d'intervention de la loi, la Constitution indique expressément que la détermination de l'assiette, le taux et les modalités de recouvrement des impositions de toute nature relèvent du législateur et que les lois de finances fixent les ressources et les charges de l'Etat. L'ordonnance du 2 janvier 1959 portant loi organique relative aux lois de finance détermine les modalités d'élaboration et de vote de celles-ci. Le Conseil constitutionnel en imposant au législateur le respect des dispositions de cette ordonnance lui confère ainsi une valeur «quasi constitutionnelle».

Le législateur ne détient toutefois pas le monopole du pouvoir normatif en matière fiscale puisque ce qui ne relève pas directement de l'imposition, appartient au pouvoir réglementaire (administration fiscale, juridiction fiscale ou procédure fiscale).Par ailleurs, la loi fixe les principes applicables mais ce sont des textes réglementaires qui en déterminent les modalités pratiques d'application.

Par *loi de finance* il faut entendre:- la loi de finance de l'année qui prévoit et autorise pour chaque année civile l'ensemble des ressources et des charges de l'Etat, - les lois de finance rectificatives qui peuvent seules en cours d'année modifier les dispositions de la loi de finance de l'année, - la loi de règlement qui constate les résultats financiers de chaque année civile et approuve les différences entre les résultats et les prévisions de la loi de finance.
Les lois de finance définissent un équilibre économique et financier en fonction duquel elles déterminent la nature, le montant et l'affectation des ressources et des charges de l'Etat.
Lorsque des dispositions d'ordre législatif ou réglementaire comportent des charges nouvelles, elle ne peuvent être votées ou signées tant que les charges prévues n'ont pas été autorisées par une loi de finance.
C'est le ministre des finances qui sous l'autorité du Premier Ministre prépare les projets de lois de finance qui sont arrêtés en conseil des ministres.
Le projet de loi de finance doit être déposé devant l'Assemblée nationale le premier mardi d'octobre de l'année précédant l'année d'exécution du budget. Son examen est immédiatement soumis à une commission parlementaire.
L'Assemblée nationale doit se prononcer en première lecture dans un délai de quarante jours à partir du dépôt du projet. Si elle n'a pas, dans ce délai, émis de vote, le gouvernement saisit le Sénat du texte initial modifié, le cas échéant, par les amendements votés par l'Assemblée nationale et acceptés par lui. Le Sénat doit se prononcer dans un délai du quinze jours.
S'il n'a pas émis de vote pendant ce délai, le gouvernement saisit à nouveau l'Assemblée nationale du projet initial modifié, le cas échéant, par les amendements votés par le Sénat et acceptés par lui. Dans ce cas le projet est examiné selon la procédure d'urgence.
Les amendements au projet de loi de finance ne peuvent être présentés que s'ils tendent à supprimer ou à réduire effectivement une dépense ou à créer ou accroître une recette ou à assurer le contrôle des dépenses publiques.
Si le Parlement ne s'est pas prononcé dans le délai de soixante-dix jours après le dépôt du projet, les dispositions de celui-ci peut être mis en vigueur par ordonnance.
La loi de finance est divisée en deux parties distinctes. La première partie autorise la perception des ressources publiques et comporte les voies et moyens qui assurent l'équilibre financier, la seconde partie fixe, pour le budget général, le montant global des crédits applicables aux services votés et arrête les dépenses applicables aux autorisations nouvelles. Cette deuxième partie ne peut pas être votée avant la première.
Les évaluations de recettes font l'objet d'un vote d'ensemble pour le budget général mais les dépenses sont votées en deux fois: un premier vote unique concerne les services déjà votés alors que les autorisations nouvelles sont votées par titre et par ministère.

Depuis une vingtaine d'années toutes les modifications législatives importantes du droit fiscal font l'objet d'un contrôle de constitutionnalité si bien que se crée une jurisprudence fiscale constitutionnelle importante. Cette juridiction a rappelé à plusieurs reprises le principe de l'égalité devant l'impôt[17], et elle s'est notamment prononcée sur la nature de la redevance à l'O.R.T.F.[18], le pouvoir fiscal des Communautés européennes[19], les conséquences financières entraînées par l'application du système monétaire européen, l'adaptation de la TVA à la 6e directive du Conseil des Communautés européennes[20], les déductions fiscales pour investissement, l'augmentation des droits sur les vins et les alcools et la fixation des limites de la fiscalité régionale[21], l'imposition sur la fortune, la taxe sur les produits pétroliers, l'exercice du droit d'initiative en matière financière, le contrôle fiscal et le respect du droit de propriété[22], les droits de perquisition et de saisie des agents du fisc[23].

VII. *La théorie des circonstances exceptionnelles*

1. *L'article 16 de la Constitution*

Ce texte confère la plénitude du pouvoir exécutif et du pouvoir législatif au Président de la République lorsque les institutions de la République, l'indépendance de la nation, l'intégrité de son territoire ou l'exécution de ses engagements internationaux sont menacés d'une manière grave et immédiate et que le fonctionnement régulier des pouvoirs publics constitutionnels est interrompu.

Le recours à l'article 16 relève des pouvoirs propres du Président, il doit consulter le Premier Ministre, les présidents des assemblées et le Conseil constitutionnel avant de le mettre en œuvre mais il n'est pas tenu par leurs avis. Il en informe la nation par un message.

L'application de l'article 16 permet au Président de prendre, après consultation du Conseil constitutionnel, les mesures exigées par les circonstances (il peut s'agir aussi bien de lois que de règlements). Elles doivent être inspirées par la volonté d'assurer aux pouvoirs publics constitutionnels les moyens d'accomplir leur mission dans les moindres délais.

L'entrée en vigueur de l'article 16 entraîne la réunion de plein droit du Parlement et l'impossibilité de dissoudre l'Assemblée nationale ou de procéder à une révision de la Constitution.

17 Décisions des 27 décembre 1973, 29 décembre 1984, 29 décembre 1989.
18 Décision du 11 août 1960.
19 Décision du 30 décembre 1977.
20 Décisions du 29 septembre 1978.
21 Décision du 30 décembre 1980.
22 Décision du 30 décembre 1981.
23 Décision du 29 décembre 1984.

Le Président est seul juge du retour du fonctionnement régulier des pouvoirs publics.
Ce texte a été utilisé une seule fois par le Général de Gaulle d'avril à septembre 1961.

2. *L'article 36 de la Constitution: l'état de siège*

L'article 36 de la Constitution habilite le Conseil des ministres à décréter *l'état de siège* pour une durée de douze jours au delà desquels sa prolongation exige l'autorisation du Parlement. L'état de siège ne peut être déclaré qu'en cas de péril imminent résultant d'une guerre étrangère ou d'une insurrection. Il a pour effet de substituer l'autorité militaire à l'autorité civile et de lui conférer l'exercice de la police dans son rôle de maintien de l'ordre et de certaines de ses prérogatives (perquisitions de jour et de nuit, interdiction des réunions et des publications de nature à entretenir le désordre . . .). Il étend également la compétence des conseils de guerre aux civils inculpés de crimes et de délits contre l'Etat.

3. *La loi du 3 avril 1955: l'état d'urgence*

L'état d'urgence a été institué par la loi du 3 avril 1955, il peut être déclaré par décret en Conseil des ministres pour une durée de douze jours, au delà, une loi doit en autoriser la prorogation. Il intervient en cas de péril imminent résultant d'atteintes graves à l'ordre public soit en cas de calamités publiques telles que des inondations ou un tremblement de terre. La proclamation de l'état d'urgence augmente les pouvoirs de l'administration (ministre de l'intérieur, préfets) en matière de police.

VIII. *Les juridictions constitutionnelles*

L'organisation et le fonctionnement de ces juridictions a déjà fait l'objet d'un examen (V. supra 1.2.2.). Rappelons cependant la triple compétence du Conseil constitutionnel, il intervient dans les cas prévus par la Constitution comme autorité constitutionnelle, il est compétent en matière d'élection et en matière de contrôle de la constitutionnalité des lois.
Afin d'assurer l'application de la Constitution, le Conseil constitutionnel doit donner son avis en cas de recours à l'article 16, il constate l'empêchement du Président de la République, il se prononce sur le report éventuel de la date d'élection du Président.
En matière d'élection il veille à la régularité de l'élection du Président de la République, il établit la liste des candidats, il examine les réclamations et statue sur la légalité des opérations électorales, il proclame les résultats. Il

statue, en cas de contestation, sur la régularité de l'élection des députés et sénateurs. Enfin il veille à la régularité des opérations de référendum et en proclame les résultats.

Il connaît également de la constitutionnalité des lois votées mais non encore promulguées. Il s'agit d'un contrôle limité dans le temps et limité en raison des personnes qui peuvent le saisir: le Président de la République, le Premier Ministre, les présidents des assemblées et soixante députés ou sénateurs.

Le projet de modification de la Constitution de 1993 proposait une saisine du Conseil constitutionnel par les justiciables mais le Sénat dans sa séance du 25 mai 1993 n'a pas retenu cette disposition du projet.

Lorsqu'il est saisi, il doit statuer dans le délai d'un mois sauf s'il y a urgence auquel cas le gouvernement peut demander que ce délai soit ramené à huit jours. Sa saisine a un effet suspensif en ce sens que la loi ne peut pas être promulguée tant qu'il n'a pas rendu sa décision. Ses décisions s'imposent aux pouvoirs publics, aux autorités administratives et juridictionnelles.

Trois solutions sont possibles, soit la loi est conforme à la Constitution et le Président de la République peut procéder à sa promulgation, soit au contraire elle est contraire à la Constitution et la loi ne peut être ni promulguée, ni mise en application. A ces deux solutions prévues par la Constitution la pratique du Conseil constitutionnel en a ajouté une troisième.

Il arrive que lorsqu'il rend une décision de conformité de la loi à la Constitution il l'assortisse cependant de recommandations sur la façon d'interpréter la loi ou de la mettre en œuvre. Si ces prescriptions ne sont pas suivies par le gouvernement, un recours pour excès de pouvoir devant le Conseil d'Etat peut, en principe, être formé par les personnes concernées.

Cette troisième voie qui inspire un certain nombre de décisions du Conseil a pour conséquence de modifier la nature des décisions rendues, de déclaratives elle deviennent prescriptives. Une telle évolution est critiquée par une partie de la doctrine.

Bibliographie

Droit constitutionnel

P. Ardant, Institutions politiques - droit constitutionnel, (592 p.), Paris, LGDJ, 10°éd.1998.; Les institutions de la V° République (160 p.), Paris, Hachette, coll. Les fondamentaux n° 7

G. Burdeau, *F. Hamon* et *M. Troper*, (768 p.), Manuel de droit constitutionnel, Paris, LGDJ, 25° éd.1997.

B. Chantebout, Droit constitutionnel et sciences politiques, (672 p.) Paris, A.Colin,15° éd.1998

G. Drago, Contentieux constitutionnel français, (608 p.) Paris, PUF, coll. Thémis 1998

Ph. Foillard, Droit constitutionnel et institutions politiques, (416 p.), Paris, Centre de publications universitaires, 1998
Cl. Leclercq, Droit constitutionnel et institutions politiques (744 p.), Paris, Litec 9° éd.1995
D. Rousseau, Droit du contentieux constitutionnel, (448 p.) Paris, Montchrestien, 5° éd.1998.
P. Pactet, Institutions politiques - droit constitutionnel, (576 p.) Paris, Masson,17° éd.1998.
H. Portelli, Droit constitutionnel, (269 p.), Paris, Dalloz, coll. Cours 1996
D. Turpin, Droit constitutionnel (848 p.), Paris, PUF, coll. Droit fondamental, 3° éd.1997.; Le conseil constitutionnel, (160 p.) Paris, Hachette, coll. Les fondamentaux n° 45

Libertés publiques
J. J Israël, Droit des libertés fondamentales (596 p.), Paris, LGDJ, coll. Manuels, 3° éd. 1998
C. Leclercq, Libertés publiques (321 p.), Paris, Litec, 3° éd.1996.
J. Morange, Les libertés publiques (128 p.), Paris, PUF, Que Sais-Je? n° 1804, 6° éd. 1995
J. Rivero, Les libertés publiques, Paris, PUF, coll. Thémis: T.1 Les droits de l'homme (272 p.), 8° éd.1997.; T.2 Le régime des principales libertés (424 p.), 5° éd.1996.
J. Robert et J. Duffar, Libertés publiques et droits de l'homme (855 p.), Paris, Montchrestien, 6° éd. 1996.
P. Rolland, La protection des libertés en France (160 p.), Paris, Dalloz, coll. Connaissance du droit, 1995
D. Turpin, Les libertés publiques, Paris, Dunod, 4° éd.1998.

2.3. *Le droit administratif*

Nous examinerons tout d'abord les principales règles applicables en droit administratif général, puis les grandes lignes de quelques branches spéciales du droit administratif, enfin les principes du contentieux administratif.

2.3.1. *Le droit administratif général*

Le droit administratif français trouve son origine dans le principe de la séparation des pouvoirs tel qu'il a été traduit par la loi des 16-24 août 1790 proclamant que «les fonctions judiciaires sont et demeureront toujours séparés des fonctions administratives. Les juges ne pourront, à peine, de forfaiture, troubler de quelque manière que ce soit les opérations des corps administratifs, ni citer devant eux les administrateurs pour raison de leurs fonctions».
L'affirmation de ce principe dit de la séparation des autorités administratives et judiciaires excluait que les actes administratifs puissent être contestés

devant les autorités judiciaires. La raison de cette exclusion est historique et réside dans le ressentiment nourri par les Révolutionnaires à l'encontre des anciens Parlements qui avaient fait obstacle aux tentatives de réformes administratives de l'Ancien Régime.

Il en résulta que l'administration se jugeait elle-même.

On sait (V. supra 1.2.2.) que lors de sa création par la constitution de l'An VIII, le Conseil d'Etat n'était chargé que de conseiller les ministres dans les litiges les opposant aux administrés et que ce n'est qu'en 1872 que lui fut conféré une fonction véritablement juridictionnelle.

C'est donc à partir de cette époque que se développe le droit administratif dont la caractéristique essentielle est d'être un droit prétorien fondé sur la jurisprudence du Conseil d'Etat. En effet, contrairement au droit civil systématisé par le code civil, le droit administratif n'a pas fait l'objet d'une codification. Et s'il existe actuellement un code administratif, il ne s'agit en réalité que d'un recueil de textes classés par ordre alphabétique.

Au delà des textes, la connaissance de la jurisprudence est donc indispensable pour appréhender le droit administratif ce qui contribue, d'ailleurs, à rendre son contenu plus difficile à connaître.

Le droit administratif s'est progressivement écarté du droit commun constitué par le droit civil, pour former un droit spécifique dont la connaissance est confiée à des juridictions spécialisées. Cette dualité juridictionnelle constitue l'un des principes fondamentaux reconnu par les lois de la République[24].

L'autonomie du droit administratif n'est toutefois pas absolue, car si dans de nombreux domaines il a forgé ses règles propres (propriété, contrat, responsabilité), il arrive que ses règles coïncident avec celles du droit privé car elles répondent à des besoins identiques, ou même, que le juge administratif applique clairement une règle du droit privé en visant expressément le texte de la loi civile.

Enfin à la différence du droit civil, le droit administratif évolue beaucoup plus rapidement en raison de son caractère jurisprudentiel qui permet une adaptation souple du droit aux réalités changeantes des relations entre administration et administrés.

Différent du droit civil, le droit administratif a nécessité une recherche des critères le distinguant du droit civil considéré comme le droit commun.

A la doctrine du XIX° siècle fondée sur l'idée de *puissance publique* consacrant un rapport d'inégalité entre l'Etat dans ses relations avec les individus a succédé la notion de service public.

Le *service public* est un service d'intérêt général géré par une personne publique selon un régime exorbitant du droit commun et qui, pour certains, se confondrait avec le régime administratif. Mais ce dernier élément de la défini-

24 Cons.Const.23 janv.1987, JCP 1987,G, II, 20854, note *F. Sestier*.

tion a dû être abandonné en raison de la concurrence qui s'est développée entre droit privé et régime administratif dans la gestion des services publics. Néanmoins la notion de service public n'a pas disparue mais la doctrine a ajouté un critère complémentaire, celui de la gestion publique de ce service par opposition à la gestion privée.
La doctrine contemporaine a tendance à abandonner le critère finaliste, c'est à dire l'objectif poursuivi: l'intérêt général, pour retenir un critère matériel, fondé sur le contenu de l'acte: l'utilisation de conditions exorbitantes du droit commun, la forme de l'acte ou l'objet de l'acte lorsque celui-ci est inaccessible aux personnes privées.
Après avoir examiné l'organisation administrative, nous étudierons les règles qui s'imposent à l'administration, ses moyens d'action, ses modalités d'intervention, puis nous indiquerons les caractéristiques de la responsabilité administrative et de la propriété publique.

A. *Les principes de l'organisation administrative*

I. *Les personnes du droit administratif*

L'organisation administrative met en présence deux grandes catégories de personnes: des personnes physiques qui peuvent être qualifiées d'autorités administratives (chef de l'Etat, ministres, chefs de service, fonctionnaires) et des personnes morales (personnes publiques) dotées de la personnalité juridique, celles-ci se répartissant entre l'Etat et les collectivités territoriales, et les établissements publics.
Les collectivités territoriales résultent soit de la Constitution, qui dans son article 72 mentionne les communes, les départements et les territoires d'outremer, soit de la loi, par exemple, les régions instituées par la loi du 2 mars 1982. Elles se caractérisent par leur compétences territoriales et la généralité de leurs fonctions.
Les établissements publics sont créés par la loi et disposent, contrairement aux collectivités territoriales, de fonctions spécifiques mais qui ne sont pas nécessairement limitées territorialement.

II. *Le régime juridique des personnes de droit public*

Ces différentes catégories de personnes sont soumises à un régime juridique particulier présentant les caractéristiques suivantes:
– les personnes publiques bénéficient de prérogatives de puissance publique ~~telle~~ que la création unilatérale de règle de droit s'imposant à leurs destinataires mais la possibilité d'émettre des décisions exécutoires qui autrefois

constituait une de leurs prérogatives est maintenant partagée avec des organismes privés;
– les personnes publiques ne peuvent pas faire l'objet de voies d'exécution car leurs biens sont insaisissables ce qui implique que les procédures de redressement judiciaire ou de liquidation judiciaire (faillite) leur soient inapplicables;
– ceux des contrats passés par ces personnes et qualifiés de «contrats administratifs» obéissent à des règles particulières différentes du droit commun;
– enfin elles n'ont pas le droit de recourir à l'arbitrage pour régler leur litige.

III. *Les relations entre les personnes publiques*

Deux grands principes sont concevables en matière d'organisation administrative: la déconcentration et la décentralisation. L'administration française traditionnellement centralisée a été profondément réformée par la loi du 2 mars 1982 sur la décentralisation territoriale. Elle est actuellement à la fois décentralisée et déconcentrée.
La décentralisation traduit un rapport d'autonomie entre personnes publiques. La collectivité décentralisée, par exemple, une commune, jouit de la personnalité morale et constitue une entité distincte de l'Etat, quant à son patrimoine, son personnel, sa gestion financière. Cette collectivité est administrée par des représentants locaux élus et non par une personne émanant du pouvoir central. Elle a une compétence territorialement définie.
La décentralisation n'est cependant pas assimilable à une complète indépendance et il subsiste un contrôle exercé par le pouvoir central. Ce contrôle était traditionnellement désigné par les termes de «tutelle administrative» laquelle n'existait pas de plein droit mais seulement dans la mesure où un texte l'avait expressément prévue et organisée. Elle pouvait se traduire soit par une obligation d'autorisation préalable, soit par un pouvoir de suspension, d'annulation ou de réformation de l'acte pris par la collectivité décentralisée.
La loi du 2 mars 1982 a remplacé la tutelle sur les collectivités territoriales par un «contrôle administratif» qui limite les pouvoirs de l'organe de contrôle. Celui-ci ne peut, sauf exception, que déférer aux tribunaux administratifs les actes des collectivités territoriales. Les tribunaux ne se prononcent que sur la légalité de l'acte et non sur son opportunité.
A l'inverse l'organe décentralisé peut exercer un recours en excès de pouvoir contre des mesures de contrôle administratif.
La déconcentration à la différence de la décentralisation n'est qu'une technique d'organisation au sein de la personne publique. Elle consiste à répartir le personnel et les compétences entre administration centrale et services déconcentrés. Mais dans ce cas les délégués de l'administration centrale

restent subordonnés au pouvoir hiérarchique qui exerce un contrôle de légalité et d'opportunité sur leurs activités.
Le supérieur hiérarchique exerce de plein droit:
– un pouvoir d'instruction: il peut donner des ordres à ses subordonnés;
– un pouvoir d'annulation ou de réformation des décisions prises par ses subordonnés;
– un pouvoir de substitution d'action c'est à dire qu'il peut prendre des décisions au lieu et place de ses subordonnés.

B. *L'organisation administrative*

L'organisation administrative repose sur l'Etat, les collectivités territoriales et les établissements publics.

I. *L'Etat*

Aucune disposition constitutionnelle ne prévoit l'organisation de l'administration ou des ministères.
L'administration de l'Etat a la charge de préparer et d'exécuter les décisions prises par le pouvoir exécutif.
Elle est partagée entre les services centraux et les services déconcentrés qui n'ont pas de personnalité juridique distincte de celle de l'Etat.
Le chef de l'Etat et le Premier Ministre qui symbolisent le pouvoir exécutif sont à la tête de l'administration et en assurent la direction. Bien que leurs fonctions relèvent essentiellement du droit constitutionnel, ils sont des autorités administratives.
Le Président de la République participe au pouvoir réglementaire en signant les décrets délibérés en conseil des ministres et les ordonnances prévues à l'article 38 de la Constitution. Il partage avec le Premier Ministre le pouvoir de nommer les fonctionnaires pour les plus hauts emplois et il organise les services de la présidence dont il nomme les membres par arrêtés.
Mais c'est *le Premier Ministre* qui est le véritable chef des administrations d'Etat. Il est assisté d'un cabinet (civil), d'un cabinet militaire, du secrétariat général du gouvernement dont le rôle est purement administratif (préparation du Conseil des ministres, transmission aux ministres des instructions du Premier Ministre . . .) et d'un certain nombre d'autres services.
Les ministères sont créés par décret et leur nombre varie au gré des gouvernements. Ils sont composés du ministre et de l'administration centrale.
La nomination d'un ministre présente un caractère éminemment politique. Les ministres sont théoriquement sur un plan d'égalité mais en pratique le ministre des Finances a une importance prépondérante.

Chaque ministre dirige un département ministériel dont il est le chef de service. Il exerce donc le pouvoir hiérarchique sur tous le personnel de son département et prend les décisions qu'exige la bonne marche du service. Il représente l'Etat pour les actes juridiques entrant dans le domaine de ses attributions. Il participe à l'exercice du pouvoir réglementaire par la pratique du contre - seing des décrets du Premier Ministre concernant son département. Il élabore les circulaires. Ses décisions prennent la forme d'un arrêté publié soit au Journal officiel, soit dans le Bulletin officiel du ministère.
L'administration centrale comprend le cabinet du ministre dont les membres sont librement choisis par lui. Les fonctions du cabinet varient selon la conception du ministre mais elle sont importantes tant sur le plan politique qu'administratif.
L'administration centrale proprement dite est constituée par les bureaux du ministère composés de fonctionnaires qui préparent les décisions. Elle assure la stabilité de la vie administrative. Son organisation est fixée par décret et varie selon les ministères mais on retrouve les mêmes subdivisions en directions, divisions et bureaux.
Il s'y ajoute des organes de conseil, de coordination et de contrôle (Cour des Comptes, Médiateur, corps d'inspection) ainsi que des autorités administratives indépendantes telle que, par exemple, la Commission nationale de l'Informatique et des Libertés ou la Commission de la Concurrence.

II. *Les collectivités territoriales*

En raison de la déconcentration nécessaire des services de l'administration, l'Etat dispose de services locaux répartis sur tout le territoire, divisé en circonscriptions administratives qui ne coïncident pas toujours avec les limites des collectivités locales, il en est ainsi par exemple des académies ou des régions militaires. Mais d'une façon générale c'est le département qui est le cadre des services déconcentrés de l'Etat.
A la tête de ces services l'Etat est représenté par *le préfet*. Celui-ci représente également chaque ministre. Le préfet appartient au corps préfectoral dont la plupart des membres sont issus de l'Ecole nationale d'administration. Le préfet doit faire preuve d'une loyauté absolue à l'égard du gouvernement et sa mutation est possible à tout instant.
Le préfet dirige les services de l'Etat dans le département, à l'exception de l'enseignement, des finances publiques et de l'armée. Il assure le contrôle de l'Etat sur les collectivités locales et les établissements publics, il prend les mesures de police administrative qui dépassent le cadre d'une commune et se substitue au maire en cas d'inactivité de celui-ci, il est enfin autorité de police judiciaire, il peut ordonner des enquêtes et des saisies à condition d'en aviser immédiatement le procureur de la République.

Le préfet de région est le préfet du département chef-lieu de la région, il administre donc à la fois son département et la région mais il n'y possède pas de pouvoir de police. Les responsabilités qu'il assume au nom de l'Etat concernent essentiellement le développement économique et social de la région et l'aménagement du territoire. Dans ce domaine il a autorité sur les préfets de sa région.

Enfin *le maire de la commune* est soumis pour certaines de ses activités à l'autorité hiérarchique du préfet.

Trois collectivités territoriales sont prévues par la Constitution, la commune, le département et les territoires d'outre-mer mais la loi peut en créer d'autres, ainsi la région a été créée par la loi du 2 mars 1982. Elles ont la personnalité morale.

Ces collectivités locales sont toutes administrées par un conseil élu au suffrage universel direct et dotées d'un exécutif élu au sein de ce conseil.

1. *La commune*

La commune créée en 1789 est l'organisation de base, il en existe 36 500 en France.

Elle est administrée par *le conseil municipal* élu pour six ans au suffrage universel direct (le mode de scrutin varie selon que le commune a moins ou plus de 3 500 habitants) et présidé par *le maire* élu en son sein. La réforme constitutionnelle de 1992 a étendu le droit de vote et d'éligibilité, jusque là réservé aux citoyens français, aux citoyens des Etats membres de la Communauté européenne résidant en France[25]. Ils ne peuvent toutefois pas être élus maire.

Le maire et ses adjoints, également élus, constituent la municipalité. Ils exercent leurs fonctions à titre gratuit mais peuvent bénéficier de certaines indemnités.

Le maire a une double fonction, il exerce des *compétences communales*: il est l'exécutif de la commune, il dirige l'administration communale et assure la police municipale. Mais il exerce aussi des *compétences étatiques* il dirige les services de l'Etat dans la commune, il est notamment officier de l'état - civil et officier de police judiciaire sous la surveillance du procureur de la République.

Les dispositions relatives au statut juridique et aux pouvoirs des communes ont été réunies en 1977 dans le code des communes. Les compétences de la commune sont délimitées par la loi du 7 janvier 1983.

Sous réserve du respect de la liberté du commerce et du principe de l'égalité des citoyens devant la loi, la commune peut intervenir en matière économique

25 L.O. n° 98-404, 25 mai 1998: JO 26 mai 1998.

et sociale bien que l'Etat ait la responsabilité de la conduite de la politique économique et sociale et de la défense de l'emploi. La commune peut accorder des aides lorsque son intervention a pour objet de favoriser le développement économique ou lorsque la protection des intérêts économique et sociaux de la population communale l'exige notamment dans le cas d'entreprises en difficultés.
Ses *moyens financiers* découlent des impôts locaux dont elle fixe le taux, ce qui conduit à de grandes variations d'une commune à l'autre, et des dotations de l'Etat.
Paris, Lyon, Marseille et les villes nouvelles sont soumises à un statut particulier.
La ville de Paris présente l'originalité d'être à la fois un département et une commune si bien que son maire agit tantôt comme maire et tantôt comme président du Conseil général. Par ailleurs, la tutelle de l'Etat est exercée par le Préfet de Paris et les pouvoirs de police sont confiés au Préfet de police depuis le Consulat (An VIII).

2. *Le département*

La France a été divisée en départements à l'époque de la Révolution. Il y a actuellement 95 départements auxquels s'ajoutent quatre départements d'outre-mer (Guadeloupe, Martinique, Guyane, Réunion).
Le département est géré par le Conseil général élu au suffrage universel direct (scrutin uninominal à deux tours) pour six ans renouvelable par moitié tous les trois ans. Le nombre des conseillers est fonction de celui des cantons du département. Le canton dont la création remonte aussi à la Révolution est une circonscription électorale mais ne constitue pas une collectivité locale. Le Président du Conseil général est élu pour trois ans au sein du Conseil général. Jusqu'en 1982 le Préfet était l'exécutif du département aussi bien que le représentant de l'Etat. Ce dédoublement fonctionnel a été abandonné par la réforme de 1982 qui confie au Président du Conseil général la charge d'assurer l'exécutif du département. L'exercice des compétences de l'Etat est assuré par le Préfet. Les ressources financières du département sont constituées par une partie des impôts locaux et des dotations de l'Etat.

3. *La région*

La région est devenue un collectivité territoriale en 1986. Elle dispose d'un Conseil régional élu au suffrage universel direct (à la représentation proportionnelle) pour six ans. Son président est élu en son sein également pour une durée de six ans. Sa mission essentielle est de contribuer au développement économique, social et culturel de la région.

Ses moyens financiers résultent d'un certain nombre de taxes et de dotations de l'Etat.

4. *Les territoires d'outre-mer*

Les territoires d'outre-mer bénéficient aux termes de l'article 74 de la Constitution «d'une organisation particulière tenant compte de leurs intérêts propres dans l'ensemble des intérêts de la République».
Les actes des autorités locales ont en principe une valeur exécutoire, mais pour la plupart seulement après leur transmission au préfet. Ce dernier peut déférer ces décisions au juge administratif pour illégalité. Il peut exercer un recours pour excès de pouvoir contre les décisions pour lesquelles la transmission au préfet n'est pas obligatoire.

III. *Les établissements publics*

L'établissement public se définit comme un ensemble de moyens dotés de la personnalité morale de droit public et affecté à un service public spécialisé. Il ne peut être crée que par une collectivité. Seule la loi est compétente pour créer des *catégories* d'établissements publics mais lorsqu'une catégorie existe le pouvoir réglementaire national ou local est habilité à créer des établissements publics à l'intérieur de cette catégorie.
C'est un procédé fréquemment utilisé pour la gestion des services publics qu'ils relèvent de l'Etat, des départements ou des communes, par exemple, sont des établissements publics: les universités, les lycées, les hôpitaux . . . Ce procédé s'inscrit dans le cadre de la décentralisation de l'administration.
Les établissements publics sont soumis à la tutelle administrative dont les modalités varient selon les établissements concernés. On relève, en général, parmi les modes d'intervention, la nécessité d'obtenir l'approbation pour un certain nombre de décisions importantes notamment d'ordre financier, le pouvoir d'annulation de l'autorité de tutelle et la multiplicité des organes de contrôle.
L'emploi du procédé de l'établissement public s'est considérablement développé si bien que cette notion qui paraissait claire s'est passablement obscurcie en raison de la création d'entités très proches. Ainsi au sein des établissements publics faut-il distinguer les établissements publics administratifs soumis au droit administratif et les établissement publics industriels et commerciaux dont l'activité est commerciale et dont le régime juridique relève pour l'essentiel du droit privé.
D'autre part, les *établissements publics* doivent être distingués des *établissements d'utilité publique* dont la création découle de l'initiative privée et qui

sont soumis au droit privé, mais reconnus d'utilité publique par une décret en raison de l'intérêt qu'ils présentent.
Cette multiplicité rend difficile en droit français l'identification d'un établissement public. Dans le silence des textes, la jurisprudence a recours à un faisceau d'indices et non plus à un seul indice qui par lui-même n'apporte pas une solution univoque. Les indices retenus sont notamment, l'origine de la création de l'établissement, l'existence d'un but d'intérêt public, les contrôles publics dont il fait l'objet et les prérogatives de puissance publique dont il est doté.

C. *Les obligations de l'administration*

Dans son activité l'administration a l'obligation de se conformer au principe de la légalité dont les juridictions administratives assurent le respect.
Le principe de légalité implique d'une part que l'administration respecte la hiérarchie des normes (V. supra 1.1.3) et d'autre part qu'elle voit sa compétence discrétionnaire limitée.
Le contenu du principe de légalité découle à la fois des dispositions constitutionnelles, des traités internationaux, des lois et règlements et des principes généraux du droit.
Le Conseil d'Etat admet que les actes administratifs puissent être attaqués pour illégalité en raison de leur contrariété avec une disposition de la Constitution[26]. Il faut préciser que cela est exact tant qu'il n'y a pas une loi écran. En effet si un acte illégal a été pris conformément à une loi dont la constitutionnalité est contestée il ne pourra être annulé car le juge administratif n'est pas juge de la constitutionnalité des lois. En revanche le juge administratif peut écarter l'application d'une loi incompatible avec un traité[27] et a fortiori celle d'un règlement.
Le Conseil d'Etat a, par ailleurs, dégagé des principes généraux du droit qui s'imposent à toute autorité administrative même en l'absence de dispositions législatives tels que par exemple, l'égalité des administrés devant la loi ou le principe de non rétroactivité des actes administratifs ou encore le principe des droits de la défense qui implique qu'aucune mesure administrative ayant le caractère d'une sanction à l'encontre d'un administré ne puisse être prise sans que l'intéressé n'ait été mis au préalable en mesure de présenter sa défense[28].

26 CE 12 fév.1960, *Société Eky*, JCP 1960, G, II, 11 629 bis note *G. Vedel*.
27 CE 20 oct.1989, *Nicolo:* D.1990 p. 135 note *P. Sabourin*; JCP 1989, G, II, 21 371 concl.*Frydman*.
28 CE 5 mai 1944, *Dame Trompier-Gravier:* D.1945 p. 110 concl. *Chenot*, note *J. De Soto*.

La compétence discrétionnaire de l'administration est soumise à un contrôle minimum des tribunaux: contrôle de l'erreur manifeste d'appréciation.
Cependant dans certaines circonstances le contenu de la légalité peut être étendu en application de la théorie des circonstances exceptionnelles élaborée par le Conseil d'Etat.
C'est le cas en temps de guerre où la bonne marche des services publics peut nécessiter un assouplissement de la légalité mais il ne s'agit que d'un correctif au principe et non d'une dérogation et l'administration reste soumise au contrôle des tribunaux.
En revanche la théorie des actes de gouvernement a pour effet d'enlever aux tribunaux tout contrôle sur l'acte de l'administration. Mais les actes de gouvernement sont en nombre réduit. Le Conseil d'Etat considère comme tels les actes du pouvoir exécutif dans ses rapports avec les assemblées et les actes de caractère diplomatique mettant en cause les rapports internationaux.
L'inobservation du principe de légalité est sanctionnée par la nullité de l'acte administratif (V. infra 2.3.3.).

D. *Les moyens d'action de l'administration*

L'administration dispose de deux moyens d'action:l'acte unilatéral et le contrat.

I. *L'acte unilatéral*

Il en existe traditionnellement deux grandes catégories: les actes réglementaires et les actes individuels. La doctrine actuelle ajoute une troisième catégorie celle des actes particuliers visant des opérations spécifiques (par exemple une déclaration d'utilité publique).
Une autre distinction importante est faite entre les actes administratifs ou décisions faisant grief, c'est à dire l'acte qui a pour objet d'imposer des obligations ou de conférer des droits aux administrés sans leur consentement et ceux qui n'ont pas cet effet, telle par exemple une circulaire ou une directive à usage purement interne. L'intérêt de cette distinction est de permettre un recours dans le premier cas alors qu'il n'en existe aucun dans le second. Toutefois la jurisprudence a considéré qu'une circulaire qui pose une règle nouvelle par rapport à la législation ou à la réglementation en vigueur ou qui crée des droits ou des obligations pour les tiers a un caractère réglementaire et peut être l'objet d'un recours devant les tribunaux administratifs.
Après quelques précisions sur les actes réglementaires nous examinerons le régime juridique des actes administratifs.

1. *Les actes réglementaires*

Il découle du pouvoir réglementaire reconnu à l'administration qu'elle a la faculté d'édicter des dispositions à portée générale et impersonnelle.
Le pouvoir réglementaire obéit à deux principes: d'une part il n'y a pas de pouvoir réglementaire sans texte, à l'exception du pouvoir général reconnu au Premier Ministre et à tout chef de service pour le bon fonctionnement du service, d'autre part l'administration doit exercer son pouvoir réglementaire, c'est à dire prendre les règlements d'application des lois votées par la Parlement et abroger les règlements illégaux.
On a déjà examiné le pouvoir réglementaire du gouvernement (V. supra: 2.2.1). Rappelons que l'article 37 de la Constitution confère le caractère réglementaire à toutes les matières qui ne sont pas énumérées à l'article 34 (matières législatives) et institue un pouvoir réglementaire autonome. Ce pouvoir coexiste avec le pouvoir réglementaire reconnu au Premier Ministre par l'article 21 de la Constitution, notamment pour l'exécution des lois. Il s'y ajoute le pouvoir du Président de la République de signer les décrets délibérés en Conseil des ministres et les ordonnances prévues à l'article 38 de la Constitution (délégation du parlement).
Le pouvoir réglementaire peut également être exercé, sous forme d'arrêté réglementaire, par les ministres en vertu d'un texte les y autorisant.
Les autorités administratives locales (préfets et maires notamment) exercent aussi dans le cadre de la loi un pouvoir réglementaire, il en est de même de certaines autorités administratives indépendantes.
La légalité des règlements peut être contestée devant le juge administratif.

2. *Le régime juridique des actes administratifs*

La validité de l'acte administratif est subordonnée à la *compétence* de l'autorité qui a pris la décision. Cette compétence doit exister au moment de la décision (ratione temporis), elle doit exister en raison de la matière sur laquelle elle porte (ratione materiae) et en raison de la circonscription territoriale où elle doit produire ses effets (ratione loci).
La plupart des décisions de l'administration doivent être prises par *écrit* lorsqu'un texte l'exige mais elle peuvent également être orales ou implicites, ainsi *le silence* gardé pendant quatre mois par l'administration à la suite d'une réclamation d'un administré équivaut à une décision de rejet sauf dans certains cas où un texte prévoit expressément que le silence vaut approbation (permis de construire).
La loi du 11 juillet 1979 a fait obligation à l'administration de *motiver* ses décisions individuelles lorsqu'elles sont défavorables à l'intéressé ou qu'elles dérogent à des règles générales. La motivation consiste en l'énoncé des consi-

dérations de droit et de fait qui constituent le fondement de la décision. Mais le juge administratif se reconnaît le pouvoir d'exiger de l'administration la communication des motifs d'une décision dans les cas où la motivation n'est pas obligatoire.
La prise de décision est souvent précédée de la *consultation* d'un organisme technique Cette consultation peut être facultative, ou obligatoire, lorsqu'un texte l'impose. Selon les cas l'avis ne lie pas l'administration ou au contraire la lie si un avis conforme est exigé.
Dans l'hypothèse d'une mesure ayant le caractère d'une sanction, elle doit être précédée d'une *procédure contradictoire* permettant à l'intéressé de présenter ses observations.

Les actes administratifs entrent en vigueur après leur émission par l'autorité administrative mais ils ne sont opposables aux intéressé qu'après leur *publication* pour les actes réglementaires ou leur *notification* pour les actes individuels. Ils n'ont, en principe, pas d'effets rétroactifs.
Afin d'assurer l'exécution des actes administratifs des sanctions pénales[29] sont prévues pour la violation des interdictions ou le manquement aux obligations édictées par les décrets et arrêtés de police (C. pén. art. R. 610-5) ou des sanctions administratives (amendes, retrait d'autorisation, fermeture d'établissement . . .).
Ce n'est qu'à titre exceptionnel que l'administration peut recourir à *l'exécution d'office*. Une telle possibilité est ouvertes dans trois cas: lorsque la loi l'autorise expressément, lorsqu'il y a urgence ou lorsqu'aucun autre procédé juridique ne permet d'assurer le respect de la décision. Encore faut-il qu'il y ait résistance de l'intéressé, ce qui implique qu'il ait été sommé d'exécuter et que l'usage de la force ne dépasse pas ce qui est strictement nécessaire pour obtenir l'exécution.
Une telle exécution d'office n'est toutefois pas sans risque pour l'administration, car si l'acte est déclaré illégal par le juge administratif, l'administration s'expose au versement de dommages - intérêts, il en est de même si les conditions de l'exécution ne sont pas licites.
L'exécution forcée d'une décision, légale ou illégale, dans des conditions irrégulières et portant atteinte au droit de propriété ou à une liberté fondamentale, constitue une *voie de fait* relevant des juridictions judiciaires.
L'acte administratif disparaît par son retrait ou son abrogation.
Le *retrait* a un effet rétroactif alors que l'*abrogation* n'a d'effet que pour l'avenir.
Le retrait de *l'acte régulier qui a créé des droits* est en principe impossible sauf à la demande de l'intéressé ou lorsque la loi le prévoit, en revanche le

29 Amende prévue pour les contraventions de 1ère classe: 250 F. (38, 10 euros).

retrait de l'acte régulier ou irrégulier *non créateur de droit* est toujours possible. Quant à *l'acte irrégulier créateur de droit* son retrait ne peut intervenir qu'à deux conditions: le retrait doit être motivé par le désir de mettre fin à une illégalité et il doit intervenir dans le délai du recours contentieux.
L'abrogation d'un acte administratif est toujours possible, toutefois s'il est créateur de droit l'abrogation doit être conforme aux conditions prévues par les lois et règlements.

II. *Le contrat administratif*

Dans ses rapports avec les administrés l'administration peut employer le procédé du contrat mais elle a le choix entre des contrats de droit privé soumis au code civil et aux tribunaux judiciaires et des contrats administratifs soumis à des règles spécifiques et relevant des tribunaux administratifs. Il convient donc de déterminer les critères qui permettent de dire si l'on est en présence d'un contrat administratif ou non et d'en préciser ensuite le régime juridique.
Certains contrats sont *administratifs par détermination de la loi*, c'est le cas des contrats de marchés de travaux publics et des contrats comportant occupation du domaine public. En dehors de ces cas, c'est la jurisprudence qui a déterminé les critères à prendre en considération.
Tout d'abord le contrat est administratif lorsque les *deux parties sont des personnes publiques* ou lorsque l'une des parties au moins est *une personne publique* à condition dans ce dernier cas qu'existe *l'un des trois éléments* suivants:
– existence de *clauses exorbitantes* du droit commun (par exemple: clauses traduisant le contrôle de la personne publique sur son cocontractant ou permettant à l'administration de suspendre ou de résilier unilatéralement le contrat),
– le contrat a pour objet *l'exécution d'un service public*,
– le contrat est soumis à un *régime de droit public*.
Ainsi sont administratifs: la concession de service public (contrat par lequel une personne publique confie à une personne privée la gestion d'un service public, celle-ci étant rémunérée par les usagers du service); la concession de travail public (contrat par lequel une personne publique charge une personne privée ou publique d'exécuter un travail public et dont la rémunération résultera de la possibilité d'exploiter l'ouvrage pendant un certain temps); le marché de travaux publics (contrat par lequel une personne publique confie à une personne privée ou publique l'exécution d'un travail public moyennant un prix).
Les *contrats de marché public* obéissent à des règles de formation particulières. Outre que le contrat peut dans certains cas faire l'objet d'une procédure

d'approbation par le supérieur hiérarchique ou par l'autorité de tutelle, le choix du cocontractant n'est pas toujours libre. Trois procédés permettent de déterminer le contractant, l'adjudication, l'appel d'offre ou le marché négocié. *L'adjudication* consiste pour l'administration à faire une offre publique proposant les conditions et le prix d'un marché et à attribuer le marché au soumissionnaire qui propose les prix les plus bas. Cette procédure est peu utilisée à l'heure actuelle.

L'appel d'offre ressemble à l'adjudication mais le choix de l'administration n'est plus lié au prix offert mais à l'ensemble des conditions proposées. Il est utilisé pour 30 % des marchés.

Le *marché négocié*, enfin, laisse l'administration libre de son choix mais le recours à cette procédure est en principe exceptionnelle et ne concerne qu'une douzaine de cas prévus par le code des marchés publics. Elle recouvre cependant la moitié du nombre des marchés passés par l'administration.

La conclusion d'un marché public est subordonnée à la rédaction d'un écrit qui se présente sous la forme d'un *cahier des charges* régissant les droits et obligations de chacune des parties.

L'administration dispose de prérogatives importantes exorbitantes du droit commun. Elle a un pouvoir de direction et de contrôle, c'est à dire la possibilité de donner des ordres de services qui s'imposent à l'entrepreneur, elle peut modifier unilatéralement le contrat si l'intérêt général l'exige mais les modifications ne doivent pas être trop importantes et le cocontractant a droit à une indemnisation intégrale comprenant à la fois le préjudice subi et le gain manqué, enfin l'administration peut résilier le contrat à tout moment si, là encore, l'intérêt général le justifie et contre indemnisation du contractant. Elle dispose au surplus d'un pouvoir de sanction si le contractant exécute mal ses obligations (pénalités de retard, obligation pour le contractant d'exécuter ses obligations ou de supporter les frais encourus s'il est nécessaire de s'adresser à un tiers ou encore résiliation du contrat).

Le contractant doit exécuter correctement le contrat sous peine des sanctions évoquées ci-dessus, il doit l'exécuter personnellement, la sous-traitance n'est possible que sous réserve de l'approbation de l'administration, enfin il a droit au paiement du prix. Il ne peut obtenir celui-ci qu'après «service fait» sauf dispositions contraires du contrat qui peut prévoir des acomptes.

A la différence du droit privé *l'imprévision* s'applique dans les contrat administratifs[30]. Lorsque pendant l'exécution du contrat un événement extérieur aux parties, et imprévisible lors de la conclusion du contrat, bouleverse temporairement les conditions d'exécution du contrat, l'administration verse une indemnité d'imprévision pour compenser la charge financière résultant de

30 CE 24 mars 1916, Cie du gaz de Bordeaux: Rec. p. 130, concl. Chardenet.

l'imprévision. Si le bouleversement apparaît définitif, c'est alors la théorie de la force majeure qui recevra application.
Enfin le *fait du prince*, c'est à dire le cas où la personne publique contractante prend elle-même des mesures qui aggravent les conditions financières de l'exécution de ses obligations par son contractant mettant ainsi en échec l'équilibre du contrat, entraîne une indemnisation intégrale du préjudice subi par le contractant.

E. *Les modalités d'action de l'administration*

L'administration utilise principalement trois moyens d'action: la police administrative, la gestion des services publics, l'aide aux activités privées d'intérêt général

I. *La police administrative*

La police administrative est une forme d'intervention des autorités administratives consistant à imposer, par des mesures unilatérales, des limitations à la liberté des individus dans un but de préservation de l'ordre public, de la sécurité publique de la tranquillité et de la salubrité publiques. A côté de ce souci de l'intérêt général l'administration a des préoccupations plus spécifiques qui sont à l'origine de «polices spéciales» par exemple police de la pêche, de la chasse ou police des gares, mais le titulaire de la police spéciale n'est souvent pas l'une des autorités investies de la police administrative générale.
Le *but préventif de la police administrative* permet de la distinguer de la police judiciaire dont le rôle est répressif et consiste dans la recherche des auteurs d'infractions à la loi pénale. Cette distinction est parfois difficile à mettre en œuvre car ce sont souvent les mêmes personnes qui jouent les deux rôles mais elle est importantes au niveau de la compétence juridictionnelle: l'action de la police administrative relève des tribunaux administratifs alors que celle de la police judiciaire dépend des tribunaux judiciaires.
La police administrative générale a quatre catégories de titulaires. *Le Premier Ministre*, titulaire du pouvoir réglementaire général exerce au niveau national le pouvoir de police. Le *Président du Conseil général* exerce depuis la loi du 2 mars 1982 la police concernant la gestion du domaine départemental et notamment la police relative à la circulation. *Le préfet* a des pouvoirs de police générale sur tout le département, il exerce également des polices spéciales qui lui ont été conférées par des textes particuliers, il peut se substituer au Président du conseil général ou au maire lorsque ceux-ci n'agissent pas alors que le maintien de l'ordre est menacé. *Le maire* exerce enfin dans le cadre de la commune les pouvoirs de police administrative, il dirige la police municipale mais dans de nombreuses communes celle-ci est étatisée, sa direc-

tion est alors assurée par le pouvoir central et son personnel est un personnel d'Etat.

Il peut y avoir concurrence entre ces diverses autorités de police, elle est réglée en faveur de l'autorité locale qui a toujours la faculté, si les circonstances l'exigent, d'édicter des règles plus sévères que celles qui ont été édictées par l'autorité supérieure.

Ces autorités de police ne doivent pas être confondues avec les *personnels de police chargés de l'exécution des mesures de police*: les commissaires et officiers de police, les compagnies républicaines de sécurité (CRS) relevant du ministère de l'intérieur et les gendarmes relevant du ministère de la défense.

L'étendue des pouvoirs de police varie selon la nature de l'activité en cause mais une mesure de police n'est licite que si elle a pour but d'empêcher un trouble à l'ordre public et si elle est proportionnée à la gravité du trouble ce qui conduit le juge administratif à vérifier la réalité des faits et leur qualification juridique. Afin d'éviter l'intervention de trouble l'autorité administrative peut établir un régime d'autorisation ou de déclaration préalable mais ne peut, sauf circonstances particulières, émettre des interdictions générales et absolues[31].

Plusieurs recours permettent de sanctionner l'abus de pouvoir commis par l'administration: le *recours pour excès de pouvoir* devant le juge administratif, *l'exception d'illégalité* qui peut toujours être soulevée devant le juge pénal afin de faire écarter l'application d'un règlement illégal ou encore la voie de fait pour laquelle le juge judiciaire est seul compétent pour ordonner la réparation de ses conséquences, *la responsabilité pour faute* de l'administration peut enfin être mise en jeu devant le juge administratif (V. infra).

II. *Les services publics*

La notion de services publics en droit français est une notion difficile à cerner en raison de son évolution car elle recouvre à l'heure actuelle des réalités souvent différentes.

1. *Les critères du service public*

Il convient de distinguer entre les services publics soumis au droit administratif et les services publics industriels et commerciaux soumis au droit privé[32]. En l'absence de précision un service public est présumé être administratif.

31 CE 22 juin 1951, *Daudignac:* D.1951 p. 589, concl.*Gazier.*
32 Trib. des conflits 22 janv. 1921, *Bac d'Eloka:* G.A.J.A. n° 40.

Selon la jurisprudence trois critères permettent de caractériser un service public industriel et commercial: la *nature de l'activité* exercée lorsque cette activité est analogue à celle d'une personne privée, *le financement* du service si le service est financé par le prix ou la redevance payé par les usagers, *les conditions de gestion* du service si celui-ci obéit aux usages du commerce. Toutefois pour déterminer le régime juridique applicable il faut tenir également compte de la nature publique ou privée de l'organe chargé de la gestion.

2. *La gestion du service public*

La gestion d'un service public peut être assumée par des personnes publiques ou par des personnes privées. La gestion est assurée par des personnes publiques lorsque le service est en régie ou prend la forme d'un établissement public.

a) Un service public est *«en régie»* lorsqu'il est géré directement par l'Etat ou par une collectivité territoriale et *n'a pas la personnalité morale* à l'inverse de l'établissement public qui, lui, possède la personnalité morale.

b) Un service public peut être géré par un *établissement public administratif* soumis aux règles du droit administratif ou par un *établissement industriel et commercial* géré selon les méthodes du droit commercial. La distinction entre ces deux types d'établissement repose sur les conditions d'organisation et de fonctionnement du service, l'objet ou la nature de l'activité confié à l'établissement.

Le recours à l'établissement industriel et commercial est utilisé très fréquemment et il en existe une très grande variété. Leur création ne peut toutefois porter atteinte à la liberté du commerce et de l'industrie, elle n'est justifiée que lorsque l'initiative privée est absente ou défaillante.

c) La gestion d'un service public peut être assurée par une personne privée en fonction d'un contrat. *La concession de service public* résulte d'un contrat entre une personne publique (concédant) et une personne privée (concessionnaire), cette dernière est chargée de faire fonctionner le service public pendant un certain temps. Elle est rémunérée par des redevances versées par les usagers du service.

L'originalité de cette technique est d'allier le service d'intérêt général que constitue le service public et l'intérêt d'une personne privée, ce qui se répercute sur le régime juridique de la concession partiellement soumise au règlement et partiellement soumise au régime du contrat.

Le cahier des charges qui matérialise le contrat impose l'organisation et le fonctionnement du service, la partie purement contractuelle porte sur la durée de la concession, toujours temporaire, et l'équilibre financier du contrat.

Le concédant a un pouvoir de contrôle sur le fonctionnement du service et peut modifier unilatéralement l'acte de concession afin de l'adapter aux

besoins du public. Il est prévu des sanctions en cas d'inexécution du contrat par le concessionnaire (dommages-intérêts, déchéance du concessionnaire, mise sous séquestre qui permet à l'administration de faire fonctionner le service public aux risques et périls du concessionnaire).
Les litiges entre concédants et concessionnaires relèvent des tribunaux administratifs alors que les litige entre concessionnaires et usagers sont soumis aux tribunaux judiciaires.
La concession est le procédé classique de gestion d'un service public par des personnes privées mais il en existe d'autres tels que la société d'économie mixte qui est une société anonyme dans laquelle l'Etat ou une collectivité publique est actionnaire ou obligataire ou encore la société nationale qui est également une société anonyme mais dont l'Etat est l'unique actionnaire. Bien que ces sociétés soient soumises au droit commercial elles présentent certaines singularités et notamment elles font l'objet d'un contrôle important de l'administration.
d) Quel que soit leur mode de *gestion les services publics* doivent respecter *quatre principes.*
Le principe de *la continuité du service public* a justifié pendant longtemps l'interdiction du droit de grève dans la fonction publique. Ce droit a cependant été reconnu à quelques exceptions près (police, armée, administration pénitentiaire . . .) en raison de sa nature constitutionnelle mais la nature également constitutionnelle du principe de la continuité du service oblige le législateur à concilier ces deux principes[33].
Le principe de *l'adaptation* permet notamment la modification unilatérale des contrats administratifs afin de respecter l'intérêt public.
Le principe de *l'égalité* des personnes devant le service public implique une absence de discrimination entre individus se trouvant dans une situation juridique comparable.
Enfin le principe de *la neutralité* impose à l'administration de ne favoriser aucune catégorie de personne et d'être impartiale, c'est à dire de respecter les opinions de chacun. Ce principe trouve à s'appliquer notamment dans le domaine scolaire et rejoint le respect des libertés publiques.
L'usager du service public lorsqu'il s'agit d'un service public administratif est en principe (il existe des exceptions dans le détail desquelles on ne peut entrer ici) soumis au droit public et bénéficie des recours du droit administratif, il est au contraire soumis au droit privé dans ses relations avec les services publics industriels et commerciaux.

33 Cons. const. 25juil. 1979: AJDA 1979: p. 46 note A Legrand.

3. *L'aide de l'administration aux activités privées d'intérêt général*

Cette aide résulté généralement d'une décision unilatérale de l'administration. Elle peut revêtir des formes diverses: aide financière directe ou indirecte, subordonnée parfois à un agrément, avantages matériels comme l'utilisation du domaine publique, avantages d'ordre juridique tels que le bénéfice de prérogatives de puissance publique, mesures incitatives . . .
Les motifs qui incitent l'administration à aider l'activité privée sont variés: l'activité privée coïncide avec l'intérêt général, ou elle est conforme à l'intérêt économique du pays, ou elle contribue indirectement à l'intérêt général (exercice des cultes).

F. *La responsabilité de l'administration*

La responsabilité de l'administration comme le respect de la légalité constitue un facteur de libéralisme de l'administration française. Ce principe de la responsabilité de l'administration n'est apparu qu'à la fin du siècle dernier à la suite du célèbre arrêt Blanco[34] qui consacre un système de responsabilité autonome par rapport à celui du droit civil. Le fondement de la responsabilité repose essentiellement sur le principe d'égalité devant les charges publiques bien que cette justification soit l'objet de discussions en doctrine. Ceci explique cependant qu'il n'y ait lieu à indemnisation que lorsque le dommage excède les inconvénients normaux de la vie en société.
La responsabilité de l'administration est une construction jurisprudentielle bien que certains textes spécifiques en prévoient la mise en jeu. Le droit administratif français connaît à la fois une responsabilité personnelle du fonctionnaire, relativement limitée, et une responsabilité de l'administration. La responsabilité trouve sa cause soit dans l'existence d'une faute, soit dans l'idée de risque.
Le principe est qu'il n'y a responsabilité qu'en cas de faute mais il convient de distinguer entre la responsabilité du fonctionnaire et celle de l'administration.

I. *La responsabilité du fonctionnaire*

Le fonctionnaire est responsable pour faute s'il a commis une *faute personnelle* distincte de la *faute de service* qui, elle, n'engage que la responsabilité de l'administration.
Selon la jurisprudence la faute personnelle est celle qui est détachable de la fonction.
Tel est le cas lorsqu'il s'agit:

34 Trib. des conflits, 1er fév.1873: G. A. J. A. n° 1.

– d'un acte accompli par le fonctionnaire et n'ayant aucun lien avec sa fonction,
– d'un acte accompli dans l'intention de nuire,
– d'un acte présentant une gravité certaine.

La faute personnelle permet à la victime de mettre en cause la responsabilité personnelle du fonctionnaire, sur le fondement de l'article 1382 du code civil, devant les tribunaux judiciaires.

En revanche si c'est l'administration qui est victime de la faute personnelle du fonctionnaire, son action ne peut être portée que devant le tribunal administratif.

La faute de service est une défaillance dans le fonctionnement normal du service, incombant à un ou plusieurs agents de l'administration mais non imputable à eux personnellement.

Lorsque la faute personnelle du fonctionnaire se cumule avec une faute de service ou qu'elle s'analyse comme étant à la fois une faute personnelle et une faute de service ou encore lorsqu'il s'agit d'une faute personnelle non dépourvue de tout lien avec le service, la victime peut attraire directement l'administration devant les tribunaux administratifs pour la totalité du dommage. Cette possibilité donnée par la jurisprudence à la victime lui permet d'intenter son action contre une personne solvable ce qui n'est en général pas le cas du fonctionnaire. L'administration dispose d'une action récursoire contre son agent devant le tribunal administratif mais elle ne l'exerce pas toujours.

Il faut enfin ajouter que dans deux situations spécifiques la responsabilité de l'Etat est substituée à celle du fonctionnaire: il s'agit de la responsabilité personnelle de l'instituteur pour les dommages causés par ou à ses élèves, et de l'accident d'automobiles causés par les agents de l'Etat. Dans ces deux cas la compétence appartient aux tribunaux judiciaires.

II. *La mise en cause de la responsabilité de l'administration*

La responsabilité de l'administration peut être mise en cause à condition que le préjudice dont se prévaut la victime remplisse plusieurs conditions. Il doit être certain, spécial, anormal, direct, imputable au service public et porter sur une situation juridiquement protégée.

Le droit administratif comme le droit civil répare le préjudice moral et le préjudice d'affection[35].

Les causes d'exonérations sont comparables à celles du droit privé: force majeure, cas fortuit, faute de la victime et faute d'un tiers.

35 CE 24 nov. 1961, Letisserand: G.A.J.A. n° 98.

La responsabilité pour faute est le principe. Elle résulte d'une faute du service public, c'est à dire d'une faute dont on ne peut identifier l'auteur, c'est une faute anonyme.
Selon les matières une simple faute suffit ou au contraire une faute lourde est exigée. C'est notamment le cas en matière de police administrative, de tutelle administrative, ou de fonctionnement défectueux de la justice administrative ou judiciaire.
La *responsabilité sans faute* allège l'obligation de la victime qui n'a plus à prouver l'existence d'une faute mais simplement le lien de causalité entre son préjudice et l'activité administrative. La responsabilité sans faute joue également pour les collaborateurs bénévoles de l'administration. Ce type de responsabilité est en principe exceptionnel, néanmoins il trouve de nombreuses applications dans la jurisprudence et dans la loi. Il repose sur l'égalité de tous devant les charges publiques.
La *responsabilité pour risque* répond à l'idée générale que l'usage d'une chose ou d'une activité comportant certains risques doit entraîner la responsabilité de l'administration lorsqu'ils se réalisent. C'est le cas notamment pour les dommages causés aux tiers: par les travaux publics, par les rassemblements ou attroupements dangereux, par les services de police faisant usage de leurs armes, par les accidents d'origine nucléaire, pour les victimes d'infractions commises par des auteurs inconnus ou insolvables, pour les risques de voisinage découlant par exemple des méthodes libérales utilisées dans la rééducation des délinquants ou dans les traitements des malades mentaux.
Les traités, les lois ou les règlements peuvent être à l'origine de dommages rompant l'égalité devant le service public et justifier une réparation à condition que le dommage soit spécial et exceptionnellement anormal. C'est aussi le cas lorsque, en application des circonstances exceptionnelles, l'Etat refuse d'exécuter un jugement.
Enfin, des textes particuliers ont prévu une responsabilité automatique de l'administration, par exemple, en cas de dommages causés par les actes de terrorisme (loi du 9 septembre 1986) ou résultant de la contamination par le SIDA à la suite de transfusions sanguines (loi du 31 décembre 1991).
Qu'il s'agisse de responsabilité pour faute ou de responsabilité sans faute il est de principe que le préjudice doit être intégralement réparé. Le problème de la date de son évaluation a soulevé quelques difficultés. On distingue entre les dommages causés aux biens qui sont évalués au jour de la survenance du dommage alors que les dommages causés aux personnes sont évalués au jour du jugement.
L'indemnité est accordée sous forme d'un capital ou d'une rente pour laquelle le Conseil d'Etat a admis en 1981 qu'elle pouvait être indexée.

G. *Le droit administratif des biens*

Le droit administratif des biens concerne essentiellement la détermination du domaine public, le pouvoir d'expropriation et les travaux publics.

I. *Le domaine public*

Les biens de l'Etat et des personnes de droit public se divisent en domaine privé (propriétés foncières, immeubles de rapport . . .) soumis, en principe, au droit privé et le domaine public (cours d'eau, voies publiques, espace aérien, ports . . .) soumis à un régime spécial de droit public obéissant à des règles exorbitantes du droit commun.

La distinction entre ces deux catégories de biens repose sur un critère tiré de l'affectation des biens: les biens appartenant au domaine public sont ceux qui sont affectés soit à l'usage du public, soit au fonctionnement d'un service public. Dans ce dernier cas la jurisprudence a limité la domanialité publique aux biens qui sont «par nature ou par des aménagements particuliers, adaptés exclusivement au but particulier du service public»[36].

Bien que la question ait été controversée en doctrine, le domaine public est un objet de propriété administrative ce qui explique que l'administration puisse exploiter ce bien et en tirer un bénéfice économique. Cette propriété est affectée au service public ce qui justifie le caractère inaliénable et imprescriptible du domaine public mais seulement dans la mesure nécessaire au fonctionnement normal du service public.

La délimitation du domaine public «artificiel» c'est à dire notamment des voies publiques, par opposition avec le domaine public «naturel», se fait selon le régime de l'alignement qui comporte deux séries de mesures: l'élaboration d'un plan d'alignement et la décision d'alignement individuel. Le plan est un acte administratif unilatéral qui fixe les limites d'une voie publique. Cet acte peut être déclaratif mais aussi attributif de propriété à condition qu'il ne soit utilisé que pour un élargissement raisonnable de la voie. Mais il se rapproche dans cette hypothèse d'une expropriation et le particulier dépossédé aura droit à une indemnité. Quant à l'alignement individuel il prend la forme d'un acte administratif unilatéral réalisant les objectifs du plan, cet acte est toujours déclaratif.

Le domaine public peut faire l'objet d'une occupation privative par les particuliers, celle-ci est normale s'agissant par exemple, d'une place de marché ou de cimetière, elle est anormale pour une terrasse de café empiétant sur la voie publique. Dans les deux cas une telle occupation est subordonnée à une autorisation administrative et au paiement d'une taxe mais dans le premier cas

36 CE 19 oct.1956, *Société Le Béton,* D. 1956 p. 681, concl. *Long.*

l'autorité administrative n'a pas de pouvoir discrétionnaire pour refuser ou retirer l'autorisation alors que dans l'hypothèse d'une occupation anormale l'autorisation est précaire et révocable si l'intérêt général l'exige.

II. *Le pouvoir d'expropriation*

L'expropriation pour cause d'utilité publique est une opération administrative par laquelle l'Etat impose la cession de la propriété d'un immeuble privé dans un but d'utilité publique et moyennant une indemnité juste et préalable.
Cette prérogative exorbitante du droit commun appartient à toutes les personnes publiques et à certaines personnes privées notamment les concessionnaires de services publics, elle ne porte que sur des biens immobiliers ou des droits réels immobiliers et doit être justifiée par l'intérêt général.
Elle obéit à une procédure très précise qui se déroule en deux phases:
Dans *une première phase administrative*, on procède tout d'abord auprès des diverses personnes intéressées à une enquête destinée à s'assurer de l'utilité de l'opération envisagée. Puis une déclaration d'utilité publique est faite par décret en Conseil d'Etat, si l'enquête préalable est défavorable au projet, ou par arrêté ministériel ou préfectoral dans le cas contraire, enfin un arrêté de cessibilité est pris par le préfet indiquant les parcelles ou les droits réels immobiliers à exproprier.
La déclaration d'utilité publique est susceptible de faire l'objet d'un recours pour excès de pouvoir devant le juge administratif qui contrôle si les conditions légales sont remplies et si les circonstances de l'espèce justifient cette mesure compte tenu de ses avantages et de ses inconvénients.
A défaut d'accord amiable s'ouvre une *seconde phase judiciaire*, le juge judiciaire intervient pour délivrer une ordonnance d'expropriation qui permet le transfert de propriété et il fixe le montant de l'indemnité en fonction, notamment, des déclarations fiscales du propriétaire.
L'administration ne peut prendre possession de l'immeuble qu'après le versement de cette indemnité.
Les règles relatives à l'expropriation ont été regroupées en 1977 dans le code de l'expropriation pour cause d'utilité publique.

III. *Les travaux publics*

Les travaux publics sont relatifs à des travaux portant sur un immeuble, effectués dans un intérêt général et pour le compte d'une personne publique.
La notion de travaux publics est une notion très large en droit français et obéit à un régime juridique particulier.
Les travaux publics peuvent être exécutés selon trois régimes:

– la régie, lorsque l'administration embauche des ouvriers, achète les matériaux nécessaires etc.
– la concession, souvent associée à une concession de service public,
– le marché, c'est le procédé le plus fréquemment utilisé: l'administration demande à une entreprise l'exécution d'un travail contre le versement d'un prix. C'est un contrat conclu «intuitu personae» ce qui implique que les sous-traitants soient agréés par la collectivité publique qui est le maître de l'ouvrage et exerce un pouvoir de direction.

L'exécution spontanée par l'entrepreneur de travaux indispensables mais non prévus au contrat lui donne droit à un supplément de prix, il en est de même lorsqu'il rencontre des difficultés matérielles imprévisibles et anormales.

L'administration, lors de l'exécution de travaux publics, bénéficie de privilèges tel que celui qui lui permet d'occuper temporairement un terrain appartenant à un particulier pour, par exemple, y déposer des outillages. Cette faculté est toutefois soumise à des conditions très strictes prévues par la loi du 29 décembre 1892. Sa responsabilité peut notamment être engagée si un dommage survient.

Le contentieux découlant des travaux publics relève d'une façon générale des tribunaux administratifs.

2.3.2 *Quelques branches importantes du droit administratif*

A. *Le droit des collectivités locales* (V. supra 2.3.1.,B.II.)

B. *Le droit de l'urbanisme*

Si le droit de l'urbanisme trouve son origine dans les conceptions du baron Haussmann sous le Second Empire, il ne s'est en réalité développé qu'après la Seconde guerre mondiale.

Mais ce développement a été brutal et désordonné, ce qui s'est traduit par une réglementation touffue, modifiée à plusieurs reprises et manquant parfois de cohérence. Un souci de clarté a cependant conduit à regrouper ces dispositions dans le code de l'urbanisme. Le rôle de la jurisprudence aussi bien administrative que judiciaire a été considérable.

Depuis la loi du 7 janvier 1983 les règles d'urbanisme relèvent de la compétence de la commune mais celle-ci devra cependant tenir compte de certaines priorités nationales ou régionales. Ces priorités résultent des «prescriptions d'aménagement et d'urbanisme» précisées par la loi. Elles existent notamment pour les zones de montagne, pour le littoral maritime et lacustre et dans les zones de bruit autour des aérodromes. Par ailleurs, le code de l'urbanisme édicte des règles générales sur le droit de construire qui s'imposent à toutes les

communes. En dehors de ces règles générales l'urbanisme obéit à des règles édictées localement.
Le droit de l'urbanisme doit permettre à la fois de contrôler l'utilisation des sols et de laisser aux pouvoirs publics la possibilité de maîtriser l'aménagement urbain.

I. *Le contrôle de l'utilisation des sols*

Les règles élaborées par les communes, en matière d'utilisation des sols, comprennent les schémas directeurs et les plans d'occupation des sols (POS), documents dont la nature juridique suscite des difficultés.

1. *Les schémas directeurs*

Créés par une loi de 1967, les schémas directeurs fixent les orientations fondamentales des territoires intéressés et déterminent la destination générale des sols dans le respect des prescriptions nationales ou régionales.
L'élaboration d'un tel schéma est laissé à l'initiative de la commune et donne lieu à une préparation de longue durée liée aux difficultés d'une œuvre de prospective. Le schéma doit ensuite être approuvé par le conseil municipal. Il est exécutoire dans les quarante cinq jours sauf si le préfet, auquel il est obligatoirement communiqué, propose des modifications estimées indispensables. Sa nature juridique est discutable dans la mesure où il s'impose à l'administration mais il n'a qu'une valeur d'orientation à l'égard des administrés.

2. *Le plan d'occupation des sols*

Le plan d'occupation des sols (POS) doit s'articuler au schéma directeur lorsque celui-ci existe mais d'une façon générale son objet est de traduire localement en règles concrètes les principes ou les orientations adoptés en matière d'urbanisme.
L'élaboration du POS est laissé à l'initiative de la commune. Le conseil municipal arrête le projet de POS qui doit ensuite faire l'objet d'une publicité. Celle-ci rend le POS opposable à toute demande d'utilisation des sols sous réserve que le préfet ne s'y soit pas opposé dans un délai d'un mois à partir de la transmission du projet. Il y a lieu ensuite à une enquête publique et enfin à l'approbation finale par le conseil municipal.
A la différence du schéma directeur le POS est un acte administratif réglementaire et peut faire l'objet de recours devant les tribunaux administratifs qui assurent un contrôle minimum sanctionnant seulement les erreurs manifestes d'appréciation.

Le projet de POS a des effets particuliers: en premier lieu dès lors que le projet a été adopté, il justifie un sursis à statuer opposé par les autorités communales sur toute demande d'occupation des sols; en second lieu, il a un effet provisoire puisqu'il peut être modifié tant qu'il n'a pas été approuvé; enfin ses effets sont suspendus s'il n'est pas approuvé dans un délai de trois ans.
Il se présente sous une forme unique pour toute la France et comprend des documents graphiques et un règlement explicitant les règles d'urbanisme. Parmi celles-ci figure le coefficient d'occupation des sols (COS): c'est une unité de mesure permettant de déterminer la densité de construction admise. Son dépassement est cependant autorisé à condition que le constructeur verse une participation financière.
Le POS traduit donc une «conception régulatrice mais peu volontariste de la politique d'urbanisme»[37].

3. *Le certificat d'urbanisme*

Une information complète sur les règles d'urbanisme applicables à un terrain considéré est fourni par le certificat d'urbanisme dont la délivrance peut être demandée par tout intéressé au maire ou au préfet. L'obtention d'un tel certificat est en principe facultative sauf dans deux cas visés par le code de l'urbanisme (art. L. 111-4 et L. 111-5).

4. *L'autorisation administrative*

L'utilisation des sols est soumise à une autorisation administrative, il en existe plusieurs catégories dont la plus importante est le permis de construire.

a) *Le permis de construire* est nécessaire, en principe, pour tous les travaux de construction et pour les travaux effectués sur des immeubles existants dès lors qu'ils affectent l'aspect extérieur de ceux-ci ou leurs conditions d'utilisation.
Il doit être sollicité par le propriétaire du terrain ou de l'immeuble concerné. La constitution du dossier est soumise à des règles détaillées qui commandent la régularité de la demande.
Le permis de construire est, en principe délivré, par le maire, au nom de la commune; il peut l'être par le préfet, au nom de l'Etat dans les cas expressément prévus par le code de l'urbanisme. La délivrance du permis de construire est précédée d'une instruction de la demande dont la durée est déterminée réglementairement.

37 *J.Chapuisat*, Le droit de l'urbanisme, Que sais-je? n° 2130 p. 30.

La réponse de l'administration peut être négative, elle est alors expresse, mais si elle est positive elle peut résulter soit d'un acte exprès, soit du silence gardé par l'autorité compétente jusqu'à l'expiration du délai d'instruction.
Le souci de l'administration qui délivre le permis de construire est d'assurer le respect des règles de l'urbanisme. Toutefois des atténuations sont admises, ainsi existe-t-il des possibilités légales d'adaptation à condition que celles-ci soient mineure, qu'elles soient justifiées par des circonstances locales particulières et par un motif d'intérêt général. C'est également le cas lorsqu'est toléré le dépassement du COS moyennant une compensation.
La décision administrative peut être conditionnelle, si certaines conditions sont imposées au constructeur. Elle peut également prendre la forme d'un sursis à statuer en attendant une décision définitive. Ce sursis n'est pas discrétionnaire et ne peut excéder deux ans.
L'obtention du permis de construire permet à l'intéressé de réaliser son projet toutefois il doit l'exécuter totalement ou pas du tout, il ne peut pas n'en exécuter qu'une partie.
Le permis de construire est soumis à une *double publicité:* un affichage officiel à la mairie et un affichage sur le terrain pendant toute la durée du chantier.
A certaines conditions le permis de construire peut être transféré à un tiers ou faire l'objet de modifications.
Il est périmé si les travaux ne sont pas entrepris dans un délai de deux ans ou si les travaux sont interrompus pendant plus d'un an.
Une fois les travaux achevés, l'autorité compétente procédé à un contrôle de conformité qui se matérialise dans un certificat de conformité.

b) Le permis de construire est à l'origine d'un *contentieux important.*
Il concerne, d'une part, *le recours pour excès de pouvoir* qui peut être exercé dans un délai de deux mois à partir de la publication du permis. Le juge opère un contrôle normal sur les décisions de refus de permis, c'est à dire qu'il vérifie, outre la légalité de l'acte, l'appréciation concrète des faits par les autorités administratives. Il peut également ordonner le sursis à exécution du permis de construire.
Le contentieux porte, d'autre part, sur *les actions en responsabilité* contre l'administration soit parce que le refus de délivrance du permis est irrégulier et cause un préjudice au demandeur, soit parce que l'annulation du permis pour illégalité porte préjudice au constructeur.
Le contentieux peut également être *pénal* lorsque le constructeur est poursuivi pour violation des règles d'urbanisme. Il est enfin *civil*, lorsqu'un tiers se prévaut d'une violation d'une règle d'urbanisme et qu'il apporte la preuve qu'elle lui a causé préjudice. C'est également aux tribunaux judiciaires qu'il

incombe de condamner le constructeur ou d'ordonner la démolition si l'immeuble est mal construit.

5. *La taxe locale d'équipement*

Les constructeurs peuvent être associés au financement des équipements collectifs qui desservent l'immeuble par le paiement de la taxe locale d'équipement que la commune a la faculté d'instituer.
Des participations complémentaires sont également prévues: ainsi les contributions de compensation dans le cas de l'assouplissement des règles d'urbanisme (dépassement du plafond légal de densité, du COS ou la non réalisation d'aires de stationnement), ou les diverses contributions spéciales telle par exemple la taxe départementale d'espaces verts, ou encore des prestations en nature.

II. *L'aménagement urbain*

La maîtrise de l'aménagement urbain passe par une politique foncière difficile à mener en raison du particularisme français de la propriété urbaine qui se caractérise par son caractère privé et son morcellement.
Deux procédures sont utilisées pour compenser l'absence de patrimoine foncier urbain des collectivités locales.
L'expropriation a permis la création de *zone d'aménagement concertée* (ZAC), aujourd'hui lotissement. Elle obéit à des règles particulières et fait l'objet d'un contrôle strict du juge administratif en ce qui concerne les avantages et les inconvénients qu'elle présente. Cette procédure a été supplantée, en raison de ses nombreux défauts, par le droit de préemption.
Le droit de préemption constitue à la fois un moyen d'acquisition foncière et un moyen de régulation du marché foncier. Il permet l'acquisition prioritaire d'un bien.
Il ne contraint pas un propriétaire à vendre et n'intervient que si ce dernier souhaite aliéner sa propriété. L'administration se présente comme acquéreur elle dispose de la faculté de discuter le prix qui, à défaut d'accord, sera fixé par le juge judiciaire mais les parties peuvent renoncer à la transaction.
Le droit de préemption dont l'instauration est facultative, est institué par le conseil municipal et doit répondre à des règles précises fixées par le code de l'urbanisme.
Enfin, plusieurs textes prévoient divers moyens pour procéder à l'aménagement des quartiers anciens.
La loi d'orientation pour la ville du 13 juillet 1991 pose les principes généraux devant présider à une politique de la ville. Modifiant le code de l'urbanisme, elle est aussi une mesure touchant au droit de l'environnement.

C. *Le droit de l'environnement*

Le droit de l'environnement est d'origine récente. La protection de l'environnement n'a trouvé une consécration législative en tant que finalité d'intérêt général que dans la loi du 10 juillet 1976 relative à la protection de la nature.
Auparavant l'environnement n'était protégé que de façon ponctuelle soit par des textes particuliers, soit par la jurisprudence civile en matière de troubles de voisinage, par exemple. La législation s'est, depuis, considérablement développée.
La politique de protection de l'environnement est fondée sur quatre procédés: la concertation, qui permet la participation des intéressés, la prévention qui conduit à déterminer les risques qu'un projet fait courir à l'environnement, notamment par une étude d'impact, la réparation fondée sur la responsabilité des personnes qui portent atteinte à l'environnement, enfin la répression prévue par de nombreux textes sans qu'il existe un véritable délit d'atteinte à l'environnement réprimant de manière globale la faute écologique.
Cette politique n'a commencé à voir le jour qu'avec la création en 1971 d'un ministère de l'environnement. Depuis, de nombreux organismes publics et privés ont été créés pour la protection de l'environnement.
Cette protection s'exerce dans trois directions: protection de la nature, prévention de la pollution, protection de l'environnement urbain, rural et culturel.

I. *La protection de la nature*

La protection de la nature conduit à protéger en premier lieu les espèces animales aussi bien domestiques que sauvages. Elle est assurée par une réglementation prévoyant un contrôle ou bien des autorisations en matière de production, d'importation ou d'exportation de certaines espèces (notamment pour les zoos). *La chasse et la pêche* sont des activités réglementées. Ainsi le droit de la chasse relève t-il de la loi du 10 juillet 1964. Elle institue des territoires de chasse gérés par des associations communales, elle prévoit une politique de réserve et instaure le permis de chasse dont le régime juridique est fixé par la loi du 14 mai 1975. De même la pêche en eau douce a fait l'objet de la loi du 29 juin 1984 régulant la protection et la gestion des ressources piscicoles.
La protection de la nature conduit aussi à protéger *les espaces naturels* tels que la forêt, la montagne et le littoral qui ont récemment été l'objet de textes législatifs.
L'office national des forêts créé en 1964 a pour mission la gestion et l'équipement des forêts domaniales appartenant à l'Etat et aux collectivités locales pour 4 millions d'hectares et aux personnes privées pour 8, 5 millions

d'hectares[38]. Celles-ci doivent observer la réglementation en matière de défrichement, soumis à autorisation, ou de lutte contre les incendies de forêts. Le code forestier pose le principe de la responsabilité des propriétaires en matière de sauvegarde de l'équilibre écologique et biologique.
La protection de la montagne a fait l'objet d'une loi importante du 9 janvier 1985 relative au développement et à la protection de la montagne. Elle prévoit notamment un contrôle sévère de la promotion des activités touristiques et des règles protectrices en matière de construction.
Le littoral français long de 5 500 km a également donné lieu à une loi du 3 janvier 1986. Les communes disposent depuis 1983 du droit de s'opposer à une urbanisation désordonnée.
Une loi de 1930 avait aussi pris des mesures de protection à l'égard *des sites et monuments naturels*. Parmi ces sites naturels ont été créés à partir de 1960 sept parcs nationaux dont l'administration est confiée à un établissement public national à caractère administratif, et 25 parcs régionaux auxquels s'ajoutent des réserves naturelles, d'une superficie limitée créées pour préserver des espèces animales particulières ou en voie de disparition.

II. *Lutte contre la pollution*

Les pollutions et nuisances résultent du développement des industries dont les activités affectent l'environnement. La protection contre ce trouble se traduit en droit français par une classification des installations polluantes donnant lieu à une réglementation plus ou moins restrictive. Leur ouverture est soumise selon les cas à une autorisation ou à une déclaration. Elles font l'objet de contrôles et encourent des sanctions pénales (rares) ou administratives prononcées par le préfet.
Les *centrales nucléaires* sont soumise à des conditions spécifiques plus rigoureuses.
L'eau est protégée contre la pollution notamment par la loi du 3 janvier 1992[39] qui complète une loi de 1964. Les sanctions pénales sont importantes.
L'atmosphère bénéficie d'une protection nationale aussi bien que locale contre la pollution[40].
La protection contre *le bruit* a donné lieu à des mesures diverses: normes anti - bruit, protection autour des axes routiers et des aérodromes.
Enfin la protection contre les déchets est l'objet de la loi du 15 juillet 1975 obligeant le producteur de déchets à procéder à leur élimination selon des techniques appropriées. Elle a été renforcée par la loi du 13 juillet 1992[41] en ce qui concerne l'élimination des déchets toxiques.

38 *J.Morand-Deviller*, Le droit de l'environnement, Que sais-je? PUF 1993, p.45.
39 L. n° 92-3, 3 janv. 1992: JO 4 janv. 1992.
40 L. n° 96-1236, 30 déc. 1996: JO 1er janv. 1997 sur l'air.
41 L. n° 92-654, 13 juill. 1992: JO 16 juill. 1992.

III. *L'environnement urbain, rural et culturel*

L'environnement urbain, rural et culturel est protégé essentiellement par les règles de l'urbanisme.

Les schémas directeurs et les plans d'occupation des sols doivent être fixés en tenant compte de l'environnement, plus particulièrement, la délivrance du permis de construire est liée au respect de préoccupations de cet ordre. La loi du 8 janvier 1993[42] sur la protection et la mise en valeur des paysages témoigne aussi du souci du législateur de protéger l'environnement.

Les activités agricoles sont réglementées. Les grands travaux d'équipement donnent lieu à une étude d'impact et les opérations de remembrement doivent prendre en considération la protection de la nature.

Enfin le patrimoine culturel, spécialement les monuments historiques, font l'objet d'une protection particulière qui relève à la fois de l'urbanisme, de l'environnement et de la culture.

D. *Le droit de la culture et de l'éducation*

Le droit de la culture est une branche nouvelle du droit public bien que l'égal accès à la culture ait déjà été affirmé par le Préambule de la Constitution de 1946. Il a son origine dans la création en 1959 d'un ministère de la culture confié à André Malraux. Toutefois la politique culturelle limitée sur le plan budgétaire a connu un nouvel essor à partir de 1982. De nombreux textes sont intervenus et deux projets de codification sont en cours: un code du patrimoine et un code des activités culturelles qui reprendrait notamment l'actuel code du cinéma. Le code de la propriété intellectuelle a été adopté en 1992.

On peut distinguer quelques grands domaines dans le droit de la culture: le droit patrimonial de la culture, le droit de la création et de la formation culturelles, le mécénat culturel, la propriété littéraire et artistique et d'une façon générale l'enseignement.

I. *Le droit patrimonial de la culture*

Le droit patrimonial de la culture regroupe des domaines fort divers.

Elément de la culture, *l'usage de la langue française* a été réglementé par une loi du 31 décembre 1975 et fait l'objet de dispositions spécifiques dans un grand nombre de domaines. Un décret du 12 mars 1984 a institué un Haut Conseil à la francophonie et en a confié la présidence au Président de la Répu-

42 L. n° 93-24, 8 janv. 1993: JO 9 janv. 1993.

blique mais les langues et cultures régionales n'en sont pas négligées pour autant[43].

Le droit des archives régi par une loi du 3 janvier 1979 précise notamment les modalités de leur classement, édicte des délais à partir desquels leur consultation est autorisée.

Le dépôt légal réformé par la loi du 20 juin 1992[44] impose un dépôt auprès de la Bibliothèque nationale des imprimés de toute nature publiés en France.

Le prix du livre a été fixé par une loi du 10 août 1981. La liberté des revendeurs dans la fixation du prix des livres est cantonnée à une variation ne dépassant pas 5% du prix déterminé par l'éditeur.

Les musées et collections ont été réglementés par une ordonnance du 13 juillet 1945[45]. L'exportation des œuvres d'art est subordonnée à une autorisation de l'Etat qui dispose également d'un droit de préemption dans les ventes publiques. Les œuvres d'art possédées par les particuliers peuvent faire l'objet d'une dation en paiement pour régler les droits de succession et sont exclues de l'impôt sur la fortune.

Les fouilles archéologiques terrestres doivent être autorisées et l'Etat a la faculté de revendiquer l'objet de ces découvertes[46].

Enfin *les monuments historiques* sont protégés depuis une loi du 31 décembre 1913. Elle prévoit notamment une procédure de classement s'appliquant aussi bien aux immeubles qu'aux meubles, qui entraîne l'impossibilité de détruire, de déplacer, de modifier, ou de restaurer un monument classé sans l'accord préalable du ministre chargé de la culture. Les abords des sites classés sont également protégés. La Fondation du patrimoine, instituée en 1996[47] a pour but de promouvoir la connaissance, la conservation et la mise en valeur du patrimoine national. La loi du 7 janvier 1983 a donné aux élus locaux la possibilité de créer des zones de protection du patrimoine architectural et urbain dans lesquelles les autorisations de construire sont soumises à une autorisation spécifique.

II. *La création et la formation intellectuelle*

Le droit de la création culturelle constitué par l'ensemble des disposition favorisant la création touche à la fois aux spectacles régis par l'ordonnance du 13 octobre 1945, au cinéma objet d'un code de l'industrie cinématographique depuis 1956, à l'architecture réglementée par la loi du 3 janvier 1977.

43 Un Conseil national des langues et cultures régionales a été créé en 1985.
44 L. n° 92-546, 20 juin 1992: JO 23 juin 1992.
45 Ordonnance n° 45-1546.
46 L. 27 sept. 1941.
47 L. n° 96-590, 2 juill. 1996: JO 3 juillet 1996.

L'enseignement artistique a reçu une consécration législative par la loi du 6 janvier 1988. L'enseignement de la danse ou de l'architecture sont l'objet de textes particuliers.

III. *Le mécénat*

Le mécénat est favorisé notamment par des mesures fiscales appropriées qui permettent de déduire du revenu imposable, dans la limite d'un plafond qui varie pour les entreprises et les particuliers, les dépenses consacrées à des œuvres désintéressées[48]. La création de fondation d'entreprises a été facilitée en 1990[49] dans un but de promotion des actions culturelles.

IV. *La propriété littéraire et artistique*

La propriété littéraire et artistique est protégée depuis la loi du 11 mars 1957 intégrée au code de la propriété intellectuelle en 1992. Les œuvres de l'esprit présentant un caractère original permettent à leur auteur de jouir d'un droit de propriété incorporelle opposable à tous. Ce droit bénéficie à l'auteur sa vie durant et à ses ayants droits pendant les cinquante années suivant le décès de l'auteur. Cette protection fait l'objet de spécifications particulières pour les œuvres musicales ou les logiciels.

V. *L'éducation*

L'éducation plus générale est aussi un élément de la culture. L'école est obligatoire pour tous les enfants, Français ou étrangers, jusqu'à l'âge de seize ans. En dehors de l'école maternelle où les enfants peuvent être accueillis, en principe à partir de l'âge de trois ans, l'enseignement est dispensés en trois cycles. Un cycle primaire couvrant cinq années (de six à onze ans), puis un cycle secondaire qui s'effectue pendant quatre ans dans un collège. A l'issue de la période passée au collège les élèves peuvent être orientés vers l'enseignement technique ou poursuivre les études de second cycle dans un lycée pendant trois ans à l'expiration desquels ils passent le baccalauréat. La réussite à cet examen conditionne l'accès éventuel au troisième cycle constitué par l'enseignement supérieur universitaire ou non. En principe le baccalauréat suffit pour s'inscrire à l'université.

L'entrée à l'université n'est pas la seule solution offerte aux bacheliers qui peuvent soit se tourner vers la vie active, soit poursuivre des études dans des écoles spécialisées. A cet égard la France connaît un système que l'on ne

48 Loi n°87-571 du 23 juillet 1987 complétée par la loi n°90-559 du 4 juillet 1990.
49 L. n° 90-559, 4 juill. 1990: JO 6 juill. 1990.

retrouve guère à l'étranger: les grandes écoles. L'accès à ces grandes écoles est conditionné par des concours très sélectifs passés après deux ou trois ans d'intense préparation[50] ou après l'obtention d'un diplôme universitaire[51].

E. *Le droit des étrangers*

La France comme les autres pays européens entend limiter l'immigration[52] et lutter contre l'immigration clandestine ce qui explique que le droit des étrangers contenu dans l'ordonnance du 2 novembre 1945 ait fait l'objet de nombreuses modifications dans les années récentes, la dernière résulte de la loi du 11 mai 1998. Les ressortissants des Etats membres de la Communauté européenne ne sont pas visés, en principe, par ces dispositions et bénéficient d'un régime plus favorable en application des directives communautaires.

L'entrée des étrangers en France est subordonnée à la possession d'un passeport et, en principe, d'un visa mais il existe des exceptions à cette obligation. L'étranger qui souhaite venir en visite privée doit présenter une attestation d'accueil signée par la personne qui se propose de l'héberger et dont le maire de la commune de résidence du signataire certifie les mentions.
Au delà de trois mois l'étranger doit avoir un *titre de séjour* l'autorisant à résider sur le territoire et l'autorisation, le cas échéant, d'exercer une activité professionnelle. Il y a deux titres de séjour: la carte de séjour temporaire valable un an et renouvelable si les conditions de son attribution sont toujours réunies, elle peut être délivrée de plein droit à certaines catégories d'étrangers[53] et la carte de résident valable dix ans et renouvelable en principe automatiquement. Cette dernière ne peut être délivrée qu'après un séjour régulier d'au moins trois ans et à condition que l'étranger ne menace pas l'ordre public. Elle est attribuée de plein droit à certaines personnes en raison de leurs attaches particulières avec la France (conjoint d'un Français à condition qu'il soit marié depuis au moins un an, parent d'enfants français, résidence prolongée en France, réfugié . . .). La carte de résident ne peut être délivrée à un ressortissant étranger qui vit en état de polygamie, ni aux conjoints d'un tel ressortissant.
L'étranger qui vit régulièrement en France depuis un an a le droit de se faire rejoindre, au titre du *regroupement familial*, par son conjoint et ses enfants

50 Parmi ses écoles on peut citer à titre d'exemple: l'Ecole polytechnique, l'Ecole normale supérieure.
51 Ecole nationale d'administration par exemple.
52 Il y avait en 1990 4 165 952 étrangers en France(Les immigrés en France, INSEE 1997 p.19). Ce chiffre est resté assez stable. Entre 80 000 et 100.000 personnes par an viennent s'établir en France.
53 Ord. 2 nov. 1945 art. 12 bis.

mineurs à condition qu'il ait des ressources suffisantes pour subvenir à leurs besoins et dispose d'un logement suffisant.

L'entrée ou le séjour irrégulier en France entraîne des sanctions pénales ou administrative: la reconduite à la frontière prononcée par le préfet[54]. Des sanctions sont également prévues à l'encontre des transporteurs qui ont débarqué en France des étrangers démunis de titre de voyage ou de visa. Ils ont l'obligation de rapatrier ces personnes si l'entrée sur le territoire leur est refusée.

Les demandeurs d'asile, dont l'admission sur le territoire relève du ministre de l'intérieur, sollicitent auprès de l'OFPRA (Office français de protection des réfugiés et des apatrides créé en 1952) la reconnaissance de la qualité de réfugié[55]. Il leur est alors délivré une autorisation provisoire de séjour qui leur permet de se maintenir sur le territoire jusqu'à la notification de la décision de l'OFPRA. Un recours devant la commission des recours est possible en cas de refus. La décision de la commission peut être soumise au contrôle du Conseil d'Etat.

L'étranger dont la présence sur le territoire français constitue une menace pour l'ordre public peut faire l'objet d'une *expulsion* prononcée par arrêté du préfet ou du ministre de l'intérieur en cas d'urgence absolue ou de nécessité impérieuse pour la sécurité de l'Etat[56]. S'il est en situation régulière il doit avoir été condamné à une peine d'emprisonnement d'au moins un an sans sursis, cette durée est écartée pour certaines infractions graves. L'expulsion ne peut pas être prononcée à l'encontre d'un mineur de dix-huit ans et de certaines personnes ayant des liens familiaux avec des Français ou ayant séjourné longtemps en France sous réserve qu'elles n'aient pas été condamnées à une peine d'emprisonnement ferme pour une durée au moins égale à cinq ans (Ord. 2 nov. 1945: art. 25).

L'étranger doit être avisé de la mesure d'expulsion envisagée contre lui et doit être entendu par une commission spéciale siégeant auprès du préfet. Elle rend un avis qui ne lie pas le ministre.

La procédure devant la commission est écartée en cas *d'expulsion pour urgence absolue* ou lorsqu'elle constitue une nécessité impérieuse pour la sûreté de l'Etat ou la sécurité publique. Dans cette hypothèse seul le mineur de dix-huit ans ne peut être frappé d'une telle mesure.

Les décisions d'éloignement du territoire peuvent être exécutées d'office par l'administration. Lorsque l'éloignement n'est pas possible dans l'immédiat l'étranger est susceptible d'être maintenu dans des locaux ne relevant pas de l'administration pénitentiaire pendant le temps strictement nécessaire à son

54 En 1996, près de 30 000 mesures de reconduites à la frontières ont été prononcées.
55 En 1996 17 534 demandes d'asile ont été présentées, 3 854 personnes ont été admises comme réfugiées.
56 En 1996, 1166 expulsions ont été prononcées.

départ, ce délai ne peut être supérieur à sept jours et exceptionnellement à douze jours. Le maintien est soumis à une procédure très précise permettant de tenir compte des droits de la défense et il s'effectue sous la surveillance du parquet et des tribunaux judiciaires (ord. 2 nov.1945: art. 35 bis)
Un recours pour excès de pouvoir est possible contre une mesure d'éloignement, il n'est pas suspensif d'exécution mais l'intéressé peut demander le sursis à exécution. Il lui sera accordé si la décision risque d'entraîner des conséquences difficilement réparables et que les moyens invoqués dans la requête paraissent sérieux et de nature à justifier l'annulation de la décision attaquée.
L'éloignement s'effectue vers le pays dont l'étranger a la nationalité, ou vers le pays qui lui a délivré un document de voyage ou vers tout autre pays susceptible de le recevoir. Il ne peut être éloigné vers un pays ou sa vie ou sa liberté sont menacées.

F. *Le droit de la fonction publique*

La fonction publique s'entend de l'ensemble des personnes mise à la disposition des gouvernants et des autorités locales pour faire fonctionner les services publics. Elles bénéficient d'un régime dérogatoire à celui des salariés ordinaires. Les agents publics sont soumis à un régime de droit public exorbitant du droit commun mais il faut distinguer entre le personnel des services publics administratifs gérés par des personnes publiques, qui est en principe un personnel de droit public et le personnel des services publics industriels et commerciaux qui est en principe un personnel salarié de droit privé.
Parmi les agents publics certains sont fonctionnaires, d'autres ne le sont pas.
Le fonctionnaire est nommé de façon unilatérale par l'administration pour occuper un emploi permanent; il est titularisé dans un grade de la hiérarchie administrative. Les fonctionnaires sont au service de l'Etat ou des collectivités locales. Ils sont soumis au Statut général de la fonction publique, à l'exception des magistrats de l'ordre judiciaire, des personnels militaires et des personnels des Assemblées parlementaires qui bénéficient d'un statut autonome.
Les agents non fonctionnaires sont soit des auxiliaires qui ne sont employés qu'à temps partiel ou occasionnellement, des contractuels ayant passé un contrat avec l'Etat, enfin les stagiaires qui sont des agents publics ayant vocation à être titularisés, en général au bout d'un an.
Les sources du droit de la fonction publique se trouve dans la loi du 13 juillet 1983 portant droits et obligations des fonctionnaires qui constitue le titre premier du Statut général des fonctionnaires, la loi du 11 janvier 1984 sur les dispositions statutaires relatives à la fonction publique de l'Etat, la loi du 26 janvier 1984 relative à la fonction publique territoriale et la loi du 9 janvier 1986 relative à la fonction publique hospitalière.

Les fonctionnaires soumis au Statut général sont également soumis à des statuts particuliers.
Le droit français conserve le principe de l'égal accès à la fonction publique et en particulier s'oppose aux discriminations fondées sur le sexe sauf dans les cas où la nature même des fonctions rend impossible le recrutement de femmes mais cette réserve est interprétée très strictement: les femmes ont accès, par exemple, aux services actifs de police.
Aucun candidat ne peut être écarté en raison de ses opinions religieuses, politiques ou syndicales.
Les candidats doivent être de nationalité française mais la loi du 26 juillet 1991 tirant les conséquences de la jurisprudence de la Cour de justice des Communautés ouvre la fonction publique aux ressortissants des Etats membres de la Communauté européenne dès lors que leurs attributions sont séparables de l'exercice de la souveraineté, ou ne comportent aucune participation directe ou indirecte à l'exercice des prérogatives de l'Etat ou des autres collectivités publiques.
Les candidats doivent jouir de leurs droits civiques, être en position régulière à l'égard de leurs obligations militaires et remplir les conditions d'aptitudes physiques exigées pour les fonctions qu'ils sollicitent.
Le procédé normal de recrutement est le concours qui traduit le principe de l'égal accès des citoyens à l'administration. Les concours peuvent être externes et internes c'est à dire ouvert aux fonctionnaires en place pour accéder à des postes supérieurs.
Il existe d'autres procédés de recrutement tels que le choix discrétionnaire pour la nomination à certains emplois (par exemple: préfets ou recteurs), le système des emplois réservés qui consiste à réserver des postes de la fonction publique pour les candidats qui ont rendu service à la collectivité (blessés de guerre), le recrutement par l'Ecole nationale d'administration (ENA) qui fournit les cadres supérieurs de l'administration dont elle a assuré la formation mais elle recrute elle même par concours.
La nomination des fonctionnaires relève soit du Président de la République, soit du Premier Ministre, soit des autres ministres sur délégation de ce dernier.
Le fonctionnaire nommé commence par effectuer un stage d'un an à l'issue duquel il est titularisé.
Les fonctionnaires sont répartis en quatre catégories en ordre dégressif: A,B,C et D.
Ils sont notés par leur supérieur hiérarchique ce qui revêt une grande importance pour l'avancement lequel s'opère soit au choix, à partir d'un tableau d'avancement sur lequel figurent les fonctionnaires qui remplissent les conditions pour être promu au grade supérieur, soit à l'ancienneté.

Des organes internes de caractère consultatif, permettent aux fonctionnaires de participer à la gestion de la fonction publique et de leur propre carrière: les comités techniques paritaires et les commissions administratives paritaires qui sont composés à égalité de représentants de l'administration et des syndicats. Des comités d'hygiène et de sécurité ont été institués en 1982.

Les fonctionnaires quittent leur fonction soit par l'admission à la retraite à partir de soixante ou de soixante cinq ans, cette limite varie selon les corps, par la démission qui n'est effective que si elle est acceptée, par le licenciement pour insuffisance professionnelle, enfin par la révocation qui constitue une mesure disciplinaire.

Les sanctions disciplinaires sont indépendantes des sanctions pénales, elles ne peuvent être prises par l'administration qu'après la communication préalable à l'intéressé de son dossier, une procédure contradictoire et l'avis d'une commission administrative paritaire. Cette procédure est écartée notamment en cas d'abandon de poste.

Les sanctions sont: l'avertissement et le blâme, la radiation du tableau d'avancement, le déplacement d'office, la rétrogradation ou l'exclusion temporaire de six mois à deux ans, la mise à la retraite d'office et la révocation. La décision doit être motivée, elle est susceptible d'un recours devant les tribunaux administratifs. Le juge contrôle l'existence des faits, l'existence des motifs de droits allégués et l'erreur manifeste d'appréciation.

Les fonctionnaires ne peuvent, en principe, cumuler leur fonction avec un autre emploi.

Ils sont tenus à une obligation de moralité, de réserve, de discrétion professionnelle et de neutralité.

Ils doivent obéir aux ordres donnés par leur supérieurs hiérarchiques sauf lorsque l'ordre est entaché d'une illégalité grave et flagrante.

Certains fonctionnaires ont une obligation de résidence au lieu où ils exercent leurs fonctions.

Ils sont responsables à l'égard des tiers pour leur faute personnelle.

Les fonctionnaires ont droit à une rémunération pour service fait et, depuis 1983, à la formation permanente.

Ils bénéficient d'une protection contre les menaces, outrages, injures et diffamations dont ils peuvent être l'objet du fait des administrés.

La loi garantie aux fonctionnaires la *liberté d'opinion*. Quant à la liberté d'expression elle est limitée dans le service par *l'obligation de neutralité*, hors du service la liberté d'expression est le principe, elle se heurte cependant parfois à *l'obligation de réserve* qui s'apprécie différemment selon le rang du fonctionnaire dans la hiérarchie administrative. Les agents exerçant des fonctions syndicales bénéficient cependant d'une liberté d'expression plus grande que les autres fonctionnaires.

Les fonctionnaires ont, en effet, le droit de se regrouper en syndicats soumis au droit commun à l'exception des préfets, des diplomates et des militaires.
Enfin la Constitution de 1946 a donné aux fonctionnaires *le droit de grève*, l'administration peut seulement retenir le traitement afférent à la période de grève. Ce droit de grève est toutefois limité par la règle du préavis obligatoire et l'interdiction des grèves tournantes. Il est refusé à certaines catégories: police, magistrats, militaires, personnels de l'administration pénitentiaire. Pour certains services, notamment la radio et la télévision ou les contrôleurs de la navigation aérienne, la loi impose un service minimum.
Si la grève constitue une atteinte particulièrement grave à la continuité du service public ou à la satisfaction des besoins de la population le gouvernement peut utiliser le droit de réquisition des personnes à condition qu'un décret en Conseil des ministres l'y ait autorisé.
Le régime des fonctionnaires des collectivités locales est calqué sur le Statut général des fonctionnaires ce qui permet une mobilité des personnes entre ces deux types d'administration.

G. *Le droit des militaires*

Catégorie particulière de fonctionnaires les militaires sont soumis à un régime spécifique édicté par la loi du 13 juillet 1972. Il faut y ajouter les disposition du code du service national[57]. Leurs obligation sont plus strictes et leurs droits plus réduits que ceux des autres fonctionnaires.
Les militaires doivent obéissance aux ordres de leurs supérieurs et sont responsables de l'exécution des missions qui leur sont confiées. Toutefois, il ne peut leur être ordonné et ils ne peuvent accomplir des actes qui sont contraires aux lois, aux coutumes de la guerre et aux conventions internationales ou qui constituent des crimes ou délits notamment contre la sûreté de l'Etat.
Les militaires sont liés par une *obligation de discrétion* pour tout ce qui concerne les faits ou informations dont ils ont connaissances dans l'exercice ou à l'occasion de leur fonction.
Les opinions ou croyances, philosophiques, religieuses ou politiques sont libres. Elle ne peuvent cependant être exprimées qu'en dehors du service et avec la réserve exigée par l'état militaire. Cette règle ne fait pas obstacle au libre exercice du culte dans les enceintes militaires.
Les militaires en activité doivent obtenir l'autorisation du ministre lorsqu'ils désirent évoquer publiquement des questions politiques ou mettant en cause une puissance étrangère ou une organisation internationale.

57 Ce code a été modifié notablement par la loi n° 97-1019, 28 oct. 1997: JO 8 nov. 1997. La partie réglementaire a été modifiée par le décret n° 98-180, 17 mars 1998: JO 18 mars 1998.

L'introduction dans les enceintes militaires de publications susceptibles de nuire au moral ou à la discipline de l'armée peut être interdite.
Les militaires ne peuvent pas adhérer à des groupements ou associations à caractère politique mais ils ont néanmoins la faculté d'être candidats à toute fonction publique élective, sous réserves des inéligibilités prévues par la loi.
Ils ne peuvent ni former, ni adhérer à un syndicat. Ils n'ont pas le droit de grève.
Le droit de se marier librement leur est reconnu mais ils doivent avoir une autorisation préalable du ministre lorsque le futur conjoint ne possède pas la nationalité française ou que l'intéressé sert à titre étranger.
Les militaires sont soumis au code pénal et au code de justice militaire qui prévoit des juridictions spéciales en temps de guerre, une procédure, des infractions et des sanctions spécifiques pour les militaires.
Enfin le code du service national a été modifié par la loi du 28 octobre 1997. Le service militaire obligatoire a été abrogé et remplacé par un service national universel qui comprend le recensement et l'appel de préparation à la défense. Ce dernier a pour objet de conforter l'esprit de défense et de concourir à l'affirmation du sentiment d'appartenance à la communauté nationale, ainsi qu'au maintien du lien entre l'armée et la jeunesse. Il comporte aussi le volontariat. Le volontariat vise à apporter un concours personnel et temporaire à la communauté nationale dans le cadre d'une mission d'intérêt général et à développer la solidarité et le sentiment d'appartenance à la Nation. Le volontariat est conclu pour une durée de douze mois renouvelable sans pouvoir excéder cinq ans.

H. *Le droit des médias*

Le droit des médias concerne principalement la presse et l'audiovisuel.

I. *La presse*

La presse fait l'objet en France d'une loi du 29 juillet 1881 consacrant *la liberté de la presse*, qui, bien que modifiée à plusieurs reprises, constitue le texte fondamental. Elle énonce dans son article 1er que «l'imprimerie et la librairie sont libres», ce qui implique l'absence de censure et de tout régime d'autorisation préalable. Il en est de même de la presse périodique: tout journal ou écrit périodique peut être publié sans autorisation préalable et sans dépôt de cautionnement.
La loi impose cependant certaines *obligations*, ainsi l'imprimeur comme l'éditeur sont-ils tenus de respecter la formalité du dépôt légal auprès de la Bibliothèque nationale.

Tout journal ou écrit périodique doit avoir un directeur de la publication qui a l'obligation de faire une déclaration au parquet du lieu de l'impression avant la première parution et d'y déposer deux exemplaires de chaque parution.
Il a également l'obligation d'insérer en tête du plus prochain numéro toutes les rectifications qui lui seront adressées par un dépositaire de l'autorité publique, au sujet des actes de sa fonction qui auront été inexactement rapportés par ledit journal ou périodique.
Les particuliers nommés ou désignés dans un journal ou un périodique bénéficient d'un *droit de réponse* qui peut être exercé librement à condition, notamment, de ne pas être contraire à l'ordre public, aux lois et aux bonnes mœurs. Le texte de la réponse doit être adressé dans un délai d'un an au directeur de la publication qui doit le publier dans un délai très bref. La réponse doit paraître à la même place et sa longueur ne doit pas dépasser celle de l'article incriminé.
Le droit de réponse existe aussi dans le domaine de l'audiovisuel où il est organisé selon une procédure différente[58].
Les publications destinées à la jeunesse sont soumises à certaines restrictions[59].
Le principe de la liberté s'applique aussi aux *publications étrangères* toutefois le ministre de l'intérieur a la faculté d'en interdire la circulation, la distribution et la mise en vente pour empêcher que ne soit porté atteinte aux intérêts diplomatiques de la France, par exemple.
Certaines *publications* sont néanmoins *interdites* dans un but de préservation de l'ordre public notamment ce qui touche à la défense nationale, ou ce qui concerne l'administration de la justice et la protection des droits de l'accusé: il est interdit de publier des actes d'accusation avant qu'ils n'aient été lus à l'audience publique. Est aussi interdit l'emploi de tout appareil permettant d'enregistrer de fixer ou de retransmettre la parole ou l'image lors d'une audience. Une exception a été apportée par la loi du 11 juillet 1985 qui a permis, après avis d'une commission consultative, l'enregistrement audiovisuel ou sonore d'un procès qui présente un intérêt historique.
Le compte rendu des débats judiciaires peut être interdit ou limité dans les procès en diffamation, ou touchant le statut personnel (divorce, filiation), ou relatifs à un viol ou un attentat à la pudeur, ou concernant un mineur.
Les maires et les préfets ont un pouvoir de police administrative à l'égard de la presse, ils peuvent prendre toute une série de mesures restrictives allant jusqu'à la prohibition de la vente. De telles mesures doivent cependant être justifiées par l'existence de menaces précises à l'ordre public et être inspirées par le souci du maintien de l'ordre. Elles doivent être proportionnées à la

58 Loi n° 82-652, 29 juillet 1982: JO 30 juill. 1982.
59 Loi n° 49-956 du 16 juillet 1949.

nature et à la gravité de la menace, elles ne peuvent être ni générales, ni absolues.

Les décisions administratives limitant la liberté de la presse sont susceptibles d'un recours pour excès de pouvoir devant les tribunaux administratifs.

L'inobservation des obligations édictées par la loi sur la presse fait l'objet de diverses *sanctions pénales*.

Enfin la loi de 1881 et quelques autres textes postérieurs ont créer des délits de presse réprimés pénalement.

Sans entrer dans les détails, précisons que ces délits n'existent que s'il y a eu une publicité, ils sont poursuivis contre le directeur de la publication ou l'éditeur, à défaut contre l'auteur, à défaut contre les imprimeurs, à défaut contre les vendeurs, les distributeurs ou les afficheurs. Ces personnes sont considérées comme les auteurs principaux mais si le directeur de la publication ou l'éditeur est en cause, ces autres personnes sont poursuivies, dans le même ordre, comme complices.

Parmi les *délits de presse* citons le délit de fausses nouvelles, la provocation aux crimes et délits, la provocation à la discrimination, la provocation des militaires à la désobéissance, les offenses au chef de l'Etat et aux chefs d'Etats et agents diplomatiques étrangers, la diffamation et les injures publiques . . .

La *diffamation publique* est constituée par toute allégation ou imputation publique d'un fait précis et déterminé, qui porte atteinte à l'honneur ou à la considération d'une personne ou d'un corps. Contrairement au droit commun l'intention coupable est présumée, elle peut cependant être écartée par la preuve de la bonne foi. L'incrimination est écartée lorsqu'est établie la vérité des faits diffamatoires.

Les délits de presse sont jugés par les juridictions répressives, en principe par le tribunal correctionnel. Le droit commun est applicable sous réserve de certaines spécificités, en matière de prescription par exemple, celle-ci étant de trois mois à compter du jour de la commission du délit.

II. *L'audiovisuel*

Les communications audiovisuelles ont fait l'objet des lois du 29 juillet 1982 et du 30 septembre 1986 relative à la liberté de communication .

Ces textes posent le principe de la *liberté des communications audiovisuelles*.

Le *Conseil supérieur de l'audiovisuel*, autorité indépendante, garantit l'exercice de cette liberté.

Elle ne peut être limitée que dans la mesure requise d'une part, par le respect de la dignité de la personne humaine, de la liberté et de la propriété d'autrui, du caractère pluraliste de l'expression des courants de pensée et d'opinion et,

d'autre part, par la sauvegarde de l'ordre public, par les besoins de la défense nationale, par les exigences de service public, par les contraintes techniques inhérentes au moyens de communication, ainsi que par la nécessité de développer une industrie nationale de production audiovisuelle.
Le Conseil supérieur de l'audiovisuel autorise l'usage des bandes de fréquence dont l'attribution lui ont été confiée par le Premier Ministre en dehors de celles qui sont attribuées aux administrations de l'Etat.
La *participation étrangère* dans les sociétés de presse ou dans une société titulaire d'une autorisation relative à un service national de radiodiffusion ou de télévision par voie hertzienne terrestre assuré en langue française est limitée à 20% du capital social ou des droits de vote à l'assemblée générale.

I. *Le droit de la voirie et de la circulation routière*

Le domaine public routier comprend l'ensemble des biens du domaine public de l'Etat, des départements et des communes affectés aux besoins de la circulation terrestre à l'exception des voies ferrées. Le domaine public routier est régi par le code de la voirie routière institué en 1989.
Le code précise les mesures d'alignement auxquelles doivent se conformer les riverains et interdit toute occupation du domaine public routier sans autorisation. Les riverains peuvent se voir imposer des servitudes de visibilité. Le droit de placer des panneaux de signalisation routière est réservé aux autorités chargées de la voirie. La voirie est rattachée à l'administration des ponts et chaussées.
Les compétences de voirie sont réparties entre l'Etat, le département et la commune qui chacun sont chargés d'entretenir les voies qui leur sont attribuées à la suite d'un classement.
Le domaine public routier national comprend les routes nationales et les autoroutes. Cette qualification est conférée par un décret en Conseil d'Etat pris après enquête publique, elle est retirée par simple décret.
L'usage des autoroutes est en principe gratuit mais l'Etat peut concéder la construction et l'exploitation d'une autoroute à une société concessionnaire habilitée à percevoir des péages destinés à rembourser les avances et dépenses de toute nature faites par l'Etat et les collectivités publiques.
Le même principe de gratuité s'applique aux ouvrages d'art (ponts, tunnels . . .) mais il peut y être dérogé à titre exceptionnel et temporaire lorsque l'utilité, les dimensions et le coût de l'ouvrage compris dans la voirie nationale, départementale ou communale ainsi que le service rendu aux usagers justifient une redevance pour son usage.
Le classement et le déclassement des *routes départementales* relève du conseil général. Les dépenses relatives à la construction, à l'aménagement et à l'entretien des routes départementales sont à la charge du département.

De même le classement ou déclassement d'une *voie communale* est de la compétence du conseil municipal et l'entretien de ces voies fait partie des dépenses obligatoires mises à la charge des communes. A l'intérieur des agglomérations le maire assure la coordination des travaux affectant le sol et le sous-sol des voies publiques et de leurs dépendances sous réserve des pouvoirs dévolus aux préfet sur les routes à grande circulation.
La qualité de «route expresse» d'une route appartenant au domaine public est conférée par décret en Conseil d'Etat, elle n'est accessible qu'en des points spécialement aménagés à cet effet et elle peut être interdite à certaines catégories d'usagers et de véhicules.
Enfin certaines voies n'appartiennent pas au domaine public, ce sont les chemins ruraux qui dépendent du domaine privé de la commune ou les voies privées.

La publicité et les enseignes visibles des voies ouvertes à la circulation publique font l'objet d'une réglementation[60] qui les interdit notamment lorsqu'elles sont de nature soit à réduire la visibilité ou l'efficacité des signaux réglementaires, soit à éblouir les usagers des voies publiques, soit à solliciter leur attention dans des conditions dangereuses pour la sécurité routière.

La circulation routière est réglementée par le code de la route qui édicte un certains nombres d'infractions de nature contraventionnelle ou délictuelle.
La circulation sur les routes en véhicule automobiles est subordonnée à la possession d'un permis de conduire. Celui-ci est délivré à la suite d'un examen. Il est affecté depuis la loi du 10 juillet 1989 de points dont le nombre est réduit en raison de la commission de certaines infractions au code de la route, par exemple l'excès de vitesse[61] ou la conduite en état d'ivresse. Les points perdus sont recrédités au bout de trois ans à partir de la condamnation si le conducteur n'a pas commis d'autres infractions pendant ce délai. Le titulaire du permis de conduire peut obtenir la reconstitution partielle de son nombre de point initial s'il se soumet à une formation spécifique devant comprendre obligatoirement un programme de sensibilisation aux causes et aux conséquences des accidents de la route.
Le permis peut faire l'objet d'une suspension par les autorités administratives ou judiciaires ou même d'un retrait par les tribunaux répressifs.

60 Décret n° 76-148, 11 février 1976: JO 14 fév. 1976. L. n° 79-1150, 29 déc. 1979: JO 30 déc. 1979 relative à la publicité, aux enseignes et préenseignes.
61 La vitesse est limitée à 130 km sur les autoroutes, à 90 km sur les routes ordinaires et à 50 km en ville.

J. *Le droit fiscal*

C'est le code général des impôts qui fournit la source essentielle du droit fiscal.
Les impôts se répartissent entre impôts d'Etat et impôts locaux.

I. *Les impôts d'Etat*

Parmi les impôts d'Etat on distingue entre les impôts directs, les impôts sur la dépense, les contributions indirectes, l'enregistrement, l'impôt sur la fortune et la contribution sociale généralisée.

1. *Les impôts directs*

Les impôts directs regroupent les impôts sur le revenu et l'impôt sur les sociétés.

a) *L'impôt sur le revenu*
L'impôt sur le revenu (IRPP) frappe les personnes physiques. Chaque contribuable est imposable à l'impôt sur le revenu tant en raison de ses bénéfices et revenus personnels que ceux de ses enfants et des personnes considérées comme étant fiscalement à sa charge. Le foyer fiscal est composé notamment des époux, des enfants mineurs, des enfants majeurs célibataires jusqu'à 21 ans ou 25 ans s'ils poursuivent des études, les enfants accomplissant leur service militaire et les enfants handicapés.
Les personnes domiciliées en France sont imposables à raison de l'ensemble de leurs revenus. Au contraire, celles dont le domicile fiscal est hors de France ne sont passibles de l'impôt sur le revenu qu'à raison de leurs revenus de source française. Pour les personnes qui ne disposent en France que d'une habitation on retient un revenu minimum forfaitaire égal à trois fois la valeur locative de cette habitation.
L'impôt sur le revenu est un impôt global et progressif. Il porte sur les revenus liés à une activité professionnelle: les traitements, salaires, pensions et rentes viagères, les rémunérations d'associés dirigeants de certaines sociétés, les bénéfices industriels et commerciaux, les bénéfices non commerciaux et les bénéfices agricoles. Il porte également sur les revenus du patrimoine: revenus fonciers et revenus des capitaux mobiliers, enfin sur les gains en capital ou en plus-values.
L'impôt sur le revenu est calculé selon des règles propres à chacune de ces catégories. Pour nous en tenir aux traitements et salaires, le contribuables peut déduire du montant de ceux-ci, soit leurs frais professionnels réels, soit une déduction forfaitaire de 10%. Il s'y ajoute, ensuite, un abattement de 20%.

Quelques charges sont déductibles du revenu global telles par exemple, les pensions alimentaires.
Le calcul de l'impôt sur le revenu s'effectue en fonction de deux éléments: le *quotient familial* qui conduit à diviser le revenu global de la famille en part dont le nombre varie selon la composition de la famille et l'application du système de la progressivité par *tranches,* il y a sept tranches affectées d'un taux s'échelonnant de 0 à 54 %[62]. L'impôt est calculé en appliquant à chaque part la progressivité par tranches et en totalisant les impôts correspondant à chaque part pour obtenir l'impôt total du foyer fiscal.
Le paiement de l'impôt s'effectue en trois versements ou par un prélèvement automatique mensuel sur un compte du contribuable.

b) *L'impôt sur les sociétés*

L'impôt sur les sociétés est proportionnel à l'enrichissement de la société pendant un exercice (période de douze mois qui ne correspond pas nécessairement avec l'année civile). Pour déterminer le bénéfice net imposable on prend en compte les bénéfices provenant de l'activité de l'entreprise et les gains divers de celle-ci, on en soustrait les charges déductibles (frais généraux, amortissements et provisions) ainsi que, le cas échéant, le déficit d'un exercice précédent, on y ajoute enfin les plus values et les moins values sur l'actif immobilisé.
Les bénéfices non distribués sont imposés au taux de 34 % et les bénéfices distribués au taux de 42 %, pour ces derniers fonctionne l'avoir fiscal. *L'avoir fiscal* est une technique par laquelle la société verse à l'Etat au nom de l'actionnaire la part d'impôt dont celui-ci est redevable sur les dividendes qu'il a perçus. Cette part viendra en déduction de l'impôt sur le revenu. L'avoir fiscal ne joue que pour les distributions opérées par les sociétés ayant leur siège en France au profit des seuls associés ayant en France leur domicile sous réserve des conventions internationales.
L'impôt sur les sociétés est versé trimestriellement.

2. *Les impôts sur la dépense*

L'impôt sur la dépense est une taxe sur le chiffre d'affaire qui prend la forme de la taxe à la valeur ajoutée (TVA). Ce procédé adopté par la Communauté européenne a conduit la France à harmoniser son droit avec les prescriptions européennes.
Sont soumis à la TVA les opérations qui relèvent d'une activité économique, les opérations qui constituent une livraison de biens meubles corporels ou

62 L. n° 98- 1266, 30 déc. 1998: JO 31 déc. 1998, art. 2. Le taux de 54 % s'applique à la fraction supérieure à 293 600 F. (44 756 euros).

une prestation de service à titre onéreux et les opérations qui y sont soumises expressément par la loi. Un certain nombre d'exonérations sont prévues pour les exportations, les activités médicales et paramédicales, l'enseignement.
Les personnes qui effectuent de manière habituelle ou occasionnelle l'une de ces opérations sont assujetties à la TVA. Trois taux sont en vigueur le taux normal[63]: 20,6 % et le taux réduit: 5,5 % touchant notamment les produits alimentaires et le taux de 2,10 % frappant notamment l'abonnement aux revues.
La TVA est supportée par le consommateur final mais elle est acquittée par les assujettis successifs. Le montant de la taxe due au Trésor est calculé mensuellement sur le total de la valeur ajoutée apportée aux biens vendus. L'assujetti déduit de ce montant le total des taxes ayant grevé ses achats et qui figurent sur les factures. Seul le solde est versé à l'Etat.

3. *Les contributions indirectes*

Les contributions indirectes sont des droits frappant les alcools, les boissons, le tabac, les allumettes, les droits de garantie sur les ouvrages d'or, d'argent et de platine et certains autres produits.

4. *L'enregistrement*

L'enregistrement est une formalité qui consiste à déclarer et à mentionner sur un registre un acte juridique et qui donne lieu à la perception d'un droit d'enregistrement.
Les droits d'enregistrement sont perçus sur les actes notariés, sur les actes portant transmission de propriété d'un immeuble, sur des mutations par décès (droits de succession). Ils sont fixes (ex. contrat de mariage: 500 F: 76,22 euros[64]), proportionnels ou progressifs (ex. cession de fonds de commerce 6 % entre 150 000 (22865, 85 euros) et 700 000 F (106 707, 31 euros) et 9 % au delà de 700 000 F[65]).

5. *L'impôt sur la fortune*

L'impôt de solidarité sur la fortune (ISF) a été institué en 1982, supprimé en 1987 et réinstitué en 1989. C'est un impôt annuel progressif dû par les foyers fiscaux dont le patrimoine dépasse un certain seuil au 1er janvier de l'année. Le taux va de 0,5 % (entre 4 700 000: 716 463,41 euros, et 7 640 000 F: 1 164

63 CGI art. 278 s.
64 CGI art. 848.
65 CGI art. 719.

634,1 euros) à 1,8 % (au delà de 100 000 000 F: 15 243 902 euros)[66]. Un plafond a été prévu: le total de l'ISF et de l'impôt sur le revenu ne doit pas dépasser 85 % du revenu.
L'impôt sur la fortune est assis sur l'ensemble des biens, droits et valeurs composant le patrimoine du foyer fiscal à l'exception des objets d'art, des droits de propriété intellectuelle, des bois et forêts et des biens professionnels.

6. *La contribution sociale généralisée*

La contribution sociale généralisée (CSG) est destinée au financement de la sécurité sociale. C'est un impôt proportionnel dont le taux fixé à 1,1% par la loi de finances pour 1991 a été porté à 7, 50 % en 1997[67]. Il est perçu par voie de retenue à la source. Il est assis sur les revenus d'activité professionnelle ou de remplacement, sur les revenus du patrimoine et sur les produits de placement.

II. *Les impôts locaux*

L'ordonnance du 7 janvier 1959 a réformé la fiscalité locale directe qui repose actuellement sur quatre catégories de taxes: la taxe foncière sur les propriétés bâties, la taxe foncière sur les propriété non bâties frappant les propriétaires, la taxe d'habitation qui s'adresse à toute personne disposant dans la commune au 1er janvier d'une habitation meublée, et la taxe professionnelle due par les personnes qui exercent, en France, à titre habituel une activité professionnelle non salariée.
L'assiette des *impôts fonciers* repose essentiellement sur les évaluations cadastrales définies par la loi du 30 juillet 1990. L'évaluation cadastrale consiste principalement à appliquer à la surface de chaque propriété un tarif préalablement fixé par classes de propriétés. Le tarif est fixé par la commission départementale des évaluations cadastrales composée de représentants de l'administration fiscale, des collectivités locales et des contribuables.
La *taxe d'habitation* est calculée en fonction de la valeur locative.
L'assiette de la *taxe professionnelle* est constituée par deux éléments, la valeur locative et une fraction des salaires versés par l'entreprise.
A ces quatre grands impôts directs locaux s'ajoutent un certains nombres d'autres taxes plus spécifiques.
L'administration fiscale dispose de pouvoirs étendus plus importants que ceux qui sont reconnus généralement à l'administration. Elle est protégée par un appareil répressif rigoureux que le pouvoir de transaction qui lui appartient

66 CGI art. 885 U.
67 CGI art. 1600 OE.

permet cependant d'assouplir. Elle a notamment le pouvoir d'infliger des majorations et des amendes, complétées le cas échéant par des sanctions pénales.

Outre les recours administratifs ordinaires, le contribuable bénéficie de procédures spéciales assurant le respect de ses droits. Il ne peut saisir le juge avant d'avoir formulé une requête à l'administration.

La compétence se répartie entre les juridictions administratives pour les impôts directs et la TVA et les juridictions judiciaires pour les litiges relatifs aux droits d'enregistrement, à l'impôt sur la fortune et aux contributions indirectes.

2.3.3. *Le contentieux administratif*

Le contentieux administratif se définit comme l'ensemble des règles juridiques qui régissent devant les tribunaux (V. supra 1.2.) les litiges administratifs. Ceux-ci peuvent faire l'objet d'un recours pour excès de pouvoir ou d'un recours de plein contentieux. Après avoir précisé le contenu de ces deux recours nous examinerons leurs conditions de recevabilité, les procédures d'urgence et les caractères généraux de la procédure.

A. *Le recours pour excès de pouvoir*

Le recours pour excès de pouvoir permet le contrôle de la légalité des actes administratifs. Ce contrôle est susceptible de plusieurs degrés en fonction de la nature du pouvoir dévolu à l'administration.

Le contrôle minimum ou restreint s'exerce à l'encontre des décisions pour lesquelles l'administration dispose d'un pouvoir discrétionnaire, il comprend l'examen de la légalité externe (compétence et vice de forme) et interne (violation directe d'une règle de droit, détournement de pouvoir, erreur de droit ou erreur de fait). Il n'inclut pas, en principe, le contrôle de la qualification juridique des faits mais la jurisprudence a admis que le juge puisse annuler une décision entachée d'une erreur manifeste d'appréciation[68].

Le contrôle normal intervient lorsque l'administration a une compétence liée pour prendre l'acte litigieux. Le juge contrôle alors aussi la qualification juridique des faits, il peut même aller jusqu'à contrôler l'opportunité de la décision attaquée et s'assurer qu'il existe une proportionnalité entre la mesure attaquée et les motifs de fait qui l'ont provoquée[69].

68 CE 2 nov.1973, *Librairie François Maspero*, JCP 1974, G, II 17642, concl. *Braibant*, note *R. Drago*.
69 CE 28 mai 1971, *Ville nouvelle Est*, JCP 1971, G, II 16873, note *Homont*.

Le juge de l'excès de pouvoir ne peut que décider l'annulation de la décision litigieuse.

B. *Le recours de plein contentieux*

Le recours de plein contentieux permet de juger l'ensemble du litige, il intervient dans les domaines suivants: responsabilité extracontractuelle, contrats administratifs, contentieux fiscal, contentieux électoral, contentieux de l'interprétation. Le juge dispose alors du pouvoir de donner une solution différente de celle qui est préconisée par l'administration.

C. *Les conditions de recevabilité des recours*

Recours en annulation ou recours de plein contentieux doivent remplir quatre conditions de recevabilité.
– Le demandeur doit être capable et avoir un intérêt à agir. Celui-ci varie en fonction du type de contentieux mais il doit être suffisamment légitime et suffisamment direct.
– Le recours ne peut être dirigé que contre une décision, il est donc nécessaire que le demandeur ait obtenu une décision préalable pour lier le contentieux (sauf en matière de travaux publics ou d'expulsion d'un occupant du domaine public). Cette obligation est limitée par la théorie des actes détachables.
– Le délai de recours contentieux est en principe de *deux mois* à compter de la décision implicite ou explicite de rejet.
– Enfin les parties doivent être représentées par un avocat, ou un avocat au Conseil devant le Conseil d'Etat, toutefois cette règle connaît de nombreuses exceptions afin de réduire le coût de la justice administrative et d'en faciliter l'accès aux justiciables qui peuvent, d'ailleurs, bénéficier de l'aide juridique. Le ministère d'avocat n'est pas nécessaire, par exemple, pour le recours en excès de pouvoir.
L'Etat, quant à lui, est dispensé de se faire représenter par un avocat.

D. *Les procédures d'urgence*

Des procédures d'urgence peuvent intervenir avant le déclenchement de la véritable procédure: le référé et le sursis à exécution.

I. *Le référé*

Le référé est utilisé pour obtenir d'urgence du juge une décision utile: mesures d'expertise, d'enquêtes ou de vérifications, injonction à une personne privée . . .

II. *Le sursis à exécution*

Le sursis à exécution est une procédure importante en raison de l'existence du principe selon lequel les décisions administratives sont exécutoires. Le recours administratif n'est pas suspensif d'exécution d'où l'intérêt de cette procédure qui permet de demander au juge la suspension de la décision attaquée. Elle est jointe à une demande principale. Le sursis ne peut être ordonné que dans des cas exceptionnels, il n'est jamais automatique sauf lorsqu'il est imposé par le législateur dans quelques cas particuliers. Deux conditions doivent être réunies: le demandeur doit présenter des moyens sérieux et de nature à justifier une annulation, l'exécution de la décision doit entraîner un préjudice difficilement réparable. Toutes les juridictions administratives peuvent l'ordonner.

E. *Les caractères généraux de la procédure*

La procédure administrative présente trois caractères généraux. C'est une procédure écrite, inquisitoire et contradictoire. L'essentiel de la procédure consiste en un échange de mémoires écrits. Le juge administratif, contrairement au juge civil, est saisi par requête et c'est lui qui dirige l'instruction. Il peut notamment demander à l'administration des explications et tirer des conséquences de son silence. Il ne peut se prononcer qu'au vu des pièces dont toutes les parties au procès ont eu connaissance mais le principe du contradictoire ne s'applique pas aux moyens que le juge doit soulever d'office.
Les audiences devant les tribunaux administratifs et les cours administratives d'appel sont publiques alors que devant le Conseil d'Etat seule la séance de jugement est publique.
Lors du jugement, le juge qui a dirigé l'instruction présente son rapport, puis les parties ou leurs avocats peuvent présenter leurs observations, le commissaire du gouvernement donne ses conclusions, c'est à dire qu'il propose au tribunal la solution qui lui paraît correcte en droit. Le jugement est mis en délibéré, il est lu publiquement à une audience suivante et notifié aux parties à l'instance.
Il est, en principe, susceptible d'*appel* devant la cour administrative d'appel dans un délai de deux mois. Ce recours n'est pas suspensif d'exécution. La cour rejuge toute l'affaire dans la limite des conclusions et des moyens présentés en première instance et à condition qu'elle dispose de tous les éléments nécessaires.
Un *recours en cassation* est possible devant le Conseil d'Etat. Une commission en vérifie la recevabilité et s'assure que les moyens invoqués sont sérieux. Le Conseil d'Etat vérifie la régularité du jugement, non seulement sur

le plan externe (compétence, respect de la procédure ...) mais aussi sur le plan interne, il contrôle qu'il n'y ait ni violation de la loi, ni d'erreur de droit, ni de dénaturation des faits. En cas de cassation le Conseil d'Etat peut statuer lui-même ou renvoyer devant une autre cour administrative d'appel qui devra respecter l'arrêt de cassation. A défaut, une autre cassation sera prononcée qui obligera le Conseil d'Etat à statuer au fond. Il existe d'autres voies de recours spécifiques soumises à des conditions particulières: l'opposition, la tierce - opposition et le recours en révision.
La décision juridictionnelle est motivée, elle a force exécutoire mais l'exécution est parfois difficile à obtenir de l'administration en raison de l'interdiction faites aux juges administratifs d'émettre des injonctions à l'encontre de l'administration et de la pratique fréquente qui consiste pour celle-ci à obtenir des lois de validation. La loi du 16 juillet 1980 a cependant prévu certaines *mesures de contrainte*: les jugements prononçant des condamnations pécuniaires doivent être exécutés dans un délai de quatre mois, à défaut le créancier de l'Etat peut présenter le jugement au comptable compétent qui a l'obligation de payer. Le juge peut prononcer des *astreintes* contre les personnes publiques. Enfin les agents des autorités publiques qui relèvent de la compétence de la Cour de discipline budgétaire peuvent être condamnés par cette cour à payer des amendes s'ils font obstacles à l'exécution du jugement.

Bibliographie

Institutions administratives

J. M. Auby et *J. B. Auby*, Institutions administratives, (576 p.), Paris, Dalloz 7° éd.1996.

J. M. Becet, Les institutions administratives (361 p.), Paris, Economica, 4° éd. 1997

O. Gohin, Institutions administratives (608 p.), Paris, LGDJ, coll. Manuels, 3° éd. 1998

Droit administratif général

R. Chapus, Droit administratif général, (1280 p.) Paris, Montchrestien, 12°éd.1998.

J. M. De Forges, Droit administratif (400 p.), Paris, PUF, coll. Droit Fondamental, 4° éd.1998.

A. de Laubadère, J. C. Venezia, Y. Gaudemet, Droit administratif, (420 p.), Paris, LGDJ, 16° éd.1998.

J. Morand-Deviller, Cours de droit administratif (768 p.), Paris, Montchrestien, 5° éd. 1997.

J. Moreau, Droit administratif (576 p.), Paris, PUF, 3° éd. 1995.

J. Rivero et *J. Waline*, Droit administratif (544 p.), Paris, Dalloz, 17° éd.1998.

G. Vedel et P. Delvolvé, Droit administratif (808 p.), Paris, PUF,12° éd.1992.

P. Weil, D. Pouyaud, Le droit administratif (128 p.), Paris, PUF, Que sais je? n° 1152, 16° éd. 1994

Droit administratif des biens

Ch. Lavialle, Droit administratif des biens (400 p.), Paris, PUF, coll. Droit fondamental, 1996

Droit des religions

A. Boyer, Le droit des religions en France (264 p.), Paris, PUF, coll. Politiques d'aujourd'hui, 1993

Droit de l'urbanisme

J. Chapuisat, Le droit de l'urbanisme (128 p.), Paris, PUF, Que sais-je? n° 2130, 4° éd. 1996

H. Charles, Les principes de l'urbanisme (124 p.), Paris, Dalloz, coll. Connaissance du droit 1993

H. Jacquot, Droit de l'urbanisme, (784 p.), Paris, Dalloz, 3° éd.1998.

J. Morand-Deviller, Le permis de construire (170 p.), Paris, Dalloz, coll. Connaissance du droit 1997

Droit de l'environnement

J. Morand-Deviller, Le droit de l'environnement (128 p.) PUF, Que sais-je? n° 2334, 3° éd. 1996

M. Prieur, Droit de l'environnement (916 p.), Paris, Dalloz, 3° éd.1996.

Droit de la culture

J. M. Pontier, JC. Ricci, J. Bourdon, Droit de la culture (554 p.), Paris, Dalloz, 2° éd. 1996.

A. Riou, Le droit de la culture et le droit à la culture (231 p.), Paris, ESF,1993.

Droit des étrangers

X. Vandendriessche, Le droit des étrangers (143 p.), Paris, Dalloz, coll. Connaissance du droit 1996

Droit de la fonction publique

J. M. Auby et J. B. Auby, Droit de la fonction publique (388 p.), Paris, Dalloz, 3° éd. 1997.

J. M. Deforges, Droit de la fonction publique (384 p.) Paris, PUF, coll. Droit fondamental, 2° éd. 1997

J.F. Lachaume, La fonction publique (144 p.), Paris, Dalloz, coll. Connaissance du droit, 2° éd. 1998

O. Schrameck, La fonction publique territoriale (114 p.), Paris, Dalloz, coll. Connaissance du droit 1995

Droit de la presse

Ph. Bilger, B. Prévost, Le droit de la presse (128 p.), Paris, PUF, Que sais-je?, n° 2469, 2° éd.1995.

E. Derieux, Le droit des médias (162 p.), Paris, Dalloz, coll. Connaissance du droit 1995

Droit de l'audio-visuel

Ch. Debbasch, Droit de l'audiovisuel (768 p.), Paris, Dalloz 4° éd.1995.

J. Ruff, L'audio-visuel (128 p.), Paris, PUF, Que sais-je? n° 1575, 1ère éd.1996

Droit fiscal

P. M. Gaudemet et J. Molinier, Finances publiques, t.2: Fiscalité (504 p.), Paris, Domat 6°éd.1997.

M. Lascombe et X. Vandendriessche, Les finances publiques (172 p.), Paris, Dalloz, coll. Connaissance du droit, 3° éd. 1998

J. Schmidt, L'impôt (128 p.), Paris, Dalloz, coll. Connaissance du droit, 2° éd.1995.

P. Serlooten, La fiscalité française (140 p.), Paris, Dalloz, coll. Connaissance du droit, 1996

L. Trotabas et J. M. Cotteret Droit fiscal (450 p.), Paris, Dalloz 8° éd.1997.

3. Le Droit Pénal

3.1. *Histoire et évolution du droit pénal*

Après avoir rapidement retracé les grandes lignes du droit pénal sous l'Ancien Régime, nous examinerons les apports de la Révolution, puis le code pénal de 1810, et l'évolution contemporaine de cette matière qui aboutit au nouveau code pénal de 1992.

A. *L'Ancien Régime*

Le *droit pénal* sous l'Ancien Régime obéissait aux coutumes, au droit romain et au droit canon.
Il se caractérisait essentiellement par l'origine coutumière, des incriminations et des peines applicables ainsi que par l'exemplarité de la peine qui constituait un élément essentiel. Ainsi à côté de la peine de mort existait-il un certain nombre de peines corporelles: fouet, supplice de la roue . . ., des peines humiliantes: carcan, pilori . . ., des peines privatives de liberté: emprisonnement, galères, bannissement. Il fallait y ajouter l'usage de la question, c'est à dire de la torture, pour obtenir l'aveu du coupable.
Ces peines souvent très rigoureuses avaient pour but, par la crainte du châtiment terrible qu'elles inspiraient, de dissuader les individus de recourir au crime.
La coutume fixait des peines maximales et le juge avait la liberté de graduer la peine en fonction de la responsabilité morale de l'individu. Il tenait compte de l'âge, de la démence, de la contrainte, de la légitime défense, de l'état de nécessité . . .
Quant à la *procédure pénale*, elle a d'abord été de type accusatoire jusqu'au Moyen – Age, puis à partir du XIII° siècle, la procédure inquisitoire qui était alors appliquée par les juridictions ecclésiastiques, est adoptée par les juridictions laïques. La procédure a fait, à la différence du droit pénal, l'objet d'une sorte de codification par l'Ordonnance de 1670 sur la procédure criminelle qui réglementait de façon détaillée les trois phases du procès: information, instruction préparatoire et jugement en leur conservant un caractère inquisitoire prononcé et en instituant un système de preuves légales.
Au cours du XVIII° siècle, des idées nouvelles apparaissent en matière pénale alors que le droit pénal n'avait pas évolué depuis plus de deux siècles.

Montesquieu formule le principe de la légalité des délits et des peines et plaide pour une modération des peines car l'atrocité des châtiments infligés n'avait pas l'effet dissuasif qu'on lui assignait. Il préconise également l'idée selon laquelle la punition ne peut intervenir que si elle est utile à la défense de la société. Ses idées seront développées par Beccaria. Elles inspireront la réforme du droit pénal opérée par la Révolution.

B. *La Révolution*

L'Assemblée constituante adopta en 1791 deux lois importantes sur la police municipale et sur la police criminelle qui traduisaient les idées nouvelles. Le principe de la légalité des incriminations et des peines est posé, les peines corporelles autre que la peine de mort sont abolies, la tentative n'est pas punissable sauf en matière d'empoisonnement, enfin l'auteur d'une infraction est plus sévèrement puni que le complice. En revanche le droit de grâce est supprimé et les nouveaux textes prévoient, pour écarter tout arbitraire, un système de peines fixes.
Sur le plan procédural, le système accusatoire est institué, et, pour les crimes les plus graves, la réunion d'un jury est prévu à l'imitation du système anglais. L'organisation judiciaire est réformée et comporte trois classes de juridictions dont les juges sont élus.

C. *La codification napoléonienne*

Deux codes sont rédigés, un code d'instruction criminelle en 1808 et un code pénal en 1810 qui tous deux entrent en vigueur le 1er janvier 1811. Ce sont des œuvres d'une valeur inférieure à celle du code civil mais qui tentent de réaliser un compromis entre les innovations de la Révolution et une nécessaire efficacité.
Le code d'instruction criminelle distingue entre la procédure antérieure au jugement, de type inquisitoriale, c'est à dire secrète, écrite et non contradictoire, et la phase de jugement qui obéit à une procédure accusatoire, publique, orale et contradictoire. Il opère d'autre part une division des fonctions judiciaires: la poursuite appartient au ministère public, l'instruction au juge d'instruction et le jugement à la juridiction de jugement.
Le code pénal de 1810 conserve le principe de la légalité des délits et des peines, de l'égalité de tous devant la loi pénale et la division des infractions en trois catégories. Il abandonne en revanche le système des peines fixes adoptés sous la Révolution et admet les circonstances atténuantes. C'est un code qui, par ailleurs, se veut sévère et revient dans une certaine mesure à l'exemplarité de la peine puisqu'il reprend certaines peines corporelles de l'ancien droit comme, par exemple, la mutilation du poing du parricide avant son exécution.

Il est inspiré par l'utilité sociale, préconisée par Bentham, plus que par la recherche de la justice et s'intéresse davantage à l'infraction qu'à la personne du délinquant.

D. *L'évolution du droit pénal depuis la codification*

L'évolution du droit pénal est liée au développement en France de l'*Ecole néo – classique* qui souhaite dans la politique criminelle la recherche d'un équilibre entre la justice et l'utilité. Cette conception a une influence sur l'infraction et sur sa sanction. Cette dernière en particulier doit être individualisée en fonction du degré de liberté propre à chaque individu et avoir non seulement une fonction rétributive mais aussi une fonction de perfectionnement du délinquant.

Ces idées, développées par Guizot, Rossi et Ortolan, vont contribuer à une *libéralisation* du procès et à un adoucissement des peines notamment par la suppression des peines corporelles par la loi du 28 avril 1832. Cette même loi distingue entre l'infraction de droit commun et l'infraction de nature politique et institue, à cet effet, une double échelle de peines. Le quantum des peines est abaissé et le domaine des circonstances atténuantes étendu.

Vers la fin du XIX° siècle le développement du *positivisme* aura également une répercussion importante sur le droit pénal. Prenant le contre-pied de la théorie du libre arbitre appliquée par le législateur révolutionnaire et post-révolutionnaire, il défend le déterminisme selon lequel l'homme n'est pas moralement libre, son comportement, au contraire, est déterminé en fonction d'un certains nombre d'éléments intrinsèques ou extrinsèques. Cependant l'homme criminel est socialement dangereux ce qui justifie la prise de mesures de «défense sociale». Sous l'influence de ces idées seront instituées par la loi du 27 mai 1885, d'une part, la relégation qui permettait d'envoyer en Guyane les individus qui s'étaient rendus coupables de quatre infractions successives et, d'autre part, l'interdiction de séjour qui écartait certains condamnés des lieux où leur présence pouvait être dangereuse pour l'ordre social. La même année était organisée la libération conditionnelle qui permettait d'abréger de moitié la durée de l'exécution d'une peine pour bonne conduite.

Cette idée de *défense sociale* a été reprise par un courant doctrinal contemporain celui de la nouvelle défense sociale illustré notamment par M. Ancel (La défense sociale nouvelle, 1954). Dans sa conception, la défense de la société ne passe pas par une élimination des délinquants mais par une «resocialisation» de ceux-ci. Ainsi le juge doit-il tenir le plus grand compte de la personnalité du délinquant avant de prononcer des sanctions qui seront individualisées et adaptées à son cas particulier. Ces sanctions pourront être des peines mais aussi des mesures de sûreté. C'est en application de cette doctrine qu'ont

été pris notamment des textes relatifs à la prévention et à la désintoxication des alcooliques dangereux et des toxicomanes.
Allant plus loin un courant de pensée plus récent préconise une réduction du recours au droit pénal et le recours plus fréquent à des mesures non répressives impliquant une politique de dépénalisation.
Il est cependant loin de faire l'unanimité et certains auteurs contemporains sont favorables, au contraire, à un retour partiel aux idées néo – classiques du XIX° siècle.
Ils insistent sur la responsabilité morale de l'individu et sur une nécessaire idée de rétribution sans pour autant abandonner l'idée qu'il doit être tenu compte des capacités du condamné à supporter le châtiment et à en tirer profit.
Enfin, d'autres auteurs plus rigoureux, pensent qu'il faut distinguer entre les délinquants professionnels pour lesquels un traitement sévère est nécessaire et ceux qui ne le sont pas, pour lesquels on peut envisager un traitement plus adapté que la privation de liberté.
L'inflation législative engendrée par l'évolution du droit pénal sous l'influence des divers courants doctrinaux a conduit à la réforme tout d'abord de la procédure pénale qui a fait l'objet d'une nouvelle codification en 1959, le code de procédure pénale succédait au code d'instruction criminelle de 1808. Plus récemment les lois du 16 décembre 1992, 4 janvier et 24 août 1993 ont apporté, en matière de procédure, des modifications importantes qui ne reçoivent cependant pas une approbation unanime de la doctrine. Cette réforme va de pair avec la révision du code pénal.
A deux reprises en 1887 et en 1930 avait été tentée, mais sans succès, la révision du code pénal de 1810 devenu trop vétuste. Ce n'est que la troisième tentative initiée en 1974 avec le réunion d'une commission de révision du code pénal qui a finalement abouti à une véritable réforme. Quatre lois du 22 juillet 1992 complétées par la loi du 16 décembre 1992 ont donné une nouvelle rédaction au code pénal entré en vigueur le 1er mars 1994. La procédure étant l'objet d'un chapitre particulier nous nous limiterons ici à examiner les caractères généraux du nouveau code pénal.

E. *Le nouveau code pénal (Lois du 22 juillet et 16 décembre 1992)*

Fruit d'une longue et chaotique gestation le nouveau code pénal[1] s'inscrit dans la continuité du code de 1810 tel qu'il avait été interprété par la jurisprudence et dont il consacre certaines solutions. Il marque cependant à certains

1 Le nouveau code pénal, Rev. Sc. crim.1993 p. 433; *F. Desportes et F. Le Gunehec*, Présentation des dispositions du nouveau code pénal, JCP 1992 éd.G, I, 3615; *J. Pradel*, Le nouveau code pénal, AJD 1993 n°16, 17 et 18; coll. Dalloz Service 1994.

égards une rupture avec le code napoléonien. Ainsi s'il élargit le nombre des incriminations et maintient le lien entre la responsabilité et la peine, en revanche, il donne au juge des pouvoirs plus importants dans la détermination de la peine et les modalités de son application et introduit le principe de la responsabilité pénale des personnes morales.
Le plan du code de 1810 a été modifié dans le sens de la logique. Le nouveau code pénal est composé de cinq livres: Livre I Dispositions générales, Livre II Crimes et délits contre les personnes, Livre III Crimes et délits contre les biens, Livre IV Crimes et délits contre la nation, l'Etat et la paix publique, Livre V Des autres crimes et délits[2].

Il conviendra d'examiner en premier lieu la partie générale du droit pénal avant d'envisager, le droit pénal spécial, puis le droit pénal applicable aux mineurs. L'étude de la procédure pénale clôturera enfin cette partie.

3.2. *Droit pénal général*

Sous le titre droit pénal général nous examinerons en premier lieu les conditions d'application de la loi pénale, puis les conditions touchant à l'infraction et à la responsabilité pénale, enfin les conséquences de l'infraction et l'effet de la prescription.

3.2.1. *Les conditions d'application de la loi pénale*

L'examen de l'application de la loi pénale implique le rappel de quelques principes généraux avant d'examiner les conditions de son application dans le temps et dans l'espace.
Le nouveau code pénal consacre précisément dans le livre I un titre premier aux principes généraux, antérieurement dégagés, pour certains, par la jurisprudence.

2 Le législateur a adopté une numérotation décimale: les trois chiffres situés avant le tiret indiquent le numéro du livre, puis du titre, puis du chapitre considéré tandis que le chiffre situé après le tiret indique l'emplacement de l'article au sein du chapitre: par exemple l'article 226-10 indique que cet article figure dans le titre 2 du livre II du code au chapitre 6 et qu'il est le dixième article de ce chapitre.

A. *Les principes généraux*

Après avoir précisé la classification des infractions pénales en fonction de leur gravité: crimes, délits[3] et contraventions, le code pénal rappelle le principe fondamental de la *légalité des délits et des peines* selon lequel seule une loi peut créer une incrimination et prévoir une peine. Ce principe n'est absolu qu'en ce qui concerne les deux catégories d'infractions les plus graves, les crimes et les délits. En revanche le principe est atténué en matière de contraventions qui relèvent, selon les distinctions établies par la loi, du règlement pris par le pouvoir exécutif. L'essentiel étant cependant qu'un texte définisse les éléments des infractions et les peines applicables à leurs auteurs.
Ce principe de la légalité explique que la loi pénale soit *d'interprétation stricte* et que les juridictions pénales compétentes pour interpréter les actes administratifs, réglementaires ou individuels, soient également compétentes pour en apprécier la légalité lorsque de cet examen dépend la solution du procès pénal qui leur est soumis (c. pén. art.111-5).

B. *L'application de la loi pénale dans le temps*

Le principe de la *non rétroactivité de la loi pénale*, conséquence du principe de la légalité des délits et des peines, implique que soient seuls punissables les faits constitutifs d'une infraction à la date à laquelle ils ont été commis et que seules les peines légalement prévues à cette date leurs soient applicables.
Ce principe connaît cependant quelques exceptions.
La première est la *rétroactivité des lois pénales plus douces* (rétroactivité in mitius). Ainsi les dispositions nouvelles, lorsqu'elles sont moins sévères que les anciennes dispositions, s'appliquent à des infractions commises avant leur entrée en vigueur et n'ayant pas donné lieu à une condamnation passée en force de chose jugée. Ce principe a donné lieu à une jurisprudence abondante pour déterminer ce qu'était une loi plus douce.
Une seconde exception, nouvelle en droit français, prévoit qu'une peine cesse de recevoir exécution quand elle a été prononcée pour un fait qui, en vertu d'une loi postérieure au jugement, n'a plus le caractère d'une infraction pénale (c. pén. art. 112-4).
Enfin sont *applicables immédiatement* à la répression des infractions commises avant leur entrée en vigueur: – les lois de compétence et d'organisation judiciaire tant qu'un jugement au fond n'a pas été rendu en première instance – les lois fixant les modalités des poursuites et les formes de la procédure – les lois relatives au régime d'exécution et d'application des peines sauf

3 En droit français, le mot «délit» désigne soit l'infraction en général par exemple dans l'expression la légalité des délits, soit une catégorie d'infractions de gravité moyenne c'est le sens de ce mot cité au texte.

si elles ont pour effet de rendre plus sévères les peines déjà prononcées – les lois applicables à la prescription de l'action publique et à la prescription des peines sauf si elles ont pour résultat d'aggraver la situation de l'intéressé.

C. *L'application de la loi pénale dans l'espace*

Le code pénal énonce clairement le *principe de la territorialité* de la loi pénale en affirmant que la loi pénale française est applicable aux infractions commises sur le territoire de la République. Il pose, par ailleurs, la présomption selon laquelle l'infraction est réputée commise sur le territoire français dès lors qu'un de ses faits constitutifs a eu lieu sur ce territoire Une exception à ce principe est constituée par l'immunité diplomatique.

Le territoire français inclut les espaces maritimes et aériens qui lui sont liés. Sont également considérés comme rattachés au territoire les navires et aéronefs battant pavillon français. La loi pénale française est en principe seule applicable lorsque ces navires et aéronefs sont des appareils militaires.

La loi pénale française est également applicable à quiconque s'est rendu coupable sur le territoire de la République, comme complice, d'un crime ou délit commis à l'étranger si ce crime ou ce délit est punissable à la fois par la loi française et la loi étrangère et s'il a été constaté par une décision définitive de la juridiction étrangère.

Une certaine *extraterritorialité de la loi pénale française* est cependant reconnue dans les cas suivants:

– la loi française s'applique à tout crime commis par un Français hors du territoire français;

– elle s'applique aux délits commis par un Français à l'étranger si les faits sont punis par la loi du pays où ils ont été commis;

– elle s'applique, enfin, à tout crime ainsi qu'à tout délit puni d'emprisonnement commis hors de France par un Français ou un étranger lorsque la victime est de nationalité française au moment de l'infraction.

Cette extraterritorialité de la loi pénale française ne reçoit cependant effet que si la poursuite est exercée à la requête du ministère public. Celle-ci ne peut être déclenchée qu'à la suite de la plainte de la victime ou de ses ayants droit ou d'une dénonciation officielle par l'autorité du pays où le fait a été commis. Un jugement définitif à l'étranger sur les mêmes faits et, en cas de condamnation, la peine subie ou prescrite font obstacle aux poursuites du ministère public.

L'extraterritorialité de la loi pénale française s'applique sans conditions spécifiques pour un certain nombre d'atteintes aux intérêts fondamentaux de la nation et notamment pour tous crimes ou délits commis contre les agents ou les locaux diplomatiques ou consulaire français hors du territoire français (c. pén. art. 113-10).

L'extradition, qui permet à un Etat de demander à un autre Etat de lui livrer une personne qui se trouve sur son territoire afin qu'elle soit jugée ou contrainte de subir la peine à laquelle elle a été condamnée, n'est pas possible à l'encontre d'un ressortissant français. Elle est par ailleurs soumise à des conditions strictes édictées par la loi du 10 mars 1927 et par la convention européenne d'extradition à laquelle la France est partie. Elle relève enfin de la compétence discrétionnaire de l'Etat à la suite d'une procédure administrative et judiciaire.

3.2.2. *L'infraction*

La *classification tripartite des infractions* critiquée par la doctrine a été maintenue dans le nouveau code pénal et reste caractéristique du droit pénal français. Elle a deux conséquences principales: elle entraîne un régime différent pour chacune de ces catégories d'infractions et elle permet de déterminer la juridiction compétente pour en connaître.

A côté de cette classification légale, les infractions ont fait l'objet de diverses classifications par la doctrine dont les plus importantes sont la distinction entre les *infractions de droit commun et les infractions politiques,* ces dernières étant soumises à un régime spécifique notamment en matière de peines applicables et d'exécution des peines. Cette distinction n'est cependant pas toujours très claire en raison de l'absence d'un critère légal.

Sont également opposées aux *infractions de droit commun les infractions militaires* dont la connaissance relève, en temps de guerre, des juridictions des forces armées.

Enfin les infractions relevant des affaires: infractions fiscales, douanières et économiques sont distinguées aussi des infractions de droit commun.

La doctrine classique française enseigne que l'infraction est constituée de trois éléments, un élément légal, un élément matériel et un élément moral. Mais cette conception est critiquée par quelques auteurs et le nouveau code pénal a été sensible à leur point de vue.

L'élément légal peut se résumer au principe de la légalité des délits et des peines mais il soulève des difficultés en ce qui concerne la qualification des infractions et notamment les problèmes de cumuls d'infractions. L'élément moral se rattache à la responsabilité pénale du délinquant, objet du titre II du livre I du code pénal. C'est finalement l'élément matériel qui reste essentiel.

1) Le problème du *cumul des qualifications* découle de l'inflation législative qui conduit à incriminer de plusieurs façons un même fait matériel. Lorsqu'un même fait tombe sous le coup de plusieurs qualifications (*concours idéal de qualification*) une seule qualification est retenue, en principe la plus grave,

sous réserve de l'application de textes spécifiques qui dérogent au principe général. La jurisprudence distingue parfois selon que l'auteur a entendu commettre une seule infraction ou plusieurs ou porter atteinte à une seule valeur sociale ou à plusieurs. Dans ce dernier cas, elle estime qu'il y a *cumul réel d'infractions* ce qui entraîne une déclaration de culpabilité et le prononcé d'une peine pour chacune des infractions. Toutefois le cumul des peines est limité au maximum de la peine prévue pour l'infraction la plus grave lorsque celle-ci constitue un crime ou un délit. En revanche en matière de contravention, il y a cumul des peines sans limitation.

2) *L'élément matériel de l'infraction* résulte de la réunion d'un comportement et du résultat découlant de ce comportement.

a) *Le comportement* peut être constitué soit par la commission d'un acte, soit par l'omission d'un acte s'il est prévu par la loi ainsi le défaut de porter secours à une personne en danger. On distingue les infractions instantanées des infractions continues et les infractions simples des infractions d'habitude. Ces distinctions ont une incidence sur le fond du droit (application de la loi nouvelle, prescription) et sur la procédure (tribunal compétent). Mais l'infraction n'existe que si le comportement a entraîné un résultat, c'est à dire un préjudice, au sens large, à l'encontre de la victime ce qui implique l'existence d'un lien de causalité.

Pour la jurisprudence l'existence du *lien de causalité* doit être certain et constaté. Elle retient la théorie de l'équivalence des conditions ce qui a les deux effets suivants: peu importe que la faute du prévenu soit précédée ou suivie d'un *fait non fautif* de la victime et peu importe que la faute du prévenu soit précédé d'*une faute* de la victime ou d'un tiers. Dans quelques cas cependant la jurisprudence tient compte de la faute postérieure de la victime.

b) *La nécessité d'un résultat préjudiciable* pose la question de *la tentative.* Aux termes de l'article 121-5 du code pénal: «la tentative est constituée dès lors que, manifestée par un commencement d'exécution, elle n'a été suspendue ou n'a manqué son effet qu'en raison de circonstances indépendantes de la volonté de son auteur».

On peut ainsi distinguer deux sortes de tentatives, la tentative interrompue et la tentative achevée.

La tentative interrompue implique un commencement d'exécution qui ne doit pas être confondu avec les actes préparatoires (achat d'une arme par exemple) qui eux ne sont pas punissables. Cependant la distinction entre les deux n'est pas toujours facile à opérer. La jurisprudence admet que le commencement d'exécution est caractérisé par «l'acte qui doit avoir pour conséquence directe et immédiate de consommer l'infraction, celle-ci étant entrée dans sa période d'exécution[4]». Quant à l'absence de désistement volontaire il est délicat à

4 Cass. crim. 25 oct. 1962: Bull. crim. n° 292 et 293.

mettre en œuvre tant pour apprécier le caractère volontaire de l'interruption de la tentative que pour s'assurer que le désistement a été antérieur à la consommation de l'infraction.

La tentative entraîne pour son auteur la même sanction que si celui-ci avait commis l'infraction mais la loi distingue entre les crimes pour lesquels la tentative est toujours punissable, les délits où elle n'est punissable que si la loi le prévoit expressément et les contraventions où la tentative n'est jamais punissable.

La tentative achevée (ou tentative impossible) existe lorsque seul le résultat recherché ne s'est pas produit. Le résultat peut ne pas survenir pour des circonstances indépendantes de la volonté de l'auteur, son coup de feu manque son but par exemple. Le résultat peut aussi ne pas être atteint en raison d'une impossibilité matérielle ignorée de l'auteur. La jurisprudence estime que la tentative achevée est également punissable, en l'absence de disposition légale contraire, ce qui est le cas, par exemple, pour la tentative d'empoisonnement qui n'est pas punissable lorsque les substances utilisées ne sont pas de nature à entraîner la mort (c. pén. art. 221-5).

3.2.3. *La responsabilité pénale*

La responsabilité pénale est l'obligation pour une personne impliquée dans une infraction d'en assumer les conséquences légales. Elle incombe dans le nouveau code pénal français soit aux personnes physiques, soit aux personnes morales mais il existe des causes d'irresponsabilité ou d'atténuation de la responsabilité. Avant d'examiner ces aspects il faut préciser les règles générales de la responsabilité pénale applicables à toutes les catégories de délinquants.

A. *Les règles générales de la responsabilité pénale*

I. *Les principes*

Le premier principe à retenir est que *l'on n'est responsable pénalement que de son propre fait*, on ne peut être responsable pénalement pour autrui.

Toutefois des exceptions ou du moins des atténuations ont été apportées à ce principe notamment à l'égard du chef d'entreprise qui peut voir sa responsabilité pénale engagée pour des actes matériels qu'il n'a pas personnellement effectués mais qui ont été réalisés par ses employés. La jurisprudence a souvent fait application de cette responsabilité en cas de violation des règlements propres à l'entreprise ou en matière d'infractions au droit du travail, en particulier, dans le domaine de l'hygiène et de la sécurité.

La responsabilité pénale du chef d'entreprise est néanmoins subordonnée à deux conditions: l'existence d'une infraction pénale du préposé, pouvant résulter soit d'une infraction matérielle, soit d'une infraction d'imprudence et une faute imputable au chef d'entreprise. Il pèse sur les dirigeants un devoir général de contrôle et de surveillance et le devoir de faire respecter la législation. La simple constatation de l'inobservation des règlements fait présumer la faute du dirigeant. Ce dernier peut écarter sa responsabilité en prouvant une absence de faute de sa part ou en invoquant la délégation de pouvoir qu'il a consenti à l'un de ses employés. Toutefois cette délégation ne peut intervenir que dans certains domaines, elle doit être limitée à un secteur précis et ne peut être générale. Le délégué doit avoir la capacité et être qualifié pour agir au nom du chef d'entreprise.

Une deuxième exception importante au principe de la responsabilité individuelle est apportée par le nouveau code pénal qui retient *la responsabilité pénale des personnes morales* dont les conditions seront précisées plus loin.

Le deuxième principe à souligner est *la nécessité d'un élément moral*, ainsi il n'y a point de crime ou de délit sans intention de le commettre énonce l'article 121-3 du code pénal. Ce principe n'est cependant pas absolu. D'une part l'intention n'est pas exigée en matière de contravention toutefois il n'y a point de contravention en cas de force majeure. D'autre part la loi peut prévoir des délits d'imprudence, de négligence ou de mise en danger délibérée de la personne d'autrui.

Traditionnellement la faute est toujours nécessaire pour que la responsabilité pénale de son auteur puisse être mise en cause mais cette faute peut être intentionnelle ou non intentionnelle.

La faute intentionnelle, aussi qualifiée de dol, est le fait de vouloir un acte. Elle ne se confond pas avec le mobile qui a inspiré l'acte. Le mobile est en principe sans effet sur l'existence de l'infraction, en revanche au niveau du régime de l'infraction (procédure, sanction) il peut avoir une incidence.

La faute non intentionnelle est constituée par l'imprudence ou la négligence c'est à dire le fait de ne pas avoir prévu les conséquences dommageables d'un acte qu'on accomplit, soit d'avoir omis de prendre les précautions qui auraient empêché le dommage de survenir. Elle est également réalisée par l'inobservation des règlements.

Le nouveau code pénal introduit en droit français le concept de «*mise en danger délibéré de la personne d'autrui*» qui est une faute d'un degré intermédiaire entre la faute intentionnelle et non intentionnelle. Le législateur ne l'a, toutefois, pas définie et c'est à la jurisprudence qu'incombe cette tâche. Dans l'esprit du législateur cette incrimination était destinée à sanctionner principalement, la délinquance routière et l'inobservation des réglementations relatives à l'hygiène et à la sécurité dans les entreprises. Mais la jurisprudence récente a appliqué cette notion également à d'autres domaines[5].

II. *L'auteur de l'infraction*

L'auteur de l'infraction est la personne qui commet les faits incriminés ou qui tente de commettre un crime ou un délit, dans les cas prévus par la loi. Ce peut être aussi l'auteur intellectuel c'est à dire celui qui a incité autrui à commettre une infraction.

III. *Le complice*

L'auteur de l'infraction peut être aidé dans l'exécution de celle-ci par un complice. Le complice de l'infraction est puni comme s'il en était l'auteur.
Le complice défini par le code est celui qui «sciemment, par aide ou assistance, a facilité la préparation ou la consommation de l'infraction (crime ou délit)». C'est également celui qui «par don, promesse, menace, ordre, abus d'autorité ou de pouvoir aura provoqué à une infraction ou donné des instructions pour la commettre (quelle que soit l'infraction)» (c. pén. art. 121-7).
La complicité nécessite un élément moral, l'existence d'une infraction principale et des actes matériels effectués par le complice.
1) *L'élément moral* est la connaissance par le complice que l'acte de l'auteur principal constitue une infraction et sa volonté de s'y associer.
2) *La nécessité d'une infraction principale.* L'infraction principale doit être en principe un crime ou un délit. La complicité n'est toutefois pas complètement exclue en matière de contravention, soit que des textes spécifiques la prévoient, soit que la complicité par instigation définie par l'article 121-7 al.2 du code pénal trouve à s'appliquer.
L'infraction principale doit être punissable, c'est à dire qu'elle ne peut pas avoir été prescrite ou effacée par l'amnistie ou justifiée par un fait justificatif, en revanche il n'est pas nécessaire qu'elle ait été effectivement punie. Même si son auteur a échappé à la condamnation pour des raison de faits ou de droit, le complice peut être condamné. Il s'agit du principe de *l'emprunt de criminalité* vivement combattu par la doctrine mais qui subsiste sous l'empire du nouveau code pénal. Au contraire *l'emprunt de pénalité est rejeté.* Le complice est puni non pas des mêmes peines que l'auteur mais comme s'il avait été, lui-

5 Le fait de laisser divaguer dans la rue des chiens méchants (Cass. crim. 9 nov. 1995: Dr. pén. 1996 n°57) ou bien le fait de surcharger un navire (Cass. crim. 11 fév. 1998: JCP 1998, G, II, 10084) ont été retenus comme une faute de mise en danger délibéré de la personne d'autrui.

même, l'auteur de l'infraction ce qui a pour conséquence d'aggraver son sort en cas de circonstances aggravantes.
3) *Les actes matériels accomplis par le complice.* Ce sont les actes énumérés à l'article 121-7. L'aide ou l'assistance doit résulter d'un fait positif antérieur ou concomitant à l'infraction principale, la jurisprudence admet parfois l'assistance postérieure à l'infraction mais promise avant, par exemple l'attente au volant d'une voiture pour faciliter la fuite de l'auteur de l'infraction.
L'élément matériel peut aussi résulter de l'instigation par provocation ou par fourniture d'instructions.
Le complice se distingue théoriquement du coauteur car ce dernier a participé directement à l'infraction. Sa responsabilité n'est pas liée comme dans le cas précédent à la responsabilité de l'auteur principal, il a une responsabilité propre indépendante de celle des autres coauteurs, mais sur le plan de la peine applicable la différence entre complice et coauteur s'estompe puisque l'un comme l'autre sont punis comme auteur de l'infraction. La confusion souvent faite en jurisprudence entre l'un et l'autre est donc appelée à s'accentuer.

B. *Les causes d'irresponsabilité ou d'atténuation de la responsabilité*

On distingue traditionnellement parmi les causes d'irresponsabilité, les causes objectives (faits justificatifs) et les causes subjectives.

I. *Les causes objectives*

Les causes objectives d'irresponsabilité sont: le commandement de la loi, le commandement de l'autorité légitime, la légitime défense, l'état de nécessité.

1. *Le commandement de la loi*

N'est pas pénalement responsable la personne qui accomplit un acte prescrit ou autorisé par des dispositions législatives ou réglementaires (c. pén. art. 122-4 al.1).

2. *Le commandement de l'autorité légitime*

Le commandement de l'autorité légitime supprime la responsabilité de la personne qui accomplit un acte commandé par l'autorité légitime sauf si cet acte est manifestement illégal (c. pén. art. 122-4 al. 2).

3. *La légitime défense*

Pour constituer une cause d'irresponsabilité, la légitime défense doit remplir plusieurs conditions: l'état de légitime défense n'existe qu'en cas *d'atteinte injustifiée envers la personne* qui l'invoque ou un tiers; la personne doit accomplir, au moment de l'infraction, un acte commandé par la nécessité de la légitime défense; il ne doit pas y avoir de disproportion entre les moyens de défense employés et la gravité de l'atteinte subie.
La légitime défense peut également être utilisée pour la *défense d'un bien*, objet d'un crime ou d'un délit, à condition que l'acte de défense soit strictement nécessaire au but poursuivi, que les moyens employés soient proportionnés à la gravité de l'infraction et que l'acte ne soit pas un homicide volontaire (c. pén. art. 122-5).
La loi pose la *présomption* simple qu'une personne a agi en état de légitime défense lorsqu'elle a accompli l'acte:
– pour repousser, de nuit, l'entrée par effraction, violence ou ruse dans un lieu habité;
– pour se défendre contre les auteurs de vols ou de pillages exécutés avec violence (c. pén. art. 122-6).

4. *L'état de nécessité*

Il constitue également un fait justificatif. On illustre traditionnellement cette situation par l'exemple de la mère qui vole un pain pour ne pas laisser son enfant mourir de faim. N'est pas pénalement responsable la personne qui en face d'un danger actuel ou imminent qui menace elle-même, autrui ou un bien, accomplit un acte nécessaire à la sauvegarde de la personne ou du bien à condition qu'il n'y ait pas disproportion entre les moyens employés et la gravité de la menace (c. pén. art. 122-7).
L'état de nécessité se distingue de la légitime défense par le fait que le danger dont est menacé la personne ne résulte pas d'une agression d'un tiers mais des circonstances. Cette différence a conduit la jurisprudence à décider que l'auteur du délit nécessaire reste tenu d'indemniser sa victime. L'absence de faute antérieure n'est plus une condition de reconnaissance de l'état de nécessité

II. *Les causes subjectives*

Les causes subjectives d'irresponsabilité pénale sont la contrainte, le trouble mental, la minorité et l'erreur de droit

1. *La contrainte*

N'est pas pénalement responsable la personne qui a agi sous l'empire d'une force ou d'une contrainte à laquelle elle n'a pas pu résister (c. pén. art. 122-2). Sont ici prises en considération non seulement la contrainte physique externe ou interne, à condition qu'elle soit irrésistible et qu'il y ait absence de faute antérieure de l'agent, mais aussi la contrainte morale.
Celle-ci peut découler d'une suggestion ou d'une menace illégitime à condition qu'elle ait irrésistiblement paralysé la volonté mais la jurisprudence apprécie très strictement ces éléments. Ainsi n'assimile t-elle pas la provocation à la contrainte.

2. *Le trouble mental*

La personne qui était atteinte, au moment des faits, d'un trouble psychique ou est considérée comme pénalement irresponsable si ces troubles *ont aboli* son discernement ou le contrôle de ses actes. En revanche elle reste responsable si ces troubles n'ont fait *qu'altérer* son discernement ou entraver le contrôle de ses actes, mais les juges tiennent compte de cette circonstance lorsqu'ils déterminent la peine et en fixent le régime (c. pén. art. 122-1).

3. *La minorité*

Les mineurs reconnus coupables d'infractions pénales font l'objet de mesures de protection, d'assistance, de surveillance et d'éducation. Les mineurs de moins de 13 ans bénéficient d'une irresponsabilité pénale et ne peuvent pas se voir infliger une peine. Selon les circonstances une sanction pénale peut être prononcée à l'encontre du mineur de plus de 13 an mais la peine encourue est de la moitié de celle qui est prévue pour le majeur (V. infra 3.4).

4. *L'erreur de droit*

Elle a été introduite en droit français par le nouveau code pénal: est irresponsable l'agent qui a agit sous le coup d'une erreur de droit (c. pén. art. 122-3). Mais cette irresponsabilité est subordonnée à des conditions strictes. La personne qui a commis l'acte délictueux doit justifier avoir cru pouvoir légitimement l'accomplir en raison d'une erreur sur le droit qu'elle n'était pas en mesure d'éviter. Il s'agit donc d'une erreur invincible. Le législateur entend par là une information erronée fournie par l'autorité administrative préalablement interrogée ou le défaut de publication d'un acte normatif. La jurisprudence n'a fait qu'un usage très restrictif de l'erreur de droit[6]. Au surplus c'est à l'auteur de l'acte de justifier, dans ce cas, de sa bonne foi.

C. *La responsabilité des personnes morales*

Nouveauté du droit français, la responsabilité des personnes morales est applicable à toutes les personnes morales à l'exception de l'Etat.
Toutefois les collectivités territoriales et leurs groupements ne sont responsables pénalement que des infractions commises dans l'exercice d'activités susceptibles de faire l'objet de convention de délégation de service public. Cette limitation est de nature à soulever des difficultés d'interprétation en raison de l'imprécision de la jurisprudence administrative sur les activités susceptibles de telles conventions.
La responsabilité pénale des personnes morales ne peut être mise en cause qu'à *trois conditions*:
– la responsabilité doit avoir été prévue par la loi ou le règlement: de nombreux articles du code la prévoient, en effet, aussi bien en matière criminelle que délictuelle ou contraventionnelle, elle a été également introduite dans des textes restés à l'extérieur du code,
– l'infraction doit avoir été commise pour le compte de la personne morale, c'est à dire en son nom et dans son intérêt,
– l'infraction doit avoir été commise par les organes ou les représentants de la personnes morales.
La personne morale est pénalement responsable aussi bien à titre d'auteur qu'à titre de complice.
La responsabilité pénale des personnes morales n'exclut pas celle des personnes physiques, auteurs ou complices des mêmes faits[7].

3.2.4. *Les conséquences de l'infraction: la peine*

Il convient d'examiner la nature des peines applicables, puis leur régime.

A. *La nature des peines*

La nature des peines varie avec la gravité de l'infraction et le caractère de physique ou moral de la personne du délinquant.

6 Cass. crim. 11 oct. 1995: D. 1996 p. 469 obs. M. Muller.
7 *A. Maron et J.H. Robert*, Cent personnes morales pénalement condamnées: Dr. pén. 1998 chron. n° 22, 24 et 28.

I. *Les peines applicables aux personnes physiques*

Le législateur de 1992, a prévu le maximum des peines encourues sans fixer de minimum, contrairement à l'ancien code pénal qui fixait un minimum et un maximum. Toutefois en matière de réclusion ou de détention criminelle à temps, une durée minimale de dix ans est prévue (c. pén. art. 131-1 al.6).

1. *Les peines criminelles*

Ce sont la réclusion ou la détention à perpétuité, à trente ans au plus, à vingt ans au plus à quinze ans au plus. Il peut s'y ajouter des peines d'amendes et une, ou plusieurs, peines complémentaires.

2. *Les peines correctionnelles*

Les peines correctionnelles sont:
– l'emprisonnement pour une durée de dix ans au plus, sept ans, cinq ans, trois ans, deux ans, un an ou six mois au plus.
– et/ou l'amende, elle est au minimum de 25 000 F (3 810, 97 euros) mais de nombreuses dispositions du code pénal établissent une corrélation entre le montant de l'amende encourue et la durée de privation de liberté à raison de 100 000 F (15 243, 90 euros) par année d'emprisonnement.

3. *Les peines alternatives*

L'article 131-3 du code pénal prévoit des peines alternatives qui peuvent être prononcées en matière correctionnelle à la place de l'emprisonnement: le jour amende, le travail d'intérêt général, les peines privatives ou restrictives de certains droits, les peines complémentaires.

a) *Le jour – amende* consiste pour le condamné à verser au Trésor une somme dont le montant global résulte de la fixation par le juge d'une contribution quotidienne pendant un certain nombre de jours. Le montant de chaque jour – amende est déterminé en tenant compte des ressources et des charges du prévenu sans pouvoir excéder 2000 F (304, 87 euros) Le nombre de jours – amende est fixé en tenant compte des circonstances de l'infraction, il ne peut être supérieur à 360 jours (c. pén. art. 131-5). La peine du jour – amende ne peut être prononcée cumulativement avec l'amende ou avec une peine restrictive de droits.

b) *Un travail d'intérêt général*, non rémunéré, au profit d'une personne morale de droit public ou d'une association habilitée à mettre en œuvre des

travaux d'intérêt général peut être prescrit par la juridiction pour une durée de 40 à 240 heures.
Il est impossible de prononcer cette peine contre le prévenu qui la refuse ou qui n'est pas présent à l'audience. Le président du tribunal doit, avant le prononcé du jugement informer le prévenu de son droit de refuser l'accomplissement d'un travail d'intérêt général et recueillir sa réponse (c. pén. art. 131-8).
Cette peine ne peut pas être cumulée ni avec l'emprisonnement, ni avec les peines restrictives de droit, ni avec l'amende ou le jour – amende.
c) *Les peines privatives ou restrictives de certains droits* peuvent être prononcées à la place de l'emprisonnement ou à, la place de l'amende lorsque cette dernière est la seule peine prévue.
Elles ne sont cumulables ni avec l'emprisonnement, ni avec l'amende, ni avec le jour – amende, ni avec le travail d'intérêt général, en revanche elles sont cumulables entre elles.
Une dizaine de ces peines sont prévues à l'article 131-6 du code pénal. Il s'agit de la suspension du permis de conduire, de l'interdiction de conduire certains véhicules, de l'annulation du permis de conduire, de la confiscation et de l'immobilisation d'un ou de plusieurs véhicules appartenant au délinquant, de l'interdiction de détenir ou de porter une arme soumise à autorisation, de la confiscation d'une ou plusieurs armes dont le condamné est propriétaire ou a la libre disposition, du retrait du permis de chasser, de l'interdiction d'émettre des chèques et d'utiliser des cartes de paiement, de la confiscation de la chose qui a servi ou était destinée à commettre le délit ou de la chose qui en est le produit. D'une façon générale, et sans entrer dans les détails, la privation des droits ainsi opérée est limitée dans le temps, le plus souvent à une durée de cinq ans.

d) Lorsque la loi le prévoit, il peut s'ajouter aux sanctions énumérées en matière de crime et de délits, des *peines complémentaires*, toujours facultatives et souvent temporaires. Elles consistent en des interdictions (défense d'utiliser des chèques ou des cartes de paiement; interdiction des droits civiques: interdiction du droit de vote, de l'éligibilité; interdiction des droits civils: le droit d'exercer une fonction juridictionnelle ou de témoigner en justice, et des droits de famille: interdiction d'être tuteur ou curateur), des déchéances, des incapacités d'exercer certaines activités professionnelles ou sociales, le retrait d'un droit: interdiction de séjour ou interdiction du territoire, ou encore l'immobilisation ou la confiscation d'un objet, la fermeture d'un établissement, l'affichage ou la diffusion de la décision, l'exclusion des marchés publics. Ces peines complémentaires peuvent toutefois, en matière de délit, être prononcées à titre principal (c. pén. art. 131-11).

4. *Les peines contraventionnelles*

La principale peine encourue en matière de contravention est l'amende.
Les contraventions sont réparties en cinq classes selon la gravité de l'infraction et le taux de l'amende maximum fixé par la loi est croissant: 250 F (38, 10 euros) pour la 1ère classe, 1 000 F (152, 43 euros) pour la 2°classe, 3 000 F (457, 31 euros) pour la 3° classe, 5 000 F (762,19 euros) pour la 4° classe et 10 000 F (1 524, 39 euros) pour la 5° classe pouvant être porté à 20 000 F (3 048, 78 euros) en cas de récidive si le règlement le prévoit (c. pén. art. 131-13).
Pour les contraventions de la cinquième classes sont applicables les peines privatives ou restrictives de droit énumérées à l'article 131-14 du code pénal qui sont proches de celles déjà examinées en matière délictuelle bien que plus limitées (six au lieu de dix).
Ces dernières ne peuvent pas être cumulées avec l'amende, elles sont en revanche cumulables entre elles.
Par ailleurs, lorsque le règlement le prévoit, des peines complémentaires peuvent s'ajouter aux sanctions ci-dessus, elles sont énumérées à l'article 131-16 du code pénal et s'appliquent à toutes les catégories de contravention. Toutefois l'article 131-17 prévoit pour les contraventions de la cinquième classe l'interdiction pour trois ans d'émettre des chèques et la peine de travail d'intérêt général pour une durée de 20 à 120 heures.

II. *Les peines applicables aux personnes morales*

Les peines instituées à l'encontre des personnes morales sont parallèles à celles prévues pour les personnes physiques à l'exclusion bien entendu des peines d'emprisonnement difficilement applicables à une entité abstraite.

1. *Crimes et délits*

Pour les crimes et délits le code pénal dispose que la peine encourue par les personnes morales est une amende dont le taux maximum est égal au quintuple de ce qui est prévu pour les personnes physiques. Il institue également un certain nombre de peines spécifiques mais qui ne sont applicables que si la loi le prévoit expressément.
Il s'agit de la dissolution, de l'interdiction d'exercer directement ou indirectement une ou plusieurs activités professionnelles ou sociales, le placement sous surveillance judiciaire, la fermeture de l'établissement ou des établissements ayant servis à commettre les faits incriminés, l'exclusion des marchés publics, l'interdiction de faire appel à l'épargne publique, l'interdiction d'émettre des chèques, la confiscation de la chose ayant servi à commettre l'infraction ou le

produit qui en résulte, l'affichage ou la diffusion de la décision. La plupart de ces mesures peuvent être prononcées à titre définitif ou pour une durée maximale de cinq ans.
La dissolution n'est pas applicable aux institutions représentatives du personnel, aux partis ou groupements politiques, aux syndicats et aux personnes morales de droit public dont la responsabilité pénale peut être engagée. Ces dernières ne peuvent pas faire non plus l'objet d'une surveillance judiciaire (c. pén. art.131-39).

2. *Contraventions*

En matière contraventionnelle, les personnes morales encourent une amende dont le taux maximum est égal au quintuple de ce qui est prévu pour les personnes physiques.
Pour les contraventions de la cinquième classe, la peine d'amende peut être remplacée par une ou plusieurs des peines privatives ou restrictives de droit suivantes: l'interdiction, pour une durée d'un an au plus, d'émettre des chèques, la confiscation de la chose ayant servi à commettre l'infraction ou le produit qui en résulte.
A titre de peine complémentaire, la confiscation de la chose ayant servi à commettre l'infraction ou le produit qui en résulte, peut être appliquée pour toutes les contraventions à condition que le règlement le prévoit. Pour les contraventions de la 5° classe, le règlement peut, en outre, prévoir l'interdiction d'émettre des chèques pour une durée de trois ans au plus.

B. *Le régime des peines*

Dans les limites fixées par la loi, la juridiction prononce les peines et fixe leur régime en fonction des circonstances de l'infraction et de la personnalité de son auteur. Il n'existe plus en droit français de circonstances atténuantes. Elles sont devenues inutiles en raison de l'absence de peine minimum fixée par la loi et de la liberté d'appréciation laissée au juge. Il subsiste en revanche des circonstances aggravantes. Le concours d'infractions et la récidive peuvent également être des facteurs d'aggravation de la peine. Enfin les condamnations peuvent être effacées et les peines éteintes dans certaines circonstances.

I. *Le prononcé de la peine*

Le juge a la faculté de ne prononcer que l'une des peines encourues pour l'infraction dont il est saisi. Il en fixe librement le quantum qui peut toujours être inférieur au maximum prévu par la loi. Toutefois lorsqu'un crime est puni de la réclusion ou de la détention criminelle à perpétuité, la juridiction peut

prononcer une peine de réclusion ou de détention criminelle à temps. Dans ce cas elle ne peut être inférieure à dix ans. Mais le juge peut aussi prononcer une peine d'emprisonnement, celle-ci ne peut alors être inférieure à deux ans. Lorsque la peine prévue est la détention ou la réclusion criminelle à temps, le juge peut prononcer une peine d'emprisonnement dont la durée ne peut être inférieure à un an.
La peine d'emprisonnement sans sursis prononcée en matière correctionnelle doit être spécialement motivée.
Quant à la peine d'amende elle doit être déterminée en tenant compte des ressources et des charges de l'auteur de l'infraction, elle peut être inférieure à celle qui est encourue.
Aucune peine ne peut être appliquée si la juridiction ne l'a expressément prononcée.
Le code pénal prévoit un certain nombre de mesures destinées à assurer la personnalisation des peines.

1. *Le régime de la semi-liberté*

Lorsque la peine prononcée est inférieure ou égale à un an la juridiction peut décider qu'elle sera exécutée sous le régime de la semi-liberté si le condamné justifie de l'exercice d'une activité professionnelle ou de la nécessité de subir un traitement médical ou de sa participation essentielle à la vie de sa famille ou de son assiduité à un enseignement ou à une formation professionnelle ou d'un stage ou d'un emploi temporaire en vue de son insertion sociale.
Ce régime conduit à n'emprisonner l'intéressé que pendant certaines parties de la journées ou certains jours seulement.
Une peine d'emprisonnement d'un an au plus peut aussi dans certaines circonstances être fractionnée pendant une durée n'excédant pas trois ans.

2. *Le sursis*

Le sursis est une suspension conditionnelle de l'exécution de la peine. Il existe trois types de sursis.
a) *Le sursis simple* ne peut être ordonné à l'égard d'une personne physique que lorsque le prévenu n'a pas été condamné au cours des cinq années précédentes, pour crimes ou délit, à une peine de réclusion ou d'emprisonnement et pour les personnes morales à une amende d'un montant supérieur à 400 000 F (60 975, 60 euro) ou à 100 000 F (15 243, 90 euros) en matière de contravention.
Le sursis simple s'applique au peine d'emprisonnement d'une durée de cinq ans au plus, à l'amende ou à la peine de jour – amende, aux peines privatives ou restrictives de droit, à l'exception de la confiscation et aux peines complé-

mentaires à l'exception de la confiscation, de la fermeture de l'établissement et de l'affichage.
En matière criminelle et délictuelle la condamnation assortie du sursis simple est réputée non avenue si le condamné n'a pas commis dans un délai de cinq ans (le délai est de deux ans en matière contraventionnelle) un nouveau crime ou délit de droit commun suivi d'une condamnation sans sursis. En revanche toute nouvelle condamnation révoque le sursis antérieurement accordé sauf décision spéciale de la juridiction. La première peine doit alors être exécutée sans qu'elle puisse se confondre avec la nouvelle.
b) *Le sursis avec mise à l'épreuve* est applicable aux condamnations à l'emprisonnement pour une durée de cinq ans au plus, pour crime ou délit de droit commun. Le délai d'épreuve ne peut être inférieur à dix-huit mois ou supérieur à trois ans. Pendant le délai d'épreuve le condamné doit satisfaire aux mesures de contrôle (c. pén. art. 132-44) et aux obligations particulières prévues par la loi (c. pén. art. 132-45). Cette mesure est révocable en cas d'inobservation par le condamné des obligations mises à sa charge ou en cas de nouvelle condamnation à une peine d'emprisonnement sans sursis pour crime ou délit de droit commun.
c) *Le sursis assorti de l'obligation d'accomplir un travail d'intérêt général* de 40 à 240 heures, est applicable au condamné présent à l'audience et qui l'accepte. Il doit se soumettre également à des mesures de contrôle (c. pén. art. 132-55).

3. *La dispense de peine*

Elle est susceptible d'être accordée en matière délictuelle et contraventionnelle, lorsqu'il apparaît que le reclassement du coupable est acquis, que le dommage causé est réparé et que le trouble résultant de l'infraction a cessé.

4. *L'ajournement de la peine*

L'ajournement de la peine est prononcé dans les mêmes conditions que la dispense de peine. Dans un délai maximum d'un an la juridiction doit à nouveau être saisie. Elle décide soit la reconduite de l'ajournement, soit le prononcé de la peine, soit la dispense de peine. La loi prévoit un ajournement avec mise à l'épreuve et un ajournement avec injonction imposant à l'intéressé l'observation d'une ou plusieurs prescriptions édictées par la loi ou le règlement.

II. *L'aggravation de la peine*

Certaines circonstances entraînent, l'aggravation de la peine prononcée. Constituent des circonstances aggravantes:
– l'infraction commise en *bande organisée* c'est à dire par un groupement formé, ou toute entente établie en vue de la préparation, caractérisée par un ou plusieurs faits matériels, d'une ou de plusieurs infractions (c. pén. art. 132-71);
– la *préméditation* qui est le dessein formé avant l'action de commettre un crime ou un délit déterminé (c. pén. art. 132-72);
– *l'effraction* qui consiste dans le forcement la dégradation ou la destruction de tout dispositif de fermeture ou de toute espèce de clôture ainsi que l'usage de fausses clés (c. pén. art. 132-73);
– *l'escalade* qui est le fait de s'introduire dans un lieu quelconque, soit par dessus un élément de clôture, soit par toute ouverture non destinée à servir d'entrée (c. pén. art. 132-74);
– enfin *l'utilisation d'une arme*, c'est à dire de tout objet conçu pour tuer ou blesser ou de tout objet assimilable à une arme (c. pén. art. 132-75).
Pour tenir compte de la gravité de certaines infractions la loi impose le respect d'une *période de sûreté* (c. pén. art. 132-23) en cas de condamnation à une peine privative de liberté non assortie du sursis et dont la durée est égale ou supérieur à dix ans. La durée de cette période est égale à la moitié de la peine, toutefois cette durée est de dix-huit ans lorsqu'il s'agit d'une condamnation à la réclusion criminelle à perpétuité. La Cour d'assise ou le tribunal a la faculté, par une décision spéciale, soit d'augmenter cette durée au deux tiers de la peine ou à 22 ans en cas de réclusion criminelle à perpétuité, soit de la réduire.
Le prononcé d'une période de sûreté fait obstacle au cours de celle-ci à la suspension ou au fractionnement de la peine, au placement à l'extérieur, aux permissions de sortir, à la semi-liberté et à la libération conditionnelle.

III. *Le concours d'infractions*

Il y a concours réel d'infractions lorsqu'une infraction est commise par une personne *avant que celle-ci ne soit définitivement condamnée pour une autre infraction.*
La question de savoir si les peines applicables se cumulent ou non est réglée différemment selon qu'il s'agit des contraventions et des crimes ou délits.

1. *Pour les contraventions*

Les peines d'amende se cumulent entre elles et avec celles prononcées pour des crimes ou des délits en concours (c. pén. art.132-7) mais ce cumul ne s'applique pas aux peines complémentaires.

2. *Pour les crimes et délits*

La règle est en principe le non cumul des peines, toutefois ce principe doit être nuancé.
Lorsqu'à l'occasion d'une même procédure la personne poursuivie est reconnue coupable de plusieurs infractions en concours, chacune des peines encourues est prononcée. Toutefois lorsque plusieurs peines de même nature sont encourues, il ne peut être prononcé qu'une seule peine de cette nature (peine privative de liberté par exemple) dans la limite du maximum légal le plus élevé.
Lorsque à l'occasion de procédures séparées la personne poursuivie a été reconnue coupable de plusieurs infractions en concours, les peines prononcées s'exécutent cumulativement dans la limite du maximum légal le plus élevé. Toutefois, la confusion totale ou partielle des peines de même nature peut être ordonnée par la dernière juridiction qui a statué.

IV. *La récidive*

C'est le fait pour un délinquant qui *a déjà été condamné définitivement* pour une première infraction d'en commettre une seconde. La récidive entraîne une aggravation de la peine. Elle fait l'objet de précisions particulières selon les catégories d'infractions. La loi distingue, en outre, entre la récidive des personnes physiques et celle des personnes morales (c. pén. art. 132-8 à 132-16).
Cinq cas de récidive sont prévus:
– Si une personne physique, déjà condamnée définitivement pour un crime ou pour un délit puni de dix ans d'emprisonnement par la loi, *commet un crime* punissable de vingt ans ou de trente ans de réclusion ou de détention criminelle, elle encourt la peine de réclusion ou de détention criminelle à perpétuité. Si le crime est puni de quinze ans le maximum de la peine est porté à trente ans de réclusion ou de détention criminelle. Pour les personnes morales le montant de l'amende est porté à dix fois le montant de l'amende applicable aux personnes physiques lorsque la récidive a porté sur un crime ou délit qui était puni par la loi, pour les personnes physiques, d'une amende de 700 000 F (106 707, 31 euros).

– Si une personne physique, déjà condamnée définitivement pour un crime ou pour un délit puni de dix ans d'emprisonnement par la loi, *commet, dans un délai de dix ans* à compter de l'expiration ou de la prescription de la précédente peine, *un délit puni de la même peine*, le maximum des peines d'emprisonnement et d'amende est doublé. Pour les personnes morales le montant de l'amende est porté à dix fois le montant de l'amende applicable aux personnes physiques lorsque la récidive a porté sur un crime ou délit qui était puni par la loi pour les personnes physiques d'une amende de 700 000 F (106 707, 31 euros).
– Si une personne physique, déjà condamnée définitivement pour un crime ou pour un délit puni de dix ans d'emprisonnement par la loi, *commet, dans le délai de cinq ans* à compter de l'expiration ou de la prescription de la précédente peine, *un délit puni d'une peine d'emprisonnement d'une durée supérieure à un an et inférieure à dix ans* le maximum des peines d'emprisonnement et d'amende est doublé. Pour les personnes morales, le taux est égal à dix fois celui qui est prévu pour les personnes physiques lorsque le délit est puni d'une peine d'amende supérieure à 100 000 F (15 243, 90 euros) pour les personnes physiques.
– La peine d'emprisonnement et d'amende est également doublée lorsqu'une personne *déjà condamnée pour un délit commet dans un délai de cinq ans soit le même délit, soit un délit qui lui est assimilé* au regard des règles de la récidive (c'est la cas pour le vol, l'extorsion, le chantage, l'escroquerie et l'abus de confiance et pour les délits d'agression sexuelle et d'atteintes sexuelles: c. pén. art. 132-16 et 132-16-1). Il est décuplé pour les personnes morales.
– Enfin, et à condition que le règlement le prévoit, la récidive existe pour les contraventions de la cinquième classe lorsque l'intéressé commet dans le délai d'un an après l'expiration ou la prescription de la précédente peine la même contravention, le maximum de l'amende encourue est alors porté à 20 000 F (3 048, 78 euros). Ce montant est dix fois plus élevé pour les personnes morales.

La sanction de la récidive n'est possible que parce que les condamnations et les peines sont répertoriées par le *casier judiciaire* tenu à Nantes sous l'autorité du ministre de la justice. Un casier judiciaire spécial a été créé pour les personnes morales qui ne comporte que deux bulletins au lieu de trois pour les personnes physiques.

V. *L'extinction des peines et l'effacement des condamnations*

1. *L'extinction de la peine*

La peine est éteinte par le *décès* de la personne physique ou la dissolution de la personne morale mais l'amende reste due. La peine ne peut plus être exécutée lorsqu'elle est prescrite ou lorsque la grâce présidentielle dispense le condamné de son exécution. *La grâce* ne fait pas obstacle au droit pour la victime d'obtenir réparation du préjudice causé par l'infraction.

2. *L'effacement de la peine*

La condamnation peut être effacées par *l'amnistie* qui fait disparaître le caractère d'infraction de certains actes, ce qui entraîne remise de toutes les peines. Elle ne peut être décidée que par une loi. L'amnistie interdit à toute personne qui dans l'exercice de ses fonctions a connaissances de condamnations pénales effacées par l'amnistie d'en rappeler l'existence sous quelle que forme que ce soit ou d'en laisser subsister la mention dans un document quelconque. L'amnistie ne doit pas préjudicier aux tiers.
La réhabilitation est l'effacement d'une condamnation pour bonne conduite. Elle tend au reclassement du condamné. Elle est acquise de plein droit dans les cas énumérés aux articles 133-13 et 133-14 du code pénal ou bien elle est prononcée par l'autorité judiciaire.

3.2.5. *La prescription*

L'écoulement du temps peut faire obstacle à ce que l'infraction soit poursuivie ou à ce que la peine soit exécutée. Le premier cas est traité dans le code de procédure pénale alors que le second figure dans le code pénal.
Quelques rares infractions sont imprescriptibles, aussi bien en ce qui concerne l'action publique que la peine, il en est ainsi des crimes contre l'humanité (c. pén. art. 213-5).

A. *La prescription de l'action publique*

La prescription est en principe de dix ans pour les crimes, de trois ans pour les délits et d'un an pour les contraventions, cependant des textes particuliers peuvent prévoir des délais spécifiques.
Le délai de prescription commence à courir le jour où l'infraction a été commise, ce jour n'entrant pas dans la computation du délai. Mais ce point de départ du délai est susceptible d'être modifié pour les infractions continues, il débute alors le jour où l'état délictueux prend fin et pour les infractions d'habitude il ne commence à courir qu'au jour du dernier acte manifestant l'état d'habitude.
Le principe subi des exceptions lorsque la loi elle-même retarde le point de départ de la prescription ou lorsque la jurisprudence le décide pour certaines infractions (escroquerie, abus de confiance).

La prescription peut être interrompue par tout acte d'instruction ou de poursuite qui fait courir un nouveau délai. Au contraire la suspension de la prescription tient compte du temps déjà écoulé, la jurisprudence fait usage de cette notion chaque fois que l'exercice de l'action publique rencontre un obstacle de fait ou de droit.

B. *La prescription de la peine*

La prescription de la peine se calcule à partir du moment où la décision de condamnation est devenue définitive. Le délai est de vingt ans révolus pour les crimes, de cinq années révolues pour les délits et de deux années révolues pour les contraventions mais les obligations de nature civile qui résultent d'une décision pénale devenue définitive obéissent aux délais de prescription du code civil.

3.3. *Le droit pénal spécial*

Dans le code pénal les infractions sont réparties en trois grandes catégories: les crimes et délits contre les personnes (Livre II), les crimes et les délits contre les biens (Livre III), les crimes et les délits contre la nation, l'Etat et la paix publique (Livre IV), il s'y ajoute un Livre V intitulé «Des autres crimes et délits» qui comporte deux titres, l'un relatif aux infractions en matière de santé publique et l'autre relatif aux sévices graves ou actes de cruauté à l'encontre des animaux. Les contraventions relèvent du règlement. Nous examinerons rapidement ces trois catégories.

A. *Les crimes et les délits contre les personnes*

I. *Le génocide et les autres crimes contre l'humanité*

Le droit français réprime le génocide et les autres crimes contre l'humanité.

1. *Le génocide*

Le génocide est le fait, en exécution d'un plan concerté tendant à la destruction totale ou partielle d'un groupe national, ethnique, racial ou religieux ou d'un groupe déterminé à partir de tout autre critère arbitraire, de commettre ou de faire commettre à l'encontre des membres de ce groupe l'un des actes suivants: l'atteinte volontaire à la vie, l'atteinte grave à l'intégrité physique ou psychique, la soumission à des conditions d'existence de nature à entraîner la destruction entière ou partielle du groupe, les mesures visant à entraver les naissances, le transfert forcé d'enfants (c. pén. art. 211-1).

2. *Les autres crimes contre l'humanité*

Les autres crimes contre l'humanité sont la déportation, la réduction en esclavage ou la pratique massive et systématique d'exécutions sommaires, l'enlèvement de personnes suivis de leur disparition, de la torture ou d'actes inhumains, inspirés par des motifs politiques, philosophiques, raciaux ou religieux et organisés en exécution d'un plan concerté à l'encontre d'un groupe de population civile.
Ces actes sont punis de la réclusion criminelle à perpétuité ou des peines prévues contre les personnes morales. Elles sont assorties de peines complémentaires telles que la confiscation de tout ou partie des biens du condamné, l'interdiction des droits civiques, civils et de famille, l'interdiction d'exercer une fonction publique, l'interdiction de séjour ou l'interdiction du territoire pour une durée de dix ans au plus à l'encontre de l'étranger. L'action publique comme la peine sont imprescriptibles.

II. *Les atteintes à la personne humaine*

Elles sont réparties en sept catégories pour lesquelles il est prévu, en dehors des peines d'emprisonnement et d'amendes, des peines complémentaires dont la liste varie selon l'infraction commise.

1. *Les atteintes à la vie des personnes*

Les atteintes à la vie des personnes peuvent être volontaires ou involontaires.
a) Les *atteintes volontaires* à la vie sont *le meurtre* et *l'empoisonnement.* Ces deux crimes sont punis de trente ans de réclusion criminelle qui devient la réclusion criminelle à perpétuité en présence de circonstances aggravantes telles que: la commission d'un autre crime précédant, accompagnant ou suivant le meurtre, la préméditation, le meurtre commis sur un mineur de quinze ans, sur un ascendant légitime, ou naturel ou sur les père et mère adoptifs, sur une personne particulièrement vulnérable (malade, infirme, état de grossesse apparente . . .), sur toute personne dépositaire de l'autorité publique (magistrat, juré, avocat, officier public ou ministériel . . .), sur un témoin, une victime ou une partie civile soit pour l'empêcher de dénoncer les faits, soit en raison de sa dénonciation. La condamnation est assortie d'une période de sûreté de dix huit ans pouvant être portée à trente ans par décision spéciale

pour le meurtre d'un mineur de 15 ans accompagné de torture, de viol ou d'actes de barbarie.
b) Les *atteintes involontaires* à la vie résultent d'une maladresse, d'une imprudence, d'une inattention, d'une négligence ou d'un manquement à une obligation de sécurité ou de prudence imposée par la loi ou les règlements. *L'homicide par imprudence* est puni d'un emprisonnement de trois ans et d'une amende de 300 000 F (45 731, 70 euros).

2. *Les atteintes à l'intégrité physique ou psychique de la personne*

Ces atteintes peuvent être volontaires ou involontaires.
a) *Les atteintes volontaires* à l'intégrité d'une personne résultent des actes suivants:
aa) *Les tortures et les actes de barbarie*, et *les violences* qui sont punissables de quinze ans de réclusion criminelle portés à vingt ans en cas de circonstances aggravantes. Les peines relatives aux violences sont modulées selon qu'elles ont entraîné la mort, une infirmité ou une incapacité de travail supérieure ou inférieure à huit jours.
bb) *Les menaces* de commettre un crime ou un délit contre les personnes dont la tentative est punissable, est punie de six mois d'emprisonnement et de 50 000 F (7 621, 95 euros) d'amende à conditions qu'elles soient réitérées ou matérialisées par un écrit, ces taux sont portés à trois ans d'emprisonnement et à 300 000 F (45 731, 70 euros) d'amende en cas de menaces de mort.
cc) *Les agressions sexuelles* qui sont:
– le viol puni de vingt ans de réclusion criminelle ou de trente ans s'il a entraîné la mort ou de la réclusion à perpétuité s'il a été précédé accompagné ou suivi de tortures ou d'actes de barbarie.
– Les autres agressions sexuelles sont punies de cinq ans d'emprisonnement et de 500 000 F (76 219, 51 euros) d'amende;
– le harcèlement sexuel, défini comme le fait de harceler autrui en usant d'ordres, de menaces ou de contraintes, dans le but d'obtenir des faveurs de nature sexuelle, par une personne abusant de l'autorité que lui confèrent ses fonctions est puni d'un an d'emprisonnement et de 100 000 F (15 243, 90 euros) d'amende.
dd) *Le trafic de stupéfiants* est susceptible de plusieurs incriminations et les peines vont de la réclusion criminelle à perpétuité et d'une amende de 50 000 000 F (7 621 951, 20 euros) pour celui qui dirige un groupement ayant pour objet la fabrication, l'importation, l'exportation, le transport, la détention, l'offre, la cession, l'acquisition ou l'emploi illicite de stupéfiants jusqu'à cinq ans d'emprisonnement et 500 000 F (76 219, 51 euros) d'amende pour l'offre ou la cession illicite de stupéfiant à une personne en vue de sa consommation personnelle.

b) *Les atteintes involontaires* à l'intégrité des personnes répondent à la même définition que pour les atteintes involontaires à la vie mais n'entraînent lorsque l'incapacité totale de travail a été supérieure à trois mois, qu'une peine de deux ans d'emprisonnement et de 200 000 F (30 487, 80 euros) d'amende. Les personnes morales peuvent également être déclarées pénalement responsables.

III. *La mise en danger de la personne*

Cette catégorie d'infraction est une nouveauté en droit français. Elle reprend d'anciennes incriminations et en ajoute de nouvelles. Il s'agit des risques causés à autrui, tel que le fait d'exposer directement autrui à un risque immédiat de mort ou de blessures (un an d'emprisonnement et 100 000 F d'amende:15 243, 90 euros), le délaissement d'une personne hors d'état de se protéger et l'interruption illégale de la grossesse (cinq ans d'emprisonnement et 500 000 F d'amende: 76 219, 51 euros), l'entrave aux mesures d'assistance et l'omission de porter secours (sept ans d'emprisonnement et 700 000 F d'amende: 106 707, 31 euros), l'expérimentation biomédicale sur la personne humaine sans son consentement et la provocation au suicide (trois ans d'emprisonnement et 300 000 F d'amende: 45 731, 70 euros).

IV. *Les atteintes aux libertés de la personne*

Elles sont réalisées par *l'enlèvement* et *la séquestration* puni de vingt ans de réclusion criminelle portée à trente ans lorsque la victime a subi une mutilation ou une infirmité permanente. Cette peine est réduite à cinq ans d'emprisonnement et à 500 000 F d'amende (76 219, 51 euros) si la personne détenue ou séquestrée a été libérée volontairement avant le septième jour à compter de son enlèvement.
L'atteinte aux libertés peut aussi résulter du *détournement* d'un aéronef, d'un navire ou de tout autre moyen de transport sanctionné de la réclusion criminelle à perpétuité s'il y a eu mort d'une ou de plusieurs personnes ou actes de torture ou de barbarie.

V. *Les atteintes à la dignité de la personne*

Sous ces termes sont regroupés les discriminations et les atteintes au respect dû aux morts (deux ans d'emprisonnement et 200 000 F d'amende: 30 487, 80 euros), le proxénétisme et les infractions assimilées (cinq ans d'emprisonnement et 1 000 000 F d'amende: 152 439 euros, peines accrues en cas de circonstances aggravantes), les conditions de travail et d'hébergement contraires à la dignité de la personne (deux ans d'emprisonnement et 500 000 F d'amende: 76 219, 51 euros).

VI. *Les atteintes à la personnalité*

Elles se manifestent par *l'atteinte à l'intimité de la vie privée* d'autrui en captant à son insu des conversations ou des images prises dans un lieu privé, les atteintes à la représentation de la personne résultant de la publication de montages sonores ou d'images sans le consentement de l'intéressé, l'atteinte au secret professionnel ou au secret de la correspondance, (un an d'emprisonnement et des amendes dont le taux varie de 100 000 F à 300 000 F: 15 243, 90 à 45 731, 70 euros), *la dénonciation calomnieuse* (cinq ans d'emprisonnement et 300 000 F d'amende: 45 731, 70 euros), les atteintes aux droits de la personne résultant des fichiers ou des traitements informatiques (trois ans d'emprisonnement et 300 000 F d'amende: 45 731, 70 euros).

VII. *Les atteintes aux mineurs et à la famille*

Sont incriminés dans cette catégorie: *le délaissement du mineur* comme sa mise en péril qui entraînent un emprisonnement de sept ans et une amende de 700 000 F (106 707, 31 euros), la réclusion criminelle pour vingt ans ou trente ans est prévue s'il en est résulté pour l'enfant une infirmité permanente ou la mort.
L'abandon de famille, les atteintes à l'exercice de l'autorité parentale, les atteintes à la filiation sont sanctionnées de peines d'emprisonnement variant selon les cas et les circonstances entre six mois et trois ans et une amende variant de 100 000 F à 500 000 F (15 243, 90 à 76 219, 51 euros)

B. *Les crimes et délits contre les biens*

Les crimes et les délits contre les biens sont regroupés dans le code pénal en deux titres, le premier traite des appropriations frauduleuses alors que le second concerne les autres atteintes aux biens.
Nous nous limiterons à présenter les définitions et les sanctions applicables aux principales de ces infractions sans pouvoir entrer dans le détail des circonstances aggravantes qui ont pour effet d'accroître la durée de l'emprisonnement et le montant de l'amende.

I. *Les appropriations frauduleuses*

Sous cette dénomination on trouve, le vol, l'extorsion, le chantage, l'escroquerie, l'abus de confiance. A quelques rares exceptions près les personnes morales comme les personnes physiques peuvent être reconnues coupables de ces infractions et être condamnées aux peines spécialement prévues à leur encontre par l'article 131-39. Des peines complémentaires sont également applicables dont l'interdiction du territoire pendant dix au plus à l'encontre des étrangers coupables de ces infractions.

1. *Le vol*

Le vol se définit comme la soustraction frauduleuse de la chose d'autrui à laquelle est assimilé la soustraction frauduleuse d'énergie au préjudice d'autrui. C'est en principe un délit puni de trois ans d'emprisonnement et 300 000 F d'amende (45 731,70 euros). Il devient un crime puni d'une amende de 1 000 000 F (152 439 euros) et de la réclusion criminelle pour quinze ans, vingt ans ou à perpétuité lorsqu'il est accompli avec l'usage ou la menace d'une arme ou lorsqu'il est réalisé en bande organisée ou lorsqu'il a entraîne des mutilation ou infirmités permanentes ou la mort.
La tentative est punie des mêmes peines. Toutefois ne peut donner lieu à des poursuites pénales le vol commis par une personne au préjudice de son ascendant ou de son descendant ou au préjudice de son conjoint sauf si les époux sont séparés de corps ou autorisés à résider séparément.

2. *L'extorsion*

L'extorsion est le fait d'obtenir par violence, menace de violences ou contrainte soit une signature, un engagement ou une renonciation, soit la révélation d'un secret, soit la remise de fonds, de valeurs ou d'un bien quelconque. C'est un délit puni, en l'absence de circonstances aggravantes qui en font un crime, de sept ans d'emprisonnement et de 700 000 F d'amende (106 707, 31 euros).

3. *Le chantage*

Le chantage est le fait d'obtenir, en menaçant de révéler ou d'imputer des faits de nature à porter atteinte à l'honneur ou à la considération, soit une signature, un engagement ou une renonciation, soit la révélation d'un secret, soit la remise de fonds, de valeurs ou d'un bien quelconque. C'est un délit puni des mêmes peines que l'extorsion.

4. *L'escroquerie*

L'escroquerie est le fait, soit par l'usage d'un faux nom ou d'une fausse qualité, soit par l'abus d'une qualité vraie, soit par l'emploi de manœuvres frauduleuses, de tromper une personne physique ou morale et de la déterminer ainsi, à son préjudice ou au préjudice d'un tiers, à remettre des fonds, des valeurs ou un bien quelconque, à fournir un service ou à consentir un acte opérant obligation ou décharge. C'est un délit dont l'auteur encourt une peine d'emprisonnement de cinq ans et une amende de 2 500 000 F. (381 097, 56 euros). Elle reste un délit en cas de circonstances aggravantes. Sont assimilées à l'escroquerie trois autres infractions punissables cependant de peines différentes:

– l'abus frauduleux de l'état d'ignorance ou de faiblesse, d'un mineur ou d'une personne vulnérable en raison de son âge, de sa maladie, de son infirmité ou de sa grossesse apparente, pour lui faire commettre un acte ou une abstention qui lui sont gravement préjudiciable,
– la grivèlerie d'aliments, d'hôtel, de carburant et de taxi
– les entraves à la liberté des enchères.

5. *L'abus de confiance*

L'abus de confiance consiste pour une personne à détourner au préjudice d'autrui, des fonds, des valeurs ou un bien quelconque qui lui ont été remis et qu'elle a accepté à charge de les rendre, de les représenter ou d'en faire un usage déterminé. Ce délit est puni de trois ans d'emprisonnement et de 2 500 000 F d'amende (381 097, 56 euros). La même peine est applicable à celui qui a détruit ou détourné un bien qui lui a été remis en gage. La même peine de prison mais une amende de 300 000 F (45 731, 70 euros) frappe le débiteur qui a organisé son insolvabilité.

II. *Les autres atteintes aux biens*

Il s'agit essentiellement du recel, des destructions dégradations et détériorations et des atteintes aux systèmes informatisés de données. Les personnes morales sont aussi visées par l'ensemble de ces dispositions.

1. *Le recel*

Le recel est le fait de dissimuler, de détenir ou de transmettre une chose, ou de faire office d'intermédiaire, en sachant que cette chose provient d'un crime ou d'un délit. Il est puni, comme l'escroquerie, de cinq ans d'emprisonnement et de 2 500 000 F d'amende (381 097, 56 euros).

2. *Les destructions*

Les destructions, dégradations et détériorations d'un bien appartenant à autrui sont punies de deux ans d'emprisonnement et de 200 000 F d'amende (30 487, 80 euros) lorsqu'elles ne présentent pas de danger pour les personnes. Ces peines sont augmentées dans un certain nombre de situations. Lorsque ces actions sont dangereuses pour les personnes du fait de l'utilisation de substances explosives ou d'un incendie volontaire, leurs auteurs encourent dix ans d'emprisonnement et 1 000 000 F d'amende (152 439 euros).

3. *L'atteinte aux systèmes de traitement automatisé*

En matière d'atteinte aux systèmes de traitement automatisé de données plusieurs comportement sont incriminés, l'accès frauduleux dans un système, la destruction de données ou l'entrave au fonctionnement du système entraînent un emprisonnement de un à trois ans et un peine d'amende allant de 100 000 F à 300 000 F (15 243, 90 à 45 731, 70 euros).

C. *Les crimes et délits contre la nation, l'Etat et la paix publique*

Le quatrième livre du code pénal contient des innovations importantes et crée un certain nombre d'incriminations nouvelles. Il est divisé en cinq titres.

I. *Les atteintes aux intérêts fondamentaux de la nation*

Sous ce titre sont regroupées les principales infractions suivantes:
– *la trahison et l'espionnage*: intelligences avec une puissance étrangère, livraison d'informations à une puissance étrangère, sabotage, provocation à ces infractions, sont des crimes punis selon les cas de la détention criminelle à perpétuité, à trente ans ou quinze ans ou dix ans, leurs auteurs encourent des amendes qui s'échelonnent de 1 000 000 F à 5 000 000 F (152 439 à 762 195, 12 euros)
– *l'attentat* est le fait de commettre un ou plusieurs actes de violence de nature à mettre en péril les institutions de la République ou de porter atteinte à l'intégrité du territoire national, il est passible de trente ans de détention criminelle et de 3 000 000 F d'amende (45 731, 70 euros);
– *le complot* est la résolution arrêtée entre plusieurs personnes de commettre un attentat lorsque cette résolution est concrétisée par un ou plusieurs actes matériels, les intéressés encourent dix ans d'emprisonnement et 1 000 000 F d'amende 152 439 euros).
– *le mouvement insurrectionnel* est constitué par toute violence collective de nature à mettre en péril les institutions de la République ou de porter atteint à

l'intégrité du territoire national. Il est puni de quinze ans de détention criminelle et d'une amende de 1 500 000 F (228 658, 53 euros) mais le fait de diriger un tel mouvement entraîne des sanctions plus grave, la détention criminelle à perpétuité et 5 000 000 F d'amende (762 195, 12 euros).
– les autres *atteintes à la défense nationale*: atteintes à la sécurité des forces armées ou au secret de la défense nationale constituent des délits pour lesquels la peine la plus élevée est de dix ans d'emprisonnement et 1 000 000 F d'amende (152 439 euros).

II. *Le terrorisme*

Sont considérés comme des actes de terrorisme les atteintes volontaires à la vie, à l'intégrité de la personne ainsi que l'enlèvement, la séquestration et le détournement d'un moyen de transport, les vols, extorsions, destructions et infractions informatiques, la fabrication et la détention de machines, engins meurtriers ou explosifs lorsque ces actes sont en relation avec une entreprise individuelle ou collective ayant pour but de troubler gravement l'ordre public par l'intimidation ou la terreur. Les peines applicables à ces divers crimes et délits sont augmentées selon la grille précisée à l'article 421-3 du code pénal.
L'article 422-1 de ce même code exempte de peine toute personne qui a tenté de commettre un acte de terrorisme si, ayant averti l'autorité administrative ou judiciaire, elle a permis d'éviter la réalisation de l'infraction et d'identifier, le cas échéant, les autres coupables.

III. *Les atteintes à l'autorité de l'Etat*

Sous ce titre on trouve nombre d'infractions n'ayant qu'un lien ténu entre elles. Nous nous bornerons à en mentionner quelques unes à titre d'exemple. Ce sont essentiellement des délits.
Constituent des atteintes à la paix publique les entraves apportées à la liberté d'expression, à la liberté du travail, à la liberté d'association, à la liberté de réunion et de manifestation, la participation délictueuse à un attroupement, la participation à des groupes de combat ou à des mouvements dissous.
Sont également incriminées les atteintes à l'administration publique commises par des personnes exerçant une fonction publique: abus d'autorité, discrimination, atteintes à l'inviolabilité du domicile, manquement au devoir de probité (concussion, corruption passive, trafic d'influence, prise illégale d'intérêts).
Les particuliers sont aussi susceptibles de porter atteinte à l'administration publique: corruption active, actes d'intimidation contre une personne exerçant une fonction publique, soustraction ou détournement de biens contenus dans

un dépôt public, outrage, rébellion, opposition à l'exécution de travaux publics, usurpation dc fonction, de titres ou de qualité.
Enfin, des atteintes peuvent être portées à l'action en justice: entraves à la saisine de la justice, entraves à l'exercice de la justice, atteintes à l'autorité de la justice, évasion.

IV. *Les atteintes à la confiance publique*

Ces atteintes résultent des faux, de la fausse monnaie, des falsifications des titres ou autres valeurs fiduciaires émises par l'autorité publique ou des marques de l'autorité. Ce sont pour la plupart des délits à l'exception de la fausse monnaie qui est un crime puni de trente ans de réclusion criminelle et de 3 000 000 F d'amende (45 731, 70 euros).

V. *La participation à une association de malfaiteurs*

Une association de malfaiteurs est constituée de tout groupement formé ou entente établie en vue de la préparation caractérisée par un ou plusieurs faits matériels, d'un ou de plusieurs crimes ou d'un ou plusieurs délits punis de dix ans d'emprisonnement. La participation est puni de dix ans d'emprisonnement et de 1 000 000 F d'amende (152 439 euros).

3.4. *Le droit pénal des mineurs*

Les règles applicables aux mineurs résultent de l'ordonnance du 2 février 1945 qui n'a pas été intégrée au nouveau code pénal, celui-ci prévoyant au contraire son remplacement par une autre loi qui n'est pas encore intervenue. Il se borne à rappeler deux principes existant déjà dans l'ordonnance.
D'une part à l'égard du *mineur de 13 ans* est posée *une présomption irréfragable* d'irresponsabilité, aucune peine ne peut être prononcée à son encontre il peut seulement faire l'objet de mesures de protection, d'assistance, de surveillance et d'éducation.
Ces mesures sont variées on notera la possibilité de remise aux parents ou à une personne digne de confiance, le placement dans une institution d'éducation ou de formation professionnelle ou dans un établissement médical ou médico-pédagogique, la mise en liberté surveillée ou la simple admonestation en matière de police.
D'autre part, si la même règle s'applique, en principe, au *mineur de 13 à 18 ans*, ce n'est qu'*une présomption simple* que le juge a la faculté d'écarter

lorsque les circonstances et la personnalité du délinquant paraîtront l'exiger, il peut alors prononcer une peine. Le quantum de celle-ci sera réduit de moitié par rapport à la peine encourue par un majeur. La peine d'emprisonnement est subie dans une institution spéciale relevant de l'éducation surveillée ou dans un quartier spécial d'une maison d'arrêt.
La minorité s'apprécie au jour de la commission de l'infraction.
Les mineurs relèvent par ailleurs, de juridictions spécialisées. Le tribunal pour enfant est compétent pour les contraventions de la cinquième classe, les délits et les crimes commis par les mineurs de seize ans. Le juge des enfants a la même compétence mais il ne peut prendre que des mesures de rééducation ne comportant aucun placement du mineur au sein d'un organisme. La Cour d'assise des mineurs connaît des crimes commis par les mineurs de 16 à 18 ans. Ses débats ont lieu à huis – clos.

3.5. *La procédure pénale*

La procédure pénale qui réglemente le procès pénal et les institutions qui y concourent a pour objet l'application du droit pénal. Il convient d'en préciser les caractères généraux avant d'examiner les quatre étapes du procès pénal: la poursuite, l'instruction, l'instance et le jugement, l'exécution du jugement.

3.5.1. *Les principes généraux de la procédure pénale*

Les lois de procédure pénale sont des lois de forme ce qui a pour conséquence que ces lois sont, en principe, immédiatement applicables même à la répression d'infractions commises antérieurement à leur entrée en vigueur. Par ailleurs, et contrairement encore aux lois pénales de fond, elle peuvent être interprétées de façon extensive car elles tendent à une meilleure administration de la justice.
Parmi les principes qui sous-tendent la procédure pénale on mentionnera tout d'abord ceux qui sont relatifs aux juridictions, puis ceux qui concernent l'exercice de l'action.

A. *Le principe de l'indépendance des juridictions répressives*

Le principe de l'indépendance des juridictions répressives se manifeste à l'égard de l'Etat et à l'égard des justiciables.

I. *L'indépendance vis à vis de l'Etat*

L'indépendance vis à vis de l'Etat résulte des trois règles suivantes:
- les juges du siège ne peuvent recevoir aucune injonction des autorités étatiques,
- les juges sont nommés par le Président de la République mais à condition d'avoir été présentés par le ministre de la justice et sur avis conforme du Conseil supérieur de la magistrature, ou sur sa proposition, en ce qui concerne les magistrats à la Cour de cassation, le premier président de Cour d'appel et le président du tribunal de grande instance.
- Les magistrat du siège sont inamovibles sauf pour fautes très graves et sous le contrôle du Conseil supérieur de la magistrature.

II. *L'indépendance à l'égard des justiciables*

Les juridictions sont également indépendantes des justiciables qui n'interviennent pas dans leur nomination. Les juges ne sont jamais tenus de déférer aux demandes des parties, l'atteinte à l'autorité de la justice est réprimée par le code pénal, la récusation permet enfin d'écarter un juge, notamment lorsqu'il existe un lien de parenté entre le juge et les parties ou lorsqu'il existe des événements suffisamment graves pour faire suspecter son impartialité.

III. *L'absence de spécialisation*

Les juges sont des professionnels qui ne sont pas spécialisés, il jugent aussi bien au civil qu'au pénal (V. introduction 1.2.2.).
Le principe de la collégialité reçoit ici application toutefois il n'est pas absolu et des exceptions lui sont apportées qui tendent à devenir de plus en plus nombreuses, ainsi siège seul le juge de police qui statue sur les contraventions, le juge d'instruction, le juge des enfants, le juge de l'application des peines, et le juge unique du tribunal correctionnel pour certains délits.

IV. *Le double degré de juridiction*

La règle du double degré de juridiction s'applique sauf pour les arrêts de la Cour d'assise et certaines décisions du tribunal de police (C. proc. pén. art.546) mais toutes les décisions sont soumises au contrôle de la Cour de cassation qui veille à ce que la loi pénale ait été bien interprétée et correctement appliquée.

B. *Les principes relatifs à l'action*

En ce qui concerne l'action, trois règles s'appliquent:
– *la poursuite est séparée de l'instruction*, ce sont des organes différents qui assurent l'une et l'autre. La poursuite appartient au ministère public, essentiellement le procureur de la République alors que l'instruction qui met l'affaire en état d'être jugée relève des juridictions d'instruction c'est à dire du juge d'instruction sous le contrôle de la chambre d'accusation, formation particulière de la cour d'appel.
– *L'instruction est séparée du jugement*: un juge d'instruction ne peut pas participer au jugement de l'affaire qu'il a instruite, la juridiction de jugement est, par ailleurs, libre de modifier la qualification des faits opérée lors de l'instruction.
– *Le jugement est séparé de la poursuite* en ce sens que les organes de poursuite ne peuvent pas juger et les organes de jugement ne peuvent pas exercer de poursuite.
Les droits de la défense doivent être respectés c'est à dire que le prévenu ou l'accusé doit pouvoir faire valoir librement ses moyens de défense contre les accusations dont il est l'objet. Il est présumé innocent tant qu'une juridiction ne l'a pas reconnu coupable.
Toutes les voies de recours y compris le pourvoi en cassation ont un effet suspensif.

3.5.2. *La poursuite*

La poursuite d'une infraction résulte de l'action de la police judiciaire, du ministère public ou de la victime.

A. *Le rôle de la police judiciaire*

La police judiciaire est placée sous la direction du Procureur de la République, la responsabilité civile et pénale des officiers de police judiciaire peut être engagée en cas d'infraction commise dans l'exercice de leur fonction. La Chambre d'accusation exerce à leur égard un pouvoir disciplinaire.
La police judiciaire constate les infractions et exécute les commissions rogatoires.

I. *La constatation des infractions*

Il appartient à la police judiciaire de constater les infractions, d'en rassembler les preuves et d'en rechercher les auteurs. Elle exerce ces compétences spontanément dès qu'elle est informée d'une infraction. C'est elle en effet qui reçoit les plaintes et dénonciations, qui constate les infractions et les circonstances qui l'ont entourée. Ses pouvoirs varient cependant selon qu'on est en présence d'une infraction flagrante ou non.

1. *En cas d'infraction flagrante*

En cas d'infraction flagrante (c. proc. pén. art. 53) (crime et délits punis d'une peine d'emprisonnement mais non pour les contraventions) la police judiciaire est dotée de pouvoirs étendus pour constater l'infraction et rechercher les renseignements utiles, en recourant, le cas échéant, à des moyens coercitifs.
Elle se transporte sur les lieux, recueille les indices et saisit les objets se rapportant à l'infraction. Mais la première chose qu'elle doit faire en cas d'infraction grave est de prévenir le Procureur de la République qui peut décider de se transporter également sur les lieux, il a alors la faculté d'accomplir tous actes de police judiciaire ou de prescrire à tous officiers de police judiciaire de poursuivre les opérations. La même possibilité est ouverte au juge d'instruction. La police peut procéder, en outre, à des perquisitions, en présence de la personne soupçonnée d'avoir participé à l'infraction ou à défaut de deux témoins, à des saisies, à des expertises, à des auditions de témoins suspects, ceux- ci pouvant faire l'objet d'une garde à vue s'il existe des indices faisant présumer qu'ils ont commis ou tenté de commettre une infraction.
La garde à vue, c'est à dire la rétention dans des locaux de police judiciaire, est possible pendant 24 heures, délai qui peut être prorogé de 24 heures avec l'autorisation écrite du procureur de la République. Des garanties importantes sont prévues au profit de l'intéressé: possibilité de prévenir une personne de sa famille ou son employeur, de demander un médecin, et depuis la loi du 4 janvier 1993, de s'entretenir pendant 30 minutes avec un avocat à partir de la vingtième heure de garde à vue.
Les personnes à l'encontre desquelles les éléments recueillis par la police judiciaire sont de nature à motiver l'exercice de poursuites sont, à l'issue de la garde à vue, et sur instruction du procureur de la République, soit remises en liberté, soit déférées devant ce magistrat.

2. *En dehors d'une infraction flagrante*

Les officiers de police judiciaire ont le droit, spontanément ou à la demande du procureur de la République, de procéder à une enquête préliminaire (audition de personnes, éventuellement garde à vue lorsqu'il existe des indices faisant présumer qu'elles ont commis ou tenté de commettre une infraction, constatations matérielles et investigations). Ils doivent transmettre les résultats de leurs investigations au Procureur de la République qui décide soit la remise en liberté, soit que l'intéressé lui sera déféré.

II. *L'exécution des commissions rogatoires*

La police judiciaire exécute les demandes des juridictions d'instructions, le juge d'instruction peut, en effet, par une commission rogatoire charger la police judiciaire de procéder à certaines constatations et à certaines recherches qui seront effectuées sous son contrôle.

B. *Le rôle du ministère public*

Le ministère public est informé de l'infraction soit par les procès verbaux dressés par la police judiciaire, soit par la plainte de la partie lésée, soit par la dénonciation d'un tiers ou d'une autorité administrative. *Le principe de l'opportunité des poursuites* lui laisse la liberté de décider d'engager des poursuites ou au contraire de procéder au classement sans suite de l'affaire s'il estime que des poursuites sont inopportunes. Ce sera le cas, en raison, par exemple, de la médiocrité du préjudice, du pardon de la victime ou de son indemnisation ou lorsque la répression paraît plus nuisible à la paix sociale que l'impunité ainsi octroyée au délinquant. Cette décision n'est pas susceptible de recours judiciaire et n'exclut pas une réouverture du dossier en cas de survenance d'éléments nouveaux. Le classement sans suite peut être assorti d'une médiation acceptée par les parties. Le procureur de la République peut subordonner son refus de poursuivre à l'entente des intéressés sur les suites de l'infraction. La médiation doit être de nature à assurer la réparation du dommage causé à la victime, doit mettre fin[8] au trouble résultant de l'acte délictueux et contribuer au reclassement du délinquant.
Il existe toutefois une *double limite au principe de l'opportunité des poursuites.* D'une part les actes de poursuites peuvent être subordonnés par la loi à une plainte de la victime ou à une autorisation, par exemple pour les membres des assemblées bénéficiant d'une inviolabilité parlementaire ou encore à une mise en demeure préalable. D'autre part, le ministère public a l'obligation de poursuivre s'il en reçoit l'ordre de son supérieur hiérarchique (procureur général, ministre de la justice) ou si la victime s'est constituée partie civile.
La poursuite déclenchée par le ministère public (Procureur de la République) peut prendre plusieurs formes selon la gravité de l'infraction. En cas de crime,

8 L. n° 93-2, 4 janv. 1993: JO 5 janv. 1993, art. 6 et 225 complétant l'art. 41 du code de procédure pénale.

un seul procédé est possible: le réquisitoire introductif qui saisit le juge d'instruction et l'oblige à ouvrir une information. Ce procédé n'est obligatoire que pour certains délits. Lorsque l'infraction est moins grave et que l'affaire est simple, le ministère public a le choix devant le tribunal correctionnel entre la citation directe, la convocation par procès verbal et la comparution immédiate dont les modalités ne peuvent être exposées ici. Devant le tribunal de police il aura recours soit à la citation directe, soit à la comparution volontaire du contrevenant.

C. *Le rôle de la victime*

La victime peut simplement déposer une *plainte*, elle peut aussi *se constituer partie civile*. Cela signifie qu'elle peut porter devant les tribunaux répressifs son action civile tendant à la réparation du préjudice qu'elle a personnellement subi et découlant directement de l'infraction. Ce préjudice peut aussi bien être corporel que matériel ou moral.

Le problème de savoir si une personne morale pouvait se constituer partie civile pour la défense des intérêts collectifs dont elle a la charge a été très discuté. Ce droit a été reconnu aux syndicats professionnels et aux organismes professionnels à condition qu'un préjudice ait été porté aux intérêts collectifs de la profession qu'ils représentent préjudice distinct du préjudice social et du préjudice individuel, ce qui a donné lieu à une abondante jurisprudence. Ce droit est reconnu également à certaines associations lorsqu'un texte spécial le prévoit, c'est la cas par exemple pour les associations anti – alcooliques reconnues d'utilité publique, pour l'union nationale et les unions départementales d'associations familiales, soit encore pour les associations de consommateurs.

La victime a le *choix entre la voie pénale et la voie civile*. Si elle a d'abord choisi la voie pénale, elle peut ensuite changer d'avis et porter son action en réparation devant les tribunaux civils. En revanche si elle a d'abord saisi les juridictions civiles, elle ne peut, en principe, pas passer de la voie civile à la voie répressive.

Lorsque les deux juridictions sont saisies en même temps, que la juridiction civile ait été saisie en premier ou en second lieu, elle doit surseoir à statuer jusqu'à ce que la décision pénale soit devenu définitive, en application du principe que *«le pénal tient le civil en l'état»*. Enfin, lorsque la juridiction civile a statué avant que la juridiction pénale ne soit saisie, le jugement civil n'a pas d'influence sur le juge pénal.

La constitution de partie civile fait de la victime une partie au procès pénal et déclenche l'action publique.

3.5.3. *L'instruction*

L'instruction fait intervenir deux organes: le juge d'instruction et la chambre d'accusation, formation particulière de la cour d'appel.

A. *Le juge d'instruction*

L'instruction a pour objet de réunir toutes les informations possibles afin que le *juge d'instruction* vérifie s'il existe des charges sérieuses contre la personne mise en examen[9] et si elles sont de nature à justifier son renvoi devant une juridiction de jugement.

L'instruction est conduite selon les règles de la procédure inquisitoire, elle est écrite et secrète en ce sens que le public n'y a pas accès mais la personne mise en examen et la partie civile ont connaissance du dossier par l'intermédiaire de leur conseil.

Après avoir été saisi par le réquisitoire introductif du ministère public ou par une plainte avec constitution de partie civile, le juge d'instruction a le pouvoir de *mettre en examen* toute personne à l'encontre de laquelle il existe des indices laissant présumer qu'elle a participé comme auteur ou comme complice aux faits dont il est saisi.

Le juge d'instruction *instruit à charge et à décharge* c'est à dire qu'il cherche à établir la vérité. Il enquête sur les faits matériels et sur la personnalité du délinquant en ayant recours à un examen médical et à un examen médico – psychologique. Il interroge la personne mise en examen qui ne peut être entendue qu'en présence de son avocat ou que si celui-ci a été dûment convoqué, l'assistance d'un interprète est prévue lorsque la personne poursuivie ne comprend pas suffisamment le français; il entend les témoins, et peut les confronter avec la personne mise en examen. Le juge a également la faculté d'entendre la partie civile.

Le juge d'instruction peut procéder à des *perquisitions* chez la personnes mise en examen ou chez des tiers, dans les deux cas la perquisition doit être effectuée en présence de la personne concernée ou, à défaut, de deux témoins, elle ne peut, en principe, avoir lieu la nuit. Il a le pouvoir de saisir, selon des formalités très précises, les objets ou les documents qui lui paraissent utiles à la manifestation de la vérité. Il peut enfin ordonner, par écrit et pour une durée de quatre mois éventuellement renouvelable, la mise sur écoute d'une ligne téléphonique en cas d'infractions graves et si les nécessités de l'instruction l'exigent.

Le juge d'instruction est habilité à *délivrer des mandats* qui sont des ordres donnés par écrit. Il en existe quatre: le *mandat de comparution* est une convo-

9 Ces termes ont remplacé en 1993, celui d'inculpé utilisé auparavant.

cation que le juge adresse à un individu déterminé, le *mandat d'amener* est l'ordre donné par le juge à la force publique de conduire devant lui immédiatement la personne mise en examen, le *mandat de dépôt* est l'ordre donné par le juge au chef de l'établissement pénitentiaire de recevoir et de détenir la personne à l'encontre de laquelle il est décerné, enfin le *mandat d'arrêt* permet de cumuler mandat d'amener et mandat de dépôt.

La personne mise en examen reste libre sauf, à raison des nécessités de l'instruction ou à titre de mesure de sûreté, à être soumise au contrôle judiciaire ou, à titre exceptionnel, placée en détention provisoire.

Le contrôle judiciaire sans priver l'intéressé de sa liberté le soumet à des mesures de surveillance. Il ne peut être décidé que si la personne encourt une peine d'emprisonnement et si les nécessités de l'instruction l'exigent ou bien à titre de mesure de sûreté.

La *détention provisoire* est l'incarcération de la personne mise en examen dans une maison d'arrêt pendant tout ou partie de l'instruction. Toujours possible en matière criminelle, elle ne l'est en matière correctionnelle que si la peine encourue est supérieure à un ou deux ans d'emprisonnement selon les cas.

Elle ne peut être décidée qu'après un débat contradictoire entre le juge d'instruction, le ministère public et la personne mise en examen assistée d'un avocat et pour deux motifs:

– lorsque la mise en détention provisoire est le seul moyen de conserver les preuves ou d'empêcher une pression sur les témoins ou les victimes,

– ou lorsque cette détention est nécessaire pour préserver l'ordre public, pour protéger la personne concernée ou pour mettre fin à l'infraction.

Cette mesure peut être levée par le juge, notamment à la demande de la personne incarcérée et selon des conditions très précises.

Lorsque le juge d'instruction estime que l'instruction est terminée il rend une *ordonnance de clôture*. Ce peut être une ordonnance de renvoi devant le tribunal correctionnel ou le tribunal de police ou devant la chambre d'accusation ou une ordonnance de non-lieu s'il estime que les charges retenues sont insuffisantes ou inexistantes. Cette ordonnance n'exclut cependant pas une réouverture de l'information à la demande du ministère public en cas de charges nouvelles.

B. *La chambre d'accusation*

Elle exerce sur l'instruction un contrôle susceptible de revêtir plusieurs formes.

Tout d'abord le président de la chambre d'accusation est investi d'un pouvoir de contrôle particulier qui lui est conféré par la loi notamment en matière de

mise en détention provisoire décidée par le juge d'instruction (référé – liberté).
Ensuite la chambre d'accusation contrôle l'opportunité et la régularité des actes d'instruction à l'occasion des appels interjetés à l'encontre des ordonnances du juges d'instruction. Le ministère public bénéficie d'un large pouvoir d'appel alors que la personne mise en examen et la partie civile ont un pouvoir d'appel plus limité. Pour le premier l'appel est ouvert notamment contre les ordonnances relatives à sa liberté, pour le second, contre les ordonnances qui font griefs à ses intérêts civils.
Enfin, en matière criminelle, le juge d'instruction ordonne que le dossier soit transmis sans délai par le procureur de la République au procureur général près la Cour d'appel. Seule la chambre d'accusation peut décider de la mise en accusation et du renvoi de l'accusé devant la Cour d'assise après réexamen de tout le dossier.
Un pourvoi en cassation fondé sur une question de droit est possible contre les arrêts de la chambre d'accusation.

3.5.4. *Le procès et le jugement*

Devant la juridiction de jugement la procédure revêt un caractère oral, public bien que le huis – clos puisse être ordonné si «la publicité est dangereuse pour l'ordre ou les mœurs», et contradictoire. Il faut ajouter que le juge n'est pas tenu par un système de preuve légale, il ne tient compte que de son intime conviction. Celle – ci rencontre toutefois deux limites, en premier lieu, *le juge est tenu de motiver sa décision* ce qui permet le contrôle des juridictions supérieures, en second lieu, les preuves doivent avoir été légalement recueillies dans le respect des droits de la défense.
La procédure au cours de l'instance de jugement varie selon la juridiction concernée. Le jugement est susceptible de recours.

A. *La procédure devant le tribunal de police et le tribunal correctionnel*

Ces juridictions sont saisies soit par une ordonnance ou un arrêt de renvoi, soit par citation directe, mais des procédés moins formalistes sont également utilisés telle que la convocation en justice ou l'avertissement suivi d'une comparution volontaire, le recours à une procédure simplifiée est possible devant le tribunal de police (C. proc. pén. art.524).
Les débats se déroulent en trois étapes sous la direction du juge de police ou du président du tribunal correctionnel.
– Le juge s'assure d'abord de l'identité du prévenu.

– Il donne ensuite lecture de l'acte de saisine et rappelle les faits. Le prévenu est interrogé par le président, soit à son initiative soit à la demande du ministère public, de la partie civile ou de la défense. Puis les témoins, ayant prêté serment, sont entendus successivement et séparément. Le président peut leur poser des questions et les confronter au prévenu. La victime peut être entendue comme témoin si elle ne s'est pas constituée partie civile, enfin les experts déposent leur rapport et exposent le résultat des opérations techniques auxquelles ils ont procédé, des questions peuvent également leur être posées par le président.
– Enfin, interviennent les plaidoiries, la parole est donnée à la partie civile, au ministère public (réquisitoire), et au prévenu. Des répliques sont permises mais la défense doit avoir la parole la dernière.
Le tribunal se retire afin de délibérer, seuls les magistrats participent à cette délibération à l'exclusion du ministère public. Ils délibèrent sur les incidents de procédure s'il en a été soulevé au cours de l'audience, sur la culpabilité du prévenu, sur la sanction qu'il y a lieu de prononcer en tenant compte autant de la personnalité du prévenu que de la gravité de l'infraction, et sur les intérêts civils.
Le jugement est rendu à l'audience ou bien il est «mis en délibéré» et rendu lors d'une audience ultérieure.
Ce peut être un jugement de condamnation ou un jugement de relaxe fondé aussi bien sur des considérations de droit que de fait et qui s'oppose à toute nouvelle poursuite à raison des mêmes faits.

B. *La procédure devant la Cour d'assise*

La procédure est plus longue et plus formaliste. La cour d'assise est saisi «in rem» et «in personam» par l'arrêt de mise en accusation de la chambre d'accusation. L'audience est précédée d'un certain nombre de formalités qu'il serait trop long de reprendre ici.
La cour d'assise est composée de trois juges assistés d'un jury de neufs personnes. Le président a un pouvoir de police de l'audience pour le maintien de l'ordre, il dirige les débats et exerce un pouvoir discrétionnaire pour prendre toutes mesures qu'il croit utiles à la découverte de la vérité.
L'audience se déroule en plusieurs étapes.
– *L'accusé* comparaît devant la cour et doit décliner à la demande du président son identité.
– Il est ensuite procédé à *la constitution du jury*. Le ministère public comme l'accusé a un droit de récusation qu'ils peuvent exercer librement à l'égard de quatre jurés pour le premier et de cinq jurés pour le second. Les jurés tirés au sort doivent ensuite prêter serment. L'huissier donne lecture de la liste des

témoins qui se retirent dans une salle spéciale et le greffier lit à haute voix l'arrêt de renvoi.
– *Les débats* commencent par l'interrogatoire de l'accusé par le président. Il est suivi de l'audition des témoins qui sont appelés l'un après l'autre. Ils déclinent leur identité et prêtent serment «de parler sans haine et sans crainte, de dire toute la vérité, rien que la vérité». Le président peut leur poser des questions. Ils restent dans la salle après avoir fait leur déposition. Les experts sont ensuite entendus après qu'ils aient prêté serment. Les pièces à conviction sont présentées à la demande du président.
Les débats s'achèvent par *la plaidoirie* de la partie civile, le réquisitoire du ministère public et la plaidoirie de l'avocat de l'accusé. Le président déclare ensuite la clôture des débats.
Le dossier est déposé entre les mains du greffier, le président ne conserve avec lui que l'arrêt de la chambre d'accusation. Il établit la liste des questions auxquelles les jurés auront à répondre et en donne lecture afin que les parties puissent exercer un contrôle sur leur rédaction.
Il donne lecture aux jurés des devoirs qui s'imposent à eux lors de la délibération. L'accusé se retire et le président déclare l'audience suspendue. Les membres des la cour et le jury se retirent à leur tour dans la salle de délibération. Les délibérations sont secrètes.
La cour statue d'abord sur les incidents de procédure avant de délibérer avec le jury sur la culpabilité. Les magistrats et les jurés votent par bulletins écrits au scrutin secret. Les bulletins sont brûlés après le dépouillement de chaque scrutin. Une réponse défavorable à l'accusé ne peut être acquise que par un minimum de huit voix contre quatre. Un vote de sept voix contre cinq est réputé favorable à l'accusé et emporte son acquittement. La cour et le jury statuent ensuite sur la peine. Puis est élaboré l'arrêt. Enfin la cour et le jury regagnent la salle d'audience. Le président lit les réponses aux questions puis prononce l'arrêt qui décide soit la condamnation, soit l'exemption de peine, soit l'acquittement. La cour seule statue sur l'action civile.

C. *Les recours*

Il existe des recours ordinaires et des recours extraordinaires.

I. *Les recours ordinaires*

Les recours ordinaires sont l'appel et l'opposition.

1. *L'appel*

L'appel est porté devant la cour d'appel contre les décisions du tribunal de police, sous certaines conditions, et du tribunal correctionnel. Il doit être interjeté, en principe, dans un délai de dix jours à compter du prononcé du jugement contradictoire ou de sa signification (c. proc. pén. art. 498). Les pouvoirs de la cour d'appel sont limités par l'objet de l'appel et la qualité de l'appelant (partie civile, prévenu ou ministère public). La cour peut confirmer le jugement ou y substituer sa propre décision. L'appel n'est pas possible contre l'arrêt de la cour d'assise. Les projets de réforme du code de procédure pénale organisent un recours contre cette décision.

2. *L'opposition*

L'opposition est une voie de recours *contre les jugements rendus par défaut*, c'est à dire lorsque le prévenu n'a pas eu connaissance de la citation et ne s'est pas présenté à l'audience, en matière correctionnelle et de police. Elle n'est pas possible contre les arrêts d'assise. Devant la Cour d'assise l'accusé qui ne s'est pas présenté est jugé par contumace. Mais ce jugement tombe si l'accusé se présente de façon volontaire ou forcée.

II. *Les recours extraordinaires*

Les recours extraordinaires sont le pourvoi en cassation et le pourvoi en révision.

1. *Le pourvoi en cassation*

Le pourvoi en cassation est fondé sur une *erreur de droit*. La cour de cassation ne statue que sur la légalité des décisions judiciaires. Elle ne peut être saisie que dans quatre cas: la constitution irrégulière de la juridiction qui a statué, l'incompétence ou l'excès de pouvoir de cette juridiction, l'inobservations des formes prescrites à peine de nullité et la violation de la loi pénale de fond.
Sont susceptibles de pourvoi les décisions rendues en dernier ressort à l'exception des arrêts de la Haute Cour de justice et des arrêts *d'acquittement* de la cour d'assise sauf pour ces derniers si le pourvoi est formé dans le seul intérêt de la loi, il ne peut alors préjudicier à la partie acquittée. Le pourvoi doit être formé, en principe, dans un délai de cinq jours francs à compter du jour où la décision a été rendue.
Le pourvoi comme les recours ordinaires a un effet suspensif d'exécution.

La cour de cassation rend un arrêt de rejet ou de cassation. La cassation peut être prononcée avec renvoi devant un nouvelle cour d'appel ou une nouvelle cour d'assise
qui ne doit statuer que dans la limite des points dont elle est saisie par le renvoi, ou bien la cassation est sans renvoi s'il n'y a pas lieu de statuer à nouveau.
Par ailleurs le procureur général près de la cour de cassation peut former un *pourvoi dans l'intérêt de la loi* pour éviter que ne se perpétuent des erreurs de droit. Il est possible à l'encontre d'une décision rendue en dernier ressort et sujette à cassation bien que la décision n'ait pas été frappée d'un pourvoi dans les délais légaux dès lors qu'elle est entachée d'une erreur de droit. La cassation n'a dans ce cas qu'une portée théorique.

2. *Le pourvoi en révision*

Le pourvoi en révision est possible au profit de toute personne qu'une décision pénale définitive a reconnu coupable d'un crime ou d'un délit. L'article 622 du code de procédure pénale énumère quatre cas seulement dans lesquels la révision peut être demandée:
– lorsque après une condamnation pour homicide on découvre des pièces qui permettent de supposer que la prétendue victime de cet homicide est encore vivante;
– lorsqu'il y a contrariété de jugement, si pour la même infraction ont été rendues contre deux individus deux condamnations différentes revêtues de l'autorité de la chose jugée et inconciliables entre elles;
– lorsqu'après le prononcé de la condamnation un témoin est condamné pour faux témoignage;
– lorsqu'enfin après une condamnation un fait nouveau vient à se produire ou à se révéler et qui fait naître des doutes sur la culpabilité du condamné.
L'action est ouverte au ministre de la justice, au condamné ou après son décès, à son conjoint, ses parents, ses enfants, ses légataires universels ou à titre universel ou à la personne qui aurait reçu de lui cette mission expresse. La procédure est longue et compliquée, lorsqu'elle réussi la condamnation est rétroactivement effacée et le dommage subi doit être réparé.
Lorsque le jugement est devenu définitif, il fait l'objet d'une mention au casier judiciaire pour les crimes, les délits et les contraventions de la cinquième classe.
L'Etat assume le paiement de certains frais de justice et poursuit auprès du condamné le recouvrement des frais qui ne sont pas à la charge de l'Etat (C. proc. pén. art. R 91).
Les honoraires des avocats sont à la charge des parties y compris du condamné.

3.5.5 *L'exécution du jugement*

Le ministère public est chargé de l'exécution des peines mais il ne suit pas l'application de celles-ci, ce rôle étant dévolu au juge de l'application des peines.

Les incidents relatifs à l'exécution des peines sont portés devant le tribunal ou la cour qui a prononcé la sentence. Si elle émanait de la cour d'assise c'est la chambre d'accusation qui est saisie.

L'administration pénitentiaire qui gère les établissements de détention est rattachée au ministère de la justice.

Après avoir examiné rapidement les modalités d'exécution de la peine nous nous attacherons au rôle important du juge de l'application des peines.

A. *Les modalités d'exécution des peines*

Les peines s'effectuent en milieu fermé, semi ouvert ou ouvert ou en milieu libre.

Les différents établissements pénitentiaires sont *les maisons d'arrêt* où sont incarcérés les personnes mises en examen, les prévenus et les accusés mis en détention provisoire. Y sont incarcérés également les condamnés dont la peine d'emprisonnement, ou le reliquat de peine restant à subir n'excède pas un an. Il y est, en principe, appliqué un régime cellulaire mais de nombreuses exceptions y sont apportées.

Les maisons centrales sont destinées à recevoir les condamnés à une peine de plus d'un an. Les centres de détention reçoivent également les condamnés à une longue peine mais considérés comme moins dangereux et orientés vers une resocialisation. Le régime de détention est cellulaire la nuit et celui du travail en commun le jour mais il existe là aussi des exceptions. Les condamnés à une longue peine sont répartis entre les différents établissements après une orientation et le passage pour certain au centre national d'observation.

Au sein des établissements pénitentiaires, *le travail n'est pas obligatoire* mais les établissements doivent prendre toutes les dispositions nécessaires pour assurer une activité professionnelle aux détenus qui le souhaitent. Le travail des détenus est rémunéré. Cette rémunération est divisée en trois parties, l'une destinée à l'indemnisation des victimes, l'autre pour constituer le pécule de sortie, la dernière est disponible par le détenu mais elle ne lui est pas remise, elle est conservée par l'établissement sur un compte nominatif.

Outre le travail qui est un élément de rééducation du détenu, l'enseignement et la formation professionnelles sont dispensés dans ces établissements. La rééducation sociale est assurée par l'action des aumôniers, des visiteurs de prisons, des éducateurs et assistants sociaux rassemblés au sein d'un service socio-éducatif.

B. *Le suivi de l'exécution des peines: le juge de l'application des peines (JAP)*

Le *juge de l'application des peines*[10] *institué* en 1958 existe auprès de chaque établissement pénitentiaire. Ses attributions varient selon que le condamné est détenu ou en liberté.

Le JAP détermine pour chaque condamné détenu les principales modalités de son traitement pénitentiaire. Il a un large pouvoir auquel les textes apportent quelques limites, notamment avec l'institution de la période de sûreté qui fait obstacle à ce que le condamné bénéficie au cours de cette période d'atténuations de sa peine telles que la suspension ou le fractionnement de la peine, la semi-liberté, les permissions de sortie ou la libération conditionnelle.

Outre ces mesures, le juge a le pouvoir de décider le placement à l'extérieur ou la réduction de la peine privative de liberté du condamné qui a eu une bonne conduite ou qui a réussi des examens scolaires, universitaires ou professionnels. La réduction de peine ne doit pas excéder trois mois par année d'incarcération ou sept jours par mois pour une durée d'incarcération moindre. Cette décision ne peut être prise qu'après avis de la commission de l'application des peines.

Le juge a également le pouvoir, en matière correctionnelle, de suspendre provisoirement l'exécution de la peine ou d'en fractionner l'exécution pour des motifs graves d'ordre médical, familial professionnel ou social, après avis du ministère public et de l'avocat du condamné. Il contrôle le régime de l'application des peines dans les établissements de son ressort.

Les condamnés en liberté sont soumis à des mesures de surveillance et d'assistance contrôlées par le juge directement ou par l'intermédiaire de divers organismes comme le comité de probation et *l'agent de probation*. Sont des condamnés en liberté les personnes condamnées avec sursis et mise à l'épreuve, les condamnés à un travail d'intérêt général, les personnes soumises à un ajournement avec mise à l'épreuve, les libérés conditionnels et les interdits de séjour.

Enfin les condamnés qui sont libérés après avoir purgé leur peine ont la faculté de bénéficier d'une assistance post – pénale dispensée par des organismes publics ou privés.

Les décisions du juge de l'application des peines ont, selon les cas, la nature de mesures d'administration judiciaire ou une nature juridictionnelle pouvant alors faire l'objet d'un recours du procureur de la République devant le tribunal correctionnel.

10 Le juge de l'application des peines est nommé par décret après avis du conseil supérieur de la magistrature parmi les magistrats du siège du tribunal de grande instance pour une durée de trois ans renouvelable.

Bibliographie

Droit pénal

B. Chabert et P.O. Sur, Droit pénal général (192 p.), Paris, Dalloz, 2° éd. 1997, coll. Cours de droit

Ph. Conte et P. Maistre du Chambon, Droit pénal général (340 p.), Paris, Masson/ Armand Colin, 3° éd. 1998

J. Larguier, Le droit pénal (128 p.), Paris, PUF, Que sais-je? n° 996, 13 ° éd. 1997

C. Paulin, Droit pénal général (138 p.), Paris, Litec 1998, coll. Objectif Droit

J. Pradel, Droit pénal général (940 p.), Paris, Cujas, 11° éd., 1997

M.L. Rassat, Droit pénal (688 p.), Paris, PUF, coll. Droit fondamental, 2° éd. 1997

H.W. Renout, Droit pénal général (415 p.), 1998-1999, Paris Centre de publications universitaires

J. Cl. Soyer, Manuel de droit pénal et procédure pénale (464 p.), Paris, LGDJ, 13° éd.1997

G. Stéfani, G. Levasseur, B. Bouloc, Droit pénal général (648 p.), Paris, Dalloz, 16° éd. 1997, coll. Précis Dalloz

Droit pénal spécial

F. Desportes et F. Le Gunehec, Droit pénal spécial (856 p.), Paris, Economica, 5° éd. 1998

P. Gattegno, Droit pénal spécial (384 p.), Paris, Dalloz, 2° éd. 1997, coll. Cours de droit

J. Pradel et M. Danti-Juan, Droit pénal spécial (816 p.), Paris, Cujas, 1995

M.L. Rassat, Droit pénal spécial (630 p.), Paris, Dalloz, 1997, coll. Précis Dalloz

M. Véron, Droit pénal spécial (333 p.), Paris, Masson/ Armand Colin, 5° éd. 1996

Procédure pénale

Ph. Conte et P. Maistre du Chambon, Procédure pénale (370 p.), Paris, Armand Colin, 2° éd. 1998

J. Pradel, Procédure pénale (896 p.), Paris, Cujas, 9° éd. 1997

M. L. Rassat, Procédure pénale (864 p.), Paris, PUF, coll. Droit fondamental, 2° éd.1995

Proposition de réforme du code de procédure pénale (388 p.), Paris, Dalloz, 1997, coll. Dalloz Service

G. Stefani, G. Levasseur et *B. Bouloc*, Procédure pénale (898 p.), Paris, Dalloz, Précis Dalloz, 16° éd.1996

Sciences pénitentiaires

B. Bouloc, Pénologie (458p.), Paris, Dalloz, 2° éd. 1998, coll. Précis Dalloz

4. Le Droit Privé

Le droit privé est le droit des relations des particuliers entre eux. Longtemps constitué du seul droit civil, puis du droit commercial, le droit privé comporte à l'heure actuelle un certain nombre de matières qui se sont progressivement détachées du code civil. Ces matières à l'exception du droit international privé ont fait l'objet d'une codification, il en est ainsi du droit commercial, du droit du travail et de la procédure civile. Nous envisagerons successivement ces différentes branches du droit privé après avoir rappelé l'histoire du droit civil et ses principales institutions.

4.1. *L'histoire du droit privé*

Nous avons déjà eu, dans l'introduction, l'occasion d'évoquer l'histoire du droit français qui pendant longtemps a été limitée à l'histoire du droit privé. Nous en avons retracé l'évolution et son aboutissement dans la rédaction du code civil.

Le code civil réalisait une synthèse du droit coutumier et du droit écrit, ce dernier étant assez largement inspiré par le droit romain. L'influence du droit romain a donc été assez grande et beaucoup de règles du code civil y puisent leurs racines.

Pendant plus d'un siècle le code civil n'a pas subi de réformes importantes parce que le besoin ne s'en était pas suffisamment fait sentir. Mais les transformations profondes de la société engendrées notamment par les deux conflits mondiaux ont conduit à une remise en cause de sa philosophie d'abord par la jurisprudence, puis par le législateur.

Bien qu'une nouvelle rédaction du code ait été envisagée elle n'a pas abouti, mais de grandes réformes sont intervenues postérieurement à la Seconde Guerre pour en modifier le contenu. Des lois restées à l'extérieur du code civil en ont aussi altéré la substance mais nombres de dispositions du code, notamment en droit des obligations, n'ont pas été modifiées.

Les principales réformes ont touché notamment le droit de la famille, où elles ont instauré l'égalité entre époux et entre les enfants et où elles ont consacré l'intervention croissante de l'Etat dans les rapports familiaux, le droit des successions et les régimes matrimoniaux.

Le caractère absolu du droit de propriété a été atténué à la fois par le jurisprudence qui a élaboré la théorie de l'abus de droit et par le législateur qui a limité, en dehors du code, l'exercice du droit de propriété dans un but social.
L'autonomie de la volonté a dû s'effacer également devant l'interventionnisme économique de l'Etat qui a restreint le rôle de la volonté des parties en instituant des règles impératives auxquelles celles-ci ne peuvent déroger ou en instituant une protection particulière au profit de la partie réputée la plus faible, le salarié dans le contrat de travail ou le consommateur d'une façon plus générale.
Le code civil français ne comporte pas comme le code civil allemand une longue introduction générale. Un titre préliminaire composé de six articles ne traite que de la loi en général et notamment de ce qui a trait à sa publication, ses effets et son application.
Le code, constitué de 2283 articles, est ensuite divisé en trois livres d'inégale longueur. Le premier livre traite des personnes, le second des biens et le troisième des différentes manières dont on acquiert la propriété. Ce dernier est le plus long, il comporte 1572 articles et traite à la fois des successions, des donations, des testaments, des régimes matrimoniaux, des obligations et des diverses catégories de contrats, de la responsabilité civile, des privilèges et hypothèques et de la prescription.
Cette présentation, œuvre de praticiens réalisée pour des praticiens traduit l'absence de préoccupations doctrinales des auteurs du code.
Cependant l'enseignement du droit civil dans les facultés de droit commencent toujours par une partie générale à laquelle nous nous attacherons en premier lieu avant d'examiner le droit des obligations, le droit des biens le droit de la famille et le droit des successions.

4.2. *Généralités*

Avant d'envisager la théorie générale de l'acte juridique il convient de préciser quels sont les sujets de droit.

4.2.1. *Les sujets de droit*

Les sujets de droit sont les personnes juridiques. Après avoir indiqué les différentes catégories de personnes juridiques il faudra préciser leur capacité et les droits dont elles sont titulaires.

A. *Les personnes juridiques*

Le droit français connaît deux catégories de personnes juridiques: les personnes physiques et les personnes morales.

Les personnes physiques sont des êtres de «chair et de sang» qui possèdent la personnalité juridique dès leur naissance et même avant, s'il y va de leur intérêt, en vertu de la règle «infans conceptus pro nato habetur».

Les personnes morales sont au contraire, des entités construites. La personnalité juridique, selon la jurisprudence, «appartient en principe à tout groupement pourvu d'une expression collective pour la défense d'intérêts, licites, dignes par suite d'être juridiquement reconnus et protégés[1]». Cette consécration de la réalité de la personnalité morale ne porte pas atteinte au pouvoir du législateur d'attribuer ou d'ôter la personnalité morale. Les personnes morales peuvent être des personnes de droit public (Etat, collectivités locales, établissements publics) ou des personnes de droit privé (sociétés, groupements d'intérêt économique, association, syndicats, fondations).

Les personnes juridiques sont caractérisées par un nom qui pour les personnes physiques est le nom patronymique faisant l'objet d'une réglementation particulière quant à son attribution, il est obligatoire et immuable, indisponible et imprescriptible. Ces caractères ne s'applique pas au nom des personnes morales.

Les personnes juridiques doivent avoir un domicile et une nationalité dont les modalités d'attribution varient selon qu'il s'agit de personnes physiques (V. infra 4.8) ou morales (V. infra 4.9).

Enfin, l'état des personnes qui ne concerne que les personnes physiques désigne leur statut individuel: naissance, décès, capacité mais aussi leur situation juridique à l'égard de l'Etat (citoyenneté) et de la famille.

Les sujets de droit ne peuvent intervenir dans le domaine juridique que s'ils en ont la capacité.

B. *La capacité des personnes juridiques*

Toute personne juridique est en principe capable, toutefois cette capacité peut être limitée soit dans un but de protection de la personne, soit pour protéger les tiers. On distingue entre l'incapacité de jouissance qui est une inaptitude à être titulaire d'un droit et l'incapacité d'exercice qui ne permet pas au titulaire d'un droit de l'exercer.

L'incapacité de jouissance est toujours spéciale et résulte de la loi. Les cas d'incapacité de jouissance sont en nombre restreint pour les personnes physique, ils sont plus nombreux pour les personnes morales car leur capacité

1 Cass. 2ème civ. 28 janv. 1954, Dr. soc. 1954 p. 161.

est limitée par leur forme et leur objet. Il découle, par ailleurs, du principe de spécialité qu'elles ne peuvent pas effectuer des actes totalement étranger à l'objet pour lequel elles ont été crées.

L'incapacité d'exercice est beaucoup plus fréquente et touche essentiellement les personnes physiques qu'elle est destinée à protéger.

Sont frappés d'une incapacité d'exercice les mineurs de dix huit – ans qui doivent être assistés ou représentés soit par un administrateur légal (les parents), soit par un tuteur. Le tuteur est désigné lorsque les deux parents de l'enfant sont décédés (c. civ. art. 389 s.), il agit en accord avec le conseil de famille sous le contrôle du juge des tutelles qui préside ce conseil. Ces divers organismes interviennent selon la catégorie d'actes à accomplir. Toutefois, il est d'usage que les actes de la vie courante puissent être effectués par un mineur sous la réserve que ces actes sont susceptibles d'être annulés s'ils sont lésionnaires.

Les majeurs dont les facultés personnelles sont altérées, par une maladie, une infirmité ou l'âgé voient leur capacité d'exercice réduite selon le régime de protection auquel ils sont soumis. *La mise sous sauvegarde de justice* (c. civ. art. 491 s.) ne supprime pas leur capacité mais permet d'annuler les actes qu'ils auraient passés s'ils se révèlent lésionnaires. *La curatelle* (c. civ. art. 508 s.) est un régime d'assistance qui impose la présence d'un curateur pour les actes les plus graves de la vie civile et permet d'annuler les autres actes s'ils sont lésionnaires. Enfin *la tutelle* (c. civ. art. 492 s.) est un régime de représentation où le tuteur agit en lieu et place de la personne représentée.

Une incapacité d'exercice frappe enfin les personnes qui font l'objet d'une procédure de redressement judiciaire ou de liquidation judiciaire.

C. *Les droits dont une personne peut être titulaire*

Les droits subjectifs dont une personne peut être titulaire ont fait l'objet de nombreuses classifications dont nous ne mentionnerons ici que la plus importante: la distinctions entre droit patrimoniaux et droits extra- patrimoniaux.

I. *Les droits patrimoniaux*

Les droits patrimoniaux sont susceptibles d'une évaluation pécuniaire et représentent un élément de richesse pour leur titulaire. Ces droits constituent le patrimoine qui est une universalité de droit.

Le patrimoine se définit précisément comme l'ensemble des rapports de droit susceptibles d'une évaluation pécuniaire dont une personne est titulaire.

Chacun a nécessairement un patrimoine comportant un actif et un passif et il ne peut avoir qu'un patrimoine. Cette règle fondamentale de l'unité du patrimoine tirée de ce que la patrimoine est une émanation de la personnalité, a fait

obstacle pendant longtemps en droit français à la constitution de patrimoine d'affectation mais les sociétés et l'institution récente de l'entreprise unipersonnelle à responsabilité limitée (EURL) ont apporté une brèche à cette théorie classique. Il résulte également de cette théorie que le patrimoine est intransmissible entre vifs et ne peut être transmis qu'à cause de mort.
Entrent dans le patrimoine les droits suivants: – les droits de créance, ce sont des droits personnels existant entre deux personnes et en vertu desquels l'une, le créancier, est en droit d'exiger quelque chose de l'autre, le débiteur, – les droits réels sont des droits qui portent directement sur une chose (droits corporels), – les droits intellectuels naissent de l'activité de l'homme et permettent à celui-ci de tirer profit de son activité (droits incorporels portant sur les œuvres de l'esprit ou droit de clientèle).

II. *Les droits extra-patrimoniaux*

Les droits extra – patrimoniaux, à l'inverse des précédents, sont en dehors du patrimoine et sont insusceptibles d'évaluation pécuniaire, il en est ainsi, par exemple, des droits politiques, des droits de la personnalité, du droit à la vie privée, du droit à l'honneur . . .
Toutefois cette distinction ne présente pas un caractère absolu dans la mesure où les droits extra – patrimoniaux peuvent avoir des effets pécuniaires. Ainsi l'atteinte portée à ces droits peut entraîner à la charge de son auteur l'obligation de réparer pécuniairement le dommage qu'il a ainsi causé
Le patrimoine d'une personne est susceptible d'être modifié soit par des faits juridiques, soit par des actes juridiques. *Le fait juridique* modifie une situation juridique sans que ce résultat ait été voulu: décès, accident d'automobile par exemple, alors que *l'acte juridique* résulte de la volonté de son auteur qui a délibérément voulu produire des conséquences juridiques déterminées.
Cette deuxième catégorie revêt une grande importance ce qui justifie que l'on en examine maintenant la théorie.

4.2.2. *La théorie des actes juridiques*

Après avoir précisé les principales classifications des actes juridiques, il faudra examiner les conditions générales de validité de ces actes et leur limite de validité dans le temps: la prescription.

A. *Les différents types d'actes juridiques*

Les acte juridiques, manifestations de volonté destinées à produire des effets de droit, sont répartis par la doctrine en trois catégories:

I. *Les actes juridiques unilatéraux*

Les actes juridiques unilatéraux sont des actes par lesquels une personne de sa seule volonté détermine des effets de droit. La question de savoir si l'acte unilatéral est créateur d'obligations n'a pas été résolue par le code civil et reste discutée par la doctrine. La loi a cependant prévu expressément des actes unilatéraux entraînant d'autres effets que la création d'obligations. Il s'agit, notamment, de la reconnaissance d'enfant naturel, de l'émancipation, du testament, de la création d'une société unipersonnelle et de nombreux actes de renonciation à un droit.

II. *Les actes juridiques bilatéraux*

Les actes juridiques bilatéraux, ou conventions, se fondent sur un accord de volonté entre deux ou plusieurs personnes et sont destinés à produire des effets entre ces seules personnes. Cette seconde catégorie d'actes comprend les contrats qui ont un domaine d'application théoriquement plus restreint que la convention puisqu'en principe ils engendrent seulement des obligations, c'est à dire des droits de créances, mais dans le langage courant ces deux termes sont souvent utilisés indifféremment.

III. *Les actes juridiques collectifs*

Les actes juridiques collectifs ont des contours plus difficiles à déterminer. Ils sont illustrés par les conventions collectives qui interviennent entre patronat et syndicats pour s'appliquer à l'ensemble des travailleurs d'une branche d'activité donnée.

Les actes juridiques sont enfin susceptibles d'autres classifications en fonction de leurs caractères onéreux ou gratuits, ou selon qu'ils sont des actes d'administration ou de disposition, ou selon qu'ils interviennent entre vifs ou à cause de mort ou encore qu'ils sont constitutifs ou déclaratifs de droit.

B. *Les conditions de validité des actes juridiques*

Les conditions de validité des actes juridiques ont été élaborées en considération des actes bilatéraux créateurs d'obligation, c'est à dire des contrats. Ces conditions s'appliquent aussi, en principe, aux actes unilatéraux sous réserve de quelques adaptations dues à leur spécificité.

La validité d'un acte juridique est subordonnée à la réunion de plusieurs conditions (c. civ. art. 1108 s.): la capacité des personne qui interviennent à l'acte (V. supra); le consentement des parties qui doivent avoir manifesté leur volonté de participer à l'acte, soit directement, soit par l'intermédiaire d'un représentant; l'existence d'un objet et d'une cause du contrat; parfois est imposé un équilibre des prestations dont l'absence entraîne la lésion; le respect de conditions de forme est souvent requis à titre de preuve; enfin l'inobservation de ces conditions entraînent la nullité de l'acte.

I. *Le consentement*

Le consentement des personnes qui participent à un contrat doit être libre, réel et conscient. Lorsque tel n'est pas le cas, il est possible d'invoquer un vice du consentement. Le code civil en prévoit trois: l'erreur, le dol et la violence auxquels il faut ajouter la protection particulière accordée aux personnes atteintes d'un trouble mental et qui n'ont pas fait l'objet d'une mesure particulière d'assistance.

1. *L'erreur*

L'erreur est fondée sur la psychologie de la personne qui a consenti au contrat. Plusieurs types d'erreurs sont possibles *l'erreur obstacle* qui n'a pas pu donner naissance à l'acte juridique, *l'erreur sur la personne* lorsque le contrat est conclu en fonction de l'«intuitu personae», *l'erreur sur l'objet* du contrat mais bien que ce soit le cas le plus fréquent elle n'est prise en considération que si elle porte sur la qualité essentielle de l'objet de l'acte, *l'erreur sur la valeur* n'est en général pas retenue.

2. *Le dol*

Le dol est une erreur provoquée par la malhonnêteté de l'une partie au contrat et réalisée par des manœuvres, des mensonges ou des réticences. Il est inapplicable en matière d'acte unilatéral.

3. *La violence*

La violence est un moyen de contrainte physique ou morale exercée sur une partie à l'acte, soit directement par l'un des cocontractants, soit par un tiers. Dans ces trois cas, le vice du consentement, pour entraîner la nullité, doit avoir été déterminant. Il s'apprécie en général «in concreto». La nullité peut être accompagnée de dommages intérêts dans les cas de dol ou de violence.

4. *La personnes dont les facultés intellectuelles sont altérées*

Les actes passés par une personne dont les facultés intellectuelles sont atteintes bien qu'elle n'ait pas encore fait l'objet d'un système de protection légal, sont susceptibles d'annulation si la preuve est apportée par tous moyens, que cette personne était atteinte d'un trouble mental au moment où l'acte a été passé. Cette liberté de preuve n'existe que si la personne est vivante. Si elle est décédée la preuve de son trouble mental ne peut résulter que de l'acte lui-même.

II. *La représentation*

Le consentement peut ne pas avoir été donné directement par une partie à l'acte mais par son représentant.

La représentation est un mécanisme fréquemment utilisé mais une personne ne peut en représenter une autre que si elle y a été spécialement habilitée. Cette habilitation résulte soit de la loi, soit d'une décision judiciaire, soit le plus souvent d'un mandat qui détermine les pouvoirs du représentant ou du mandataire.

L'acte juridique est réputé être fait par le représenté, seul celui-ci est engagé et doit avoir la capacité de passer l'acte. Toutefois les vices du consentement s'apprécient dans la personne du mandataire, celui-ci répond aussi des fautes qu'il aurait pu commettre à l'égard d'une autre partie à l'acte.

Le représenté n'est pas engagé lorsque le mandataire a dépassé les pouvoirs qui lui avaient été conférés à moins qu'il ne ratifie postérieurement la situation.

A côté de cette représentation qualifiée de représentation parfaite, il existe une représentation imparfaite dans laquelle le mandataire ne divulgue pas le nom de son mandant, il en est ainsi dans le contrat de commission ou dans le cas du prête-nom, c'est alors la mandataire qui contracte en son nom propre et qui est tenu par l'acte.

La représentation peut être collective, c'est la situation que l'on rencontre dans l'élaboration des conventions collectives par les syndicats qui représentent leurs membres. Les membres sont liés par les décisions ainsi prises.

III. *L'objet et la cause*

Tout contrat doit avoir un objet et une cause licites.

La licéité s'apprécie à deux niveaux. Au niveau des obligations du contrat et au niveau du contrat lui-même, c'est à dire de l'ensemble de l'opération contractuelle.

1. *L'objet*

a) *Les obligations contractuelles*

Les obligations contractuelles doivent avoir un objet, celui-ci varie selon qu'elles portent sur une chose ou sur une somme d'argent.

S'agissant d'une chose, celle-ci doit être déterminée ou déterminable au jour de l'exécution du contrat, la chose doit exister au moment du contrat, à l'exception du contrat aléatoire ou du contrat portant sur une chose future (immeuble à construire, par exemple), la chose doit être dans le commerce (ce qui n'est pas le cas du sang qui ne peut faire l'objet que d'un don gratuit ou de la maternité de substitution par exemple).

Si l'obligation porte sur une somme d'argent, sur un prix, celui-ci doit être déterminé ou déterminable au jour de l'exécution ce qui implique, pour la jurisprudence, que les éléments de références soient suffisamment précis et que ces éléments soient extérieurs aux parties. Le prix doit être fixé en francs ou en euro. Ce prix peut faire l'objet d'une clause d'indexation à condition que l'indice retenu ait une relation directe avec l'objet de la convention ou l'activité de l'une des parties.

Enfin, s'il s'agit d'une obligation de faire ou de ne pas faire, son objet doit être déterminé, possible et licite.

L'illicéité de l'objet d'une obligation entraîne la nullité du contrat tout entier.

b) *L'opération contractuelle*

L'objet de l'opération contractuelle ne doit pas être contraire à l'ordre public et aux bonnes mœurs. L'ordre public visé peut être un ordre public politique, économique, moral ou social. La fraude est également susceptible de priver le contrat de certains de ses effets.

2. *La cause*

La cause qui «est une des notions les plus incertaines du droit civil»[2], est la raison pour laquelle le contrat a été conclu. Elle doit exister mais lorsque cette raison est illicite ou contraire à l'ordre public et aux bonnes mœurs elle rend le contrat nul de nullité absolue.

a) *La cause de l'obligation*

La cause de l'obligation est le but recherché, (obtenir une chose, recevoir un prix . . .) c'est une notion objective qui varie selon le type de contrat considéré. Ainsi dans un contrat synallagmatique la cause de chaque obligation est dans l'obligation assumée par l'autre partie. La cause existe dès qu'il y a une

2 *J. Flour, J. L. Aubert*, Les obligations, L'acte juridique, Paris, *A. Colin*, 6°éd. 1996 n° 260, p.185.

contrepartie mais celle-ci ne peut pas être symbolique car elle équivaut à une absence de cause. Dans les contrats aléatoires la cause est constituée par l'existence de l'aléa (contrat d'assurance), dans les contrats unilatéraux la cause réside dans le fait qui sert de base au contrat, par exemple l'existence d'une dette à garantir pour un cautionnement, dans un contrat à titre gratuit c'est l'intention libérale de celui qui consent un avantage qui exprime la cause.
L'existence de la cause s'apprécie au moment du contrat et elle se prouve par tous moyens. C'est à celui qui invoque l'inexistence de la cause d'en apporter la preuve.

b) *La cause de l'opération contractuelle*
Elle réside dans les motifs qui ont poussé les parties à contracter. Ceux-ci ne peuvent être contrôlés que par rapport à l'ordre public et aux bonnes mœurs.
Pour les contrats à titre gratuit, le motif déterminant, immoral ou illicite, est sanctionné par la nullité du contrat, par exemple une donation faite à un concubin pour maintenir l'état de concubinage est nulle, elle ne l'est pas si la donation est consentie pour respecter un devoir moral d'assistance.
Dans les contrats à titre onéreux, le mobile illicite ou immoral d'un contractant n'entraîne la nullité que s'il a été déterminant et s'il était connu du cocontractant ainsi l'achat d'un immeuble pour en faire une maison de débauche.

IV. *La lésion*

La lésion se définit comme un défaut d'équivalence entre les prestations, un déséquilibre du contrat, elle n'est pas une cause de nullité du contrat sauf dans les cas où la loi le décide expressément. Le code civil prévoyait trois cas de lésion: dans les contrats conclus par un incapable, dans la vente d'immeuble consentie pour un prix inférieur au 5/12 de sa valeur réelle, et dans le partage lorsqu'une partie reçoit moins des 3/4 de sa part normale. Des textes ultérieurs ont augmenté cette liste. La nullité prend ici le nom de «rescision» mais elle n'est pas toujours prononcée et le juge à la faculté de procéder à un rééquilibrage du contrat.

V. *La forme des actes*

Le principe du consensualisme retenu par le droit français s'oppose à ce que l'acte juridique soit subordonné à des conditions de forme, néanmoins ce principe subit de nombreuses exceptions.
L'exigence de forme particulière, c'est à dire le plus souvent d'un acte écrit, résulte de deux considérations: soit cet écrit est requis pour la validité de l'acte (ad solemnitatem), soit pour la preuve de l'acte (ad probationem).

La loi impose comme condition de validité que certains actes soient non seulement écrits mais passés devant un notaire. Il en est ainsi des donations, des contrats de mariage, des constitutions d'hypothèques, des ventes de logement à construire, des contrats de location – accession à la propriété. Le mandat de passer de tels actes est soumis à la même forme.
Pour un certain nombre de contrats la loi exige des mentions obligatoires impliquant bien la rédaction d'un écrit entre les parties.
Le formalisme est plus fréquemment imposé pour des raisons de preuve.
Ainsi les actes dont la valeur est supérieure à 5 000 F doivent être passés par écrit. Il n'est pas possible d'en apporter la preuve par un autre moyen. Ce principe de preuve posé par l'article 1341 du code civil comporte toutefois des exceptions: en matière commerciale où la preuve est libre en l'absence d'un texte contraire, ou bien lorsqu'il a été impossible de se procurer un écrit pour des raisons matérielles ou morales (relations de famille par exemple), ou lorsqu'il existe un commencement de preuve par écrit. *Le commencement de preuve par écrit* est un écrit émanant du débiteur rendant vraisemblable un contrat mais qui ne remplit pas les conditions pour valoir pleine preuve en lui-même. Il permet de recourir à d'autres moyens de preuve tels que les témoignages.
En dehors des *actes notariés* (actes authentiques) revêtus d'une force particulière tenant à la qualité d'officier public du notaire, les *actes sous seing privé* doivent remplir plusieurs conditions pour avoir force probante: ils doivent comporter la signature manuscrite des parties et la date, ils doivent être rédigés en double exemplaires pour les contrats synallagmatiques ou porter la formule du «bon pour» pour les contrats unilatéraux.
Il s'y ajoute parfois des formalités administratives de publicité (pour les immeubles) ou fiscales (nécessité d'un enregistrement).

VI. *Les nullités*

La nullité est encourue dès lors qu'une des conditions requises pour la validité d'un acte juridique n'est pas respectée sous réserve que cette sanction ait été prévue par la loi. La nullité doit être prononcée par un juge.
Le droit français connaît deux types de nullités: la nullité relative et la nullité absolue.
La nullité relative est destinée à protéger un intérêt particulier (défaut de capacité, vices du consentement, lésion, vice de forme), elle ne peut être invoquée que par la partie protégée, qui peut renoncer à l'action en nullité, celle-ci se prescrit par cinq ans.
La nullité absolue vise au respect de l'intérêt général (inobservation des formes d'un contrat solennel, défaut total de consentement, défaut ou illicéité de l'objet ou de la cause d'un contrat), l'action est ouverte à tout intéressé

pendant trente ans sous réserve de délais plus courts édictés par des textes particuliers.
Les effets de la nullité constatée par le juge sont les mêmes que la nullité soit relative ou absolue. Elle a un effet rétroactif et les parties doivent être remises dans la même situation que celle qu'elles avaient au moment de l'acte, ce qui les oblige à restituer ce qu'elles avaient reçu en exécution du contrat. Cette obligation de restitution est limitée pour les incapables à ce qui a tourné à leur profit. La rétroactivité joue également à l'égard des tiers.
L'étendue de la nullité est variable selon que la clause nulle est séparable ou non du reste de l'acte.

C. *La prescription*

Il y a deux sortes de prescriptions: *la prescription acquisitive* qui permet au possesseur d'un bien d'en devenir propriétaire à l'expiration d'un certain laps de temps et qui relève du droit des biens et *la prescription extinctive*, ou libératoire, qui après l'écoulement d'un certain temps ne permet plus d'agir en justice pour obtenir l'exécution d'une créance, qui relève du droit des obligations.
Les délais de prescription sont déterminés par la loi et présentent un caractère d'ordre public en ce sens qu'il est impossible d'en allonger la durée, mais il est permis de les raccourcir.
La prescription de droit commun est de *trente ans*. Elle est réduite à *dix ans* pour les obligations entre commerçants et entre commerçants et particuliers ainsi que pour les actions en responsabilité civile non contractuelle.
A côté de ces deux délais il existe de nombreux délais inférieurs édictés par des textes particuliers, selon la nature de la créance et fondés exclusivement sur une présomption de paiement (par exemple, trois ans pour les effets de commerce).
Le délai de prescription ne court qu'à compter du jour où le titulaire de la créance est en droit d'agir valablement en justice. Il est susceptible d'être suspendu, par exemple, à l'égard des incapables tant que dure l'incapacité.
La prescription peut être interrompue par l'introduction d'une action en justice ou un commandement par huissier, et par la reconnaissance de sa dette par le débiteur. Le délai recommence alors à courir de zéro.
L'effet de la prescription est de faire obstacle à une demande en justice. Il subsiste cependant une obligation naturelle, insusceptible d'exécution forcée, mais dont l'exécution volontaire est valable.

4.3 *Le régime général des obligations*

L'examen du régime général des obligations conduit à étudier successivement les obligations d'origine contractuelle les obligations d'origine légale, puis les modalités de circulation des obligations, les conséquences de leur inexécution et leur extinction.

4.3.1. *Les obligations contractuelles*

L'examen des obligations issues du contrat conduit à examiner les modalités de conclusion du contrat, puis les effets de celui-ci.

A. *La conclusion du contrat*

Outre les conditions générales requises pour la validité d'un acte juridique, déjà examinées, la conclusion d'un contrat nécessite l'existence d'une offre et d'une acceptation.
Le principe de l'autonomie de la volonté implique la liberté des conventions sous réserve du respect des bonnes mœurs et de l'ordre public. Cette liberté est souvent théorique en raison du développement des contrats d'adhésion.
L'offre de contracter est une proposition qui comporte tous les éléments du contrat envisagé. Elle n'est valable que si elle est précise et ferme. Elle peut s'exprimer selon des modalités variées. Elle est révocable tant qu'elle n'a pas été acceptée mais elle doit être maintenue, en l'absence de condition particulière, pendant un délai raisonnable. Elle devient caduque lorsqu'elle est restée longtemps sans réponse ou que les délais d'acceptation sont écoulés. L'offre traduit le consentement de l'offrant au contrat et, de son acceptation, expression du consentement du destinataire, découle la formation du contrat.
L'acceptation doit être pure et simple. Si le destinataire fait des contre-propositions, ou ne donne qu'un accord de principe ou un accord partiel, il n'y a pas acceptation. L'acceptation se fait selon des modalités diverses, écrites ou orales, mais le silence ne vaut pas acceptation. Ce principe connaît des exceptions si les parties sont en relations d'affaires pour le même type de contrat ou si l'usage professionnel impose au destinataire de refuser expressément l'offre ou si l'offre est faite dans l'intérêt exclusif du destinataire, il y alors présomption d'acceptation. Le moment précis de conclusion du contrat en cas de contrat entre absents est l'émission de l'acceptation dont le lieu détermine aussi le lieu de conclusion du contrat.

B. *Les effets du contrat*

Les effets du contrat s'analysent à l'égard des parties et à l'égard des tiers mais il faut également envisager le cas de la pluralité de créanciers ou de débiteurs.

I. *Les effets du contrat à l'égard des parties*

A l'égard des parties le contrat a force obligatoire, l'article 1134 du code civil dit qu'«il tient lieu de loi à ceux qui l'ont fait». Il consacre *le principe de l'autonomie de la volonté.*
Il découle de ce principe qu'aucune modification ne peut être apportée au contrat sans l'accord des cocontractants.
Ainsi sur le terrain de *l'interprétation,* le juge doit-il rechercher la commune volonté des parties (c. civ. art. 1156 s.). La Cour de cassation ne contrôle pas cette interprétation qui dépend des circonstances de chaque espèce. Toutefois une limite a été apportée par la jurisprudence: les juges ne peuvent, sous couvert d'interprétation, dénaturer une clause claire et précise du contrat même si elle leur paraît injuste. La Cour de cassation exerce son contrôle sur ce point mais elle n'admet la dénaturation qu'assez rarement en raison de la fréquente ambiguïté des clauses qui lui sont soumises.
Elle vérifie d'autre part *la qualification* du contrat qui constitue une question de droit puisqu'il permet de déterminer le régime juridique de celui-ci. Ceci est particulièrement utile en l'absence de volonté explicite des parties car les juges auront recours alors aux règles légales supplétives prévues par le code civil pour les contrats «nommés», c'est à dire les contrats pour lesquels le code a organisé un régime légal.
La jurisprudence a cependant fait produire au contrat des obligations qui n'y étaient pas stipulées mais qui en constituaient une suite naturelles: obligation de sécurité, de renseignements, de surveillance ou de prudence.
Le principe de l'intangibilité du contrat se manifeste aussi dans le refus de la Cour de cassation d'admettre la théorie de *l'imprévision*[3]. Ceci ne fait toutefois pas obstacle à ce que les parties prévoient une procédure de révision du contrat ou à ce que loi impose une révision judiciaire de certains contrats (baux, rentes viagères).
Le principe de l'autonomie de la volonté trouve également application en matière de *durée du contrat*. Les parties sont libres de fixer le moment où le contrat prendra effet, où son exécution deviendra exigible (*terme suspensif*) ou bien le moment où il cessera de produire effet (*terme extinctif*).

3 Cass. Civ. 8 mars 1876, *Canal de Craponne*, D. 1876. I. p.193.

Dans le premier cas, toutefois, le juge a la faculté de reporter le terme en accordant un délai de grâce. La déchéance du terme intervient soit en vertu de la loi (liquidation judiciaire du débiteur, diminution des garanties données au créancier), soit en vertu d'une clause du contrat. Les obligations du contrat deviennent alors immédiatement exigibles.
Quant au terme extinctif, il faut distinguer entre contrat à durée déterminée et contrat à durée indéterminée. S'il s'agit d'un contrat à durée déterminée, celui-ci prend fin à l'arrivée du terme mais son renouvellement ou sa continuation par une tacite reconduction peut être prévu ce qui donne naissance à un nouveau contrat. En vertu du principe selon lequel les engagements perpétuels sont interdits, le contrat à durée indéterminée prend fin à tout moment par une résiliation unilatérale à condition que celle-ci soit précédée, selon les cas, d'un congé ou d'un préavis.
Les parties ont également la liberté de subordonner l'existence du contrat à la survenance d'un événement futur incertain qui présente un caractère aléatoire mais objectif, c'est à dire qui ne dépende pas de la volonté d'une partie (prohibition des clauses potestatives). Il peut s'agir d'une condition suspensive ou résolutoire. Dans le premier cas le contrat est rétroactivement validé, dans le second il est rétroactivement anéanti.
Les contractants ont, enfin, *l'obligation d'exécuter le contrat de bonne foi*. La bonne foi est toujours présumée et c'est à celui qui la conteste de faire la preuve de la mauvaise foi. Le droit français n'a pas élaboré, comme le droit allemand, une théorie générale de la bonne foi, bien qu'à plusieurs reprises le code civil se réfère à cette notion. Toutefois la jurisprudence récente a tendance à faire de la bonne foi un devoir de loyauté entre les parties.

II. *Les effets du contrat à l'égard des tiers*

A l'égard des tiers, le contrat est en principe sans effets, il ne peut ni leur nuire, ni leur profiter c'est *le principe de l'effet relatif du contrat*. Le contrat leur est toutefois opposable, en ce sens qu'ils ne peuvent ignorer la situation juridique résultant de celui-ci. L'application de ce principe nécessite cependant de préciser quels sont les tiers au contrat et les exceptions apportées au principe de l'effet relatif du contrat.

1. *Les tiers au contrat*

Ne sont pas des tiers au contrat les parties et leurs successeurs, ayants causes à titre universel, qui continuent la personne du défunt. En recueillant le patrimoine du défunt, l'ayant cause universel en recueille les dettes et les créances, à l'exception des contrats conclus «intuitu personae».

Sont des tiers particuliers, les créanciers des contractants, qui ont un droit de gage général sur le patrimoine de leur débiteur et qui ne peuvent être indifférents aux modifications de ce patrimoine. La loi leur donne, à cet effet, deux actions, l'action oblique et l'action paulienne pour éviter de voir dépérir leur gage.

Les ayants cause à titre particulier sont des tiers qui ont acquis d'une des parties un droit ou un bien faisant l'objet du contrat, par exemple l'acquéreur d'un immeuble dont les appartements ont été loués par le vendeur. Le principe est que l'ayant cause à titre particulier ne succède pas à son auteur mais il existe de nombreuses exceptions formulées par la loi (baux, contrats de travail, contrat d'assurance . . .).

2. *Les exceptions au principe de l'effet relatif du contrat*

Trois exceptions sont apportées au principe de l'effet relatif du contrat.

a) *Le transfert des contrats attachés à une chose.* La loi précise, par exemple, que le contrat de bail est transféré à l'acquéreur de la chose louée, ou que les contrats de travail sont transmis à l'acquéreur d'une entreprise. La jurisprudence a admis le transfert d'un engagement de non concurrence.

b) *La stipulation pour autrui* est autorisée par l'article 1121 du code civil qui permet aux contractants de prévoir qu'un tiers pourra bénéficier d'un contrat, par exemple dans un contrat d'assurance- décès. Mais elle ne peut faire naître qu'un droit au profit d'un tiers et non une charge.

Trois conditions sont nécessaires à sa validité: l'existence d'un intérêt du stipulant, la détermination du bénéficiaire et l'acceptation de celui-ci. L'effet principal de la stipulation est de donner au bénéficiaire un droit direct contre le promettant qui peut cependant lui opposer les exceptions qu'il tient du contrat principal passé entre lui et le stipulant.

c) *L'action directe* permet à un tiers, disposant d'un droit contre l'une des parties au contrat, d'exercer lui-même le droit de cette partie contre l'autre contractant. Elle doit être prévue par la loi. C'est la cas notamment pour le bailleur contre le sous-locataire, pour les sous-traitants contre le maître de l'ouvrage ou pour la victime d'un accident contre l'assureur du responsable. L'intérêt d'une telle action est d'éviter l'insolvabilité du cocontractant. L'action directe est facultative pour le créancier mais elle est doublement limitée en sens qu'il ne peut réclamer plus que sa propre créance, ni réclamer plus que ce qui est dû à son propre débiteur.

III. *La pluralités de créanciers ou de débiteurs*

L'existence de plusieurs débiteurs ou de plusieurs créanciers donne à l'obligation le caractère *d'obligation conjointe.* L'obligation se divise entre eux et chacun est tenu d'exécuter sa part d'obligation. Si ce principe traduit le droit commun il lui est souvent apporté des exceptions qui concernent plus souvent la pluralité de débiteurs que la pluralité de créanciers.

L'obligation indivisible est l'obligation qui ne peut être exécutée qu'en totalité. Elle empêche le fractionnement de la dette et permet au créancier de demander à chaque débiteur le paiement de la totalité de la dette. Celui qui a payé se retourne ensuite contre ses codébiteurs. L'indivisibilité peut être naturelle (obligation de faire ou de ne pas faire) ou conventionnelle. Elle conduit pratiquement aux mêmes résultats que la solidarité.

Alors que *la solidarité* active qui existe entre créanciers est rare sauf dans l'hypothèse du compte bancaire joint, la solidarité passive entre débiteurs est très développée et constitue une garantie pour le créancier qui a ainsi plus de chance de se trouver en face d'un débiteur solvable (c. civ. art. 1197 s.).

La solidarité trouve sa source dans la loi ou plus fréquemment dans la convention des parties. En droit civil elle n'est jamais présumée alors qu'elle est toujours présumée en droit commercial.

Elle présente l'avantage sur l'indivisibilité de pouvoir porter sur un objet divisible, une somme d'argent, par exemple. Elle permet aux créanciers de s'adresser à l'un des codébiteurs pour le paiement de l'ensemble de la dette, ce dernier dispose d'une action récursoire contre ses codébiteurs mais si l'un d'eux est insolvable, il supporte cette insolvabilité. Les codébiteurs se représentent mutuellement et l'interruption de la prescription par le créancier à l'égard d'un des débiteurs vaut pour les autres, il en est de même pour la mise en demeure.

L'obligation «in solidum» est une variante de la solidarité crée par la jurisprudence en matière d'obligations extracontractuelles. Elle se distingue de la solidarité par le fait que chacun des codébiteur est tenu d'une dette différente et non de la même dette ce qui exclut qu'ils se représentent mutuellement.

C. *Les conséquences de l'inexécution du contrat*

L'inexécution du contrat peut résulter d'une impossibilité d'exécution ou être le fait d'un contractant.

I. *L'impossibilité d'exécution*

L'impossibilité d'exécution se rencontre en cas de force majeure (c. civ. art. 1148). Pour être admise celle-ci doit être irrésistible, imprévisible, être extérieure au contractant et rendre l'exécution totalement impossible. Son origine peut aussi bien être un événement naturel ou un événement social (émeute, grève, faute d'un tiers) ou encore une décision de la puissance publique (contrôle des changes . . .).

L'impossibilité d'exécution peut être momentanée et entraîner seulement la suspension provisoire du contrat, ou définitive, elle est alors une cause automatique de résolution du contrat sans qu'il soit nécessaire de la faire prononcer par un juge. Si l'impossibilité n'a d'effet que pour l'avenir, le contrat sera résilié, c'est à dire qu'il ne produira plus d'effets, mais ses effets antérieurs ne seront pas affectés.
C'est le débiteur empêché qui supporte les risques du contrat, ne pouvant fournir sa prestation, il ne pourra pas demander à son contractant l'exécution de la sienne («res perit debitori»). Mais dans les contrats portant sur des choses les risques sont supportés par le propriétaire de la chose («res perit domini»). Toute la difficulté revient à déterminer le moment du transfert de propriété. En cas de conflit entre ces deux règles c'est la seconde qui prévaut.

II. *L'inexécution du contrat du fait du débiteur*

L'inexécution du contrat, en dehors de la force majeure, permet au créancier soit de poursuivre l'exécution du contrat contre son débiteur, soit d'invoquer l'exception d'inexécution, soit de demander la résolution du contrat. Elle entraîne la mise en œuvre de la responsabilité contractuelle du débiteur.

1. *L'exécution forcée* s'applique à toutes les obligations et pas seulement aux obligations contractuelles. Elle permet d'obtenir le concours de la force publique pour y procéder. Elle revêt plusieurs formes selon que l'obligation inexécutée est une obligation touchant à la personne (obligation de faire ou de ne pas faire) ou aux biens.
a) *L'exécution forcée contre les personnes*
Il est impossible de contraindre physiquement les personnes à exécuter leurs obligations, la contrainte se traduit alors par des dommages-intérêts. Elle peut revêtir deux autres formes. D'une part la faculté de remplacement permet avec l'autorisation du juge, de faire exécuter par un tiers la prestation aux frais du débiteur défaillant. D'autre part, *l'astreinte*, procédé le plus souvent utilisé, permet au juge d'enjoindre au débiteur d'exécuter son obligation dans un délai donné, faute de quoi il devra payer une somme déterminée par jour de retard. L'astreinte est en principe provisoire et donne lieu à une liquidation par le juge qui a la faculté, à ce moment là, d'en modifier le montant. Ce pouvoir disparaît si l'astreinte est définitive. Elle se cumule avec les dommages-intérêts et elle est versée au créancier, solution critiquée par la doctrine.
b) *L'exécution forcée contre les biens*
Pour les obligations portant sur des biens ou des sommes d'argent, les créanciers ont le droit de faire procéder à une saisie des biens, suivie d'une vente aux enchères dont le prix leur sera distribué, ou de faire pratiquer une saisie-

arrêt sur le compte du débiteur. Ces poursuites s'exercent à titre individuel et ne profitent qu'aux créanciers qui les ont déclenchées. Une procédure collective de paiement des créanciers existe en droit commercial: le redressement ou la liquidation judiciaire. Une procédure répondant au même souci a été instituée par une loi du 31 décembre 1989[4] pour les particuliers «surendettés». Elle permet au juge de l'exécution (juge d'instance), à défaut de règlement amiable élaboré par une commission départementale et approuvé par les créanciers, d'imposer à ceux-ci une suspension des poursuites et un échelonnement des dettes.

c) *L'action oblique et l'action paulienne*

Ces deux actions ont été instituées au profit des créanciers afin de leur permettre de forcer le débiteur à exécuter ses obligations.

L'action oblique permet au créancier de vaincre l'inertie de son débiteur en exerçant les droits et actions de ce débiteur inactif à l'exception des droits exclusivement attachés à la personne. Elle est subordonnée à deux conditions: l'inactivité du débiteur qui néglige d'exercer ses droits et l'intérêt du créancier qui n'existe que si l'actif du débiteur n'est pas suffisant pour assurer le paiement de sa dette. Destinée à augmenter l'actif du débiteur l'action oblique ne donne cependant aucune priorité au créancier sur le bien qu'il a fait rentrer dans le patrimoine de son débiteur (c. civ. art. 1166).

L'action paulienne a pour but de faire obstacle à ce que le débiteur organise son insolvabilité, elle rend inopposables au créancier qui l'a intentée les opérations ainsi effectuées en fraude de ses droits. Elle n'est possible qu'à l'encontre des actes entraînant un appauvrissement du débiteur et rendant celui-ci insolvable à condition que l'acte soit postérieur à la naissance de la dette. Le créancier doit établir que l'acte a été fait en fraude de ses droits. A la différence de l'action précédente le créancier n'a pas à partager avec d'autres créanciers le fruit de son action (c. civ. art. 1167).

2. *L'exception d'inexécution*

L'exception d'inexécution intervient dans les contrats synallagmatique et permet au créancier de suspendre sa prestation tant que le débiteur n'a pas effectuée la sienne. Cette réaction doit toutefois être proportionnelle à l'inexécution du débiteur lorsque celle-ci n'est que partielle.

Elle ne nécessite pas l'intervention du juge.

4 L. n° 89-1010, 31 déc. 1989: JO 2 janv. 1990.

3. *La résolution du contrat*

La résolution du contrat, au contraire, ne peut être demandée qu'à un juge par les parties et éventuellement par des tiers qui y sont intéressés et en tireront un avantage (sous-traitant, caution).
Le juge apprécie librement s'il doit prononcer ou non la résolution. Pour éviter le recours au juge, les parties peuvent prévoir dans leur contrat des clauses résolutoires destinées à sanctionner des cas d'inexécution. Leur caractère automatique les rend dangereuses ce qui explique que certains textes aient permis au juge d'en suspendre l'application et que la jurisprudence ait adopté une attitude restrictive à leur égard. Elle exige que la clause soit sans équivoque, qu'elle ne soit mise en œuvre que pour un manquement à une stipulation expresse, qu'elle ne joue qu'après une mise en demeure préalable, qu'elle ne soit pas invoquée de mauvaise foi, enfin elle permet au juge d'en suspendre l'application en accordant un délai de grâce.
La résolution entraîne l'anéantissement rétroactif du contrat et le juge peut attribuer des dommages – intérêts.

4. *La responsabilité contractuelle du débiteur*

L'inexécution d'un contrat engage la responsabilité contractuelle de son auteur. Les parties peuvent prévoir d'avance les conséquences de cette responsabilité.
a) *La mise en œuvre de la responsabilité contractuelle.*
Elle exige la réunion de trois éléments: un manquement contractuel, un préjudice et un lien de causalité. La preuve de la faute contractuelle incombe au créancier lorsque l'obligation inexécutée est une obligation de moyen, si l'obligation est une obligation de résultat, c'est au débiteur de démontrer qu'un cas de force majeur a rendu l'exécution de son obligation impossible. Le critère de distinction entre ces deux types d'obligation repose sur l'existence ou l'absence d'un aléa.
Le préjudice peut être, matériel, corporel ou moral mais il doit présenter un caractère prévisible pour engager la responsabilité du contractant.
Enfin le lien de causalité entre la faute et le préjudice doit être direct.
L'action en responsabilité contractuelle doit être précédée d'une mise en demeure du débiteur défaillant. Elle donne lieu à l'attribution de dommages-intérêts.
b) *Les clauses limitatives de responsabilité*
Les parties ont la faculté de prévoir dans leur contrat les conséquences d'une exécution défectueuse en y insérant une clause de responsabilité ou une clause pénale.
Les clauses limitatives de responsabilité (*clauses de non responsabilité*) sont

valables à quatre conditions: elles doivent porter sur des obligations accessoires du contrat et non pas sur l'obligation essentielle, elles sont écartées par la faute dolosive du débiteur, elles ne peuvent concerner un dommage corporel, elles ne peuvent figurer dans certains contrats conclus entre professionnels et consommateurs.
Les *clauses pénales* (c. civ. art. 1226) sont des clauses qui fixent d'avance le montant des dommages-intérêts qui sera dû en cas d'inexécution du contrat. D'un taux souvent élevé elles constituent aussi un moyen de contrainte à l'encontre du débiteur. Elles sont, en principe, valables mais le juge a reçu de la loi du 9 juillet 1975 le pouvoir de réduire la peine prévue si elle est manifestement excessive ou de l'augmenter si elle est manifestement dérisoire, ce pouvoir est exercé par les juges de façon restrictive (c. civ. art. 1152).

4.3.2. *Les obligations d'origine légale*

Le droit français distingue entre les quasi-contrats et la responsabilité délictuelle.

A. *Les quasi-contrats*

Les quasi-contrats recouvrent des hypothèses où, bien qu'il n'y ait pas eu d'accord de volonté entre les parties, elles sont néanmoins légalement tenues par un lien de droit ressemblant à celui qui résulterait d'un contrat.
Le code civil réglemente deux quasi-contrats: la gestion d'affaire (c.civ.-art.1372 à 1375) et le paiement de l'indu (c.civ.art.1235, et 1376 à 1381) auxquels la jurisprudence a ajouté l'enrichissement sans cause[5].

I. *La gestion d'affaire*

Dans la gestion d'affaire, le gérant d'affaire est celui qui agit pour autrui sans en avoir reçu de mandat, par exemple la personne qui fait procéder à des travaux urgents dans la maison de son voisin absent.
La gestion d'affaire n'est admise que si quatre conditions sont réunies: il faut un acte de gestion licite qui peut être un acte matériel ou juridique à l'exception d'une action en justice, l'acte doit avoir été utile au moment où il est intervenu, dans le cas contraire les conséquences de l'acte resteront à la charge de son auteur, l'acte doit manifester l'intention de gérer la chose d'autrui ce qui conduit à exclure les actes faits dans le seul intérêt du gérant d'affaire, enfin il n'y a gestion d'affaire que si le maître ne s'y est pas légitimement opposé.

5 Cass. req.15 juin 1892, S. 1893. I. p. 281 note *Labbé*.

La gestion d'affaire produit des effets comparables à ceux du mandat. Le gérant doit poursuivre la gestion commencée et gérer «en bon père de famille». Le maître de l'affaire doit rembourser au gérant les dépenses qu'il a exposées dans son intérêt, avec les intérêts légaux. Il doit l'indemniser des dommages qu'il aurait pu subir au cours de son intervention.
A l'égard des tiers le gérant d'affaires est tenu des engagements qu'il a contracté si le tiers ignorait qu'il agissait pour le compte d'autrui, dans le cas contraire il n'est que le représentant du maître de l'affaire et ce dernier est directement tenu.

II. *Le paiement de l'indu*

Le paiement de l'indu est l'exécution par une personne (le solvens) d'une prestation au profit d'une autre personne qui n'était pas en droit de l'exiger (l'accipiens). Dans ce cas l'accipiens doit la restituer. Cette obligation est sanctionnée par l'action en répétition de l'indu.
Pour qu'une telle action puisse être exercée deux conditions sont requises: l'accipiens doit avoir reçu un «paiement» et ce paiement doit être sans cause (ce qui n'est pas le cas de l'exécution d'une obligation naturelle ou d'une libéralité).
Le paiement indu peut revêtir ce caractère à l'égard du «solvens» comme de «l'accipiens» on parle alors d'indu objectif.
L'indu est subjectif lorsque le paiement n'est justifié qu'à l'égard d'une des parties, par exemple: le débiteur qui verse le montant de sa dette à une personne qui n'est pas son créancier. La question a été discutée en doctrine de savoir s'il fallait apporter la preuve de l'erreur. On a admis que cette preuve n'était pas nécessaire dans le cas de l'indu objectif alors que dans l'hypothèse de l'indu subjectif le «solvens» était tenu de démontrer son erreur de fait ou de droit.
L'action en répétition de l'indu est écartée lorsque «l'accipiens» a détruit son titre de créance ou en cas de faute du «solvens».
Cette action a pour effet d'obtenir le remboursement du versement indu. Si «l'accipiens» est de bonne foi il doit restituer ce qu'il a reçu, sans intérêts, ni fruits, et en cas de vente de la chose, la somme qu'il a perçue. Au contraire s'il est de mauvaise foi, il devra restituer les intérêts et les fruits et en cas de vente, la valeur réelle de la chose.

III. *L'enrichissement sans cause*

L'enrichissement sans cause résulte de l'enrichissement injuste d'une personne au détriment d'une autre et l'action d'enrichissement sans cause a pour objet de compenser ce transfert de valeur injustifié au moyen d'une

indemnité que l'enrichi doit verser à l'appauvri. Cette action conçue en des termes très larges par la jurisprudence de 1892 a été ensuite soumise à des conditions plus strictes.
Trois éléments doivent être réunis: un appauvrissement, qui peut aussi bien être une perte subie qu'un manque à gagner, un enrichissement quelconque et un lien de corrélation entre ces deux événements.
L'action n'est cependant pas possible lorsqu'il existe une cause juridique à l'enrichissement (contrat, effet de la loi . . .), lorsque l'appauvri avait un intérêt personnel en procurant un avantage à autrui, lorsque l'appauvri a commis une faute (toutefois la jurisprudence la plus récente ne semble plus exiger cette condition[6]), enfin lorsqu'il existe une autre action permettant à l'appauvri d'obtenir une indemnisation.
L'effet de l'action d'enrichissement sans cause est de procurer à l'appauvri une indemnisation destinée à rétablir l'équilibre des patrimoines. Mais l'évaluation de l'indemnité est parfois difficile à réaliser. La règle est que l'appauvri ne peut réclamer plus que son appauvrissement, celui-ci s'évalue au jour où il a été consommé, et l'enrichi ne peut verser plus que son enrichissement qui s'apprécie au jour de la demande en justice.

B. *La responsabilité délictuelle*

La responsabilité délictuelle est la responsabilité encourue par une personne pour les dommages qu'elle a, de son fait, causé à autrui et qu'elle doit réparer.La responsabilité délictuelle se distingue de la responsabilité contractuelle. La première trouve sa source dans la loi alors que la seconde découle de l'inexécution d'une obligation contractuelle. Cette origine différente et les différences techniques qui les séparent (compétence, prescription, clauses limitatives de responsabilité interdites en matière délictuelle) posent la question de savoir s'il est possible de cumuler ces deux ordres de responsabilité. Le droit français a retenu la *règle du non cumul des deux ordres de responsabilité*. Ce qui veut dire que la victime d'un dommage survenu dans le cadre contractuel ne peut pas actionner l'auteur du dommage en responsabilité délictuelle, la responsabilité contractuelle est la seule voie qui lui est ouverte. Ce principe ne s'applique qu'aux contractants et non aux tiers.
La responsabilité délictuelle a traditionnellement été fondée sur *la faute*, mais le développement de la technologie a conduit a retenir aussi la responsabilité d'un individu en fonction des risques qu'il fait courir à autrui du fait de son activité, c'est *la théorie du risque* qui reçoit de nombreuses consécrations en droit positif.

6 *MM. Mazeaud et F. Chabas*, Leçons de droit civil, t. II, Les obligations, Paris, 9° éd. 1998 n° 700.

La responsabilité civile n'est engagée que lorsque une personne a subi un dommage (ou un préjudice). Le code civil ne fournit pas d'éléments permettant de préciser le dommage réparable et c'est la jurisprudence qui a apporté ces précisions. Les dommages réparables sont de trois ordres, le *dommage matériel* constitué par toute atteinte d'ordre financier, le *dommage moral* qui traduit une atteinte à des valeurs non pécuniaires (droits de la personnalité par exemple), le *dommage corporel* qui résulte d'une atteinte physique à la personne et qui combine préjudice physique et préjudice moral.
Pour être réparable le dommage doit présenter trois caractères. Le dommage doit être direct, toutefois le dommage par ricochet, qu'il soit matériel ou moral est admis. La personne qui s'en prévaut doit établir que la victime directe lui procurait des ressources et que des liens d'affection les unissaient sans avoir à établir un lien de famille, ce qui permet à la concubine d'obtenir une réparation pour les décès de son concubin. Le dommage doit être certain, actuel ou futur. La jurisprudence a admis la réparation de la perte d'une chance dès lors que celle-ci apparaît suffisamment consistante. Enfin, le dommage doit être légitime ce qui n'est pas le cas par exemple, d'une naissance survenue malgré une interruption volontaire de grossesse.
La responsabilité délictuelle est fondamentalement une responsabilité pour faute mais le code civil a aussi envisagé la responsabilité du fait d'autrui et la responsabilité du fait des choses. Le responsable doit réparer le dommage.

I. *La responsabilité pour faute*

La responsabilité pour faute est exprimée par l'article 1382 du code civil: «Tout fait quelconque de l'homme, qui cause à autrui un dommage, oblige celui par la faute duquel il est arrivé à le réparer». Trois éléments sont traditionnellement nécessaires: un dommage que nous avons déjà examiné parce qu'il est commun à tous les cas de responsabilité, une faute et un lien de causalité entre la faute et le dommage.
La faute est le comportement d'un individu qui ne s'est pas comporté comme «un bon père de famille». Elle est donc appréciée «in abstracto» c'est à dire par rapport à un modèle idéal. La doctrine classique y ajoutait un élément moral mais celui-ci peut être considéré comme abandonné depuis que loi a décidé que «celui qui a commis un dommage à autrui sous l'empire d'un trouble mental n'en est pas moins obligé à réparation»[7] et que la jurisprudence a jugé que l'enfant en bas âge était civilement responsable de ses actes[8].

7 Loi n° 68-5 du 3 janvier 1968 qui insère dans le code civil un article 489-2.
8 Cass. Ass. plén. 9 mai 1984, D.1984 p. 525 concl. *Cabannes*, note *F. Chabas*; JCP 1984, G, II, 20255 note *N. Dejean de la Batie.*

Il est ainsi possible de distinguer nettement entre la faute civile et la faute pénale qui, elle, exige un élément moral pour que puisse être infligé une sanction. Mais tous fait pénalement punissable constitue une faute civile alors que l'inverse n'est pas vrai.
Les fautes retenues sont très variées: elles peuvent résulter de l'inobservation d'un texte exprès ou d'un manquement professionnel, ou d'une abstention, ou d'un abus de droit ou d'un manquement contractuel qui constitue à l'égard des tiers une faute délictuelle. Théoriquement il n'y a pas à rechercher le degré de gravité de la faute mais pratiquement il en est tenu compte au moment de l'évaluation de la réparation.
La victime doit établir un *lien de causalité entre la faute et le dommage*. C'est une question qui a donné lieu à une doctrine abondante qui s'est partagée entre *la théorie de l'équivalence des conditions* qui met sur un même plan toutes les causes qui ont concouru à la réalisation du dommage et *la théorie de la causalité adéquate* qui retient parmi les différentes causes possibles, les seules causes déterminantes du dommage. La jurisprudence se réfère selon les cas à l'une ou l'autre de ces solutions avec une préférence cependant pour la théorie de l'équivalence des conditions.
La force majeure, événement imprévisible et irrésistible enlève à un acte son caractère fautif mais la faute de la victime n'exonère le responsable que partiellement.
Lorsque la faute de plusieurs personnes est à l'origine d'un dommage ces coresponsables sont tenus «in solidum» à l'égard de la victime, c'est à dire qu'elle pourra actionner l'un d'eux pour la réparation intégrale de son préjudice. Celui qui aura payé a la faculté de se retourner contre les coresponsables pour le paiement de leur part.

II. *La responsabilité du fait d'autrui*

La responsabilité du fait d'autrui résultait à l'origine des seuls cas prévus à l'article 1384 du code civil qui dérogeaient au droit commun de la responsabilité pour faute.
La jurisprudence a déduit du premier alinéa de l'article 1384 que ce texte imposait un principe général de responsabilité du fait d'autrui[9] comme elle l'avait déjà fait, il y a un siècle, pour la responsabilité du fait des choses. La responsabilité du fait d'autrui est encourue à partir du seul comportement dommageable d'autrui sans qu'il soit nécessaire de prouver une faute à l'encontre du responsable. Il en est ainsi pour le père et la mère d'un enfant

9 Cass. Ass. plén. 29 mars 1991: D. 1991 p. 324 note *Ch.Larroumet*; JCP 1991, G, II, 21673, concl. *Dontenwille*, note *J. Ghestin*.

mineur à condition qu'ils en aient la garde, que l'enfant cohabite[10] avec eux et que celui-ci soit responsable du dommage causé (c. civ. art.1384 al.4). Les parents ne peuvent s'exonérer de cette responsabilité de plein droit qu'en prouvant la force majeure ou la faute de la victime[11]. Les artisans sont également responsables du fait de leur apprentis dans les mêmes conditions que les parents (c. civ. art.1384 al.6). Il en était de même pour les instituteurs mais la loi du 5 avril 1937 a fait disparaître cette hypothèse, l'Etat prenant en charge cette responsabilité.
Enfin, les maîtres et commettants sont responsables du dommage causé par leurs domestiques et préposés dans les fonctions auxquelles il les ont employés (c. civ. art 1384 al.5). Cette présomption est irréfragable. La responsabilité est mise en jeu dès qu'il existe un lien de subordination, même de fait, entre le préposé et le commettant, le préposé doit avoir commis une faute, il ne peut avoir la qualité de gardien d'une chose qui lui a été confiée pour l'exercice de ces fonctions. Mais les actes qu'il commet en dehors de ses fonctions ou à la suite d'un abus de fonction n'engagent pas la responsabilité du commettant[12]. Le commettant qui a payé peut exercer un recours contre son préposé.

III. *La responsabilité du fait des choses*

Les rédacteurs du code civil n'avaient prévu que deux cas de responsabilité du fait des choses: la responsabilité du fait des animaux (c.civ.art.1385), et la responsabilité du fait des bâtiment qui tombent en ruine (c.civ.art.1386). Mais le développement du machinisme a conduit la jurisprudence à tirer un principe général de responsabilité du fait des choses de l'article 1384 al.1 du code civil qui ne constituait qu'une introduction aux dispositions suivantes et qui énonce qu'«on est responsable non seulement du dommage que l'on cause par son propre fait, mais encore de celui qui est causé par le fait des personnes dont on doit répondre ou des choses que l'on a sous sa garde».
Cette découverte[13] a engendré une jurisprudence extrêmement abondante et a donné lieu à de nombreuses controverses doctrinales. C'est une partie du droit qui paraît passablement confuse. Les accidents d'automobiles ont alimenté largement ce contentieux jusqu'à la loi du 5 juillet 1985[14] qui leur a donné un régime spécifique.

10 Cass. 2ème civ. 19 fév. 1997, *SAMDA:* Gaz. Pal. 1997 p. 575 note *F. Chabas*, consacre une notion de cohabitation juridique abstraite
11 Cass. 2ème civ. 19 fév. 1997, *Bertrand:* JCP 1997, G, II, 22848, concl. *Kessous* et note *G. Viney;* D. 1997 p. 265 note *P. Jourdain.*
12 Cass. Ass. plén.17 juin 1983: JCP 1983, G, II, 20120 concl. *Sadon.*
13 Cass. Civ. 16 juin 1896: D.1897. I p.433 concl. *Sarrut*, note *R. Salleilles.*
14 L. n° 85-677, 5 juill. 1985: JO 6 juill. 1985.

Les deux éléments permettant la mise en jeu de la présomption de responsabilité, le fait de la chose et la désignation du gardien ont donné lieu a une interprétation évolutive.

1. *Le fait de la chose*

La jurisprudence a retenu le fait de n'importe quelle chose: meuble ou immeuble, chose dangereuse ou non, chose inerte ou en mouvement. Elle a refusé la distinction entre la chose indépendante et la chose actionnée par la main de l'homme, dans les deux cas la présomption joue[15]. Il faut bien sûr qu'il y ait un lien de causalité entre le fait de la chose et le dommage subi par la victime mais il n'est pas nécessaire que la chose soit entrée en contact avec la personne ou la chose subissant le dommage. Toutefois cette distinction trouve un intérêt sur le plan de la preuve du rôle causal de l'intervention de la chose. Lorsque la chose était inerte ou qu'elle n'est pas entrée en contact avec la victime, celle-ci devra prouver le caractère anormal de la chose ou le fait que la chose a entraîné le dommage. En revanche lorsque la chose était en mouvement et est entrée en contact avec la victime ou l'objet du dommage, il y a une présomption de causalité qui bénéficie à la victime.

2. *Le gardien*

Le gardien a été défini par la jurisprudence comme celui qui détient «l'usage, la direction et le contrôle de la chose[16]». Mais le détenteur de la chose n'est pas toujours reconnu comme le gardien, il en est ainsi du préposé qui ne peut être gardien car il n'a la détention de la chose que sous la direction de son commettant. En revanche l'enfant en bas âge ou le dément peuvent avoir la qualité de gardien. Cette qualité s'apprécie au moment du dommage. D'une façon générale c'est le propriétaire de la chose qui est présumé en être le gardien mais il peut renverser cette présomption en prouvant qu'il avait perdu la maîtrise de la chose à la suite d'un vol ou d'un prêt, par exemple. On admet la pluralité de gardiens qui ont une garde en commun de la chose (joueurs de ballon, chasseurs . . .) et même le fractionnement de la garde qui peut se diviser en garde de la structure et garde du comportement notamment pour les choses dangereuses ce qui permet de mettre en cause la responsabilité du fabricant.

15 Cass. Ch. réunies 13 fév.1930, *Jand'heur:* D. 1930. I, p. 57 note *G. Ripert.*
16 Cass. Ch. réunies, 2 déc.1941, *Franck:* D.C.1942 p. 25 note *G. Ripert;* S. 1941. I. p. 217 note *H. Mazeaud.*

Ces diverses solutions traduisent les subtilités de la jurisprudence animée surtout par le désir de permettre à la victime d'obtenir une réparation et renforcée par le développement des assurances.
La présomption de responsabilité posée à l'encontre du gardien ne peut être combattue par celui-ci que s'il prouve la force majeure c'est à dire un fait extérieur à la chose, imprévisible et irrésistible. La faute de la victime qui a concouru à son dommage n'entraîne qu'une exonération partielle du gardien, enfin le fait d'un tiers revêt soit les caractères de la force majeure, soit entraîne un partage de la responsabilité.
En dehors de la présomption de l'article 1384 al.1, des textes spécifiques ont posé des règles particulières en matière de responsabilité du fait des choses, outre les articles 1385 et 1386 du code civil déjà mentionnés, on peut citer la loi sur la réparation des accidents du travail du 6 avril 1898, la loi du 7 novembre 1922 qui a rajouté un alinéa à l'article 1384 pour les dommages causés par l'incendie de la chose, le code de l'aviation civile (art.L. 141-2-) pour les dommages causés par les avions, la loi du 30 octobre 1968 relatif aux accidents d'origine nucléaire, la loi du 5 juillet 1985 pour la réparation des accidents de la circulation, la loi du 19 mai 1998 sur la responsabilité du fait des produits défectueux (c. civ. art. 1386-1 à 1386-18).

3. *Les accidents de la circulation*

La loi du 5 juillet 1985 donne à la victime un droit à réparation dès lors qu'un véhicule terrestre à moteur est «impliqué» dans l'accident. Cette notion d'implication a déjà donné lieu à une jurisprudence abondante pour déterminer dans quelles circonstances un véhicule est impliqué ou non, soit dans l'accident, soit dans le dommage. L'action en réparation est exercée contre le gardien du véhicule, tel qu'il est déterminé par la jurisprudence sur l'article 1384 al.1.
Les causes d'exonérations varient, ainsi pour les dommages matériels subis par la victime, la faute de celle-ci exonère totalement ou partiellement le gardien; pour les dommages corporels subis par les non conducteurs âgés de 16 à 70 ans le gardien n'est exonéré que s'ils ont commis une faute inexcusable qui est la cause exclusive du dommage; pour les dommages corporels subis par des non conducteurs de moins de 16 ans et de plus de 70 ans le gardien ne peut s'exonérer que s'ils ont commis une faute intentionnelle. Les victimes par ricochet sont dans la même situation que la victime principale et il ne peut leur être opposé que les causes d'exonération qui auraient pu être opposées à la victime directe.

4. *Les produits défectueux*

La loi du19 mai 1998[17] pose le principe de la responsabilité de plein droit du producteur professionnel d'un produit défectueux, mis en circulation, qui a causé un dommage sauf dans les cas prévus à l'article 1386-11 du code civil. Elle interdit les clauses visant à écarter ou à limiter la responsabilité. La responsabilité du producteur peut être limitée ou supprimée lorsque le dommage a été causé conjointement par un défaut du produit et par la faute de la victime ou d'une personne dont la victime est responsable. La victime doit prouver le dommage, le défaut et le lien de causalité entre le défaut et le dommage. La responsabilité du producteur cesse dix ans après la mise en circulation du produit.

IV. *La réparation du dommage*

La réparation doit être fondée sur la *gravité du dommage* subi par la victime sans tenir compte du degré de gravité de la faute à l'origine du dommage. Ce principe est toutefois tempéré par le pouvoir d'appréciation étendu qui est laissé aux tribunaux. Néanmoins, les parties ont toujours la faculté de fixer amiablement le montant de la réparation par une «transaction».
La réparation se fait soit en nature, soit le plus souvent en argent sous la forme de dommages-intérêts. L'évaluation de ceux-ci se fait en principe au jour de la réparation pour éviter que la dépréciation monétaire ne préjudicie à la victime. La réparation peut résulter du versement d'un capital ou d'une rente susceptible d'être indexée, sauf en cas d'accident de la circulation où elle est revalorisée régulièrement par le législateur comme en matière d'accident du travail. *L'action en réparation est ouverte* au demandeur qui «justifie de la lésion d'un intérêt légitime juridiquement protégé» c'est à dire à la victime et à ses héritiers, aux assureurs et autres organismes subrogés dans les droits de la victime, à certains groupements pour la défense d'intérêts collectifs (par exemple une association de consommateurs) mais le principe de la «class action» pour les multiples victimes d'un même dommage n'a pas reçu application en France en raison de l'exigence de la personnalité juridique pour ester en justice. La réparation est due par le responsable ou ses héritiers mais elle peut être due par l'assureur de l'auteur du dommage à la suite de l'action directe de la victime. Lorsque l'auteur du dommage est insolvable et non assuré certains organismes lui sont substitués, le Fonds de garantie automobile créé en 1951 ou le Fonds de garantie pour les victimes d'actes de terrorisme institué en 1990.

17 L. n° 98-389, 19 mai 1998: JO 21 mai 1998. Cette loi transpose la directive communautaire du 25 juillet 1985 sur la responsabilité du fait des produits.

L'action en réparation est portée *devant les tribunaux civils* (tribunal d'instance, de grande instance ou tribunal de commerce) dans un délai de dix ans à compter du dommage mais elle peut l'être *devant les tribunaux répressif* où la victime se constitue partie civile, lorsque le dommage découle d'une infraction pénale, le délai de prescription est alors celui du droit pénal. La victime a le choix entre le tribunal civil et le tribunal répressif mais son choix est irrévocable. Le juge pénal a compétence pour accorder des dommages-intérêts. Dans l'hypothèse où le tribunal civil est saisi parallèlement au juge pénal, il doit surseoir à statuer en application de la règle «le criminel tient le civil en l'état». Si une décision pénale est déjà intervenue le juge civil ne doit pas se mettre en contradiction avec elle car elle a autorité absolue de chose jugée en ce qui concerne le fondement de la solution pénale, c'est à dire l'existence ou non d'une faute. Mais il a la liberté de statuer sur la responsabilité fondée sur un autre motif, par exemple sur l'article 1384 du code civil.

4.3.3. *Le transfert des obligations*

Le transfert d'une obligation peut être réalisé soit par un changement de créancier, soit par un changement de débiteur.

A. *Le changement de créancier*

Le changement de créancier prend la forme de la subrogation ou de la cession de créance qui sont des institutions assez proches. Elles permettent de donner une garantie et de se procurer du crédit.

I. *La subrogation*

La subrogation réalise une substitution de personne (subrogation personnelle) ou de chose (subrogation réelle) dans une situation de droit (c. civ. art. 1249 s.). Seule la subrogation personnelle a été réglementée par le code civil. La personne qui paie à la place du débiteur est subrogée dans les droits du créancier, c'est à dire qu'elle va bénéficier des mêmes garanties pour récupérer le montant de sa créance et le débiteur pourra lui opposer les mêmes moyens que ceux dont il disposait à l'encontre du premier créancier. Elle intervient lors du paiement d'une créance et résulte soit de la loi, soit d'une convention avec le créancier qui donne lieu à la rédaction d'un écrit préalable au paiement.
C'est sur ce procédé que se fonde le contrat d'affacturage.

II. *La cession de créance*

La cession de créance est une vente de la créance qui opère un changement de créancier. Elle est possible pour toutes les créances échues ou non, dès lors qu'elles sont cessibles, ce qui exclut les créances alimentaires. La cession se fait à un prix inférieur au montant de la créance, la différence représentant la rémunération du cessionnaire (personne à laquelle la créance est cédée) soit pour l'avance de fond qu'il permet, soit pour les risques qu'il encourt lors du paiement de la créance. La cession de créance doit faire l'objet d'une signification par acte d'huissier au débiteur cédé afin de l'informer du changement de créancier (c. civ. art. 1690). La cession de créance est simplifiée en droit commercial pour les titres négociables et les cession de créances professionnelles à un établissement de crédit (Loi Dailly du 2 janvier 1981).

B. *Le changement de débiteur*

Le changement de débiteur résulte de la délégation.
La délégation est une opération par laquelle le débiteur délègue au créancier, un tiers qui reprend la dette à son compte. Elle n'est valable que si le créancier y consent. La délégation est parfaite si elle libère le débiteur originaire, elle est imparfaite si le créancier ne déclare pas expressément décharger le débiteur qui reste tenu de la dette. La délégation joue dans ce cas un rôle de garantie.

4.3.4. *L'extinction des obligations*

L'extinction des obligations résulte essentiellement de leur exécution, il y a toutefois des cas dans lesquels les obligations s'éteignent sans avoir été exécutées.

A. *L'extinction des obligations par leur exécution*

L'exécution des obligations s'opère par le paiement, terme qui ne vise pas uniquement un versement d'argent mais toutes les modalités d'exécution des obligations. Il peut être volontaire et direct ou indirect.

I. *Le paiement volontaire*

Le paiement volontaire est le fait du débiteur lui-même ou d'un tiers. Considéré comme un acte juridique le paiement doit être exécuté par une personne ayant la capacité nécessaire. Cette capacité varie selon que c'est le débiteur qui paie, la capacité de faire des actes d'administration suffit, alors que si le

paiement est effectué par un tiers il doit avoir la capacité de disposer et parfois de disposer à titre gratuit.
De même le créancier, qui seul ou par son mandataire peut recevoir le paiement, doit avoir la capacité de faire des actes de disposition.
Le paiement doit être effectué dès que la dette est exigible, si le paiement est retardé le débiteur d'une somme d'argent doit payer des intérêts de retard, intérêts légaux, dont le taux est fixé chaque année par décret (3,36% en 1998). Ils ne sont dus qu'à compter de la mise en demeure faite au débiteur de payer.
Les dettes sont quérables c'est à dire que le créancier doit venir «quérir» son dû au domicile du débiteur pour les sommes d'argent et au lieu où se trouve la chose pour les obligations de donner. Ce principe connaît une exception en matière de dettes d'aliments où le débiteur doit «porter» le paiement chez le créancier.
Le paiement d'une somme d'argent doit se faire en billets de banque, les autres moyens de paiement sont facultatifs (chèques, virements, cartes bancaires, prélèvements) et le créancier peut les refuser sauf lorsque la loi, dans un souci fiscal, impose l'utilisation de ces autres moyens (paiement des salaires excédant 10 000 F:1524, 39 euros, par mois, par exemple).
La preuve du paiement est à la charge du débiteur, elle résulte d'un écrit émanant du créancier (reçu ou quittance) qui reste utile même en cas de paiement par une opération bancaire.
En cas de pluralité de dettes à l'égard d'un même créancier, le débiteur choisit la dette qu'il entend acquitter.

II. *Les moyens indirects de paiement*

Le paiement peut être indirect et résulter soit d'une compensation, soit d'une novation, soit d'une dation en paiement.

1. *La compensation*

Il y a compensation lorsque deux parties sont réciproquement créancières l'une de l'autre et que leur deux dettes s'éteignent à concurrence de la plus faible. La compensation légale prévue par les articles 1289 et suivants du code civil, s'opère de plein droit si cinq conditions sont réunies: il doit exister des dettes réciproques, celles-ci doivent être fongibles c'est à dire de même nature, liquides c'est à dire que le montant doit être déterminé, exigibles, et disponibles, la compensation est impossible pour les créances insaisissables (créances d'aliments). Lorsque ces conditions ne sont pas réunies, les parties restent libres de convenir de la compensation et d'en fixer les modalités à condition qu'elles aient la capacité de faire des actes de disposition. Le juge peut également décider de la compensation si celle-ci apparaît comme une protection de l'une des parties dans l'hypothèse où les dettes sont connexes et ne sont pas encore liquides.

2. *La novation*

La novation est l'extinction d'une obligation par la création d'une obligation nouvelle qui la remplace. Il peut s'agir d'un changement de débiteur (délégation), d'un changement de créancier ou d'un changement d'objet. Elle résulte toujours d'une convention entre toutes les parties intéressées.
La novation n'est réalisée que si la nouvelle obligation, comme l'obligation initiale, est valable. Les délais et les sûretés dont pouvait être affectée l'obligation initiale sont éteints.

3. *La dation en paiement*

La dation en paiement consiste à donner en paiement au créancier autre chose que ce qui avait été convenu: un bien (des œuvres d'art, par exemple) à la place d'une somme d'argent ou l'inverse. Elle nécessite une convention entre les parties. Sa nature juridique participe à la fois de la novation et du paiement ce qui explique que les conditions de l'un et de l'autre doivent être respectées.

B. *L'extinction des obligations en l'absence d'exécution*

Il est des cas dans lesquels l'obligation s'éteint sans avoir été exécutée, tel est le cas dans quatre situations.
– *La prescription* empêche le créancier de pouvoir intenter une action en exécution contre son débiteur (V.supra 4.2.2.).
– *La confusion* résulte de la réunion dans la même personne de la qualité de créancier et de débiteur, par exemple en cas de succession.
– *La renonciation à la dette ou la remise de dette* de la part du créancier dispense le débiteur d'exécuter son obligation. Elle constitue une libéralité nécessitant de son auteur la capacité de disposer à titre gratuit. La preuve en est faite selon les modes de preuves de droit commun mais elle peut aussi être présumée si le créancier a remis au débiteur son titre de créance.
– Enfin la *«faillite»* du débiteur entraîne l'inexécution de son obligation soit parce que le créancier n'a pas produit en temps utile au redressement ou à la liquidation judiciaire, soit parce qu'il a renoncé à sa créance lors de l'élaboration d'un plan de redressement de l'entreprise, soit enfin parce que l'actif a été insuffisant pour que le créancier soit dédommagé. La clôture des opérations de liquidation emporte extinction des créances sauf en cas de fraude et d'obligations résultant de condamnations pénales ou attachées à la personne.

4.4. *Le régime de quelques contrats spéciaux*

Sans passer en revue tous les contrats visés par le code civil, il suffit de s'arrêter aux principaux d'entre eux: le contrat de vente, le contrat de bail, le contrat d'entreprise, et la donation, nous y ajouteront un contrat récemment réglementé et qui présente une certaine importance en pratique, le contrat entre touristes et agences de voyages. Il faudra enfin, mentionner les mesures prises pour protéger les consommateurs.

4.4.1. *Le contrat de vente*

La vente se définit (c.civ.art.1582) comme une convention par laquelle l'un des contractant s'oblige à livrer une chose et l'autre à la payer (en argent).
La vente porte en réalité sur le droit dont la chose est l'objet. Cette chose doit être dans le commerce juridique, c'est à dire que sa vente ne doit pas être interdite (drogue, organes humains . . .), elle doit être déterminée ou déterminable.
La vente n'est valable que si le vendeur est titulaire d'un droit de propriété sur cette chose, la vente de la chose d'autrui est nulle.
La vente implique nécessairement qu'un prix réel et sérieux ait été prévu par les parties, qu'il soit déterminé ou déterminable, à condition dans ce cas, que les éléments de références soient suffisamment précis et que ces référence soient extérieures aux parties.
Sauf lorsque le prix est dérisoire, le juge ne peut modifier le prix prévu qui résulte de la liberté contractuelle des parties. Toutefois des exceptions sont apportées à ce principe par quelques textes notamment par l'article 1674 du code civil qui prévoit que si le vendeur a été lésé de plus de 7/12° dans le prix d'un immeuble il a le droit de demander la rescision (nullité) de la vente mais l'acheteur a la faculté de payer un supplément de prix. L'article L.131-5 du code de la propriété intellectuelle organise la révision du contrat de cession de droits d'auteurs si l'auteur subi une lésion de plus des 7/12°. La législation économique interdit d'une façon plus générale au commerçant la revente à perte sous réserve d'un certain nombre d'exceptions (produits périssables, soldes . . .)

A. *La formation de la vente*

La formation de la vente obéit au *principe de l'autonomie de la volonté*: les parties sont libres de contracter avec la personne de leur choix. Si tel est le principe il rencontre des limitations résultant tant des restrictions apportées au droit de vendre ou d'acheter: incapacités, inaliénabilité du bien, ou impossibi-

lité d'opposer un refus de vente pour les commerçants, qu'au libre choix du cocontractant lorsque le contractant se trouve lié par un pacte de préférence ou une clause d'exclusivité ou qu'une clause d'agrément ou l'exercice d'un droit de préemption opère une substitution dans la personne du cocontractant.
La vente est parfaite entre les parties dès que les parties sont convenues de la chose et du prix quoique la chose n'ait pas encore été livrée, ni le prix payé (c.civ.art.1583). La formation instantanée du contrat de vente est cependant parfois retardée en cas de promesse de vente ou d'achat. Il faut alors distinguer entre la *promesse unilatérale* qui laisse au bénéficiaire une option pour contracter ou non, et seule la levée de l'option donne naissance au contrat, et la *promesse synallagmatique* émanant des deux contractants. Cette dernière promesse de vente vaut vente, elle consacre le consentement des parties à l'acte, elle est utilisée lorsque des formalités parfois longues sont exigées ce qui est le cas en matière de vente immobilière. Les conditions de formation de la promesse de vente sont les mêmes que celles de la vente.
La vente peut aussi être assortie de conditions suspensives, par exemple l'obtention d'un prêt pour les ventes d'immeubles, ou de conditions résolutoires.
Les contractants ont aussi la faculté de prévoir un droit de repentir permettant à l'un ou aux deux parties de renoncer à la vente dans un délai déterminé.
Le principe du consensualisme est également battu en brèche par l'exigence de certaines formes. Ainsi le législateur impose la rédaction d'un écrit pour certains contrats (vente de navires, cession de brevets ou de marques), ou il exige des mentions obligatoires ce qui implique la rédaction d'un écrit pour la vente de fonds de commerce, ou encore un acte notarié (vente d'immeuble à construire). Ces conditions sont nécessaires à la validité de la vente.
A ces exigences s'ajoutent aussi *les règles de preuve* qui, en matière civile, imposent un écrit pour toutes ventes dont le montant est supérieur à 5 000 F. De même le respect des règles de publicité entraînent la rédaction d'un écrit et parfois même d'un acte notarié, en matière immobilière. Il ne s'agit plus dans ces deux cas de conditions nécessaires à la validité du contrat mais de procédés de preuve ou d'opposabilité aux tiers.

B. *Les effets de la vente*

La vente opère un transfert de propriété et crée des obligations à la charge de l'acheteur et du vendeur.

I. *Le transfert de propriété*

La vente, en droit français, entraîne automatiquement le transfert de propriété de la chose du vendeur à l'acheteur sans qu'il soit nécessaire de procéder à une autre formalité.

Quelques exceptions à ce principe sont apportées pour la vente des choses de genre (par exemple: blé, charbon, pommes de terre . . .) le transfert de propriété est lié à leur individualisation, ou pour la vente de chose future, la propriété n'est transmise qu'au moment de l'achèvement de la chose.
Le transfert de propriété suit le sort du contrat et si ce dernier est annulé, le transfert de propriété est également annulé.
C'est le *propriétaire* qui supporte les *risques de la chose* d'où l'importance du moment du transfert de propriété. Les parties sont libres de modifier le moment du transfert de propriété, dans les ventes sous condition suspensive ou dans les ventes avec réserve de propriété, ou de dissocier le transfert de propriété et le transfert des risques. Mais la loi impose au vendeur la charge des risques lorsqu'il a été mis en demeure de délivrer la chose (c.civ.-art.1138).
A l'égard des tiers la vente vaut titre de propriété, elle leur est opposable.
En ce qui concerne *les ayants cause du vendeur*, la vente leur est opposable lorsque la publicité en a été effectuée pour les immeubles et les biens incorporels (brevets, marques, dessins et modèles, fonds de commerce . . .) ou lorsque la mise en possession a été réalisée pour les meubles.
Quant aux *ayants causes de l'acheteur* l'annulation de la vente leur est opposable et ils peuvent donc être l'objet d'une action en revendication puisqu'ils ont acquis d'une personne qui n'était pas propriétaire. Toutefois si le sous-acquéreur était de bonne foi, il peut trouver une protection dans la théorie de l'apparence ou dans la règle de l'article 2279 du code civil aux termes de laquelle: «en fait de meuble la possession vaut titre».

II. *Les obligations de l'acheteur*

L'acheteur a une obligation principale et des obligations accessoires prévues par la loi ou les parties elles – même.
L'acheteur doit payer le prix convenu qui devient exigible au moment de la délivrance de la chose sauf clause contraire. Si le paiement a lieu en France il ne peut être fait qu'en francs ou en euros. Pour garantir le paiement, le vendeur dispose du *droit de rétention*, il retient la chose jusqu'au paiement, il bénéficie également du *privilège du vendeur* qui lui donne le droit d'être payé avant certains autres créanciers, il peut aussi avoir stipulé une clause de *réserve de propriété* qui lui conserve la propriété de la chose jusqu'à son entier paiement et lui permet à certaines conditions de revendiquer la chose en cas de faillite de l'acheteur, enfin *l'action résolutoire* lui est ouverte en cas d'absence de paiement.
Outre l'obligation de paiement, *les frais d'actes* et autres accessoires sont à la charge de l'acheteur ainsi que l'obligation de prendre livraison de la chose.

S'il ne s'acquitte pas de cette dernière obligation dans les délais prévus, la vente est résolue de plein droit (c.civ.art.1657).

III. *Les obligations du vendeur*

Le vendeur a deux obligations principales l'obligation de délivrer et l'obligation de garantir la chose qu'il vend. *L'obligation de délivrance* consiste à laisser la chose vendue à la disposition de l'acheteur afin que celui-ci vienne en prendre livraison. Cette chose doit être conforme à celle qui était prévue au contrat et comporter ses accessoires matériels (par exemple: roue de secours pour une automobile), administratifs (par exemple: une carte grise pour une voiture) ou juridiques (par exemple: un contrat d'assurance).
La jurisprudence a récemment tiré de l'obligation de bonne foi dans l'exécution des contrats (c.civ.art.1134 al.3) trois obligations auxquelles le vendeur doit se conformer: une obligation de renseignement, une obligation de conseil et une obligation de sécurité indépendante de toute idée de vice caché et qui pèse non seulement sur le fabricant mais aussi sur le revendeur.
L'obligation de garantie couvre la garantie d'éviction et la garantie contre les vices cachés de la chose.
Par *la garantie d'éviction* le vendeur assure à l'acheteur une protection contre tout trouble dans la jouissance de sa propriété émanant de son fait ou de l'exercice d'un droit extérieur à la vente.
Il garantit également l'acheteur contre l'éviction par un tiers pour des motifs juridiques, par exemple, par un tiers qui se prétend propriétaire, ou qui dispose d'un droit sur une fraction du bien vendu. Le jeu de la garantie entraîne pour le vendeur la restitution du prix, le remboursement éventuel des fruits qui doivent être rendus aux tiers, les frais de vente et les frais de justice, enfin des dommages-intérêts.
A l'exception des ventes faites par autorité de justice, des ventes aléatoires et des ventes spécialement réglementées, le vendeur a l'obligation de garantir l'acheteur contre *les vices cachés.* Jusqu'à la naissance du droit de la consommation, les parties pouvaient écarter l'obligation de garantie à condition que le vendeur soit de bonne foi mais la jurisprudence depuis une trentaine d'années estime que «le vendeur professionnel ne peut pas ignorer les vices de la chose ou est tenu de les connaître». Elle refuse en conséquence d'admettre la validité des clauses de non garantie ou des clauses limitant la garantie. Cette solution a été consacrée par le législateur dans les ventes entre professionnels et consommateurs (Loi du 10 janvier 1978). La clause reste actuellement possible si le vendeur n'est pas professionnel ou si la vente est faite à un professionnel de la même spécialité.
Il y a lieu à garantie lorsque le vice caché rend la chose impropre à l'usage auquel on la destine ou diminue notablement cet usage. Dans le premier cas la

vente sera résolue, dans le second, l'acheteur a le choix entre demander la résolution ou la réduction du prix.
Le vice doit être antérieur à la livraison, il doit consister en un défaut de la chose et être caché. Ce caractère s'apprécie plus restrictivement à l'égard d'un acheteur professionnel que d'un acheteur profane.
L'action résultant des vices cachés doit être intentée dans un bref délai indique l'article 1648 du code civil sans pour autant préciser la durée de ce délai laissée à l'appréciation des juges du fond qui retiennent en moyenne un délai inférieur à neuf mois. Le délai ne court qu'à partir du moment de la découverte du vice.
L'action est intentée contre le vendeur qui peut exercer une action récursoire contre son propre vendeur ou l'appeler en garantie dans le procès qui l'oppose à l'acheteur. Celui-ci dispose d'une action directe contre le vendeur de son vendeur.
Il y a résolution de la vente ou réduction du prix. Il peut s'y ajouter des dommages-intérêts si le vendeur de mauvaise foi a commis une faute.

4.4.2. *Le contrat de bail*

Le bail est un contrat de location d'une chose, les règles générales en ont été posées par le code civil mais à côté de ces règles de droit commun, il existe des règles spécifiques pour les baux d'habitation, les baux commerciaux et les baux ruraux.
Le contrat de bail est un contrat consensuel et l'exigence d'un écrit (c.civ.art.1715) n'est qu'une condition de preuve et non de validité. Il n'est soumis à aucune exigence de publicité.
Le bail donne au preneur le droit de jouir de la chose selon l'usage convenu par le contrat. Il peut être conclu pour une durée déterminée qui ne peut être supérieure à 99 ans ou pour une durée indéterminée. Le loyer, nécessaire à la validité du contrat, doit être déterminé et réel.
La bail est en général consenti par le propriétaire de la chose mais, à la différence de la vente, le bail de la chose d'autrui est possible bien qu'il ne soit pas opposable au propriétaire de la chose.
Le contrat de bail impose au bailleur de mettre la chose à la disposition du locataire, de lui en assurer une jouissance paisible et de le garantir contre les troubles de jouissance soit de son fait, soit du fait d'un tiers. Ces obligation impliquent aussi que le bailleur soit tenu d'une obligation de prudence et de conseil, d'une obligation de sécurité, d'une obligation d'entretien, pour les grosses réparations. Cette dernière obligation n'est cependant pas d'ordre public et peut être mise à la charge du preneur.

L'article 1721 du code civil édicte à la charge du bailleur une obligation de garantie contre les vices cachés de la chose. Cette obligation se différencie de la garantie en matière de vente car le vice n'a pas besoin d'être antérieur au contrat. La garantie est, par ailleurs, plus sévère puisque le bailleur doit répondre de toutes les conséquences des vices cachés et le bailleur n'est libéré qu'en cas de force majeure.
Le locataire est tenu au paiement du loyer aux termes convenus. Il doit faire un bon usage de la chose et se comporter en «bon père de famille», c'est à dire respecter la destination prévue par le contrat et respecter la substance de la chose. Il lui est, en conséquence, interdit d'apporter toute modification à la chose et la réalisation de travaux nécessite l'autorisation du bailleur. Il doit conserver la chose afin de la restituer en fin de contrat, ce qui l'autorise à effectuer les petites réparations utiles à la conservation de la chose.
L'inexécution de ses obligations par le locataire peut entraîner la résiliation du bail auquel il est donc mis fin pour l'avenir.
Le contrat de bail est transmis aux héritiers du bailleur ainsi qu'au nouveau propriétaire en cas de cession de la chose par le bailleur.
La cession du bail par le locataire à un tiers est en principe permise à condition d'être signifiée au bailleur. Quant à la sous-location, si elle est permise dans le contrat, elle peut être subordonnée à l'agrément du bailleur qui dispose, par ailleurs, d'une action directe contre le sous-locataire pour le paiement des loyers mais sa demande est limitée au montant du loyer de la sous-location.
Le contrat de bail prend fin par l'arrivée du terme lorsqu'il est à durée déterminée. Il peut être renouvelé par tacite reconduction et devient alors un bail à durée indéterminée. Il peut être interrompu par une résiliation anticipée pour faute du locataire prononcée par le juge, ou découlant d'une clause du contrat. Il est mis fin au bail à durée indéterminée par la résiliation unilatérale du bailleur ou du locataire (congé) à condition de respecter un certain délai.
Les baux d'habitation ont fait l'objet de nombreuses lois, la plus connue est la loi du 1er septembre 1948, qui pour lutter contre la crise du logement consécutive à la guerre, élabora une tarification des loyers et instaura un droit au maintien dans les lieux après l'expiration du bail. Ces règles ne s'appliquaient qu'aux immeubles construits avant 1948.
Des lois plus récentes en 1982, 1986 et 1989 ont voulu institué un statut général du bail d'habitation, elles limitent les loyers, elles exigent que le bail ait une durée minimale, elles prévoient un droit au renouvellement et un droit de préemption au profit du locataire en cas de vente de son appartement.
Les baux commerciaux sont régis par le décret du 30 septembre 1953 qui impose que le contrat soit conclu pour neuf ans au moins, cette durée s'impose au bailleur mais pas au locataire qui peut donner congé à l'expiration de chaque période triennale. A l'expiration du bail le locataire a droit au renou-

vellement de son bail ou à une indemnité d'éviction. Celle-ci est en principe égale à la valeur du fonds de commerce. Contrairement au droit commun la destination des lieux peut être modifiée par une déspécialisation partielle ou totale qui permet une révision du loyer. Le loyer est aussi susceptible d'être révisé à l'expiration de chaque période triennale, il peut l'être également par le juge lorsque en raison de l'indexation son montant a varié de 25% par rapport à son montant initial.
Les baux ruraux ont été réglementés en 1947 dans un but de protection du preneur et de contrôle des prix. Ils sont conclus pour une durée minimale de neuf ans et les possibilités de résiliation sont limitées. Le preneur a un droit de renouvellement et droit de préemption en cas de vente.

4.4.3. *Le contrat d'entreprise*

Le contrat d'entreprise est la convention par laquelle une personne s'oblige, contre une rémunération, à exécuter pour l'autre partie un travail déterminé, sans la représenter et de façon indépendante. Il concerne les prestations de service et se caractérise par une obligation de faire.
Le contrat d'entreprise est le plus souvent conclu avec un professionnel, l'entrepreneur, et un client appelé maître de l'ouvrage. C'est un contrat consensuel soumis à aucune formalité, toutefois dans un but de protection du consommateur un écrit est souvent exigé à titre de preuve, parfois même comme condition de validité pour le contrat de construction de maison individuelle, par exemple. Contrairement au droit de la vente le contrat d'entreprise ne nécessite pas qu'un prix soit déterminé à l'avance toutefois le droit de la consommation impose une obligation d'information par l'affichage des prix pour certaines prestations.
L'entrepreneur doit exécuter la prestation personnellement mais lorsque le contrat n'est pas conclu «intuitu personae» il a la faculté de recourir à la sous-traitance. Un délai d'exécution *peut* être prévu dans le contrat, il *doit* l'être pour certains contrats conclus par les consommateurs.
En cas d'inexécution le juge a la possibilité de contraindre l'entrepreneur à exécuter au moyen d'une astreinte et le maître de l'ouvrage peut se faire autoriser par le juge à recourir à une exécution par remplacement.
La responsabilité de l'entrepreneur est fondée soit sur l'inexécution d'une obligation de moyen, notamment pour les prestations intellectuelles, soit d'une obligation, le plus souvent, de résultat lorsque le travail porte sur une chose. Il peut cependant s'exonérer en prouvant qu'il a respecté toutes les règles de l'art dans l'accomplissement de son travail.
L'entrepreneur a aussi un devoir de conseil, une obligation de sécurité et des obligations de prudence et de surveillance.

Le maître de l'ouvrage doit payer le prix du contrat fixé par les parties soit dans le contrat, soit à partir d'un devis, ou d'un tarif, soit même après l'exécution de la prestation pour les professions libérales. Les honoraires excessifs peuvent toutefois être réduits par le juge.
Le prix est exigible après l'achèvement des travaux constaté par leur réception.
Le maître de l'ouvrage a, en outre, une obligation de coopération avec l'entrepreneur, une obligation de prendre livraison et une obligation de réceptionner les travaux ce qui emporte le transfert des risques à sa charge. La réception peut s'accompagner de réserves. Il doit, enfin, respecter, les droits incorporels de l'entrepreneur.
Le contrat d'entreprise s'achève par son exécution, par le décès de l'entrepreneur si le contrat a été conclu «intuitu personae», par l'ouverture d'une procédure collective à l'encontre de l'une des parties au contrat, par la résolution ou la résiliation pour inexécution ou encore par perte de la chose.
La sous-traitance a été réglementée par la loi du 31 décembre 1975[18]. C'est l'opération par laquelle un entrepreneur confie par un sous-traité, et sous sa responsabilité, à une autre personne appelée sous-traitant tout ou partie de l'exécution du contrat d'entreprise ou du marché public conclu avec le maître de l'ouvrage. Le contrat de sous-traitance est subordonné à l'accord du maître de l'ouvrage en ce qui concerne la personne du sous-traitant et les conditions de paiement et à la constitution par l'entrepreneur d'une caution solidaire d'un établissement de crédit garantissant le paiement du sous-traitant. Cette dernière obligation est rarement respectée. Le sous-traitant doit normalement être payé par l'entrepreneur mais il dispose d'une action directe contre le maître de l'ouvrage. Ce dernier n'est tenu que dans la limite de ce qu'il doit encore à l'entrepreneur. Le sous-traitant engage sa responsabilité contractuelle à l'égard de l'entrepreneur mais le maître de l'ouvrage ne peut invoquer que sa responsabilité délictuelle et doit donc prouver l'existence d'une faute[19].
Le contrat d'entreprise de construction fait l'objet de dispositions particulières en matière de prix et de garantie.
Lorsque le prix est forfaitaire, la commande de travail supplémentaire n'entraîne un supplément de prix que s'il s'agit de la construction d'un bâtiment sur un sol appartenant au maître de l'ouvrage. Les travaux supplémentaires doivent être prévus par écrits et leurs prix être précisé. A défaut de remplir ces conditions les travaux supplémentaires ne pourront être payés à moins que le maître de l'ouvrage ne décide de le faire bien qu'il n'y soit pas légalement tenu.

18 L. n° 75-1334, 31 déc. 1975: JO 3 janv. 1976.
19 Cass. Ass. plén. 12 juill. 1991: D. 1991 p. 549 note *J. Ghestin*.

Par ailleurs, la loi du 4 janvier 1978, organise une garantie de parfait achèvement à la charge de l'entrepreneur (c. civ. art. 1792-6). Si au moment de la réception de l'ouvrage des réserves sont émises ou si des désordres se révèlent dans l'année qui suit, le maître de l'ouvrage met l'entrepreneur en demeure d'y remédier. Celui-ci dispose d'un délai de 90 ou 60 jours pour le faire, passé ce délai le maître de l'ouvrage peut y faire procéder par un tiers aux frais de l'entrepreneur.
Les constructeurs sont tenus d'une garantie de dix ans pour les dommages résultant de vices cachés qui compromettent la solidité de l'ouvrage ou qui le rendent impropre à sa destination et d'une garantie de deux ans pour les vices cachés affectant les éléments d'équipement.

4.4.4. *Le mandat*

Le mandat est le contrat par lequel une personne, le mandant, donne à une autre personne, le mandataire, le pouvoir de conclure des actes juridiques en son nom.
Le mandant doit avoir la capacité de réaliser l'acte pour lequel il donne mandat alors que l'incapacité du mandataire est indifférente. L'objet du mandat doit être déterminé. Le mandat est en principe gratuit mais les parties sont libres d'en décider autrement notamment lorsque le mandataire agit à titre professionnel.
Le mandat est un contrat consensuel qui se forme par la rencontre des consentements. Toutefois certains mandats sont soumis à l'exigence d'un écrit sous seing privé (mandat des agents immobiliers, des agents commerciaux ou des agences de publicité) ou à un acte notarié lorsque l'acte pour lequel le mandat est donné est soumis à cette formalité.
La preuve du mandat obéit au droit commun de la preuve avec cette précision que le tiers contractant est soumis aux mêmes règles de preuve que les parties.
Le mandataire a l'obligation d'exécuter sa mission jusqu'à son achèvement avec diligence, efficacité et loyauté.
S'il est professionnel il a un devoir de conseil. Enfin il doit rendre compte de sa gestion.
L'inexécution ou la mauvaise exécution de son obligation entraîne la mise en cause de sa responsabilité contractuelle. Sa faute sera plus ou moins sévèrement appréciée selon que la mandataire est bénévole ou professionnel.
Le mandataire répond de l'accomplissement de son mandat mais ne garantit pas l'exécution du contrat conclu avec le tiers contractant sauf si son contrat contient une clause de «ducroire» par laquelle il garantit la solvabilité de ce tiers contractant.

Le mandant a un devoir de coopération avec le mandataire, il doit rembourser ses frais et le rémunérer lorsque le mandat a été conclu à titre onéreux mais il appartient aux tribunaux de réduire le salaire convenu lorsqu'il est hors de proportion avec le service rendu.
L'acte effectué par le mandataire ne peut ni lui profiter ni lui être préjudiciable, il ne lie que le mandant et le tiers contractant. Le mandant est donc tenu d'exécuter les engagements contractés par le mandataire conformément au pouvoir qui lui a été donné sauf en cas de fraude. Si le mandataire a dépassé son pouvoir le mandant a la liberté de ratifier ce dépassement.
Le contrat de mandat prend fin par son exécution. Il peut aussi s'achever par la renonciation du mandataire qui doit éventuellement réparer le dommage causé au mandant par son désistement. Le mandant est libre de révoquer son mandataire dès que celui-ci ne jouit plus de sa confiance (c. civ. art. 2004) mais ce principe légal a été tempéré dans son application par la jurisprudence qui a créé la notion de *mandat d'intérêt commun*. Cette notion permet au mandataire révoqué d'obtenir une indemnisation si la révocation lui cause un préjudice et qu'il trouvait un intérêt dans l'activité déployé en faveur du mandant. Le mandat s'éteint également par le décès ou la mise en tutelle d'une partie, ou la survenance d'une faillite. Dans ce dernier cas toutefois, les organes de la procédure de liquidation judiciaire ont la faculté de maintenir le contrat.
Des mandats spéciaux font l'objet de réglementations particulières ainsi pour les agents immobiliers, les agents d'affaires, les agents de voyage, les agents d'assurance, les agents commerciaux, les sociétés de bourse.

4.4.5. *La donation*

La donation entre vifs est un contrat fondé sur l'intention libérale du donateur. C'est un contrat solennel qui doit être passé devant notaire à peine de nullité. Cette règle est destinée à protéger l'indépendance du donateur, à le garantir contre des influences abusives, à conserver l'acte et à assurer l'irrévocabilité de la donation.
La donation implique l'acceptation du donataire soit dans l'acte lui même, soit dans un acte notarié postérieur. S'il s'agit d'une donation de meubles ceux-ci doivent être décrits dans l'acte et leurs valeur estimée.
Ne sont pas soumises à un acte notarié les *donations déguisées*, c'est à dire réalisées sous la forme d'un acte à titre onéreux dès lors que les règles propres à cet acte sont respectées et les conditions de fond des donations observées.
De même les *donations indirectes* réalisées au moyen d'un acte différent de la donation mais sans simulation: paiement de la dette d'autrui par exemple,

échappent au formalisme de l'acte notarié. Le *don manuel* qui se réalise par la remise matérielle d'un objet de la main à la main n'est pas non plus soumis à un acte notarié dès lors que les règles de fonds de la donation sont remplies.
La donation pour être valable doit être faite par une personne ayant la capacité nécessaire, elle est impossible pour les mineurs sauf dans un contrat de mariage, à condition d'être assisté des personnes autorisant le mariage, et pour les majeurs sous tutelles.
Le donataire doit être une personne physique vivante. Il existe quelques cas spécifiques d'incapacité de donner ou de recevoir par exemple entre pupille et tuteur, entre le malade et les personnes qui l'ont traité ou assisté, entre pensionnaires et personnel des établissements de traitement ou de retraite.
Les personnes morales ne peuvent recevoir de donation qu'avec l'autorisation de l'administration. C'est le cas pour les associations reconnues d'utilité publique, et celles qui ont pour but exclusif l'assistance, la bienfaisance, le recherche scientifique ou médicale. Les autres ne peuvent pas recevoir à titre gratuit à l'exception des dons manuels. Sont toutefois dispensés de l'autorisation administrative les syndicats professionnels, les sociétés civiles et commerciales, les départements et les communes.
La cause de la donation doit être licite et morale. Cette condition s'apprécie aussi à l'égard des charges ou des conditions pouvant affecter la donation.
La donation de doit pas dépasser le montant de la réserve héréditaire. Lorsque le donateur laisse comme héritiers des descendants ou des ascendants, la loi divise son patrimoine en deux parts: *la quotité disponible* dont il peut disposer à son gré à titre gratuit et *la réserve* qui est une fraction du patrimoine toujours dévolue «ab intestat» aux descendants ou aux ascendants et dont ceux-ci ne peuvent être dépouillés par une donation. Le montant de la réserve varie avec le nombre des héritiers réservataires et selon que la personne gratifiée est le conjoint ou un tiers. La quotité disponible est de la moitié de la succession si le défunt laisse un enfant, d'un tiers s'il laisse deux enfants et d'un quart s'il laisse trois enfants ou plus. S'il laisse des ascendants dans les deux lignes la quotité disponible est de la moitié et des trois quarts s'il n'y a d'ascendant que dans une seule ligne (c. civ. art. 913 s.).
Le défunt peut faire *donation à son conjoint* non seulement de la quotité disponible mais aussi de la nue propriété de la réserve attribuée aux ascendants ou aux descendants. En présence de descendants il peut aussi disposer d'une quart de la réserve en pleine propriété et des trois autres quarts en usufruit au profit de son conjoint (c. civ. art. 1094 s.).
Lorsque la donation excède la quotité disponible elle est valable tant que les héritiers réservataires n'ont pas intenté une action en réduction. Lorsqu'elle est intentée, elle est d'abord dirigée contre les donataires qui ont été gratifiés le plus récemment. La réduction peut se faire en nature c'est à dire qu'elle

consiste à réintégrer dans la masse successorale les biens ayant fait l'objet de la libéralité excédant la quotité disponible ou bien elle se fait en valeur c'est à dire que le donataire verse une indemnité aux héritiers réservataires.
La donation est irrévocable en ce sens qu'il est interdit au donateur de se réserver, par une clause de l'acte, le droit ou le moyen d'anéantir la donation (c. civ. art. 944).
Toutefois le donateur peut stipuler une *clause de retour* en cas de prédécès du donataire, cette clause opère une résolution de la donation. Le tribunal peut aussi prononcer la résolution de la donation lorsque le donataire n'exécute pas les charges affectant la donation. Enfin le donateur a la faculté de révoquer la donation pour ingratitude du donataire lorsque ce dernier a attenté à sa vie, lui a refusé des aliments ou lui a infligé des sévices graves. La révocation est également possible pour survenance d'enfant lorsque la donation a été faite à une personne qui n'avait pas de descendant vivant.Les *donations entre époux* sont soumises à des règles particulières, elles sont notamment toujours révocables par le donateur et elles sont nulles lorsqu'elles sont faites par personnes interposées.

4.4.6. *Le contrat entre touristes et agences de voyages*

Ce contrat a été réglementé par la loi du 13 juillet 1992[20]. La conclusion d'un contrat relatif à un voyage ou à un séjour entre un consommateur et une agence de voyage, titulaire d'une licence, c'est à dire d'une autorisation, doit être précédée d'une information préalable et écrite du client.
Cette information précise le contenu des prestations proposées et relatives au transport, au séjour, au prix et aux modalités de paiement, aux conditions d'annulation du contrat ainsi qu'aux conditions de franchissement des frontières. Ces informations lient l'agence de voyage à moins que des modifications n'aient été portées à la connaissance des intéressés avant la conclusion du contrat et que l'agence de voyage se soit expressément réservée cette faculté. Le contrat lui même doit comporter un certains nombre de *mentions obligatoires* touchant notamment aux droits et obligations des parties et aux modalités de paiement. Les prix prévus au contrat ne sont pas révisables sauf si celui-ci le prévoit expressément pour des motifs précis tels que: modification du coût du carburant, des taxes ou des taux de change.
Le client peut céder son contrat après en avoir informé l'agence dans un délai déterminé mais le cédant et le cessionnaire sont responsables solidairement vis-à-vis de l'agence du paiement du solde du prix et des frais supplémentaires éventuels occasionnés par cette cession.

20 L. n° 92- 645, 13 juill. 1992: JO 14 juill. 1992.

Si avant le départ le respect de l'un des éléments essentiels du contrat est rendu impossible par suite d'un événement extérieur qui s'impose à l'agence, celle-ci doit en informer le client par écrit et lui proposer soit des modifications au contrat, soit sa résiliation. Dans ce dernier cas le client a droit au remboursement des sommes qu'il a versées sans supporter de pénalités ou de frais.

La résiliation du contrat par l'agence avant le départ en l'absence de faute du client entraîne le remboursement des sommes versées ainsi que des dommages-intérêts, le cas échéant. Enfin lorsqu'en cours de contrat un des éléments essentiels ne peut être exécuté l'agence doit proposer au client des prestations de remplacement. Si le client ne les accepte pas l'agence doit procurer à son client les titres de transport nécessaires à son retour et peut devoir lui verser des dommages-intérêts.

Toute personne physique ou morale assurant l'organisation de voyages ou de séjour est responsable de plein droit à l'égard du client de la bonne exécution des obligations résultant du contrat. Elle peut cependant s'exonérer de sa responsabilité en apportant la preuve que l'inexécution du contrat est imputable, soit à l'acheteur, soit au fait imprévisible et insurmontable d'un tiers étranger à la fourniture des prestations prévues au contrat, soit à un cas de force majeure.

Le titulaire d'une licence d'agence de voyage peut aussi conclure tout contrat de jouissance d'immeuble à temps partagé.

4.4.7. *Le droit de la consommation*

La droit de la consommation s'est très fortement développé en France au cours des trente dernières années et la multiplication des textes a conduit à l'élaboration d'un code de la consommation dont la partie législative a fait l'objet de la loi du 26 juillet 1993[21] et la partie réglementaire du décret du 27 mars 1997[22]. Le souci prédominant du code est la protection du consommateur, celle-ci résulte d'une information accrue du consommateur, d'une plus grande protection de son consentement et enfin de la possibilité de défendre efficacement ses droits.

A. *L'information du consommateur*

L'information du consommateur implique que l'information qui lui est fournie soit exacte ce qui a conduit le législateur d'une part à interdire sous

21 L. n° 93-949, 26 juill. 1993: JO 27 juill. 1993.
22 D. n° 97-298, 27 mars 1997: JO 3 avril 1997.

peine d'amende certaines publicités qui tendent à promouvoir des actions commerciales illicites et d'autre part, à prohiber la publicité mensongère constitutive d'un délit et punie d'une peine d'emprisonnement de deux ans et d'une amende de 250 000 F. L'amende peut être portée à 50% de la dépense faites pour la publicité trompeuse. Sont également réprimées les fraudes et falsifications sur un bien ou une prestation de service et leurs auteurs encourent les mêmes sanctions que pour la publicité mensongère (c. consom. Art. L. 121-1, L. 121-6 et L. 213-1).

B. *La protection du consommateur*

La protection du consommateur présente un aspect général et un aspect contractuel.

La protection générale du consommateur est réalisée en interdisant ou en réglementant strictement certains procédés de vente qui lui sont préjudiciables (vente par envoi forcé, ventes «à la boule de neige», ventes avec primes, ventes liées, ventes accompagnées de cadeaux et loteries, refus de vente, vente avec prix d'appel).

La protection revêt aussi un caractère contractuel important. Ainsi la loi impose une obligation d'information portant sur le prix notamment dans les contrats de crédit, sur le produit du contrat (obligation d'étiquetage)(c. consom. Art. L. 121-1 s.), elle est revenu à un certain formalisme en exigeant la rédaction d'un écrit pour certains contrats. Des lois ont instauré un droit de repentir du consommateur dans plusieurs contrats tels que le contrat de crédit, les ventes par correspondance, les contrats d'assurance – vie ou encore les contrats de vente d'immeubles neufs. Cette faculté de rétractation est enfermé dans un délai qui est en général de sept jours.

Une Commission des clauses abusives instituée en 1978 est chargée de rechercher et de proposer la suppression des clauses abusives contenues dans les contrats entre professionnels et consommateurs (c. consom. Art. L. 132-2 s.). Enfin, la protection de la sécurité des consommateurs a été confiée à une Commission de sécurité des consommateurs crée en 1983 et qui a pour mission d'émettre des avis et de proposer toute mesure de nature à améliorer la sécurité des produits ou des services (c. consom. Art. L. 224-1).

C. *La défense du consommateur*

La défense des consommateurs est assurée par des organisations publiques de consommateurs telles que le Conseil national de la consommation et l'Institut national de la consommation, et par des organismes privés constitués sous la forme d'associations (c.consomm.art.L.411-1 s.). Celles-ci, à condition d'avoir reçu un agrément ministériel, peuvent saisir les juridictions répressives si des faits délictueux portent un préjudice direct ou indirect à l'intérêt collectif des consommateurs. Elles peuvent également soit intervenir dans un procès civil, soit intenter directement devant les tribunaux civils une action ayant pour but exclusif la cessation des agissements préjudiciables aux consommateurs ou l'obtention de la suppression des clauses abusives ou la cessation de pratiques contraires aux dispositions législatives et réglementaires en matière de valeurs mobilières et/ou d'épargne.

4.5 *Le droit des biens*

Les biens se définissent comme étant toutes les choses corporelles ou incorporelles susceptibles d'appropriation qui peuvent procurer aux personnes juridiques une certaine utilité.
Le droit français divise les biens en deux catégories inspirées du droit romain, les meubles et les immeubles. Les immeubles ont été pendant longtemps l'élément essentiel de la richesse ce qui explique que le code civil contienne beaucoup de règles les concernant alors que peu de ses dispositions visent les meubles.
Depuis le code civil une double évolution s'est produite, la fortune se fonde davantage sur la propriété mobilière et le droit de propriété qui avait été conçu comme un droit absolu a perdu ce caractère au profit d'une fonction sociale et économique accrue.
La distinction fondamentale entre immeubles et meubles (c. civ. art. 516) rend nécessaire de préciser les biens qui appartiennent à l'une ou l'autre de ces catégories et l'intérêt qu'il y a d'opérer cette répartition. Il faudra ensuite examiner le droit de propriété et ses démembrements (droits réels principaux), la possession et la façon dont s'acquiert la propriété, enfin les garanties que peuvent offrir ces biens (droits réels accessoires).

A. *La distinction entre meubles et immeubles*

La répartition entre meubles et immeubles se fait selon un critère de fixité. L'immeuble est fixe et ne peut être déplacé alors que le meuble au contraire peut être déplacé. Mais à l'intérieur de chacune de ces catégories existent des subdivisions. L'intérêt de cette distinction se manifeste essentiellement dans la différence de régime juridique qui leur est applicable.

I. *Les immeubles*

Parmi les immeubles on distingue entre les immeubles par nature, les immeubles par destination et les immeubles par l'objet auquel ils s'appliquent.

Les immeubles par nature sont les choses qui ne peuvent pas être déplacées: le sol, les bâtiments, les végétaux tant qu'ils n'ont pas été coupés.
Les immeubles par destination sont des biens meubles qui deviennent immeubles parce qu'ils se rattachent à des immeubles. Deux conditions sont nécessaires: l'immeuble par nature et les meubles qui lui sont liés doivent appartenir au même propriétaire et il doit exister un rapport de destination entre les deux biens. Sont immeubles par destination, par exemple, les choses scellées au mur qui sont fixées à perpétuelle demeure telles que des glaces ou des statues, ou encore les objets destinés à l'exploitation du fonds de terre: animaux, instrument aratoires . . . Ils font donc partie de l'immeuble et sont soumis au même régime.
Il y a enfin *les immeubles par l'objet auquel ils s'appliquent*, il s'agit de biens incorporels ou de droits qui acquièrent une nature immobilière parce qu'ils portent sur un immeuble: les droits réels immobiliers, les actions immobilières relatives à la propriété ou à la possession d'un immeuble et les créances immobilières.

II. *Les meubles*

Les meubles sont partagés entre *les meubles par nature*, c'est à dire tout bien qui se déplace ou peut être déplacé et *les meubles par détermination de la loi* qui comprennent tous les droits ou action qui ne sont pas immeubles. Le principe de rattachement est que tout ce qui n'est pas immeuble est meuble.
Cette distinction n'a toutefois pas un caractère absolu car il est des biens meubles qui sont d'une nature telle qu'ils peuvent être quasiment traités comme des immeubles: les navires, les aéronefs ou les fonds de commerce ont un régime se rapprochant de celui des immeubles.

III. *Le statut juridique des immeubles et des meubles*

Les immeubles se caractérisent par leur stabilité géographique qui les rend d'une identification aisée.
Ils constituent une garantie efficace de crédit. Leur propriété peut facilement s'établir par un titre, leur aliénation est soumise à la rédaction d'un acte écrit authentique qui fait l'objet d'une publicité foncière, la juridiction compétente est celle du lieu de leur situation. La saisie immobilière est l'objet de nombreuses formalités. La capacité exigée pour aliéner un immeuble est plus stricte que pour les meubles. L'immeuble peut faire l'objet d'une action en rescision pour lésion.
Les meubles présentent des caractéristiques opposées. Echappant à toute identification, leur libre circulation est assurée mais au prix d'une certaine insécurité juridique. Ils n'ont souvent qu'une valeur minime et ne constituent pas des

garanties efficaces pour le crédit, leur propriété ne peut être fondée que sur l'apparence, les opérations les concernant ne sont pas soumises à publicité, la compétence judiciaire est déterminée par le domicile du défendeur, leur saisie est plus facile que celle des immeubles, ils échappent à l'action en rescision.
Ces différences théoriques apparaissent cependant moins justifiées à notre époque qu'à celle du code civil car certains meubles que l'on évoquait plus haut les navires, les aéronefs ou les fonds de commerce ont une valeur considérable. Ils peuvent être localisés et immatriculés, leur aliénation fait l'objet d'une publicité organisée et ils constituent des garanties de crédit couramment utilisées.

B. *La propriété*

Le droit de propriété est un droit réel qui s'oppose au droit personnel. Alors que *le droit personnel* est le droit d'une personne, le créancier, d'exiger une prestation à l'encontre d'une autre personne, le débiteur, ce qui fait intervenir trois éléments: le créancier le débiteur et la prestation objet du droit de créance, *le droit réel* est le droit d'une personne sur une chose, sans intermédiaire, il ne nécessite que deux éléments: une chose et une personne.
Cette opposition entre droit réel et droit personnel se répercute sur leur régime juridique. Le titulaire d'un droit personnel ne peut renoncer à sa créance sans l'accord du débiteur, il n'a qu'un droit relatif et ne dispose que d'un droit de gage général sur le patrimoine de son débiteur alors que le titulaire d'un droit réel peut l'abandonner par sa seule volonté, son droit est opposable à tous, le droit réel suit le bien en quelques mains qu'il passe, ce qui donne au titulaire d'un droit réel un droit de suite et un droit de préférence.
Les droit personnels sont en nombre illimité alors que les droits réels sont en nombre limité.
Les droits réels sont constitués des droits réels principaux et des droits réels accessoires, qui sont l'accessoires d'un droit de créance et qui en constituent la garantie.

I. *Les droits réels principaux*

Les droits réels principaux sont énumérés par la loi, il s'agit du droit de propriété et des démembrements du droit de propriété.

1. *Le droit de propriété*

L'article 544 du code civil définit la propriété comme «le droit de jouir et disposer des choses de la manière la plus absolue, pourvu qu'on en fasse pas un usage prohibé par les lois ou les règlements». Il découle de cette définition que le droit de propriété revêt plusieurs caractères.

a) Le droit de propriété est tout d'abord un *droit exclusif*, c'est à dire que seul son titulaire peut exercer sur la chose les attributs qu'il comporte, quelques restrictions sont toutefois susceptibles de s'appliquer lorsque le propriétaire ou la loi confère à d'autres une parties des attributs du droit de propriété.

Le droit de propriété comporte trois attributs: «l'usus», c'est le droit de se servir de la chose, le «fructus», c'est le droit de recueillir les fruits produits par la chose, «l'abusus», c'est le droit pour le propriétaire de disposer de sa chose en tout ou en partie.

b) Le droit de propriété est un *droit absolu* dans la mesure où le propriétaire a tous les droits sur la chose, il peut l'abandonner, la détruire, l'aliéner, la conserver . . . Ce droit a toutefois subi quelques atteintes dans les cas où le législateur a institué une autorisation administrative pour le lotissement de terrains à bâtir ou un droit de préemption pour certaines catégories de personnes ou un droit d'expropriation contre une juste et préalable indemnité, ou un droit de nationalisation, ou le permis de construire, . . .

L'usage, en principe souverain, de la chose par le propriétaire s'est également trouvé limité par le développement jurisprudentiel de la *théorie de l'abus de droit* qui engage la responsabilité du propriétaire lorsque des troubles sont causés par l'exercice abusif ou excessif de son droit ou même simplement lorsque les troubles excédent la mesure des inconvénients normaux de voisinage.

c) Le droit de propriété est un *droit perpétuel*, il dure aussi longtemps que la chose, absolu pour les immeubles ce caractère est parfois limité pour les meubles dont l'abandon peut créer l'interruption du droit de propriété jusqu'à ce qu'un tiers s'en empare alors que l'immeuble abandonné devient la propriété de l'Etat.

d) Les rédacteurs du code civil avait donné au droit de propriété un *caractère individuel* et ils n'ont consacré à la propriété collective que quelques articles. Pourtant la propriété collective s'est fortement développée, et le législateur a dû réformer le droit de l'indivision par la loi du 31 décembre 1976 (c. civ. art. 815 s.).

L'indivision qui résulte notamment de l'ouverture d'une succession dont plusieurs héritiers se trouvent simultanément propriétaires était présumée, à l'origine, n'être que temporaire, elle prenait fin dès que l'un des indivisaires demandait le partage et elle obéissait à la règle de l'unanimité. La réforme de 1976 a organisé un statut légal et un statut conventionnel de l'indivision permettant de confier l'administration de l'indivision à l'un des coindivisaires et d'en retarder le partage.

e) *La copropriété des immeubles* bâtis a également fait l'objet d'une loi du 10 juillet 1965[23] modifiée à plusieurs reprises.
Les copropriétaires ont un droit exclusif sur les parties privatives, c'est à dire les parties des bâtiments et terrains réservées à l'usage exclusif des copropriétaires, les parties communes affectées à l'usage ou à l'utilité de tous les copropriétaires sont soumises à la propriété indivise de l'ensemble des copropriétaires et régies par le règlement de copropriété. Les copropriétaires sont constitués en un syndicat Chaque propriétaire dispose à l'assemblée générale d'un nombre de voix proportionnel à sa quote – part des parties communes (divisées en millièmes). Les décisions sont prises à la majorité simple ou qualifiée et leur exécution est confiée à un syndic élu par l'assemblée de copropriétaires et chargé de faire appliquer le règlement de copropriété. Le syndic peut agir en justice au nom du syndicat de copropriétaires qui est doté de la personnalité morale. Les copropriétaires doivent respecter le règlement de copropriété et contribuer au paiement des charges et dépenses communes.
f) Le droit de propriété portant sur un fonds de terre porte non seulement sur la surface, mais aussi sur l'espace qui s'élève au dessus du terrain et sur le dessous du terrain ou tréfonds. Des restrictions à ce droit ont été apportées par la législation sur les mines qui impose la possession d'une concession ou d'un permis d'exploitation pour pouvoir exploiter une mine. Le régime des eaux fait aussi l'objet de dispositions particulières.
La délimitation des fonds de terre se fait par le bornage d'un commun accord et aux frais commun des voisins (c. civ. art. 646). Leur désaccord est porté devant le juge d'instance.

2. *Les démembrements du droit de propriété*

A côté de la propriété, il existe d'autres droits réels principaux mais qui ne donnent à leur titulaire que des droits restreints, ce sont les démembrements du droit de propriété qui s'exerce concurremment à celui-ci. Ces droits se divisent en deux catégories, les uns sont accordés à une personne déterminée et disparaissent avec elle, ce sont les servitudes personnelles, les autres sont créés dans l'intérêt du fonds, ce sont les servitudes réelles.
a) *Les servitudes personnelles* sont traditionnellement l'usufruit, l'usage et l'habitation réglementés par le code civil auxquels on été ajoutés l'emphytéose, les concessions, la concession immobilière et le bail à construction.
L'usufruit est un droit réel conférant à son titulaire l'usage («usus») et la jouissance («fructus») d'une chose appartenant à autrui pour une durée qui ne peut dépasser l'existence du titulaire. Il reste alors au propriétaire la nue-propriété

23 Le texte figure dans le code civil Dalloz sous l'article 664.

(«abusus»). L'usufruit est un droit réel, temporaire, il porte sur une chose (meuble ou immeuble) ou sur un droit, il est susceptible de possession. La constitution d'usufruit résulte soit d'un contrat, soit d'un testament, soit de la loi. Il intervient le plus souvent en matière successorale notamment au profit du conjoint survivant. Le nu-propriétaire ne doit pas entraver l'entrée en jouissance de l'usufruitier, ni l'exercice de son droit réel. L'usufruitier doit user de la chose «en bon père de famille», ne pas modifier la destination de la chose et la restituer lorsque l'usufruit s'éteint. Il bénéficie des fruits de la chose.
L'usufruit comme la nue-propriété peuvent être cédés mais le premier n'est cessible qu'entre vifs.
L'usage est le droit pour une personne d'user de la chose et de bénéficier de ses fruits dans la limite de ses besoins et de ceux de sa famille. Ce droit ne peut être cédé.
Le droit d'habitation est encore plus restreint, il confère à la personne qui en bénéficie l'usage d'une maison pour ses besoins et ceux de sa famille. Le titulaire de ce droit doit habiter lui-même la maison et ne peut céder son droit.
L'emphytéose ou bail emphytéotique est consenti pour une durée de 18 à 99 ans. Il est considéré comme un droit réel en raison de la durée des droits conférés au preneur. Droits très étendus puisque le locataire peut opérer toutes les transformations qu'il souhaite à condition qu'elles ne modifient pas la valeur du fonds. Il est tenu des charges et des grosses réparations et verse une redevance généralement faible au bailleur. Toutes les améliorations qu'il a faites sont acquises au propriétaire en fin de bail.
Les concessions minières donnent à leurs titulaires un droit immobilier distinct de la propriété de la surface.
La concession immobilière instituée par la loi du 30 décembre 1967[24] est le contrat par lequel le propriétaire d'un immeuble en confie la jouissance pour 20 ans au minimum à une personne déterminée moyennant une redevance annuelle. Le concessionnaire peut édifier des constructions, celles-ci reviendront en fin de concession au propriétaire qui est tenu de rembourser la plus-value.
Le bail à construction (c. construction et habitation, art. L. 251-1 s.) est un contrat par lequel le preneur s'engage à édifier des constructions sur le terrain du bailleur et à les conserver en bon état d'entretien pendant toute la durée du bail comprise entre 18 et 99 ans. Il verse une redevance au bailleur. Il a toutes les obligations d'un propriétaire sur ces constructions. Celles-ci reviennent au bailleur en fin de contrat sans que celui-ci n'ait à verser d'indemnité.

24 Le texte de cette loi figure dans le code civil Dalloz sous l'article 1778.

b) *Les servitudes réelles* sont des limitations légales ou conventionnelles apportées au droit de propriété. Une servitude est une charge réelle et perpétuelle portant sur un fonds et instituée dans l'intérêt des propriétés voisines: servitudes relatives à l'écoulement des eaux, servitudes relatives aux plantations, aux constructions, servitudes de passage pour les propriétés enclavées . . .
Les droits réels sont protégés par *les actions pétitoires* dont la principale est l'action en revendication. En matière immobilière cette action est imprescriptible, le demandeur doit établir son droit de propriété. En matière mobilière cette action n'est possible qu'en cas de perte ou de vol d'un objet corporel.

II. *Les droits réels accessoires: les sûretés*

Les sûretés sont des droits réels accessoires constitués sur des biens pour garantir une créance. Il en existe quatre: le droit de rétention, le nantissement, les privilèges et l'hypothèque.
Le droit de rétention est le droit conféré par la loi à un créancier de refuser, tant qu'il n'est pas payé, la restitution d'une chose corporelle mobilière ou immobilière, appartenant à son débiteur.
Le nantissement est le contrat par lequel un débiteur remet une chose à son créancier pour garantie sa dette. Le nantissement d'un immeuble (antichrèse) est rare tandis que celui d'un meuble est beaucoup plus fréquent et prend le nom de gage.
Le gage est le contrat par lequel le débiteur remet à son créancier un meuble affecté au paiement de sa dette. Le dessaisissement du débiteur est l'élément essentiel toutefois il existe des gages sans dépossession (hypothèque mobilière sur les navires, bateaux, aéronefs, warrants agricoles, hôteliers, nantissement du fonds de commerce, gage sur les automobiles vendues à crédit . . .). Le contrat de gage résulte d'un écrit sous seing privé ou d'un acte notarié et enregistré afin de le rendre opposable aux tiers. La nécessité de l'écrit est écartée en matière commerciale.
Le contrat de gage donne au créancier un droit réel sur la chose. En cas de non paiement il peut vendre le bien objet du gage et se faire payer sur le prix. Il a sur le prix un droit de préférence par rapports aux autres créanciers du débiteur. Il peut se faire attribuer le bien par le juge mais cette possibilité ne peut pas résulter de dispositions conventionnelles (pacte commissoire) car le pacte commissoire est nul (c. civ. art. 2078). Le créancier gagiste a également un droit de suite et peut donc reprendre la chose gagée dont il a involontairement perdu la détention (saisie – revendication).
Les privilèges sont des droits de préférence sur certains biens ou sur l'ensemble des biens du débiteur, conférés par la loi à un créancier en raison de la nature de sa créance. Ils peuvent obérer aussi bien les meubles que les

immeubles. Ils sont généraux ou spéciaux. Ils permettent au créancier de primer les créanciers chirographaires et certains créanciers hypothécaires (c. civ. art.2095).
Le code civil en donne une liste assez longue, à titre d'exemple signalons que sont privilégiés, les frais de justice, les frais funéraires, la rémunération des employés et salariés, les indemnités de licenciement, les cotisations de sécurité sociale, la créance du vendeur d'immeuble ou du vendeur de meuble pour le paiement du prix . . .
Le législateur a opéré un classement entre ces divers privilèges selon leur qualité. Les privilèges immobiliers doivent faire l'objet d'une publicité foncière comme les hypothèques.
L'hypothèque est un droit réel qui n'emporte pas dessaisissement du débiteur, elle ne porte en principe que sur les immeubles et elle est spéciale. Elle est l'accessoire d'un droit de créance.
Elle résulte de la convention des parties (c. civ. art. 2124 s.), de la loi (c. civ. art. 2121) ou d'un jugement dans les cas prévus par la loi (c. civ. art. 2123).
Lorsqu'elle est conventionnelle l'hypothèque est un contrat solennel passé devant notaire afin d'assurer la protection du débiteur. L'inobservation des formalités requises la rend nulle de nullité absolue.
Elle doit être inscrite, à la demande du créancier, à la conservation des hypothèques, elle est alors opposable au tiers et en cas de conflit entre deux créanciers hypothécaires c'est celui qui a publié son hypothèque le premier qui prime l'autre.
L'inscription conserve l'hypothèque comme le privilège jusqu'à la date que fixe le créancier en se conformant aux dispositions de l'article 2154 du code civil.
L'hypothèque donne au créancier le droit de saisir l'immeuble, de le faire vendre aux enchères et d'être payé par préférence aux autres créanciers. Elle implique aussi un droit de suite qui permet de saisir le bien en quelques mains qu'il passe. Le tiers peut cependant conserver le bien à condition de payer les créanciers hypothécaires.
L'hypothèque s'éteint normalement par l'extinction de la créance ou par la renonciation du créancier. Elle peut être cédée avec la créance et n'est opposable aux tiers que si la cession a fait l'objet d'une mention en marge de l'inscription à la conservation des hypothèques.

C. *La possession*

La possession est la maîtrise de fait qu'exerce une personne sur une chose corporelle et qui correspond dans son esprit à l'exercice d'un droit réel. Elle se comporte comme un propriétaire c'est à dire qu'elle exerce «l'usus», le

«fructus» et «l'abusus» et se trouve considérée par les tiers comme le propriétaire apparent de la chose.
Deux éléments caractérisent la possession, le «corpus» c'est à dire la possession physique de la chose et «l'animus domini» qui est l'intention de se comporter comme le propriétaire.
La possession n'est susceptible de produire des effets juridiques que si elle est continue, paisible, publique et non équivoque (c. civ. art. 2229).
La possession produit des effets juridiques dont certains varient selon la bonne ou la mauvaise foi du possesseur, la bonne foi est toujours présumée, et c'est à celui qui allègue la mauvaise foi de la prouver (c. civ. art. 2268).
La possession constitue une présomption de propriété, elle fait acquérir la propriété, elle confère au possesseur une action pour faire respecter sa possession.
La possession fait présumer la propriété lorsque le possesseur est de bonne foi, c'est une présomption simple qui tombe devant la preuve contraire. L'article 2279 du code civil dispose qu'«en fait de meubles, la possession vaut titre». Cette maxime ne s'applique qu'aux meubles corporels et s'oppose à ce que le véritable propriétaire puisse prouver son droit et revendiquer la chose contre le tiers possesseur de bonne foi. Cette présomption est écartée lorsque la chose a été perdue ou volée, elle peut alors être revendiquée contre le possesseur de bonne foi pendant un délai de trois ans à compter de la perte ou du vol.
En matière immobilière, une possession régulière de trente ans fait acquérir la propriété sans que soit requise la nécessité d'avoir un titre ou d'être de bonne foi(c. civ. art.2262). C'est la prescription acquisitive.
En revanche si le possesseur est de bonne foi et détient un titre régulier (un titre qui aurait dû lui conférer la propriété mais n'émanait pas du véritable propriétaire) il peut acquérir la propriété si la possession a duré dix ans lorsque le propriétaire véritable habite dans le ressort de la Cour d'appel et vingt ans s'il habite en dehors de ce ressort (c.civ.art.2265). C'est *l'usucapion.*
La prescription peut être suspendue ou interrompue, elle n'intervient pas de plein droit, elle doit être invoquée et démontrée par la partie qui s'en prévaut.
La possession est protégée par les *actions possessoires* («complainte», «dénonciation de nouvel œuvre», «réintégrande») contre les troubles qui la menacent ou l'affectent. Ces actions qui relèvent de la compétence du juge d'instance doivent être exercées dans l'année qui suit le trouble apporté à la possession à condition que celle-ci soit exempte de vice.

D. *La façon dont s'acquiert la propriété*

La propriété s'acquiert par l'effet de la loi, par l'occupation, qui est le fait d'appréhender des biens sans maître et qui ne s'applique qu'aux meubles corporels, par l'accession, qui fait acquérir au propriétaire d'une chose principale toutes les choses accessoires qui s'unissent à elle, par la succession «ab intestat».
La propriété s'acquiert aussi par des conventions telles que la donation entre vifs, le testament ou par l'effet des obligations.
Nous avons déjà mentionné que l'application du consensualisme conduisait à admettre le transfert de propriété dès la conclusion du contrat, toutefois le transfert d'un immeuble ou d'un droit réel immobiliers n'est opposable aux tiers que lorsqu'il a fait l'objet de la publicité foncière, il en est de même de certains droit incorporels qui doivent faire l'objet d'une publicité particulière (fonds de commerce, brevets, . . .).

4.6 *Le droit de la famille*

Le droit de la famille a fait l'objet depuis une trentaine d'années de profonds changements. Ceux-ci ont été inspirés par le désir de réaliser l'égalité entre les époux (Loi du 13 juillet 1965 sur les rapports patrimoniaux entre époux) et l'égalité entre les enfants légitimes et naturels (Loi du 3 janvier 1972). Ils reflètent également les changement de mœurs et de mentalités notamment dans le domaine du divorce (Loi du 11 juillet 1975).
Nous examinerons successivement, le mariage, le divorce, la filiation et l'adoption.

4.6.1 *Le mariage*

La validité du mariage est subordonnée des conditions de fond et de forme dont l'inobservation peut être sanctionnée par la nullité. Le mariage crée des droits et des obligations à la charge des époux qui peuvent aussi organiser leur régime matrimonial en procédant à la rédaction d'un contrat de mariage.

A. *Les conditions de fond du mariage*

Pour pouvoir contracter mariage les époux doivent être de sexe différent, la femme doit avoir au moins 15 ans et le mari 18 ans mais des dispenses peuvent être accordées par le procureur de la République pour motifs graves.

Les époux doivent donner librement leur consentement ce qui implique le droit de se marier, la clause de célibat est nulle[25], le droit de choisir librement son conjoint et le droit de refuser le mariage.
Cela implique également une absence de vice du consentement. Le vice de violence existe rarement en revanche l'erreur est plus souvent invoquée: l'article 180 alinéa 2 du code civil dispose que «S'il y a eu erreur dans la personne, ou sur les qualités essentielles de la personne, l'autre époux peut demander la nullité du mariage.»
Lorsque le mariage est contracté par une personne mineure de moins de dix huit ans, le consentement des parents est nécessaire. Il s'agit du consentement des deux parents pour l'enfant légitime à moins qu'ils ne soient pas d'accord, dans ce cas le partage vaut consentement, soit d'un seul parent pour l'enfant naturel ou adoptif ou, à défaut, le consentement du conseil de famille.
La loi prévoit deux cas dans lesquels le mariage est impossible: lorsque les futurs époux se trouvent dans des liens de parenté ou d'alliance prohibés (parents en ligne directe et en ligne collatérale, personnes ayant un lien d'alliance direct, parents adoptifs, dans le cas de l'adoption l'empêchement subsiste pour la famille par le sang), et lorsque les futurs époux se trouvent encore dans les liens d'un précédent mariage non dissout. La bigamie est une infraction pénale qui entraîne la nullité du second mariage.

B. *Les conditions de forme du mariage*

En France, le seul mode de formation du mariage autorisé est la célébration du mariage devant l'officier d'état civil. Il ne fait pas obstacle à une célébration religieuse mais la cérémonie civile doit toujours lui être antérieure et le prêtre qui ne respecterait pas cette règle encourrait des sanctions pénales (c. pén. art. 433-21). La forme consulaire est admise à condition que le mariage soit célébré entre deux ressortissants du même pays que l'autorité consulaire.
Le mariage doit être précédé d'une publication (affichage à la porte de la mairie) dix jours au moins avant la célébration du mariage. Elle a pour objet de permettre aux tiers qui connaîtraient un empêchement au mariage à le faire connaître. Cette formalité peut faire l'objet d'une dispense du procureur de la République pour motifs graves.
Il peut être fait *opposition au mariage* soit par les ascendants qui s'opposent au mariage de leur enfant en raison d'un empêchement légal, soit du ministère public qui a pour mission de défendre l'ordre public. Cette faculté a été reconnue par la jurisprudence bien qu'elle ne soit pas expressément prévue par un texte. Le ministère public fait rarement usage de cette faculté mais

25 CA Paris 30 avril 1963 D.1963 p. 428 note A. *Rouast.*

récemment cette faculté a été légalisée afin de lutter contre les mariages blancs contractés entre un Français et un étranger afin de permettre à ce dernier d'acquérir un titre de résident ou la nationalité française.
Le droit d'opposition est ouvert à d'autres personnes pour des motifs déterminés comme par exemple au conjoint non divorcé d'un des futurs époux.
Les futurs époux doivent fournir un acte de naissance de moins de trois mois et un certificat prénuptial attestant qu'ils ont subi une visite médicale. Le certificat ne doit comporter aucune autre indication.
S'ils ont fait un contrat de mariage, ils doivent produire un certificat attestant de l'existence de ce contrat.
Si l'un des époux est mineur il doit présenter une autorisation, enfin dans le cas d'un second mariage doit être fournie la preuve que le précédent mariage a bien été dissout.
Le mariage est célébré à la mairie du lieu du domicile ou de la résidence[26] de l'un des époux, en présence des époux et d'au moins deux témoins. Après la cérémonie l'officier d'état civil dresse un acte de mariage qui permettra de faire la preuve du mariage.

C. *Les nullités du mariage*

Dans le souci d'assurer la stabilité du mariage, le législateur a limité les cas de nullité. On distingue entre la nullité relative et la nullité absolue.
La nullité relative est une nullité de protection qui ne peut donc être demandée que par la personne protégée, ainsi seul l'époux concerné peut demander la nullité pour vice du consentement ou pour défaut d'autorisation. L'action en nullité relative doit être exercée dans un délai de cinq ans.
La nullité absolue est destinée à préserver l'ordre public et peut être invoquée par toute personne y ayant un intérêt.
La nullité absolue peut être demandée dans les cas suivants: défaut total de consentement, impuberté, bigamie, inceste, fraude à la loi, incompétence de l'officier d'état civil, clandestinité. Les deux derniers motifs ne sont qu'une cause facultative de nullité laissée à l'appréciation du tribunal.
L'action en nullité absolue se prescrit par trente ans. Les effets de la nullité sont les mêmes qu'il s'agisse de nullité relative ou de nullité absolue.
Entre les époux, la nullité a en principe un effet rétroactif, c'est à dire que le mariage est considéré comme n'ayant produit aucun effet d'ordre personnel ou patrimonial. Le droit français applique le principe du mariage putatif: à l'égard de l'époux de bonne foi la nullité du mariage n'aura d'effet que pour l'avenir et produira les mêmes effets qu'une dissolution du mariage.

26 Cette résidence doit avoir duré au moins un mois.

La nullité du mariage laisse subsister les effets du mariage à l'égard des enfants. Ceux-ci dont dans la même situation que si le mariage avait été dissout par un divorce.

D. *Les droits et obligations des époux*

Le mariage impose des droits et des devoirs à la charge de chacun des époux. Ils se doivent mutuellement fidélité, secours et assistance (c. civ. art. 212) et ils ont l'obligation de cohabiter. Les parents ont l'obligation d'assumer la direction morale et matérielle de la famille, de pourvoir à *l'éducation des enfants* et de préparer leur avenir (c. civ. art. 213). Ils doivent nourrir, entretenir et élever leurs enfants (c. civ. art. 203).
Les époux ont le devoir de contribuer aux *charges du mariage* à proportion de leurs facultés respectives à moins que les conventions matrimoniales n'en décident autrement. L'exécution de cette obligation peut être obtenue en justice. La loi institue une responsabilité solidaire des époux pour les dépenses contractées pour l'entretien du ménage et l'éducation des enfants, c'est à dire que le créancier pourra réclamer le paiement de ce qui lui est dû à l'un ou l'autre des époux dès lors que les dépenses engagées ne sont pas manifestement excessives par rapport au train de vie de la famille.
Le logement familial est protégé qu'il ait été acquis par les époux au cours du mariage ou qu'il appartienne en propre à l'un des époux. Un époux ne peut aliéner, louer ou grever d'hypothèque le logement familial sans le concours de son conjoint. Mais si un époux refuse abusivement son consentement, l'autre époux peut demander l'autorisation du juge qui contrôlera si l'acte envisagé est conforme aux intérêts de la famille.
Le droit au bail du local d'habitation de deux époux est réputé appartenir à l'un et à l'autre des époux dans tous les régimes matrimoniaux (c. civ. art. 1751) ce qui implique que chacun d'eux soit tenu de payer le loyer.
Si l'un des époux manque gravement à ses devoirs et met ainsi en péril les intérêts de la famille, le juge aux affaires familiales peut prescrire toutes les mesures urgentes que requièrent ces intérêts. Ces mesures sont provisoires et ne peuvent dépasser trois ans. Il peut ainsi interdire à un époux d'aliéner des biens de la communauté ou des biens propres ou de déplacer des meubles . . . (c. civ. art. 220-1).
Par ailleurs le code pénal prévoit des sanctions à l'encontre de toute personne qui n'exécute pas pendant plus de deux mois un jugement lui imposant de verser une pension alimentaire notamment à des enfants mineurs (c. pén. art. 227-3).
L'inexécution par l'un des époux de ses obligations à l'égard de son conjoint ou de ses enfants peut constituer un motif justifiant la séparation de corps ou le divorce.

Le mariage ne produit aucun effet sur la *nationalité des époux* (c. civ. art. 21-1). Mais l'étranger ou l'apatride qui épouse un conjoint de nationalité française peut acquérir la nationalité française par déclaration à condition que le mariage ait duré au moins un an, que la communauté de vie n'ait pas cessé entre les époux et que le conjoint français ait conservé sa nationalité (c. civ. art. 21-2). Le gouvernement peut s'opposer, dans un délai d'un an, à l'acquisition de la nationalité pour indignité ou défaut d'assimilation.

E. *Les régimes matrimoniaux*

Les époux ont la liberté avant le mariage de faire un contrat de mariage régissant le statut de leurs biens. En l'absence de contrat le code civil prévoit un régime légal qui s'applique automatiquement et auquel 90 % des ménages sont soumis. Une fois le mariage célébré les époux ne peuvent plus changer librement leur régime matrimonial toutefois le principe de l'immutabilité du régime matrimonial autrefois très strict connaît des assouplissements. Ainsi après deux années d'application du régime matrimonial conventionnel ou légal, les époux pourront convenir dans l'intérêt de la famille de le modifier ou même d'en changer entièrement, par un acte notarié qui sera soumis à l'homologation du tribunal de leur domicile (c. civ. art.1397).

Le régime légal est celui de *la communauté réduite aux acquêts*. Dans un tel régime on distingue trois catégories de biens les biens propres à chaque époux et les biens communs.

Les biens propres sont ceux que possédaient chaque conjoint avant le mariage et ceux qu'il reçoit ensuite gratuitement, c'est à dire par succession ou libéralité.

Les biens communs sont ceux qui sont acquis pendant le mariage et qui appartiennent aux deux époux.

Chacun des époux gère librement son patrimoine propre alors que les biens de la communauté sont gérés par les deux époux qui sont depuis la loi du 23 décembre 1985 sur un plan d'égalité. L'intervention des deux époux est nécessaire pour les actes de gestion les plus graves tels que l'aliénation ou la location ou l'hypothèque d'un bien commun. Pour les actes d'administration ordinaires chacun des époux peut agir seul.

Les régimes conventionnels peuvent accentuer le caractère communautaire du régime matrimonial en augmentant les biens soumis à ce régime ou en réglant différemment les pouvoirs respectifs des époux quant à l'administration de ces biens.

Les époux ont la possibilité de choisir un régime de *séparation de biens* dans lequel chacun conserve la propriété de ses biens présents et à venir et gère son patrimoine personnellement. Néanmoins il doit être prévu dans le contrat les modalités de contribution aux charges du mariage à défaut la règle du régime

de base s'applique aux termes duquel chacun contribue en fonction de ses facultés.
Il existe aussi un régime de *participation aux acquêts* inspiré du droit allemand et introduit en droit français en 1965 mais qui n'a connu que peu de succès. Ce régime consiste à prévoir une séparation de biens pendant la durée du mariage mais à la dissolution de celui-ci chacun des époux a le droit de participer pour moitié en valeur aux acquêts nets constatés dans le patrimoine de l'autre époux.

4.6.2 *Le divorce*

Le divorce autorisé par le code civil, puis supprimé en 1816 et rétabli en 1884 était un divorce sanction, c'est à dire un divorce pour faute. Il a fait l'objet d'une réforme importante par la loi du 11 juillet 1975 qui a introduit en droit français le divorce par consentement mutuel.
Le divorce entraîne la dissolution du mariage alors que la séparation de corps n'opère qu'un relâchement de l'union conjugale en permettant aux époux de vivre séparément. Egalement prévue par le code civil (c. civ. art. 296) la séparation de corps est prononcée beaucoup plus rarement que le divorce. Elle représente moins de 5% du nombre des divorces (environ 5000 séparations de corps par an depuis 1980 alors que le nombre des divorces était de 120 000 en 1995). Elle est soumise aux mêmes conditions et à la même procédure que le divorce seuls ses effets s'en écartent.
L'article 229 du code civil prévoit trois cas de divorce: le divorce par consentement mutuel (52 % de demandes), le divorce pour faute (46 % des demandes), et le divorce pour rupture de la vie commune (1% des demandes).
La procédure de divorce varie selon le motif invoqué par les époux mais les effets du divorce sont en principe les mêmes quel que soit le motif qui est à son origine sous réserve, toutefois, de certaines exceptions en matière de divorce pour rupture de la vie commune.

A. *Le divorce par consentement mutuel*

Deux types de procédure sont prévus pour le divorce par consentement mutuel: le divorce sur demande conjointe et le divorce demandé par l'un des époux et accepté par l'autre.

I. *Le divorce sur requête conjointe*

Le divorce sur requête conjointe ne peut être demandé que par des époux qui ont été mariés pendant au moins six mois.

Ils n'ont pas à indiquer les raisons de leur demande. Leur seule obligation est de fournir un projet de convention réglant les conséquences du divorce. Le recours à un avocat est obligatoire mais les parties ont la liberté de ne choisir qu'un seul avocat (c. proc. civ. art. 1090).
La procédure se déroule devant le juge aux affaires familiales. Il doit entendre les parties et tenter de les concilier, à défaut de conciliation, la loi impose un délai de réflexion de trois mois à l'expiration duquel les parties devront renouveler leur demande en divorce. Cette obligation permet de s'assurer de la réelle volonté des époux de divorcer.
Le rôle du juge est de contrôler la réalité du consentement des parties et d'homologuer leur accord, il n'a pas à apprécier l'opportunité du divorce. Les parties doivent lui présenter un projet de convention réglant l'ensemble des conséquences de leur divorce, la situation des enfants, le partage des biens, les relations futures entre les époux, (versement d'une somme d'argent, sort du logement commun . . .). Si le juge estime que le contenu de la convention préserve suffisamment les intérêts de l'enfant et de l'un des époux, il prononce le divorce.
Il rend une ordonnance susceptible d'un pourvoi en cassation qui permet d'en contrôler la légalité. Les créanciers des époux peuvent former une tierce opposition dans l'année qui suit l'ordonnance si la convention a été faite en fraude de leur droits. Ce recours est sans effet sur le divorce, il ne permet que de rendre la convention inopposable aux créanciers.
Le juge peut également refuser d'homologuer la convention, ce qui est plus rare. Sa décision est alors susceptible d'appel dans un délai de quinze jours. Un pourvoi en cassation peut être formé contre la décision d'appel si elle maintient le refus d'homologation.

II. *Le divorce sur demande acceptée*

Le divorce sur demande acceptée permet de tenir compte de l'accord des époux sur le principe du divorce et de leurs désaccord en ce qui concerne ses conséquences. La procédure se déroule deux phases.
Le juge est saisi par une demande de l'un des époux qui décrit dans un mémoire la situation conjugale d'une façon qui soit la plus objective possible et qui indique que la vie commune est devenu intolérable.
Le juge communique ce mémoire à l'autre conjoint qui peut rejeter la demande de divorce ou au contraire déclarer accepter le mémoire et admettre le divorce. Son acceptation doit être transmise par un avocat et peut être accompagnée d'un mémoire lui permettant de présenter sa version de la situation.
Le juge convoque alors les deux époux afin de s'assurer de la réalité de leur volonté et éventuellement tente une réconciliation si celle-ci paraît possible. A

défaut le juge constate l'échec du mariage et le principe du divorce est acquis. Il peut prendre des mesures provisoires.
Une deuxième phase s'ouvre alors devant le juge pour régler les conséquences du divorce. Il rend un jugement susceptible d'appel et éventuellement d'un pourvoi en cassation.

B. *Le divorce pour faute*

Le divorce est automatiquement prononcé lorsque la faute résulte d'une infraction ayant entraîné une condamnation à une peine criminelle.
En revanche il est facultatif et le juge apprécie l'opportunité de prononcer le divorce lorsque la faute résulte de violations graves ou renouvelées des devoirs et obligations du mariage qui rendent intolérables le maintien de la vie commune (c. civ. art. 242). Cette cause de divorce est extrêmement large, elle englobe notamment l'adultère, la non – contribution aux charges du mariage, le défaut de soins à l'égard des enfants, l'abandon du domicile conjugal sans motif, le refus de relations sexuelles, les violences physiques . . .
Lorsque les deux époux ont commis des fautes, le juge peut prononcer le divorce aux torts partagés sans même que l'un des époux le demande.
La procédure de divorce se déroule en deux étapes: la première étape débute par une requête présentée, par l'intermédiaire d'un avocat, au juge aux affaires familiales. Celui-ci doit tenter de concilier les parties et prendre les mesures urgentes et les mesures conservatoires qui sont nécessaires (autorisation d'avoir une résidence séparée, décision sur la garde des enfant et sur le droit de visite, sur l'attribution d'une pension alimentaire au profit de l'un des époux ou pour l'entretien des enfants). Les décisions ainsi prises par le juge aux affaires familiales sont susceptibles d'appel dans un délai de quinze jours, mais non d'un pourvoi en cassation en raison de leur caractère provisoire. Elles peuvent, par ailleurs, être modifiées par le juge pendant la procédure en raison d'un changement de circonstances.
Dans l'hypothèse la plus fréquente où la conciliation échoue, le juge autorise l'époux demandeur à assigner son conjoint.
La seconde étape constitue l'instance en divorce et se déroule en chambre du conseil, seul le jugement est rendu en audience publique. Exceptionnellement et à la demande des époux le jugement pourra ne pas être motivé afin d'éviter toute publicité sur les motifs de divorce (c. civ. art. 248-1).
Le jugement du juge aux affaires familiales est susceptible d'appel et éventuellement d'un pourvoi. L'un comme l'autre sont suspensifs. Le divorce n'est donc effectif que lorsque le jugement devient définitif.

C. *Le divorce pour rupture de la vie commune*

Le code civil prévoit ce type de divorce lorsque les époux vivent séparés de fait depuis six ans (c. civ. art. 237), ou lorsque les facultés mentales du conjoint se trouvent depuis six ans si gravement altérées qu'aucune communauté de vie ne subsiste plus entre les époux et ne pourra, selon les prévisions les plus raisonnables, se reconstituer dans l'avenir (c. civ. art. 238).
Le divorce pour rupture de la vie commune permet de trouver une solution à des situations inextricables, mais dépendant de la seule volonté d'un époux il est soumis à des conditions rigoureuses destinées à éviter qu'il ne se transforme en répudiation. Le demandeur doit supporter toutes les charges de ce divorce et dans sa requête il doit indiquer les moyens par lesquels il exécutera ses obligations à l'égard de son conjoint et de ses enfants.
Le juge aux affaires familiales doit vérifier la recevabilité de la demande et procéder à une tentative de conciliation. Il prend également des mesures provisoires.
A défaut de conciliation, le juge statue sur le divorce. Il vérifie que les conditions requises sont remplies et doit prononcer le divorce sans en apprécier l'opportunité.
Toutefois l'article 240 du code civil comporte une clause de dureté: si l'autre époux établit que le divorce aurait, soit pour lui compte tenu de son âge et de la durée du mariage, soit pour les enfants, des conséquences matérielles ou morales d'une exceptionnelle dureté, le juge peut rejeter la demande de divorce. Il peut même la rejeter d'office lorsque le divorce se fonde sur l'aliénation mentale du conjoint.
Cette clause a été assez fréquemment appliquée dans les années qui ont suivi la réforme de 1975 mais son usage semble s'être atténué.
L'époux défendeur peut former une demande reconventionnelle fondée sur la faute du demandeur.
Le jugement ne doit pas faire référence à la cause du divorce. Il est susceptible des recours ordinaires dans les mêmes conditions que pour le divorce pour faute.

D. *Les effets du divorce*

Le divorce consacre la dissolution du mariage et permet aux époux de se remarier. Il fait disparaître tous les droits et obligations qui en résultaient.
Cependant lorsque le divorce est prononcé pour rupture de la vie commune, l'époux qui a pris l'initiative du divorce reste entièrement tenu au devoir de secours (c. civ. art. 281) qui prend la forme d'une pension alimentaire. Mais celle-ci disparaît si le créancier de la pension se remarie ou vit en concubinage notoire.

Chacun des époux reprend l'usage de son nom, toutefois dans le cas de divorce pour rupture de la vie commune, la femme défenderesse, conserve le nom de son mari de plein droit.
Dans les autres cas la femme peut être autorisée à conserver le nom de son mari, elle perd cet usage lorsqu'elle se remarie.
La dissolution du mariage entraîne la liquidation du régime matrimonial conformément à la loi ou aux dispositions du contrat de mariage.Le divorce entraîne automatiquement la déchéance des donations et avantages matrimoniaux dans deux cas: à l'égard de l'époux contre lequel le divorce a été prononcé pour faute, à l'égard de l'époux qui a demandé le divorce pour rupture de la vie commune. Dans les autres cas, les époux sont libres de révoquer ou non ces donations ou avantages (c. civ. art. 267 s.).
Le divorce laisse subsister les droits et devoirs des père et mère à l'égard de leurs enfants.
L'autorité parentale est exercée en commun par les deux parents. Le juge désigne, à défaut d'accord amiable, ou si cet accord lui apparaît contraire à l'intérêt des enfants, le parent chez lequel les enfants auront leur résidence habituelle.
Si l'intérêt de l'enfant le commande, le juge peut confier l'exercice de l'autorité parentale à l'un des deux parents.
Les décisions sur l'attribution de l'autorité parentale sont provisoires et peuvent être modifiées en fonction de circonstances nouvelles.
Lorsque l'autorité parentale n'est confiée qu'à un seul des parents l'autre parent a un droit de visite et d'hébergement et le droit de surveiller l'éducation de l'enfant. Le refus de laisser s'exercer le droit de visite est une infraction (c. pén.art. 227-5).
Ce parent doit également s'acquitter de son devoir d'entretien, la contribution à l'entretien et à l'éducation prend la forme d'une pension alimentaire versée, selon les cas, au parent chez lequel les enfants ont leur résidence habituelle ou qui exerce l'autorité parentale ou la personne à laquelle les enfants ont été confiés (c.civ. art. 293).
Avant la réforme de 1975, il était prévu au profit de l'époux innocent le versement d'une *pension alimentaire*. Elle était fixée en fonction des besoins et des ressources respectives des époux. Elle était révisable selon la variation de ces critères. Elle s'éteignait en cas de décès et de remariage du bénéficiaire mais pas en cas de concubinage. Au décès du débiteur elle passait à la charge de sa succession.
Ce type de pension subsiste pour les divorces et les procédures commencées avant le 1er janvier 1976. Elle a d'autre part été maintenue au profit de l'époux qui a subi un divorce pour rupture de la vie commune. Toutefois à la différence du cas précédent le concubinage notoire lui fait perdre le bénéfice de la pension.

La pension peut être remplacée par le versement d'un capital. Toutefois si celui-ci s'avère insuffisant il peut être compléter par une pension supplémentaire.
Le but poursuivi par le législateur de 1975 a été à la fois de diminuer l'influence de la faute et de tenter de mettre fin aux difficultés soulevées par le versement de la pension alimentaire.
Ce double objectif l'a conduit tout d'abord à prévoir le versement d'une *prestation compensatoire* pour compenser autant que possible la disparité que la rupture du mariage crée dans les conditions de vie respective des époux. Elle est fondée sur la comparaison entre les ressources et les besoins des intéressés. Elle est possible dans le divorce sur requête conjointe où les parties sont libres de la prévoir, dans le divorce sur demande acceptée où l'époux qui se trouvera dans la situation la plus défavorable pourra en bénéficier, elle est également possible, à la différence de la situation antérieure, lorsque le divorce est prononcé aux torts partagés des époux.
En revanche si le divorce est prononcé pour faute, le conjoint exclusivement coupable ne pourra pas se voir attribuer de prestation compensatoire.
La jurisprudence refuse le cumul de la prestation compensatoire et de la pension alimentaire au conjoint qui subit le divorce pour rupture de la vie commune.
La prestation compensatoire, à la différence de la pension alimentaire, a un caractère forfaitaire et elle ne peut pas être révisée même en cas de changement imprévu dans les ressources ou les besoins des parties sauf dans des situations d'une exceptionnelle gravité pour l'un des conjoints (c. civ. art. 273). Elle n'est pas affectée par le remariage de son bénéficiaire.
La loi de 1975 pose le principe que le versement de la prestation compensatoire doit s'opérer sous la forme d'un capital dont le conjoint peut se libérer en trois annuités. Ceci devait permettre de supprimer les difficultés liées au paiement.
La loi prévoyait cependant qu'à titre exceptionnel cette prestation pourrait être exécutée sous la forme d'une rente, c'est à dire par des versements périodiques. Mais en réalité c'est ce procédé exceptionnel qui est le plus utilisé dans la pratique en raison de l'absence de possibilités financières suffisantes des ménages et du régime fiscal de la prestation en capital assimilée à une donation alors que la rente peut être déduite des revenus du débiteur. Elle peut également être indexée.
La pension alimentaire ou de la prestation compensatoire ne font pas obstacle à ce que des dommages-intérêts puissent être mis à la charge d'un époux lorsque le divorce est prononcé à ses torts exclusifs.

4.6.3. *La filiation*

Depuis la réforme de 1972, le droit de la filiation obéit à deux principes généraux: l'égalité entre l'enfant légitime et l'enfant naturel, le respect de la vérité biologique et sociologique de la filiation. Ce dernier principe a conduit le législateur à accorder une grande importance à la possession d'état. Celle-ci est devenu un moyen de preuve aussi bien de la filiation légitime que de la filiation naturelle (c. civ. art. 311 s.).
Les actions relatives à la filiation sont de deux sortes: celles qui cherchent à établir une filiation et celles qui tendent à contester une filiation.

A. *La filiation légitime*

Un enfant est légitime lorsqu'il est né de deux personnes mariées. Si la preuve du mariage ou celle de la naissance de la femme mariée est aisée à apporter, la preuve de la paternité est traditionnellement celle qui a suscité le plus de difficultés.
Le code civil a donc retenu une présomption aux termes de laquelle l'enfant conçu pendant le mariage a pour père le mari de la femme (c. civ. art. 312). Cette présomption est étendue aux enfants nés pendant le mariage bien qu'ayant été conçus avant (c. civ. art. 314).
La présomption de légitimité peut être combattue par *l'action en désaveu de paternité* ou par *l'action en contestation de paternité* lorsque l'enfant a la possession d'état d'enfant légitime.
L'action en désaveu de paternité est ouverte au mari qui justifie par tous moyens qu'il ne peut être le père de l'enfant. Elle doit être exercée dans un délai de six mois. Si le mari est mort ses héritiers peuvent continuer l'action qui devient une *action en contestation de légitimité.*
Par ailleurs la mère peut engager une action en contestation de paternité dans la seule hypothèse où elle est remariée avec le véritable père et à la double condition que l'action soit exercée dans un délai de six mois après le remariage et que l'enfant ait moins de sept ans (c. civ. art. 318 s.). Cette action est alors liée à une demande de légitimation.
Lorsque l'enfant n'a pas la possession d'état d'enfant légitime il peut être reconnu par un autre homme que le mari ou il peut intenter une *action en reconnaissance de paternité* contre cet homme[27]. Le juge tranche alors ce conflit de paternité selon la paternité la plus vraisemblable (c. civ. art. 311-12).

27 C.civ.: art. 334-9 interprété a contrario: Cass. 1ère Civ., 9 juin 1976: D.1976 p. 593, note *P. Raynaud;* JCP 1976, G, II, 18494 note *G. Cornu.*

L'absence de possession d'état d'enfant légitime permet également à la suite de l'interprétation a contrario de l'article 322 du code civil[28], à quiconque, c'est à dire soit la mère, soit celui qui se prétend le véritable père, soit le mari lui même, d'intenter une *action en contestation d'état.*
Enfin l'enfant qui n'a pas de possession d'état à l'égard d'un couple peut réclamer en justice l'état d'enfant légitime, cet action est aussi ouverte au parent qui prétend que cet enfant est son enfant légitime.

B. *La filiation naturelle*

L'enfant naturel est celui qui est né de parents qui ne sont pas mariés ensemble. S'ils sont tous deux célibataires, on parle d'enfant naturel simple, si l'un d'eux est engagé dans un mariage l'enfant sera adultérin à son égard. Il peut également être incestueux s'il est né de deux personnes dont le mariage est prohibé. Seul ce dernier ne peut pas obtenir l'établissement de sa filiation, ni par reconnaissance, ni par une action en justice.
L'établissement de la filiation naturelle se fait soit par une reconnaissance volontaire de chacun des parents, moyens le plus fréquemment utilisé à l'heure actuelle ou par une action en justice.
Si la filiation naturelle n'est pas établie l'enfant peut néanmoins obtenir une pension pour subvenir à son entretien par l'action à fins de subsides.

I. *La reconnaissance d'enfant naturel*

La reconnaissance d'un enfant naturel doit être faite par acte authentique, c'est à dire soit une déclaration devant l'officier d'état civil, soit devant un notaire, soit devant un juge à l'occasion d'une comparution personnelle du ou des parents. La reconnaissance peut être antérieure à la naissance ou intervenir à tous moment, même après le décès de l'enfant.
Le droit français ne fait *pas application du principe «mater semper certa est».* La simple mention du nom de la mère dans l'acte de naissance n'est pas suffisante pour établir la filiation de l'enfant. Elle doit le reconnaître. Toutefois l'article 337 du code civil précise que cette mention vaut reconnaissance si elle est corroborée par la possession d'état.
La reconnaissance est irrévocable elle ne peut être contestée que pour vice de consentement et dans le cas où elle est mensongère.
La reconnaissance a un effet rétroactif, la filiation est censée établie depuis le jour de la naissance. L'auteur de la reconnaissance doit donc supporter les frais d'entretien qui ont pu être avancés par un tiers.

28 Cass. 1ère Civ. 27 fév. 1985: D.1985 p. 265, note *G. Cornu.*

II. *L'action en établissement de la filiation*

L'action en établissement de la filiation naturelle peut être engagée aussi bien contre le père que contre la mère.
Le cas le plus fréquent est celui de l'action en recherche de paternité naturelle.
Cette action a été rendue plus facile par la loi du 8 janvier 1993. La preuve de la paternité est libre, elle peut être rapportée dès qu'il existe des présomptions ou indices graves. Parmi ceux-ci peuvent figurer les indices retenus par l'ancien article 340 du code civil, il s'agissait de l'enlèvement ou de viol au moment de la conception, de la séduction dolosive (promesse de mariage par exemple), de l'aveu non équivoque émanant du père (lettres ou autres écrits), du concubinage c'est à dire de relations stables et continues entre le père et la mère ce qui n'implique pas nécessairement la communauté de vie, de la participation du père à l'entretien et à l'éducation de l'enfant en qualité de père.
L'action n'appartient qu'à l'enfant. S'il est mineur, elle est exercée par la mère à condition que sa filiation à son égard soit établie, à défaut par son tuteur ou par lui-même s'il est majeur.
Elle doit être exercée dans un délai de deux ans à compter de la naissance ou à compter de la majorité de l'enfant, ou à compter de la cessation du concubinage ou de l'entretien de l'enfant par le père prétendu. Elle a pour effet d'établir des liens de parenté entre le père (ou la mère) et l'enfant.
Si l'action est rejetée les juges peuvent néanmoins allouer des subsides à l'enfant dès lors que les conditions de l'article 342 du code civil sont remplies.

III. *L'action à fins de subsides*

L'action à fins de subsides est prévue au profit de l'enfant dont la filiation paternelle n'est pas légalement établie, elle lui permet de réclamer des subsides à l'homme qui a eu des relations avec sa mère pendant la période légale de la conception.
Cette action purement alimentaire peut être exercée pendant toute la minorité de l'enfant et dans les deux années qui suivent sa majorité. Elle ne peut être écartée que si l'homme à qui des subsides sont réclamés fait la preuve qu'il ne peut pas être le père de l'enfant (c. civ. art. 342-4).

IV. *Les droits et obligations des parents*

Les parents ont les mêmes devoirs et obligations à l'égard de leurs enfants naturels que de leurs enfants légitimes. La loi du 8 janvier 1993 a étendu

aux parents naturels l'exercice de *l'autorité parentale* conjointe à condition que les parents aient tous deux reconnu l'enfant avant que celui-ci n'ait atteint l'âge d'un an et qu'ils vivent en commun au moment de la reconnaissance concomitante ou au moment de la deuxième reconnaissance (c. civ. art. 372).
Lorsque la filiation de l'enfant naturel n'est établie qu'à l'égard de l'un des deux parents, c'est celui – la qui exerce l'autorité parentale. Ce sera très souvent la mère.
Lorsque la filiation est établie à l'égard des deux parents l'autorité parentale est exercée par la mère. Elle peut être exercée par les deux parents s'ils en font la déclaration conjointe devant le juge aux affaires familiales. Dans tous les cas ce juge peut modifier les conditions de l'exercice de l'autorité parentale si le père, la mère ou le ministère public le demande (c. civ. art. 374).

4.6.4 *L'adoption*

Le droit français connaît deux types d'adoption: *l'adoption simple* qui laisse subsister des liens avec la famille par le sang et *l'adoption plénière* qui consacre une totale rupture avec la famille d'origine. C'est ce dernier type d'adoption qui est le plus répandu et dont nous préciserons les conditions et les effets.

A. *Les conditions de l'adoption plénière*

L'adoption plénière peut être prononcée au profit d'un couple marié depuis au moins deux ans ou âgés l'un et l'autre de plus de vingt-huit ans ou d'une personne seule âgée de plus de vingt-huit ans. Les adoptants doivent avoir quinze ans de plus que les enfants qu'ils se proposent d'adopter (c. civ. art. 343). L'existence d'autres enfants n'est pas un obstacle à l'adoption.
L'adoption doit être conforme à l'intérêt de l'enfant. Il doit être âgé de moins de quinze ans et son consentement est requis s'il a plus de treize ans. Ne peuvent être adoptés que les enfants qui sont pupilles de l'Etat (orphelins ou abandonnés), les enfants déclarés abandonnés par une décision judiciaire, les enfants donnés en adoption par leur parents.
La procédure d'adoption se déroule en deux phases: il y a d'abord un placement de l'enfant en vue de l'adoption, puis après au moins six mois de placement l'adoption est demandée au tribunal de grande instance qui dispose d'un libre pouvoir d'appréciation. Il prononce l'adoption par un jugement.

B. *Les effets de l'adoption plénière*

L'adoption plénière entraîne la rupture des liens du sang de l'enfant avec sa famille d'origine, il perd tout droit de succession et tout droit alimentaire. Il est assimilé à un enfant légitime des adoptants et entre dans la famille de ces derniers. Cette adoption est irrévocable et ne peut être annulée pour aucun motifs. Toutefois la loi du 5 juillet 1996 a permis l'adoption simple d'un enfant ayant fait l'objet d'une adoption plénière s'il est justifié de motifs graves (c. civ. art. 360).

4.7 *Le droit des successions*

Il existe deux types de successions: la succession «ab intestat» réglementée par la loi et la succession testamentaire lorsque le défunt a rédigé un testament mais dans ce dernier cas les règles de la succession «ab intestat» s'appliquent à la «réserve» c'est à dire à la fraction du patrimoine dont le défunt n'a pu librement disposer en raison de la présence d'héritiers réservataires.

A. *La succession «ab intestat»*

La succession s'ouvre par le décès du «de cujus». Elle s'ouvre au domicile du défunt, c'est le tribunal de ce lieu qui est compétent pour connaître des litiges suscités par cette succession.
La détermination des héritiers se fait en fonction de trois notions: la notion d'ordre qui détermine des catégories groupant un certain nombre de parents (descendants, ascendants et collatéraux), la notion de degré à l'intérieur de chaque ordre qui indique la proximité de la parenté avec le défunt et la notion de ligne qui permet de distinguer entre les ordres: la ligne directe et la ligne collatérale, et entre la ligne paternelle et la ligne maternelle.
Le classement des héritiers en ordre permet de déterminer leur vocation successorale. Ont vocation successorale les descendants à l'exclusion de tout autre successible sous réserve des droits du conjoint. Les petits enfants du défunt viennent en représentation de leur auteur lorsque celui-ci est prédécédé. La succession est dévolue ensuite, en l'absence de descendants, aux ascendants privilégiés (père et mère du défunt) et aux collatéraux privilégiés (frères et sœurs du défunt), puis, en l'absence de ceux-ci, aux ascendants ordinaires (grands parents et arrière-grands-parents du défunt) et enfin aux collatéraux ordinaires (tantes, oncles, neveux, nièces . . .) jusqu'au sixième degré. Des règles précises déterminent la part de chacun.

Le conjoint n'a une vocation successorale en pleine propriété aux biens du défunt que lorsque celui-ci ne laisse ni descendants, ni collatéraux privilégiés, ni ascendants (privilégiés ou ordinaires). Il recueille la moitié de la succession en pleine propriété s'il est en présence d'ascendants dans une seule ligne. Dans les autres cas, le conjoint n'a qu'un droit d'usufruit sur la succession dont la quotité varie selon la qualité des héritiers laissés par le défunt. Un projet de réforme lui attribue des droits plus importants.
Le conjoint survivant dispose d'une créance alimentaire contre la succession s'il est dans le besoin (c. civ. art. 207-1).
Enfin en l'absence d'héritiers du défunt, c'est *l'Etat* qui recueille la succession en déshérence, non en qualité d'héritier mais en qualité de souverain.
Le droit français ne fait plus de distinction en matière successorale entre les enfants légitimes et les enfants naturels, toutefois des règles particulières sont prévues à l'égard des enfants adultérins lorsqu'ils sont en présence d'enfants légitimes ou du conjoint, victimes de l'adultère.
La qualité d'héritier s'apprécie au jour du décès du «de cujus». Il faut exister à ce jour mais l'enfant simplement conçu au jour de l'ouverture de la succession est héritier à condition qu'il naisse «vivant et viable». Il ne faut pas être indigne de succéder ce qui est le cas lorsque l'héritier a été condamné pour avoir donné ou tenté de donner la mort au défunt ou n'a pas dénoncé à la justice le meurtre du défunt (c. civ. art.727).
Lors du décès du «de cujus», ses droits et obligations sont en vertu de la loi, immédiatement transmis à ses héritiers. C'est ce qu'on appelle la «saisine», elle se définit comme l'investiture légale qui donne aux héritiers la possession des biens composant l'hérédité ainsi que l'exercice des droits et actions du défunt. L'envoi en possession n'existe qu'au profit de l'Etat en l'absence d'héritiers. Il est accordé par le tribunal de grande instance après des mesures de publicité destinées à s'assurer de l'absence d'héritiers.
Bien que les héritiers se trouvent immédiatement en possession de la succession ils sont libres de choisir entre trois options: accepter la succession purement et simplement, l'accepter sous bénéfice d'inventaire ou la refuser.
L'héritier a un délai de trois mois pour faire dresser un inventaire, puis de quarante jour pour opérer un choix. Si celui-ci n'a pas été effectué trente ans après l'ouverture de la succession l'héritier est considéré comme ayant renoncé à la succession. La transmission héréditaire donne lieu au paiement de droits de mutation dont le taux est progressif (de 5% de 0 à 50 000 F (7621, 95 euros) jusqu'à 40% au-delà de 11 200 000 F: 1 707 317 euros)(CGI art. 777). Il est calculé après un abattement de 330 000 F (50 304, 87 euros) pour le conjoint survivant et de 300 000 F (45 731, 70 euros) pour les héritiers en ligne directe.
L'acceptation de la succession est expresse ou tacite dès lors que l'héritier

accomplit un acte qui suppose nécessairement son intention d'accepter (c. civ. art. 778).

L'acceptation pure et simple a pour conséquences d'imposer à l'héritier l'obligation de payer les dettes du défunt et les charges de la succession même au-delà de la valeur de l'actif qu'il recueille. Elle opère une confusion entre le patrimoine du défunt et celui de l'héritier. Dans le but de protéger les créanciers du défunt la loi a institué à leur profit un privilège: la faculté de demander la séparation des patrimoines. Ceci permet aux créanciers du défunt et aux légataires de sommes d'argent d'être payés par préférence aux créanciers de l'héritier.

L'acceptation sous bénéfice d'inventaire ne peut être qu'expresse, elle résulte d'une inscription sur un registre tenu au greffe du tribunal de grande instance du lieu d'ouverture de la succession. Elle nécessite évidemment la confection d'un inventaire. L'acceptation sous bénéfice d'inventaire limite les obligations de l'héritier aux dettes et aux charges de la succession à l'actif de celle-ci. Elle entraîne une séparation des patrimoines qui permet aux créanciers et légataires de somme d'argent d'être payés sur les biens héréditaires avant les créanciers de l'héritier. Lorsque l'héritier réalise l'actif afin de payer les créanciers, les ventes d'immeubles doivent être faites en justice et les meubles ne doivent être vendus qu'aux enchères par un officier public, après les formalités et publications habituelles.

La renonciation à la succession découle d'une déclaration expresse faite au greffe du tribunal de grande instance. L'héritier qui renonce dispose d'un droit de repentir qui ne peut être exercé que tant que la succession n'a pas été acceptée par un autre héritier. L'héritier renonçant est censé n'avoir jamais été héritier. Il ne supporte ni les dettes ni les charges de la succession (c. civ. art. 785).

Lorsque une succession est recueillie par plusieurs héritiers ceux-ci se trouvent dans *l'indivision*. Le principe est que nul ne peut être contraint de rester dans l'indivision et que le partage peut toujours être provoqué (c. civ. art. 815). Toutefois plusieurs exceptions judiciaires ou conventionnelles sont apportées à ce principe.

Le tribunal peut, à la demande d'un indivisaire, surseoir au partage pendant deux années au plus, si sa réalisation immédiate risque de porter atteinte à la valeur des biens indivis. Le maintien dans l'indivision peut, d'autre part, être obligatoire dans les cas prévus par la loi: pour l'exploitation agricole dont la mise en valeur était assurée par le défunt ou son conjoint, pour le local d'habitation et le local à usage professionnel utilisé à cet effet par le défunt ou son conjoint. Une décision du tribunal est nécessaire, le sursis au partage n'est possible qu'en faveur du conjoint survivant ou des héritiers mineurs.

Enfin le tribunal peut attribuer sa part à l'indivisaire demandeur en partage tout en laissant subsister l'indivision entre les autres héritiers.

Les héritiers ont également la possibilité de conclure une convention de maintien de l'indivision.
Le partage de la succession entre les héritiers peut être amiable ou judiciaire. Il est judiciaire lorsque les parties ne sont pas d'accord, lorsqu'il y a des mineurs ou des majeurs en tutelle parmi les héritiers, ou lorsqu'un héritier n'est pas présent lors de l'ouverture de la succession.
La loi impose qu'une égalité en valeur soit respectée dans la constitution du lot de chacun. Elle prévoit également une *attribution préférentielle* au conjoint survivant ou à l'un des héritiers de certains biens tels que: l'exploitation agricole, l'entreprise commerciale, industrielle ou artisanale, le local d'habitation ou le local professionnel sous réserve éventuellement du versement d'une soulte aux autres héritiers lorsque la valeur du bien dépasse la part successorale de l'attributaire (c. civ. art. 832).
L'attribution préférentielle est décidée par le tribunal qui a toute liberté pour l'accorder ou la refuser en fonction des intérêts en présence.
Le partage a un effet déclaratif, l'héritier est réputé avoir été le seul propriétaire des biens qui lui sont échus en partage (c. civ. art. 883). Il a également un effet rétroactif.
Il peut être annulé pour vices du consentement ou pour lésion lorsqu'un héritier a reçu un lot inférieur de plus du quart à ce qu'il aurait du recevoir. La révocation à la demande des créanciers est possible en cas de partage fait en fraude de leur droits.

B. *La succession testamentaire*

Toute personne a le droit de disposer de ses biens par testament à condition de respecter la réserve légale instituée au profit de ses descendants et ascendants. La *quotité disponible*, c'est à dire la part des biens dont elle peut librement disposer, est de la moitié de la succession si le défunt laisse un enfant, un tiers si le défunt laisse deux enfants et un quart s'il laisse trois enfants ou plus.
Cette quotité est de moitié lorsqu'il existe des ascendants dans les deux lignes et de trois quart s'il n'y a d'ascendant que dans une seule ligne. Il existe une quotité disponible particulière pour les libéralités entre époux qui varie selon que le conjoint est en présence d'ascendants ou de descendants.
Les libéralités excédant la quotité disponible peuvent être réduite à la demande des héritiers réservataires. Cette réduction s'opère en nature ou en valeur.
Le testament est fait soit sous seing privé, il doit être écrit, daté et signé de la main du testateur (testament olographe), soit devant notaire en présence de deux témoins (testament notarié), soit selon une combinaison de ces deux procédés (testament mystique), cette dernière forme est rarement utilisée. Le testament olographe doit être déposé par les héritiers chez un notaire qui

procède à son ouverture et en dresse procès verbal. Sa sincérité est susceptible d'être contestée ce qui n'est pas le cas du testament notarié qui possède la force probante.

Trois sortes de legs peuvent être faits: le legs universel est celui par lequel le testateur transfère la totalité de ses biens compte tenu de la réserve héréditaire, le legs à titre universel est le legs d'une fraction de la totalité des biens du testateur, le legs à titre particulier est celui qui n'entre pas dans les deux catégories précédentes, c'est à dire le legs d'un objet déterminé ou d'une somme d'argent.

Le légataire universel ou à titre universel est dans la même positions que des héritiers à l'égard des créances et des dettes du défunt. *Le légataire particulier* n'est pas tenu des dettes de la succession, il n'est tenu que des droits de mutation afférents à son legs. Lorsque le testament est authentique le légataire universel entre immédiatement en possession des biens du défunt, au contraire lorsqu'il s'agit d'un testament olographe le légataire doit demander au tribunal de grande instance l'envoi en possession qui permet de vérifier le caractère sérieux du testament. Le légataire à titre universel et le légataire à titre particulier ont l'obligation de demander la délivrance de leur legs aux héritiers réservataires, à défaut au légataire universel ou aux héritiers saisis.

Le testament est un acte révocable par son auteur soit expressément, soit tacitement lorsque ses dispositions sont incompatibles avec un testament postérieur ou que le testateur a aliéné la chose léguée.

Le tribunal peut d'autre part révoquer un legs pour inexécution des charges ou pour cause d'ingratitude lorsque le légataire a attenté à la vie du testateur ou s'est rendu coupable à son égard de sévices ou injures graves.

Enfin un legs peut être caduc lorsque le légataire meurt avant le testateur ou lorsqu'il est frappé d'incapacité ou s'il renonce à son legs. Il en est de même lorsque la chose léguée périt ou qu'une condition suspensive ne se réalise pas.

L'anéantissement du legs profite à celui qui est chargé de l'exécuter.

Le testateur a la faculté de désigner un exécuteur testamentaire chargé de veiller à l'exécution de ses dernières volontés. La loi réglemente ses pouvoirs, le testateur peut cependant les élargir en lui conférant la saisine sur le mobilier pour une durée maxima d'un an et d'un jour. En fin de mission l'exécuteur testamentaire doit rendre compte de sa gestion à l'héritier ou au légataire universel.

4.8 *Le droit international privé*

Le droit français a une conception large du droit international privé qui comprend quatre domaines: la nationalité, la condition des étrangers, les conflits de lois et les conflits de juridictions. La condition des étrangers qui relève à la fois du droit international privé, du droit administratif et des libertés publiques a déjà été traitée lors de l'étude du droit administratif. (V. supra 2.- Droit public). Nous examinerons donc la nationalité, les conflits de lois et les conflits de juridiction. Il faut indiquer auparavant que le droit international privé, à l'exception de la nationalité, n'est pas codifié. Ses sources sont diverses, ce sont d'abord des sources internes, qui comprennent la législation, assez succincte, et surtout la jurisprudence, puis les sources internationales avec principalement les traités. La doctrine française et étrangère a plus de poids ici qu'en d'autres matières.

4.8.1. *La nationalité*

Traditionnellement en droit français, le droit de la nationalité fait partie du droit international privé. Cette conception se fonde sur l'idée que le droit international privé traitant des relations privées présentant un caractère international, il est important de savoir si un individu est français ou non puisque les règles qui lui seront applicables ne seront pas nécessairement les mêmes.

Les dispositions relatives à la nationalité figurent à nouveau dans le code civil depuis la loi du 22 juillet 1993 alors qu'elles en avaient été enlevées par la loi du 10 août 1927 et constituaient jusqu'en 1993 le code de la nationalité.

Le droit français, qui dans le code civil de 1804 retenait essentiellement le critère du «jus sanguinis», connaît depuis les lois de 1851 et 1889 une combinaison des critères du «jus sanguinis» et du «jus soli» pour déterminer la nationalité. Cette transformation avait trois causes la dénatalité, l'augmentation de l'immigration et les contraintes du recrutement de l'armée. Le recours au critère du jus soli permettait ainsi d'accroître le nombre des Français et d'assimiler les immigrés.

De tels soucis ne sont plus ceux du législateur contemporain. La réforme de 1993 a modifié le droit de la nationalité dans un sens restrictif et en fonction d'un double objectif: tenir compte de la volonté des individus dans les modes d'acquisition de la nationalité française et éviter que le droit de la nationalité ne permette de tourner la législation sur les étrangers. La loi du 16 mars 1998 revient à des notions plus classiques.

On distingue entre la nationalité d'origine accordée à la naissance et la nationalité acquise postérieurement mais l'une comme l'autre peut être perdue. Le tribunal de grande instance a une compétence exclusive pour connaître de la nationalité française.

A. *La nationalité d'origine*

L'enfant légitime ou naturel ou ayant fait l'objet d'une adoption plénière est français si l'un de ses parents est français. Toutefois si l'enfant est né à l'étranger il a la faculté de répudier la nationalité française dans les six mois précédant sa majorité et dans les douze mois qui la suivent.
De même est français l'enfant né en France si ses parents y sont nés. Si un seul des parents y est né l'enfant a la faculté de répudier la nationalité française dans les six mois précédant sa majorité et dans les douze mois qui suivent.
Enfin pour éviter l'apatridie l'enfant né en France de parents inconnus ou de parents apatrides est français. Il en est de même lorsque la, ou les lois étrangères de ses parents ne lui accordent la nationalité d'aucun d'eux.
La filiation n'a d'effet sur la nationalité que si elle est établie pendant la minorité de l'enfant.

B. *L'acquisition de la nationalité française*

L'acquisition de la nationalité française est automatique ou résulte d'une déclaration ou d'une procédure de naturalisation.

I. *L'acquisition automatique de la nationalité française*

Tout enfant né en France de parents étrangers acquiert la nationalité française à sa majorité si, à cette date, il a en France sa résidence et s'il a eu sa résidence habituelle en France pendant une période continue ou discontinue d'au moins cinq ans depuis l'âge de onze ans (c. civ. art. 21-7).

II. *L'acquisition de la nationalité française par déclaration*

La nationalité française peut être réclamée par l'enfant qui a fait l'objet d'une adoption simple ou par la personnes qui a joui d'une façon constante de la possession d'état de Français pendant les dix années précédant sa déclaration.
L'étranger ou l'apatride qui contracte mariage avec un conjoint de nationalité française peut aussi acquérir la nationalité française à condition que le mariage ait duré un an, que la communauté de vie n'ait pas cessé entre les époux et que le conjoint français ait conservé sa nationalité. Le délai d'un an

est supprimé lorsqu'un enfant est né avant ou après le mariage et que sa filiation a été établie à l'égard des deux conjoints (c.civ. art. 21-2).
Toutefois le *gouvernement peut s'opposer* par décret en Conseil d'Etat à l'acquisition de la nationalité française pour indignité ou défaut d'assimilation dans un délai d'un an à compter de la déclaration (c. civ. art. 21-4).
Sans entrer dans les détails de la procédure nous indiquerons seulement que les déclarations d'acquisition de la nationalité se font généralement devant le juge d'instance qui procède à l'enregistrement de la déclaration (c. civ. art. 26 s.).
Le refus d'enregistrement fait l'objet d'une décision motivée et notifiée à l'intéressé qui peut la contester devant le tribunal de grande instance dans un délai de six mois.
L'enregistrement peut être contesté par le ministère public en cas de mensonge ou de fraude dans un délai de deux ans à compter de leur découverte.

III. *L'acquisition de la nationalité française par naturalisation*

La naturalisation est accordée par une décision discrétionnaire du gouvernement sous la forme d'un décret, à l'étranger qui en a fait la demande.
Les conditions de recevabilité de la demande sont les suivantes: l'intéressé doit avoir, en principe, *dix-huit ans*, ne pas avoir fait l'objet de certaines condamnations pénales, ni d'expulsion, de reconduite à la frontière ou d'interdiction du territoire, être de bonne vie et mœurs, être assimilé à la communauté française notamment par une connaissance suffisante de la langue française. Il doit résider en France au moment de la signature du décret de naturalisation et y avoir *résidé habituellement et régulièrement* pendant les cinq années précédant sa demande.
La durée de ce stage peut être réduite à deux ans pour l'étranger qui a accompli avec succès deux années d'études supérieures en France ou a rendu, ou est susceptible de rendre, des services importants à la France.
La condition de stage n'est plus requise pour l'enfant mineur resté étranger bien que l'un de ses parents ait acquis la nationalité française, le conjoint et l'enfant majeur d'une personne qui a acquis ou acquiert la nationalité française, l'étranger qui a accompli son service militaire dans l'armée française, le ressortissant d'un pays sur lequel la France a exercé la souveraineté, un protectorat un mandat ou une tutelle, l'étranger qui a rendu des services exceptionnels à la France, l'étranger qui appartient à l'entité culturelle et linguistique française, enfin l'étranger qui a obtenu le statut de réfugié (c.civ. art. 21-9 s.).

La condition de stage n'est pas exigée de la personne qui ayant perdu la qualité de français demande à être réintégrée dans la nationalité française. Elle doit cependant remplir les autres conditions de la naturalisation.
La naturalisation d'un parent entraîne l'acquisition de plein droit de la nationalité française pour l'enfant mineur légitime, naturel ou ayant fait l'objet d'une adoption plénière, à condition qu'il réside habituellement avec ce parent et que son nom soit mentionné dans le décret de naturalisation.

C. *La perte de la nationalité française*

La nationalité française peut se perdre en raison de l'absence d'effectivité de cette nationalité ou par la volonté de l'intéressé qui possède une autre nationalité. Le défaut de loyalisme entraîne également la perte de la nationalité et résulte d'un décret pris après avis conforme du Conseil d'Etat. De même le naturalisé peut être déchu de la nationalité française s'ils a été condamné pénalement dans un certains nombre de cas révélant l'indignité ou son défaut de loyalisme. L'intéressé est toujours appelé à formuler ses observations.

4.8.2. *Les conflits de lois*

La méthode de solution des conflits de lois s'est dans les trente dernières années diversifiée. A côté de la méthode conflictuelle traditionnelle se sont développés d'autres procédés de solution des litiges internationaux. Les lois de police, les règles matérielles, l'unilatéralisme et la «lex mercatoria» sont venus s'ajouter et empiéter sur la méthode traditionnelle sans toutefois la surpasser.
La jurisprudence a eu recours aux *lois de police* notamment en matière sociale[29] où la loi française relative aux comité d'entreprise s'applique à toutes les entreprises françaises ou étrangères exerçant leurs activités sur le territoire. Les *règles matérielles* notamment celles qui sont édictées par les traités sont devenues plus nombreuses et la jurisprudence en a créer quelques unes: la faculté pour l'Etat de compromettre dans les litiges internationaux, ou l'autonomie de la clause compromissoire en matière d'arbitrage.
La loi de 1975 sur le divorce comporte des dispositions de droit international privé dont l'une a une résonance nettement *unilatéraliste* puisqu'elle soumet le divorce à la loi françaises si aucune autre loi ne se reconnaît compétence alors que les tribunaux français sont compétents pour connaître du divorce (c.

29 CE 29 juin 1973, *Syndicat général de la Cie des Wagons-lits:* Rev. crit. DIP 1974 p. 344 concl. *Questiaux;* JDI 1975 p. 538 note *M. Simon – Depitre*; – Cass. Soc., 3 mars 1988, *Thoresen Car Ferries Ltd:* Rev. crit. DIP 1989 p. 63 note *G. Lyon – Caen*; JDI 1989 p. 78 note *M. A. Moreau-Bourlès*.

civ. art. 310 al.3). La «*lex mercatoria*» a reçu également une consécration jurisprudentielle[30].

Nous ne pouvons qu'évoquer ici les solutions données aux grandes questions suscitées par les conflits de lois.

Le droit français retient *la qualification* lege fori dont le principe a été affirmé en 1955[31].

Le renvoi admis par la jurisprudence depuis le célèbre arrêt *Forgo*[32] et qui a reçu de nombreuses applications, a perdu du terrain à l'heure actuelle. En effet, les réformes intervenues en droit de la filiation et en matière de divorce ont prévu des règles de conflit de lois en ces matières qui ne laissent guère de place au renvoi. De même un certain nombre de conventions internationales l'excluent.

Le régime juridique de *la loi étrangère* a récemment évolué. L'arrêt Bisbal rendu en 1959[33] posait le principe selon lequel le juge ne pouvait pas appliquer d'office la loi étrangère. Cette solution très critiquée par la doctrine a été renversée en 1988[34]. Désormais, le juge a, en principe, l'obligation d'appliquer la loi étrangère désignée par la règle de conflit bien que les parties ne l'aient pas invoquée encore que des arrêts plus récents aient adopté des solutions moins nettes. Par ailleurs, la Cour de cassation n'exerce pas son contrôle sur l'interprétation de la loi étrangère par les juges du fond sauf en cas de dénaturation ce que très peu de ses décisions ont admis[35].

La loi étrangère peut être écartée lorsqu'elle heurte *l'ordre public* français ou lorsque son application résulte d'une *fraude à la loi*.

Le statut personnel est en principe régi par la loi nationale mais ce principe a reçu quelques atténuations. En matière de mariage on distingue entre les règles de fond soumises à la loi nationale de chacun des époux et les règles de formes soumises à la loi du lieu de célébration du mariage.

Le *divorce* et la séparation de corps sont régis par la loi française lorsque l'un et l'autre des époux sont de nationalité française, lorsque l'un et l'autre des époux ont leur domicile en France et lorsqu'aucune loi étrangère ne se reconnaît compétence (c. civ. art. 310).

L'établissement de la *filiation* légitime ou naturelle est régie par la loi personnelle de la mère au jour de la naissance de l'enfant; si la mère n'est pas connue, par la loi personnelle de l'enfant (c. civ. art. 311-14). Des règles alternatives ou à option existent en matière de légitimation, de reconnaissance

30 CA Paris, 13 juil. 1989, *Valenciana:* Rev. crit. DIP 1990 p. 305 note *B. Oppetit.*

31 Cass. 1ère civ., 29 juin 1955, *Caraslanis:* D.1956 p. 73, note *Chavrier;* JDI.1955 p. 682 *note Sialelli*, Rev. crit. DIP 1955 p. 723 note *H. Batiffol.*

32 Cass. civ. 24 juin 1878: D. P. 1879. I. p. 56; S.1878. I. p. 429.

33 Cass. 1ère civ. 12 mai 1959: Rev. crit. DIP 1960 p. 62, note *H. Batiffol*; JDI 1960 p. 810 note *Sialelli*; D.1960 p. 610 note *Ph. Malaurie*; JCP 1960, G, II, 11733 note *H. Motulsky.*

34 Cass. 1ère civ. 11 et 18 oct.1988: Rev. crit. DIP 1989 p. 277 note *Y. Lequette.*

35 Cass. 1ère civ. 1er juill. 1997: Rev. crit. DIP 1998 p. 292 note *H. Muir-Watt.*

volontaire, d'action à fins de subsides. *L'adoption* est soumise à la loi de l'adoptant mais la loi de l'adopté est consultée pour les conditions relatives au consentement et à sa représentation.
Les biens sont soumis à la loi de leur situation.
Les *obligations extra – contractuelles* relèvent de la loi du lieu où le fait générateur d'obligation s'est produit.
Les *obligations contractuelles* sont régies par la loi d'autonomie, c'est à dire la loi expressément ou implicitement choisie par les contractants, ce principe est repris par la Convention de Rome du 19 juin 1980 qui est devenu le droit commun français depuis le 1er avril 1991.
Enfin les *successions* immobilières sont soumises à la loi du lieu de situation de l'immeuble et les successions mobilières à la loi du dernier domicile du défunt.

4.8.3. *Les conflits de juridiction*

Cette partie du droit international privé concerne essentiellement les problèmes de compétence internationale et d'effets des jugements.
La compétence internationale ordinaire des tribunaux français s'apprécie par rapport aux règles de compétence territoriales internes qui sont étendues à la compétence internationale[36]. Il subsiste cependant des règles de compétence extraordinaires fondées sur la nationalité française du demandeur ou du défendeur (c. civ. art. 14 et 15) et qui s'appliquent à défaut de règle ordinaires donnant compétence aux tribunaux français. A ces règles de compétence s'ajoutent celles qui découlent de la Convention de Bruxelles du 27 septembre 1968 et du 28 mai 1998 concluent entre les Etats membres de la Communauté européenne. La convention de 1968 écarté les compétences fondées sur la nationalité et retient comme principe la compétence du tribunal du lieu du domicile du défendeur. Elle énonce en outre des règles spéciales à certaines matières notamment pour les obligations contractuelles où le tribunal compétent est celui du lieu où a été ou, où doit être exécuté l'obligation, et des règles de compétence exclusives.
Les jugements étrangers reçoivent effets en France s'ils sont revêtus de l'exequatur. L'exequatur est la décision par laquelle le tribunal de grande instance donne aux jugements étrangers force exécutoire en France. Le contrôle du juge sur la décision étrangère s'exerce sur quatre points: le juge étranger qui a rendu la décision doit être compétent, il doit avoir appliqué la loi compétente selon les règles françaises de conflits de lois mais les inconvé-

36 Cass. civ. 19 oct. 1959, *Pélassa:* D.1960 p. 37 note *D. Holleaux;* Rev. crit. DIP 1960 p. 215 note *Y. Loussouarn*.

nients de cette règle sont atténués par la notion d'équivalence: l'exequatur est accordé si la loi appliquée a conduit aux mêmes résultats que ceux qui auraient été obtenus par l'application de la règle française de conflit de lois, la décision de doit pas être contraire à l'ordre public aussi bien en ce qui concerne la procédure que le fond, elle ne doit pas comporter une fraude à la loi[37].

La *convention de Bruxelles du 27 septembre 1968* comme celle du 28 mai 1998 en matière matrimoniale, prévoit une procédure simplifiée dans les relations entre Etats membres de la Communauté européenne.

Enfin les jugements relatifs à l'état et à la capacité des personnes produisent leurs effets en France indépendamment de toute déclaration d'exequatur, sauf dans les cas où ils doivent donner lieu à des actes d'exécution matérielle sur les biens ou de coercition sur les personnes.

Bibliographie

Droit des obligations

A. Bénabent, Droit civil, Les obligations (592 p.), Paris, Montchrestien, 6° éd.1997.

R. Cabrillac, Droit des obligations (352 p.), Paris, Dalloz, coll. Cours, 3° éd. 1998

J. Carbonnier, Les obligations, (616 p.) Paris, PUF, coll. Thémis, 21° éd. 1998.

J. Dupichot, Droit des obligations (128 p.), Paris, PUF, Que sais-je? n° 1718, 4° éd. 1992

J. Flour, J. L. Aubert, Les obligations: 1.L'acte juridique (394 p.) 2.Le fait juridique (384 p.) Paris, Armand Colin, collect.U, 7° éd.1997.

P. Jourdain, Les principes de la responsabilité civile (196 p.), Paris, Dalloz, coll. Connaissance du droit, 4° éd. 1998

L. Aynes, Les obligations (836 p.), Paris, Cujas, 9° éd.1998.

A. Sériaux, Droit des obligations (784 p.), Paris, PUF, coll. Droit fondamental, 2° éd. 1998.

F. Terré, Y. Lequette et Ph. Simler, Les obligations (1152 p.), Paris, Dalloz 6° éd.1996

V. Toulet, Droit civil, obligations responsabilité civile, Centre de publications universitaires, 1998-1999

Droit des contrats spéciaux

A. Bénabent, Droit civil, Les contrats spéciaux (608 p.), Paris, Montchrestien, 3° éd. 1997

F. Collart-Dutilleul et *Ph. Delebecque,* Contrats civils et commerciaux (896 p.), Paris, Dalloz, 4° éd.1998

D. Mainguy, Contrats spéciaux (304 p.), Paris, Dalloz, coll. Cours, 1998

37 Cass. 1ère civ. 7 janvier 1964, *Munzer:* Rev. crit. DIP 1964 p. 344 note *H. Batiffol;* JDI 1964 p. 302 note *B. Goldman;*JCP 1964, G, II, 13590 note *M. Ancel.*- Cass. 1ère civ., 4 oct.1967, *Bachir:* D.1968 p. 95 note *E. Mezger;* Rev. crit. DIP 1968 p. 98 note *P. Lagarde*

Ph. Malaurie, L. Aynes et P.Y Gautier, Contrats spéciaux (696 p.), Paris, Cujas, 12° éd.1998

Droit de la consommation
J. Calais-Auloy, Droit de la consommation (508 p.), Paris, Dalloz, 4 ° éd. 1996

Droit des biens
Ch. Atias, Droit civil, Les Biens, Paris, Litec, 1993.
J. L. Bergel, Le droit des biens (128 p.), Paris, PUF, Que sais-je? n° 2132 3° éd. 1996
J. Carbonnier, Les Biens (448 p.), Paris, PUF, coll. Thémis, 18° éd.1998.
F. Zénati, Les biens (520 p.), Paris, PUF, coll. Droit fondamental, 2° éd. 1997

Droit des sûretés
H. Lecuyer, Droit des sûretés, Paris, Dalloz, coll. Cours, 1998
St. Piedelièvre, Les sûretés (240 p.), Paris, Armand Colin, coll. U, 1996
Ph. Simler, Ph. Delebecque, Les sûretés. La publicité foncière (696 p.), Paris, Dalloz, 2° éd. 1995.
Ph. Thery, Sûretés et publicité foncière (448 p.), Paris, PUF, coll. Droit fondamental, 2° éd.1998.

Droit de la famille
T. Acher, Droit civil, personnes, incapacités, famille, Centre de publications universitaires, 1998-1999
A. Bénabent, Droit civil, La famille (590 p.), Paris, Litec, 9° éd.1998.
J. Carbonnier, La famille (548 p.), Paris, PUF, coll. Thémis, 19° éd.1998.
Cl. Colombet, La famille(400 p.), Paris, PUF, coll. Droit fondamental, 5° éd.1997.
G. Cornu, Droit civil, La famille (624 p.), Paris, Montchrestien, 6° éd.1998.
P. Courbe, Droit de la famille, Paris, Armand Colin, coll. U, 7° éd. 1997
D. Fenouillet, Droit de la famille (308 p.), Paris, Dalloz, coll. Cours, 1997
Th. Garé, Le droit des personnes, Paris, Dalloz, coll. Connaissance du droit, 1998
Ph. Malaurie, La famille (610 p.), Paris, Cujas, 6° éd.1998.
F. Terré, D. Fenouillet, Les personnes. La famille. Les incapacités (1170 p.), Paris, Dalloz, 6° éd.1996

Droit des régimes matrimoniaux
G. Cornu, Les régimes matrimoniaux (704 p.), Paris, PUF, coll. Thémis, 9° éd. 1997.
J. Flour et G. Champenois, Les régimes matrimoniaux (704 p.), Paris, Armand Colin coll. U, 1995
F. Terré et Ph. Simler, Les régimes matrimoniaux (676 p.), Paris, Dalloz, 2° éd. 1994

Droit des successions
M. Grimaldi, Droit civil, Successions, Paris, Litec, 5° éd. 1998.
A. Sériaux, Les successions. Les libéralités (392 p.), Paris, PUF, coll. Droit fondamental, 2° éd.1993.
F. Terré et Y. Lequette, Les successions. Les libéralités (906 p.), Paris Dalloz, 3° éd.1997
P. Voirin, Droit civil, Droit privé notarial, Régimes matrimoniaux, Successions, Libéralités, (344 p.), Paris, LGDJ, 26° éd.par *G. Goubeaux*, 1997.

Droit international privé
B. Audit, Droit international privé (944 p.), Paris, Economica, 2° éd. 1997.
H. Batiffol et P. Lagarde, Traité de droit international privé (656 p.), Paris, LGDJ, t.1, 8° éd.1993
P. Mayer, Droit international privé (700 p.), Paris, Monchrestien, 6° éd.1998.
Y. Loussouarn, P. Bourel, Droit international privé (740 p.), Paris, Dalloz, 5° éd.1996.

4.9. *Le droit commercial*

Le droit commercial est une branche de droit privé qui a acquis son autonomie à partir du droit civil, il conserve cependant des liens nombreux avec le droit civil sans lequel il ne pourrait survivre (théorie des obligations par exemple). Son autonomie provient en particulier de l'existence d'un code de commerce remontant à 1807. Celui-ci n'avait pas les qualités du code civil et il a été vidé peu à peu de sa substance par des réformes qui ne lui ont pas été intégrées. Depuis 1947 sa réforme a été envisagée. Un projet de refonte du code de commerce a été transmis au premier ministre en août 1993. Il proposait l'intégration dans le code des principales lois commerciales restées à l'extérieur du code. Cette réforme n'a toutefois pas encore abouti.
A la dénomination de droit commercial considéré par certain comme trop étroite a été substitué par de nombreux auteurs contemporains le terme de droit des affaires qui englobe l'ensemble des activités économiques.
La France n'a pas choisi entre la conception subjective et la conception objective du droit commercial, elle a opté pour un système mixte: le droit commercial s'applique aux actes de commerce il faut donc connaître les actes de commerce pour déterminer le domaine d'application du droit commercial mais le commerçant est celui qui fait des actes de commerce et à ce titre il est soumis au droit commercial.

4.9.1. *Les actes de commerce*

Une liste des actes de commerce figure à l'article 632 du code, elle regroupe trois catégories d'actes: les *actes de commerce par la forme* illustrés par le lettre de change et les sociétés commerciales, les *actes de commerce isolés* tel l'achat pour revendre et les *actes de commerce par entreprise* qui implique la répétition d'opérations dans le cadre d'une structure organisée. L'activité commerciale couvre la distribution, l'industrie mais non l'artisanat[38] qui reste

38 D. n° 98-247, 2 avril 1998: JO 3 avril 1998 relatif à la qualification artisanale et au répertoire des métiers.

soumis au droit civil et se caractérise par l'absence d'esprit de spéculation. Cette distinction n'est toutefois pas admise en droit fiscal. Enfin les services relèvent aussi de l'activité commerciale: agents d'affaires, courtiers, commissionnaires, banque, bourse, assurance.
Le domaine de la commercialité est étendue par la *théorie de l'accessoire* qui considère que tous les actes effectués par un commerçant pour les besoins de sa profession sont les accessoires de celle-ci, ils sont donc traités comme des actes de commerce (accessoire commercial subjectif), par exemple l'acquisition d'une voiture pour effectuer des livraisons. Sont également considérés comme des actes de commerce tous les actes qui sont l'accessoire d'un acte de commerce (accessoire commercial objectif), par exemple le gage ou le cautionnement garantissant une dette commerciale.
L'intérêt de distinguer les actes de commerce des actes civils réside dans la différence de régime juridique qui leur est applicable et qui touche notamment la capacité, le consentement, les règles de forme, la preuve, l'inexécution et l'extinction des obligations, la prescription, la solidarité des codébiteurs et la compétence judiciaire. Les litiges portant sur les actes de commerce ou s'élevant entre commerçants sont de la compétence du tribunal de commerce (V. supra 1.2.2.)

4.9.2. *Le commerçant*

Le commerçant défini à l'article 1er du code est celui qui exerce des actes de commerce en son nom et pour son compte et en fait sa profession habituelle.
Les commerçants se répartissent entre les personnes physiques et les personnes morales. Les règles applicables à ces dernières ont pris une telle ampleur qu'elles constituent une partie importante du droit commercial.
Un certain nombre de principes s'appliquent néanmoins aux unes comme aux autres. Elles ont recours à certains auxiliaires du commerce.

A. *Les principes applicables aux commerçants*

Parmi ces principes, celui de *la liberté du commerce et de l'industrie* occupe une place prépondérante. Ce principe proclamé lors de la Révolution par le décret d'Allarde de 1791 ne subordonnait l'exercice du commerce qu'au paiement d'un impôt: la patente. Ce principe de valeur constitutionnelle peut cependant être l'objet de restrictions qui ne peuvent émaner que du législateur. Quant au pouvoir réglementaire, son pouvoir de police peut incidemment porter atteinte à la liberté du commerce, dans ce cas il doit prendre des mesures réduites aux nécessités du maintien de l'ordre et en aucun cas il ne peut prendre des mesures d'interdiction générale et absolue.

Les restrictions législatives consistent souvent à soumettre à autorisation ou à déclaration certaines activités afin de protéger soit les utilisateurs, soit l'environnement, il en est ainsi par exemple, de la législation sur les débits de boissons ou sur les garanties financières des agences de voyages ou sur les activités insalubres.

Certaines *restrictions* touchent plus particulièrement les personnes physiques. Ainsi une personne physique doit pour exercer le commerce avoir la pleine capacité, 18 ans, et ne pas être soumise à un régime de tutelle des majeurs. L'accès des étrangers aux activités commerciales est subordonné à une autorisation[39] sauf pour les ressortissants communautaires et ceux qui bénéficient de la réciprocité, mais cette autorisation ne vaut pas pour toutes les activités dont certaines restent interdites aux étrangers sous réserve des conventions internationales.

Il y a d'autre part des *incompatibilités* entre la profession de commerçant et celle de fonctionnaire, d'officiers ministériels, de membre d'une profession libérale ou encore de parlementaire sous certaines conditions. La sanction est en générale disciplinaire.

Enfin il existe des *interdiction d'exercer le commerce* à l'encontre des personnes dont la moralité est douteuse en raison de condamnations pénales (condamnations pour crime ou certains délits comme le vol, l'escroquerie, ou l'abus de confiance . . .). L'inobservation de cette interdiction est sanctionnée de peines correctionnelles.

Deux obligations principales pèsent sur le commerçant qu'il s'agisse d'une personne physique ou d'une personne morale.

La première obligation est *d'être immatriculé au Registre du commerce et des sociétés*[40] *(RCS) d*étenu par le greffier du tribunal de commerce et dont un double est tenu par l'Institut nationale de la propriété industrielle.

Les personnes physiques doivent demander leur immatriculation dans les quinze jours suivant le début de leur activité. L'immatriculation constitue une présomption simple de commercialité.

Pour les personnes morales aucun délai n'est fixé, mais l'immatriculation leur est nécessaire pour exercer une activité puisque l'effet de l'immatriculation est de leur conférer la personnalité morale. En revanche l'immatriculation des personnes morales au RCS ne pose pas de présomption de commercialité. D'ailleurs des personnes morales de droit civil ont l'obligation d'être immatriculées sans que cela ait pour effet d'en faire des commerçants.

39 D. n° 98-58, 28 janv. 1998: JO 31 janv. 1998 relatif à la délivrance de la carte d'identité de commerçant étranger.

40 D. n° 98-550, 2 juill. 1998: JO 4 juill. modifiant le décret n°84-406 du 30 mai 1984.

La deuxième obligation imposée aux commerçants est de *tenir une comptabilité*. Ils doivent posséder et tenir des livres comptables et établir des comptes annuels (bilan, compte de résultat). L'inobservation de cette obligation comme la mauvaise tenue de la comptabilité entraîne des sanctions pénales.
Outre leur rôle fiscal, les livres comptables qui doivent être conservés pendant dix ans, ont un rôle de preuve.
A ces deux obligations principales s'ajoute la nécessité d'avoir et *d'utiliser un compte bancaire* et d'établir, pour chaque opération avec un client, une *facture*. Elle aussi constitue un moyen de preuve et elle sert de base au contrat d'affacturage (factoring).

B. *Les auxiliaires du commerçant*

En dehors des personnes employées par les commerçants qui ont la qualité de salarié et sont soumis au droit du travail, il existe des auxiliaires du commerçant qui n'ont pas la qualité de commerçant. Il en est ainsi du *VRP* (voyageur, représentant, placier) qui bénéficie d'un statut spécifique et protecteur. S'il a, en principe, la qualité de salarié il s'agit d'un salarié particulier. Sa fonction consiste à démarcher la clientèle, à prendre les commandes et à les transmettre à son employeur. Il bénéficie d'une certaine liberté dans sa profession qui contraste avec la totale subordination du salarié ordinaire. Il en est de même de l'indemnité de clientèle à laquelle il a droit en cas de rupture du contrat par l'employeur et non justifiée par une faute grave. Le fondement de l'indemnité repose sur l'idée d'enrichissement sans cause de l'employeur fondée sur le fait que la clientèle démarchée par le VRP a augmenté la valeur du fonds de commerce qui sera conservée par l'employeur.
L'agent commercial malgré son nom n'a pas la qualité de commerçant, c'est un mandataire indépendant soumis aux règles du mandat et plus particulièrement du mandat d'intérêt commun. Ce qui lui permet d'obtenir une réparation lorsque la rupture injustifiée du mandat lui cause un préjudice. Il bénéficie lui aussi d'un statut particulier qui a été harmonisé avec la directive européenne du 18 décembre 1986[41].
D'autres auxiliaires du commerçant ont la qualité de commerçant: ce sont les *courtiers* dont la fonction est de mettre en relation des personnes souhaitant contracter et les *commissionnaires* qui contractent en leur nom propre mais pour le compte d'un mandant.

41 Loi n° 91-593, 25 juin 1991: JO 27 juin 1991.

4.9.3. *Les personnes morales*

Il existe plusieurs catégories de personnes morales dont la plus importante est celle des sociétés mais avant d'en préciser individuellement les principales caractéristiques, il convient d'examiner tout d'abord les règles applicables à la société en général.

A. *Les règles applicables à la société en général*

Traditionnellement la société est un contrat entre plusieurs personnes donnant naissance à une personne morale. Cette définition n'est plus exacte depuis que la loi du 11 juillet 1985 a introduit en droit français la société d'une seule personne: l'entreprise unipersonnelle à responsabilité limitée (EURL). Par ailleurs le caractère contractuel qui existe au moment de la constitution de la société a tendance ensuite à s'effacer au profit du caractère institutionnel de la société. Les conditions générales de formation d'une société sont mentionnées aux articles 1832 et suivants du code civil, elles s'appliquent à tous les types de sociétés.

L'acte de société doit comporter une mise en commun d'apports, la recherche de bénéfices ou d'économies et «l'affectio societatis».

Les apports sont constitués par des apports en numéraires (argent), des apports en nature (immeubles, brevets . . .) et des apports en industrie. L'apport en industrie est l'engagement pris par un associé de consacrer tout ou partie de son activité aux affaires sociales en mettant à la disposition de la société son expérience, ses connaissances techniques ou professionnelles, son talent et sa notoriété en dehors de tout contrat de travail. L'apport en industrie ne fait pas partie du capital constitué seulement des apports en numéraires et en nature. Alors que les apporteurs touchent en contrepartie de leur apport des actions ou des parts sociales l'apporteur en industrie reçoit des titres d'une nature particulière constatant des droit sociaux qui lui permettent de participer aux décisions collectives mais ne représentant pas une quote – part du capital social. L'apporteur en industrie n'a droit qu'à une part dans les bénéfices égale à celle de l'apporteur en numéraire ou en nature dont les apports sont le moins élevé sauf dispositions particulières des statuts.

Le capital social est fixe, il ne peut être distribué aux associés et il ne peut être modifié que dans des conditions strictes car il est considéré comme le gage des créanciers sociaux.

La réalisation de bénéfices ou d'économies est le critère qui permet de distinguer entre les catégories de personnes morales du droit privé. A côté de la société, il y a *l'association* dont l'objet est autre que la recherche de béné-

fices[42], son objet est en principe désintéressé mais il existe des associations à finalité lucrative, et le *groupement d'intérêt économique* (GIE), créé en 1967, qui permet de développer l'activité économique de ses membres par la mise en commun de moyens de production ou de commercialisation et dont le but n'est pas de réaliser des bénéfices. S'il réalise des bénéfices ceux-ci doivent être répartis entre ses membres.
La participation de tous les associés aux bénéfices ou aux économies impliquent également leur participation aux pertes.
«*L'affectio societatis*» est la volonté de participer à la vie de la société sur un pied d'égalité. Tous les associés doivent participer sinon à la gestion du moins au contrôle de celle-ci lors de l'assemblée générale.
Les statuts de la société doivent être établis par écrit et contenir les mentions obligatoires mentionnées à l'article 1835 du code civil.
L'immatriculation au Registre du commerce est obligatoire et confère la personnalité morale. L'acte de société doit également être enregistré auprès de l'administration fiscale et être publié dans un journal d'annonces légales afin d'informer les tiers.
La société doit avoir une dénomination sociale, un siège social et une nationalité, déterminée en droit français selon le critère du siège social réel.
Les modes de gestion des sociétés varient selon le type de société considéré (V. infra).
La disparition de la société résulte de l'intervention de certains événements énumérés à l'article 1844-7 du code civil, en particulier l'expiration du terme pour lequel elle a été constituée, la réalisation de son objet, la décision des associés ou la mésentente grave entre eux ou encore l'intervention d'une procédure de redressement ou de liquidation judiciaire.
En dehors des procédures collectives, la dissolution de la société entraîne la nomination d'un liquidateur, en général un administrateur de celle-ci, chargé de procéder au paiement des dettes, au remboursement du capital et au partage de l'actif. Lorsque ces opérations de liquidation sont achevées, il doit faire procéder à la radiation de la société du registre du commerce.

B. *Les principales catégories de sociétés*

Traditionnellement on opposait les sociétés civiles aux sociétés commerciales, la valeur de cette distinction s'est cependant amenuisée en raison de l'harmonisation des règles les concernant notamment en matière de redressement judiciaire ou de formalités constitutives.
La société commerciale à raison de son objet est devenue rare et ne semble plus concerner que les sociétés en participation. La société est commerciale en

42 Les associations sont régies par la loi du 1er juillet 1901.

raison de la forme si elle adopte une forme qui figure à l'article 1er de la loi du 24 juillet 1966 sur les sociétés commerciales. Après avoir dit un mot des sociétés civiles nous examinerons les societés commerciales.

I. *Les sociétés civiles*

Outre les conditions générales déjà mentionnées, les caractéristiques de la société civile sont les suivantes: *le capital* souscrit doit être libéré, aucun capital minimum n'est exigé car les associés sont indéfiniment responsables des dettes de la société en proportion de la part de capital qu'ils détiennent, mais les créanciers ne peuvent se retourner contre les associés qu'après avoir préalablement et vainement poursuivi la société. Les parts sociales ne peuvent être cédées qu'avec le consentement de tous les associés. L'associé peut se retirer de la société à condition d'avoir obtenu l'autorisation des autres associés (sous réserve de dispositions particulières des statuts) ou à la suite d' une décision de justice.
Les décisions sont, en principe, prises à *l'unanimité* sauf clause contraire des statuts. La société civile est gérée par un gérant qui peut être, ou non, un associé, une personne physique ou une personne morale, il est nommé dans les statuts ou par une décision des associés. Ses pouvoirs varient: dans ses rapports avec la société et les associés, ses pouvoirs sont déterminés par les statuts, dans ses rapports avec les tiers le gérant engage la société par les actes entrant dans l'objet social. Les clauses statutaires qui limiteraient ses pouvoirs sont inopposables aux tiers. Les sociétés civiles importantes doivent désigner un commissaire aux comptes.
La société civile est susceptible de régimes dérogatoires pour l'exercice en commun des professions libérales ou pour les activités immobilières de construction ou encore pour les activités agricoles.

II. *La société en participation*

C'est une société qui n'existe que dans les rapports entre associés, elle n'a pas la personnalité morale et ne fait pas l'objet de mesure de publicité. Elle peut être utilisée comme un moyen de collaboration entre entreprises. Elle est simple, discrète et souple mais son efficacité est limitée. Elle est civile ou commerciale selon son objet. Entre associés son fonctionnement est conforme aux règles du pacte social ou aux règles applicables aux sociétés civiles ou aux sociétés en nom collectif. Dans ses rapports avec les tiers le gérant agit en son nom personnel. Les participants n'ont pas d'action contre les tiers et réciproquement.

III. *Les sociétés commerciales*

Elles sont énumérées à l'article 1er de la *loi du 24 juillet 1966* ce sont: la société en nom collectif (SNC), la société anonyme (SA), la société à responsabilité limitée (SARL), la société en commandite simple et la société en commandite par actions, ces deux derniers types de sociétés sont relativement rares. Ils se caractérisent par l'existence de deux catégories d'associés: les commandités qui se trouvent dans la situation d'associés en nom collectif et les commanditaires qui ont le même statut que les associés d'une SARL (commandite simple) ou d'une SA (commandite par action).

1. *La société en nom collectif*

La société en nom collectif est le type même des sociétés de personne où prédomine *«l'intuitu personae»*, elle n'est composée que d'un petit nombre de personnes, au minimum deux, qui se connaissent et se font confiance. Elle convient aux petites exploitations à caractère familial. Il en existe environ 18 000. Elle se caractérise par la *qualité de commerçant* attribuée à tous les associés et par leur responsabilité indéfinie et solidaire à l'égard du passif social.
Sa constitution est simple, la loi n'exige ni capital social minimum, ni l'obligation de libérer immédiatement tout ou partie des apports souscrits. La cession des parts n'est possible qu'avec le consentement de tous les associés.
La gestion de la société est confiée à un *gérant* qui la représente. Il peut être associé ou non, il est nommé à l'unanimité soit dans les statuts, soit par un acte séparé. Il touche une rémunération dont les modalités sont variables.
Il est *révocable à l'unanimité* des autres associés. A l'égard des tiers le gérant a les pouvoirs les plus étendus pour représenter la société à condition qu'il n'agisse pas en dehors de l'objet social et qu'il n'empiète pas sur les pouvoirs que la loi attribue aux associés. Dans les SNC importantes un commissaire au comptes doit être désigné.
Outre les causes de droit commun la *SNC peut être dissoute* en cas de révocation du gérant statutaire associé, de décès d'un associé, de liquidation judiciaire d'un associé ou de son incapacité mais ces motifs peuvent être écartés par les statuts. A la simplicité de la SNC s'oppose la complexité de la société anonyme.

2. *La société anonyme*

C'est une société de capitaux pour laquelle la personnalité des associés est indifférente, seuls comptent les capitaux qu'ils apportent. Ils ne sont responsables du passif que dans la limite de leurs apports. Les actions sont en principe librement et aisément négociables. Elles sont au porteur pour les sociétés cotées en Bourse mais elles doivent être nominatives pour les autres. Le principe «un associé, une voix» n'est pas applicable, le droit de vote est subordonné à la détention d'une certaine fraction du capital.

Ce type de société (environ 125 000 en France) est adapté aux grandes entreprises auxquelles elle permet de constituer des capitaux importants en drainant l'épargne. Le souci du législateur a donc été de protéger les épargnants et les tiers, ce qui a conduit à une réglementation très complexe dont il est exclu que nous puissions rendre compte précisément dans le cadre de cet ouvrage. Nous limiterons notre étude à ce qui paraît être l'essentiel.

a) *Les modalités de constitution de la société anonyme* varient selon qu'elle fait ou non appel public à l'épargne.

Lorsqu'il n'y a *pas d'appel public à l'épargne*, sa constitution obéit aux règles générales déjà mentionnées. Il s'y ajoute la nécessité de réunir au moins sept actionnaires et un capital minimum de 250 000 F (38 109, 75 euros). Il doit être entièrement souscrit mais peut n'être libéré que du quart lors de la constitution, le restant devant être versé dans un délai de cinq ans.

C'est cette procédure simple qui est le plus souvent utilisée car la complexité de la procédure de constitution avec *appel public à l'épargne* rend son utilisation plus rare. Elle nécessite en effet, le dépôt d'un projet de statut au greffe du tribunal de commerce, puis la publication d'une notice au Bulletin des annonces légales obligatoires (BALO) et la rédaction d'une note d'information soumise au visa de la Commission des opérations de Bourse (COB). On procède ensuite à la constitution du capital social dont le montant minimum est de 1 500 000 F (228 658, 53 euros). Les souscriptions et les versements sont constatés par un certificat du dépositaire et les fondateurs convoquent enfin l'assemblée constitutive qui devra adopter les statuts tels qu'ils ont été déposés au greffe et nommer les premiers organes sociaux. Les apports en nature sont l'objet d'évaluation et de vérification.

b) Deux *modalités d'organisation* de la société anonyme sont prévues, soit le conseil d'administration et le président, soit le directoire et le conseil de surveillance que la loi de 1966 a introduit en droit français à l'imitation de ce qui existait en Allemagne.

Dans les deux cas il existe une assemblée générale et un (ou plusieurs) commissaire aux comptes. Il doit être laissé également une place aux salariés.

– *Le conseil d'administration* est composé de trois à douze membres qui sont des actionnaires élus par l'assemblée générale ordinaire pouvant être aussi bien des personnes physiques que des personnes morales. L'administrateur doit rester actionnaire pendant toute la durée de ses fonctions faute de quoi il

est considéré comme démissionnaire. Les personnes physiques ne peuvent être administrateurs dans plus de huit conseils d'administration.
Le cumul des fonctions d'administrateur et de salarié d'une même société est toléré mais il est subordonné à la réunion de trois conditions: le contrat de travail doit exister depuis au moins deux ans avant la nomination en qualité d'administrateur, le nombre des administrateurs salariés ne peut pas dépasser le tiers des administrateurs en fonction, le contrat de travail doit correspondre à un emploi effectif, différent des fonctions d'administration.
Les administrateurs doivent accomplir leur fonction avec diligence et bonne foi, en particulier ils ne doivent pas profiter des informations dont ils ont connaissance pour spéculer sur les titres de la société lorsque ceux-ci sont côtés en Bourse.
Ils sont rémunérés par des jetons de présence dont le montant est fixé par l'assemblée générale.
Il peut être mis fin à leur fonction par une révocation prononcée par l'assemblée générale sans préavis ni indemnité. Toutefois les tribunaux ont la faculté d'accorder des dommages-intérêts lorsque la révocation est abusive. Celle-ci n'est admise que dans des circonstances très exceptionnelles.
Le conseil d'administration peut également comporter des administrateurs élus par les salariés, leur nombre ne peut dépasser quatre et des représentants du comité d'entreprise dont la voix n'est que consultative. Le commissaire au compte assiste au conseil lorsque les comptes de l'exercice écoulé sont arrêtés, dans les autres cas sa présence est facultative.
En principe convoqué par le président, le conseil a pour mission d'assurer la gestion de la société et d'exercer les fonctions qui lui sont spécifiquement attribuées par la loi.
– Le Conseil d'administration est dirigé par *un président* qu'il élit en son sein, c'est nécessairement une personne physique. Il représente la société et en assume la direction générale. Il n'est en principe pas un salarié mais il peut être lié par un contrat de travail et sur le plan du droit fiscal et de la sécurité sociale il est assimilé à un salarié même s'il détient la majorité des actions.
– *Le directoire*, organisme collégial de cinq à sept membres, peut diriger également la société. Ses membres, nommés par le conseil de surveillance, n'ont pas l'obligation d'être actionnaires, ils peuvent être salariés de la société et ne peuvent cumuler plus de deux mandats de membre de directoire. Ils ne sont susceptibles d'être révoqués que pour juste motifs. Le directoire est investi des pouvoirs les plus étendus pour agir au nom de la société mais il ne la représente pas, c'est le président du directoire qui assure cette fonction.
– La gestion du directoire est contrôlée par *le conseil de surveillance* composé de trois à douze membres élus par l'assemblée générale ordinaire et révocables «ad nutum», c'est à dire de façon discrétionnaire, par celle-ci. Ils ne peuvent pas être salariés de la société. Toutefois les statuts ont la faculté de

prévoir, qu'outre les représentants des actionnaires, des représentants des salariés dans une limite de quatre personnes et du tiers du nombre des autres membres siégeront au conseil.

– *L'assemblée générale des actionnaires* est théoriquement l'organe supérieur de la société mais dans la pratique le pouvoir appartient aux organismes de gestion. L'assemblée générale ordinaire généralement convoquée par le conseil d'administration, le conseil de surveillance ou le directoire au moins une fois par an a pour mission d'approuver les comptes, de décider de l'affectation des bénéfices et de désigner les membres des organes de gestion. La convocation des actionnaires doit être accompagnée d'une information qui prend diverses formes. L'assemblée ne délibère valablement que si un quorum représentant le quart des actions ayant le droit de vote est atteint. A défaut elle doit être convoquée une seconde fois dans un délai de six jours, aucun quorum n'est plus alors nécessaire.

Ses décisions sont prises à la majorité absolue (la moitié des voix plus une). Certaines actions ne donnent pas le droit de vote mais permettent à leurs titulaires d'obtenir un dividende plus élevé et prioritaire.

– *L'assemblée générale extraordinaire* est compétente pour modifier les statuts. Son accès est ouvert à tous les actionnaires mais le quorum est de la moitié des actions ayant le droit de vote et sur deuxième convocation de un quart. La majorité requise est celle des 2/3 des actions présentes ou représentées.

– Enfin, il existe des *assemblées spéciales* qui réunissent des actionnaires ayant des intérêts différents de ceux des actionnaires ordinaires.

– Le *commissaire aux comptes* est désigné par l'assemblée générale des actionnaires et ne doit être en aucun cas sous la dépendance de la société. Il ne peut être révoqué pour faute ou empêchement, que par le président du tribunal de commerce statuant en référé. Sa mission est de contrôler la régularité et la sincérité des comptes de l'exercice qui doivent donner une image fidèle des résultats de l'exercice et de la situation de la société. Pour effectuer sa mission il dispose d'un droit à l'information et d'un droit d'investigation non seulement auprès de la société elle-même mais aussi auprès des sociétés du même groupe ainsi qu'auprès de certains tiers. Il a cependant l'obligation de ne pas s'immiscer dans la gestion de la société. Le résultat de son contrôle est porté à la connaissance des dirigeants et de l'assemblée générale qui statue sur les comptes.

– *Les salariés* bénéficient d'un droit à l'information qui s'exerce en général par l'intermédiaire du comité d'entreprise, celui-ci a notamment le pouvoir de déclencher une procédure d'alerte lorsqu'il a connaissance de faits de nature à affecter de manière préoccupante la situation économique de l'entreprise.

Il est organisé, dans certaines conditions, une participation des salariés aux bénéfices de l'entreprise et au capital de celle-ci sous la forme de plans d'actionnariat ou de souscription d'actions ou de distribution d'actions gratuites.

Enfin les salariés participent à la gestion de l'entreprise lorsque l'assemblée générale extraordinaire permet dans les statuts que ceux-ci participent au conseil d'administration ou au conseil de surveillance. Ils ont alors les mêmes droits et obligations que les représentants des actionnaires. Ils ne sont pas révocables discrétionnairement mais par le président du tribunal de grande instance et pour faute. Cette participation des représentants des salariés a été étendues aux sociétés anonyme du secteur public par la loi du 26 juillet 1983.

c) Sans pouvoir entrer dans les détails du fonctionnement de la société anonyme nous indiquerons seulement que les *conventions conclues entre la société et l'un de ses dirigeants* sont soumises à des conditions spéciales.

Certaines conventions sont interdites telles que l'emprunt, le cautionnement et l'aval, la société ne pouvant passer ces engagements au profit de ses dirigeants ou de leurs proches parents en raison des dangers particuliers qu'ils présentent pour la société. Cependant la prohibition ne concerne pas les opérations courantes conclues dans des conditions normales (par exemple emprunt d'un directeur à sa société qui est une banque).

Le contrat de travail conclu entre la société est un administrateur déjà en fonction est également interdit.

Pour les autres conventions il est nécessaire d'obtenir l'autorisation préalable du conseil d'administration et le commissaire aux comptes doit en être avisé.

Les augmentations de capital sont subordonnées à une procédure minutieuse pour laquelle il est utile de se référer aux ouvrages spécialisés.

Enfin de nombreuses obligations mises à la charges des dirigeants sont accompagnées de sanctions pénales importantes.

d) *La dissolution de la société* peut intervenir pour les motifs prévus pour les sociétés en général et plus particulièrement lorsque le capital devient inférieur au minimum légal, en cas de perte d'une fraction importante de l'actif et lorsque le nombre des actionnaires est tombé en dessous de sept pendant plus d'un an.

e) Afin de faciliter *la coopération entre entreprises* la loi du 3 janvier 1994 a créé une société par actions simplifiée (SAS) dont la constitution est plus simple que la société anonyme. Le capital minimum de 250 000 F doit être libéré en totalité lors de sa souscription, il lui est interdit de faire appel public à l'épargne. Ses règles de fonctionnement sont également assouplit par rapport aux règles applicables à la société anonyme.

3. *La société à responsabilité limitée*

A mi-chemin entre les sociétés de personnes et les sociétés de capitaux, la SARL a été introduite en France en 1925 à l'imitation de la GMBH allemande. C'est le type de société le plus répandu en France (environ 400 000). Elle convient aux entreprises de taille moyenne. La personne des associés y joue encore un rôle important mais leur responsabilité est limitée au montant de leurs apports.
La SARL est constituée normalement d'un minimum de deux personne et d'un maximum de 50. Elle peut cependant être formée depuis la loi du 11 juillet 1985 par une seule personne et prend la dénomination d'entreprise personnelle à responsabilité limitée (EURL).
Ses associés sont des personnes morales ou physiques, ce peut être également deux époux. Ils n'ont pas la qualité de commerçants.
Le capital minimum est fixé à 50 000 F (7 621, 95 euros). Il doit être entièrement souscrit et libéré dès la constitution de la société.
La gestion de la société est assurée par un gérant sous le contrôle des associés et parfois d'un commissaire aux comptes selon l'importance de la société.
Le gérant doit être une personne physique choisie parmi les associés ou parmi les tiers et qui peut cumuler cette fonction avec la qualité de salarié de la société. Il est désigné par les statuts ou par une décision postérieure des associés représentant plus de la moitié des parts sociales. Sa révocation est possible par décision des associés représentant plus de la moitié des parts sociales. Elle donne lieu à des dommages-intérêts si elle est décidée sans juste motif. Elle peut également être prononcée par le tribunal de commerce.
Le gérant représente la société et a tous pouvoirs pour agir en son nom.
Les conventions entre le gérant et la société sont en principe licites sous réserve de l'approbation de l'assemblée générale sauf pour les conventions courantes. Toutefois l'emprunt à la société ou le cautionnement de celle-ci au profit de son gérant sont prohibés. Les mêmes règles s'appliquent aux associés.
Le gérant perçoit une rémunération fixée par les statuts ou par une décision des associés. Du point de vue du droit fiscal et de la sécurité sociale le gérant est considéré comme un entrepreneur indépendant s'il est associé majoritaire, il est au contraire assimilé à un salarié s'il est minoritaire ou non associé.
Les associés se réunissent annuellement en assemblée générale pour approuver les comptes mais celle-ci peut être remplacée par une consultation écrite si les statuts le prévoient.
La cession de parts à un autre associé n'est pas soumis à l'agrément des autres associés, en revanche la cession à un tiers nécessite le consentement de la majorité des associés représentant au moins les 3/4 des parts sociales.

La dissolution de la SARL peut intervenir dans des cas spécifiques, nombre des associés supérieurs à 50, capital tombé en dessous du minimum légal, perte d'une fraction importante de l'actif.

IV. *Le groupement d'intérêt économique (GIE)*

Il a été créé par *l'ordonnance du 23 septembre 1967* [43]. Expression d'un certain renouveau de la liberté contractuelle, il facilite aux membres du groupe l'adoption d'une structure souple permettant la mise en commun de moyens de production afin de développer leurs activités économiques. Le GIE était destiné à offrir un moyen intermédiaire entre l'association et la société, son intérêt a été réduit par la loi du 4 janvier 1978 qui permet de constituer une société en vue de réaliser des économies et non plus uniquement des bénéfices.
Le GIE a un caractère civil ou commercial selon son objet, il bénéficie de la personnalité morale dès qu'il a été immatriculé au registre du commerce et des sociétés. Il est constitué avec ou sans capital, il entraîne le partage de bénéfice si le groupement en a réalisé mais il ne peut être constitué uniquement en vue de réaliser des bénéfices.
L'objet du groupement doit avoir un caractère économique et présenter un lien avec l'activité de ses membres sans prendre en compte toute leur activité.
Les membres du GIE sont indéfiniment et solidairement responsables du passif. Ils ont le droit de se retirer du groupement conformément au contrat constitutif mais la cession de leur part requiert le consentement unanime des autres membres.
L'assemblée des membres est l'organe souverain du GIE, ses décisions sont prises à l'unanimité à défaut de précisions dans le contrat constitutif. Elle est réunie à la demande d'un quart au moins des membres. Chacun d'eux y dispose d'une voix. Elle désigne un ou plusieurs administrateurs qui représentent le groupement et ont le pouvoir d'agir en son nom dans les limites de l'objet du GIE. Les limitations de pouvoirs sont inopposables aux tiers.
La loi impose la présence de contrôleurs de gestion qui doivent être des personnes physiques désignées soit dans le contrat soit par les membres. Ce n'est pas nécessairement un commissaire au comptes.

V. *Les groupes de sociétés*

Le droit français n'a pas de réglementation générale sur les groupes de sociétés. Ceux-ci ne sont pris en considération qu'à l'occasion d'opérations

43 Ord. n° 67-821, 23 sept. 1967: JO 28 sept. 1967. Elle a été modifiée par la loi n° 89-377, 13 juin 1989: JO 15 juin 1989.

particulières. Ainsi la loi de 1966 définit *la filiale* comme une société dont plus de la moitié du capital est détenu par une autre société. La détention d'une fraction du capital de 10 à 50% ne constitue qu'une participation simple dans le capital d'une autre société. Mais les participations réciproques entre sociétés par actions sont en principe interdites sous peine de sanctions pénales.
Un auteur relève que dans le domaine de la constitution des groupes, il n'y a pas de techniques juridiques spécifiques mais des situations de fait diversifiées[44].
Le groupe n'a pas la personnalité morale. Il se réalise par une prise de contrôle d'une ou plusieurs sociétés. Ces prises de contrôle ne sont réglementées que pour les sociétés cotées en Bourse.
La prise de contrôle par une acquisition progressive de titres est libre, toutefois les acquisitions de participations significatives doivent être déclarées et elles deviennent impossibles lorsque l'acquéreur détient déjà 33% du capital. Il ne lui reste plus qu'à procéder alors à une offre publique d'achat (OPA). Celle-ci ne se pratique en France que depuis 1964. Elle est réglementée, comme la cession de bloc de titre de gré à gré, par la loi du 2 août 1989 mise en œuvre par un règlement de la COB et un règlement du Conseil des Bourses de valeurs.
L'OPA est la procédure qui doit être suivie par une société, actionnaire d'une autre société, qui détient déjà un tiers du capital de celle – ci et son offre publique d'achat doit porter au moins sur un autre tiers du capital.

VI. *Les fusions de sociétés*

La fusion est la réunion en une société de deux ou plusieurs sociétés préexistantes soit par absorption, soit par la création d'une société nouvelle. Elle est soumise au contrôle des autorités administratives dès qu'elle revêt une certaine importance. La fusion requiert de multiples consentements: actionnaires (assemblée générale extraordinaire), commissaires à la fusion, créanciers. La disparition d'une ou de plusieurs sociétés entraîne la transmission de la totalité de leur patrimoine actif et passif. La protection des salariés est théoriquement assurée par l'obligation faite à la société absorbante de continuer les contrats de travail. Mais en pratique elle aboutit souvent à une compression de personnel dont la protection est alors assurée par la réglementations du droit du travail sur les licenciements collectifs.

44 *Y. Guyon*, Droit des affaires, t.1, Paris, Economica, 10° éd. 1998 n° 590.

4.9.4. *Le fonds de commerce*

La notion de fonds de commerce ne figure pas dans le code de commerce, elle a été dégagée par la jurisprudence à la fin du XIX° siècle. L'importance donnée par le droit français au fonds de commerce est généralement critiquée par la doctrine.
Le fonds de commerce est constitué par *l'ensemble des biens mobiliers affectés à l'exercice d'activités commerciales.* Ces biens sont destinés à retenir et à développer la clientèle.
Mais le fonds de commerce n'a pas la personnalité morale.
Les éléments qui le composent ont une importance variable, ils sont nombreux et répartis entre biens corporels et biens incorporels. Les *éléments corporels* sont le matériel, l'outillage et les marchandises, les immeubles ne font pas partie du fonds de commerce.
Les *éléments incorporels* sont le nom, l'enseigne, la clientèle, le droit au bail désigné aussi par les termes de propriété commerciale et les droits de propriété industrielle. Nous préciserons ces deux derniers éléments qui sont les plus importants et dont la protection assure également la protection du fonds de commerce avant d'examiner les contrats susceptibles de porter sur le fonds de commerce.

A. *La propriété commerciale*

Le commerçant, personne physique ou morale, n'est souvent pas propriétaire de l'immeuble dans lequel il exerce son activité, il le loue. Jusqu'à la fin de la première Guerre mondiale, ce contrat de bail était soumis au dispositions du code civil relatives au contrat de louage, ce qui veut dire qu'à l'arrivée du terme le propriétaire était libre de renouveler ou non le bail. Cette faculté rendait donc précaire la situation du commerçant, aussi une législation de 1926, reprise par un décret du 30 septembre 1953, a-t-elle institué la «propriété commerciale» ou droit au bail: c'est le droit pour le commerçant d'obtenir le renouvellement de son bail ou à défaut une indemnité d'éviction.
Ce droit est subordonné à la réunion d'un certain nombre de conditions touchant à l'immeuble, à l'existence et à la durée du bail (9 ans), à l'exploitation autonome de la part du commerçant. Les avantages de la propriété commerciale ont été étendus à des non commerçants tels que les établissements d'enseignements ou des personnes morales de droit public à caractères industriel et commercial ou encore les artisans[45].

45 L. n° 96-603, 5 juill. 1996: JO 6 juill. 1996, art. 23.

Les droits conférés au locataire commerçant ont été augmentés au fil des années à tel point que si celui-ci n'a certes pas de droits réels sur l'immeuble, sa situation a une stabilité qui en est proche.
Le locataire commerçant a la faculté de résilier son bail tous les trois ans alors que la durée de neuf ans s'impose au bailleur, et il n'est pas tenu de respecter absolument la destination des lieux. Le décret de 1953 l'autorise, en effet, à procéder à une *déspécialisation* partielle (exercer des activités connexes à celles qui sont prévues dans le contrat) ou totale (modifier complètement la destination des lieux) dans les conditions qu'il fixe et auxquelles nous ne pouvons que renvoyer. Le locataire a le droit de céder son bail à condition que cette cession ne compromette pas le paiement des loyers.
Il a *droit au renouvellement de son bail* sauf s'il a commis une faute, contractuelle ou non, si les locaux sont insalubres ou menacent de ruine, si le bailleur reprend les locaux pour y habiter, les reconstruire ou les surélever. Dans les autres cas le bailleur ne peut refuser le renouvellement que s'il verse une indemnité d'éviction fixée à l'amiable ou par le juge du tribunal de grande instance. Le montant de cette indemnité est en général élevé et doit être égal au préjudice causé au locataire par le défaut de renouvellement.
La seule obligation principale du locataire commerçant est de payer le loyer qui peut être révisé tous les trois ans. Il peut être également réévalué en fonction d'une clause d'indexation à condition que l'indice choisi soit en relation avec l'activité de l'une des parties.
Sauf conventions ou dispositions particulières les étrangers ne bénéficient pas de la propriété commerciale.

B. *Les droits de propriété industrielle*

Ces droits sont les brevets d'invention, les dessins et modèles et les marques. Ces droits confèrent à leur titulaire un monopole d'exploitation limité dans le temps et dont la violation entraîne des sanctions civiles (responsabilité civile).
La propriété industrielle a une grande importance, elle a été codifiée dans le code de la propriété intellectuelle du 1er juillet 1992.
Le brevet d'invention est accordé par l'Institut national de la propriété industrielle (INPI) à condition que l'invention soit nouvelle, qu'elle soit destinée à une application industrielle, qu'elle soit conforme à l'ordre public et aux bonnes mœurs et que l'inventeur ait fait preuve d'une activité inventive. La procédure de délivrance d'un brevet est longue et coûteuse. Le brevet donne à son titulaire un monopole d'exploitation pendant 20 ans à l'expiration desquels l'invention tombe dans le domaine public et peut être librement exploitée. L'inventeur a l'obligation d'exploiter son invention mais il peut donner à un tiers une licence d'exploitation. S'il n'exploite pas son invention,

plusieurs procédures permettent de conférer à un tiers une licence d'exploitation (licence de droit, licence d'office, licence obligatoire).
Le brevet peut faire l'objet de cessions qui doivent être publiées au registre national des brevets.
Pour être protégés *les dessins et modèles* doivent être déposés à l'INPI ou au greffe du tribunal de commerce. La protection n'est possible que s'ils présentent une certaine originalité, elle s'étend sur une durée de 50 ans.
Les marques sont des signes apposés sur un produit afin de permettre à l'acheteur d'en connaître l'origine. Elles sont protégées après une procédure de dépôt au greffe du tribunal de commerce ou à l'INPI et à condition qu'elles soient nouvelles, originales et distinctives, qu'elle n'induisent pas le public en erreur et qu'elles ne soient pas contraires à l'ordre public et aux bonnes mœurs. La protection est de dix ans renouvelable indéfiniment.

C. *Les contrats portant sur le fonds de commerce*

Le fonds de commerce peut être l'objet de trois contrats: contrat de cession ou de vente, contrat de location ou location- gérance et contrat de nantissement.
Le contrat de cession de fonds de commerce est entouré d'un certain formalisme (mentions obligatoires, publicité) destiné à protéger l'acheteur, le vendeur et les créanciers de celui-ci. Le vendeur a l'obligation de ne pas faire concurrence à l'acheteur, il bénéficie du privilège du vendeur lui donnant un droit de préférence et un droit de suite qui garantissent le paiement du prix ainsi que d'une action résolutoire. Les créanciers peuvent faire opposition au paiement du prix ou demander la vente aux enchères si la vente diminue leurs garanties.
La location – gérance du fonds de commerce permet à son propriétaire de le faire exploiter par un tiers. Ceci n'est possible que si le propriétaire a exercé le commerce pendant au moins sept ans et a exploité le fonds pendant au moins deux ans. Ces délais peuvent toutefois être réduits ou supprimés par le tribunal de grande instance. Le locataire – gérant n'a pas droit au renouvellement de son bail.
Le nantissement conventionnel du fonds de commerce permet à son propriétaire d'obtenir du crédit, il doit faire l'objet d'une publicité sur un registre spécial détenu au greffe du tribunal de commerce. Le nantissement judiciaire est une mesure conservatoire ordonnée par le président du tribunal pour préserver une créance en péril.

4.9.5. *Le droit de la concurrence*

Le législateur et la jurisprudence sont intervenus pour canaliser les comportements individuels ou collectifs susceptibles de porter atteinte à la liberté de la concurrence.
Ainsi la *clause de non concurrence* figurant dans une cession de fonds de commerce n'est valable que si elle est limitée dans son objet, dans l'espace et dans le temps. La *concurrence déloyale* entraîne la responsabilité civile de son auteur. Les *clauses d'exclusivité* sont subordonnées à des conditions de validité notamment celle d'améliorer les services rendus aux consommateurs. Certains procédés de ventes de nature à affecter la libre concurrence sont interdits ou réglementés par exemple, le refus de vente, les ventes à prix imposés, les ventes à pertes, les ventes avec primes.
L'ordonnance du 1er décembre 1986 relative à la liberté des prix et de la concurrence prohibe *les ententes et les abus de domination*, ces derniers résultant soit de l'abus de position dominante, soit de l'abus de dépendance économique. Toutefois la prohibition n'atteint pas ces pratiques si elles ont pour effet d'assurer un progrès économique à condition qu'elles réservent aux utilisateurs une partie équitable du profit qui en résulte et qu'elles n'imposent pas des restrictions trop importantes à la concurrence.
Les pratiques anticoncurrentielles prohibées sont l'objet de sanctions civile, pénales et administratives. Ces dernières sont infligées par le conseil de la concurrence doté de compétences consultative et contentieuse. Il peut prononcer des sanctions pécuniaires élevées. Les recours contre ses décisions sont de la compétence de la Cour d'appel de Paris.
L'application de l'ordonnance peut se cumuler avec l'application du droit communautaire qui interdit ces mêmes pratiques.
Le contrôle de l'administration porte également sur les concentrations d'entreprises susceptibles d'empêcher le jeu d'une concurrence suffisante. Une procédure de notification au ministre de l'économie est organisée par l'ordonnance de 1986.

4.9.6. *Les effets de commerce*

Les effets de commerce sont essentiellement: la lettre de change, le billet à ordre et le chèque.
Le droit applicable aux effets de commerce est issu des conventions de Genève de 1930-1931 portant loi uniforme.

A. *La lettre de change*

La lettre de change est l'acte par lequel le tireur donne l'ordre au tiré (banquier ou débiteur) de payer au bénéficiaire une somme d'argent déterminée à une date précisée (en général à trois mois). La création d'une lettre de change est un acte de commerce qui nécessite la capacité d'accomplir des actes de commerce. Elle doit comprendre des mentions obligatoires (dénomination, ordre de payer, somme déterminée, date et lieu de création, nom du tiré, l'échéance, le lieu du paiement, la signature du tireur, le bénéficiaire). L'absence de ces mentions rend la lettre de change nulle mais la jurisprudence admet parfois d'autres équivalences que celles qui sont légalement instituées. La lettre de change nulle en tant que telle peut valoir promesse de payer selon le droit commun.

La lettre de change fait naître des rapports cambiaires qui se juxtaposent aux rapports fondamentaux. Ainsi les signataires de la lettre de change sont solidairement garants du paiement, la nullité de l'engagement de l'un n'a pas d'influence sur l'engagement de l'autre (indépendance des signatures), l'exécution de la lettre de change échappe au droit commun (pas de possibilité pour le juge d'accorder des délais de paiement).

La lettre de change circule par endossement, elle peut être escomptée auprès d'une banque qui verse au porteur de la lettre, non encore arrivée à échéance, le montant de celle-ci diminuée des agios. L'endossement translatif entraîne la cession de la créance sur le tiré, la responsabilité solidaire de l'endosseur avec les autres signataires vis à vis de l'endossataire, enfin les débiteurs cambiaires ne peuvent opposer à l'endossataire les exceptions qu'ils auraient pu opposer à l'endosseur.

La *lettre de change peut être acceptée*, en l'absence de clause contraire, par le tiré qui en apposant sa signature au recto de la lettre confirme l'existence de la créance du tireur (provision). L'acceptation bloque la provision entre les mains du tiré au profit du porteur de la lettre de change. Le refus d'acceptation permet au porteur d'exercer immédiatement ses recours contre les autres signataires.

L'aval est une garantie de paiement de la lettre de change donnée par un avaliseur pour le compte d'un ou de plusieurs signataires de la lettre de change. A défaut de mention du bénéficiaire l'aval est présumé être donné pour le tireur. Cette présomption a été jugée irréfragable par la jurisprudence française.

La lettre de change doit être présentée à l'échéance et payée si la provision existe. L'opposition au paiement n'est pas possible sauf en cas de perte ou de vol de la lettre ou en cas de redressement judiciaire du porteur. L'absence de paiement entraîne l'établissement d'un protêt dans les dix jours de l'échéance. C'est un acte solennel dressé par un huissier qui atteste le non paiement, il doit être enregistré dans un délai d'un mois. Il est accompagné d'autres mesures tendant à informer les endosseurs successifs. Il est nécessaire pour permettre au porteur d'exercer ses recours contre le tireur, les endosseurs et les avaliseurs. Ces recours se prescrivent par trois ans.

B. *Le billet à ordre et le chèque*

Le billet à ordre ne fait intervenir que deux personnes: le souscripteur qui s'engage à payer au bénéficiaire une somme d'argent à une échéance déterminée. Il est soumis, en principe, aux règles applicables à la lettre de change. Toutefois ce n'est pas un acte de commerce par la forme, il est civil ou commercial selon la nature du rapport fondamental.
Le chèque introduit en France en 1865 fait intervenir comme la lettre de change trois personnes, le tireur, le tiré (un établissement financier) et le bénéficiaire. Il s'en distingue cependant dans la mesure où la provision doit exister au moment où il est émis et pas seulement à l'échéance. Sa seule signature ne constitue pas un acte de commerce, sa nature dépend du rapport fondamental, enfin il ne peut pas être accepté et il est payable immédiatement.
Les formules de chèques sont délivrées par les banques bien qu'un chèque puisse être établi sur papier libre dès lors que les mentions obligatoires y figurent. Les banques peuvent discrétionnairement refuser la délivrance d'un chéquier, elle ont l'obligation de consulter la Banque de France avant la première délivrance pour tenir compte d'une éventuelle interdiction d'émettre des chèques prononcée à l'encontre du client.
L'opposition au paiement d'un chèque n'est possible qu'en cas de perte ou de vol ou de redressement judiciaire, le banquier doit alors refuser le payement et bloquer la provision.
Le chèque peut circuler par endossement. Cependant une loi du 29 décembre 1978 a créé le chèque barré non endossable sauf au profit d'un établissement de crédit. C'est la formule la plus répandue.
Le chèque est payable dès sa présentation au tiré. Il doit normalement être présenté dans un délai de huit jours parce qu'en cas de non paiement le porteur ne peut faire dresser un protêt qu'au plus tard le jour suivant l'expiration de ce délai. Cela ne veut pas dire que le chèque ne peut pas être présenté plus tard mais alors le porteur n'a plus de recours contre les garants du chèque, il conserve cependant ses recours contre le tiré qui a reçu provision ou contre le tireur. Toutefois si le chèque n'est pas présenté au tiré dans l'année qui suit son émission la jurisprudence estime qu'il n'est plus valable.
La *lutte contre les chèques sans provisions* a conduit à une distinction entre le tireur imprudent ou négligent et le tireur malhonnête (loi du 3 janvier 1975).
En dehors des chèques d'un montant inférieurs à 100 F (15, 24 euros) qui doivent être payés par le banquier mais qui justifient son refus de délivrance

d'un chéquier, le tireur d'un chèque sans provision supérieur à 100 F (15, 24 euros) a une *faculté de régularisation* de sa situation dans un délai d'un mois à partir de la lettre d'injonction qui lui est adressée par le banquier. A défaut de régularisation, ou dans le cas d'un deuxième incident de paiement dans l'année, le *banquier interdit à son client d'émettre des chèques* pendant un an à compter de l'incident de paiement. La violation de cette interdiction bancaire est sanctionnée pénalement. Elle produit ses effets à l'égard de tous les banquiers et elle est enregistrée par la Banque de France.
L'émission de chèque sans provision avec l'intention de porter atteinte aux droits d'autrui, le retrait de la provision, l'opposition injustifiée au paiement ou l'inobservation d'une interdiction bancaire, constituent des infractions punies des peines prévues pour l'escroquerie.
La victime d'un chèque sans provision bénéficie d'une exécution forcée simplifiée. Munie d'un certificat de non paiement délivré par le banquier, elle le fait signifier au tireur par huissier. Si le paiement n'est pas opéré dans un délai de vingt jours, elle fait procéder à la saisie des biens sur la base d'un titre exécutoire délivré par l'huissier.
Elle peut aussi porter son action civile en réparation devant le tribunal correctionnel.

4.9.7. *Les entreprises en difficultés (Redressement judiciaire et liquidation judiciaire)*

Les procédures collectives, termes qui concernent les mesures à prendre pour remédier aux difficultés des entreprises, s'appliquent non seulement aux commerçants, personnes physiques ou personnes morales mais aussi aux artisans (depuis 1986) et aux exploitations agricoles (depuis 1989). On parlait autrefois de la faillite mais cette procédure organisée par le code de commerce s'est révélée trop rigoureuse et a été remplacée par plusieurs procédures permettant de tenir compte des circonstances. Plusieurs réformes sont intervenues notamment en 1967, en 1985 (loi du 25 janvier 1985) et en 1994[46] Le régime actuel comporte trois objectifs, la prévention des difficultés des entreprises, le traitement de ces difficultés par les procédures collectives, c'est à dire le redressement judiciaire et la liquidation judiciaire, enfin les sanctions applicables aux commerçants malhonnêtes.

46 L. n° 94-475, 10 juin 1994: JO 11 juin 1994 relative à la prévention et au traitement des difficultés des entreprises.

A. *La prévention des difficultés des entreprises*

La prévention des difficultés consacrée pour la première fois par la *loi du 1er mars 1984* permet de prendre des mesures destinées à éviter le recours aux procédures collectives. Ces mesures doivent intervenir avant la cessation de paiement qui marque le point de départ de ces procédures.
La prévention passe d'abord *par une information* accrue sur l'état de l'entreprise. Les réformes récentes ont prévue l'information des associés notamment par l'intermédiaire du commissaire aux comptes dont la présence est obligatoire dans les sociétés anonymes, par la publicité des comptes annuels de gestion et du rapport de gestion. Une information prévisionnelle est obligatoire dans les entreprises importantes qui doivent présenter des comptes de résultats prévisionnels et un plan de financement dont la diffusion est limitée au comité d'entreprise, aux commissaires aux comptes et au conseil de surveillance lorsqu'il existe. Cette information est facultative dans les entreprises moins importantes.
La prévention passe ensuite par le développement ou la reconstitution des fonds propres de l'entreprise d'où un certain nombres de dispositions légales sur ce point.
La loi du 1er mars 1984 a organisé une *procédure d'alerte* permettant de remédier discrètement aux difficultés qui apparaissent. Le déclenchement de cette procédure appartient aux commissaires aux comptes lorsqu'il existe un ensemble convergent de faits significatifs compromettant la continuité de l'exploitation. Il se déroule en *trois phases*: le commissaire aux compte demande des explications au conseil d'administration ou au directoire, il peut ensuite provoquer une délibération du conseil d'administration ou du conseil de surveillance, enfin il établit un rapport spécial pour les actionnaires qu'il peut convoquer en assemblée générale en cas d'urgence. Le commissaire aux comptes engage sa responsabilité s'il n'intervient pas en temps utile.
Le droit d'alerte appartient également au comité d'entreprise, aux associés, par la possibilité qu'ils ont de faire procéder à une expertise de gestion à condition de représenter 10% du capital, enfin au président du tribunal de commerce. Lorsqu'il résulte de tout acte document ou procédure qu'une entreprise connaît des difficultés de nature à compromettre la continuité de l'exploitation ses dirigeants peuvent être convoqués par le président du tribunal de commerce pour que soient envisagées les mesures propres à redresser la situation (L. 1er mars 1984, art. 34).
Avant que ne soit ouverte une procédure collective, certaines *mesures de redressement* sont susceptibles d'être prises. Le président du tribunal de commerce peut désigner un mandataire ad hoc dont il détermine la mission. Il peut également instituer une procédure de règlement amiable ouverte à toute entreprise qui, sans être en état de cessation de paiement, éprouve des diffi-

cultés économiques ou financières. Dans ce cas le président du tribunal charge un expert d'établir un rapport sur la situation de l'entreprise. Il ouvre le règlement amiable et désigne un conciliateur pour une période n'excédant pas trois mois.

L'Etat et les collectivités locales ont la faculté de soutenir une entreprise en difficultés par des aides directes ou indirectes. Les banques jouent également un rôle important mais leur marge d'action est étroite puisqu'elles mettent en jeu leur responsabilité soit en cas de retrait abusif de crédit soit, au contraire, pour octroi ou maintien abusif de crédit.

Un *repreneur* peut aussi faciliter le sauvetage de l'entreprise.

Enfin les principaux créanciers ont la possibilité d'accorder à leur débiteur un *concordat amiable* permettant de maintenir l'entreprise à condition que celle-ci exerce une activité économique, qu'elle ne soit pas en mesure de couvrir ses besoins par un financement approprié et qu'elle soit susceptible de se redresser. Mais une telle initiative, fondée sur un contrat présente des inconvénients car son établissement est difficile et son exécution précaire. De plus sa confidentialité n'est pas assurée.

B. *Les procédures collectives*

Lorsque les mesures de prévention n'ont pas suffit à résoudre les difficultés rencontrées par l'entreprise il doit alors être procédé au redressement ou à la liquidation judiciaire.

I. *L'ouverture de la procédure*

La procédure s'ouvre par la *cessation des paiements*, c'est la situation de l'entreprise qui est dans l'impossibilité de faire face à son passif exigible avec son actif disponible.

Cette procédure se subdivise entre la *procédure ordinaire* et la *procédure simplifiée* applicable aux petites et moyennes entreprises employant cinquante salariés au plus et dont le chiffre d'affaire est inférieur à 20 millions de francs (3 048 780 euros). Cette procédure plus simple et plus rapide est utilisée dans 95 % des cas. Elle se distingue de la procédure ordinaire par la compétence territoriale du tribunal et la composition de celui-ci, par une diminution de la période d'observation, par un accroissement des pouvoirs du débiteur et un élargissement des missions du juge commissaire et du représentant des créanciers.

II. *La saisine du tribunal*

Dans les quinze jours de la cessation de paiement, le débiteur a l'obligation de déposer son bilan au tribunal de commerce mais la procédure peut aussi être ouverte à la suite de l'assignation d'un créancier. Le tribunal a également la faculté de se saisir d'office en cas de carence du débiteur et des créanciers, il peut exceptionnellement être saisi par le ministère public. Le représentant des salariés a la possibilité de communiquer au tribunal ou au procureur de la République tout fait révélant une cessation de paiement.
Le tribunal compétent est en principe le tribunal de commerce du ressort dans lequel le débiteur a son principal établissement ou la personne morale a son siège social.
Le tribunal saisi a l'obligation d'entendre le débiteur et les représentants des salariés et dans certains cas le conciliateur qui a été nommé au titre des mesures préventives. Il rend un jugement ouvrant le redressement judiciaire dans lequel il fixe la date de cessation des paiements qui permet de déterminer la période suspecte. Celle-ci s'étend de la cessation des paiements au jour de l'ouverture de la procédure. Le jugement prononce le redressement judiciaire selon la procédure ordinaire ou la procédure simplifiée. Il ouvre la période d'observation obligatoire. Le jugement est public et fait l'objet d'une publicité spécifique au BODAC.
L'autorité judiciaire joue un rôle prépondérant dans la procédure de redressement judiciaire. Elle nomme les principaux organes de la procédure, elle prend les décisions les plus importantes et intervient pour toutes les difficultés soulevées par la procédure.

III. *Les organes de la procédure*

Les principaux organes de la procédure sont: *le juge – commissaire* chargé de veiller au bon déroulement de la procédure et à la protection des intérêts en présence; *l'administrateur judiciaire* dont la mission est d'élaborer un plan de redressement de l'entreprise, de participer à la gestion de celle-ci et éventuellement de procéder à la mise en œuvre du plan; *le mandataire judiciaire à la liquidation* des entreprises qui exerce une triple fonction, il est le représentant des créanciers pendant la période d'observation, il est commissaire à l'exécution du plan et liquidateur de l'entreprise si le redressement de celle-ci est impossible. Les experts en diagnostic d'entreprises participent à l'élaboration du rapport sur la situation économique et financière de l'entreprise. Il existe en outre de nombreux organes de contrôle de la procédure: les créanciers contrôleurs, le ministère public qui vérifie si des infractions ont été commises, les représentants des salariés.

IV. *La période d'observation*

La période d'observation instaurée par la *loi de 1985* permet à l'administrateur d'élaborer un bilan économique et social de l'entreprise et de proposer un projet de plan de redressement tenant compte des aspects financiers, économiques et sociaux. Cette période est de six mois renouvelable sans pouvoir dépasser dix-huit mois, cette durée est réduite à trente jours, renouvelable une fois dans la procédure simplifiée.

Au cours de cette période, l'activité de l'entreprise se poursuit mais des mesures conservatoires sont prises à l'égard du débiteur et de l'entreprise notamment les actions ou parts appartenant aux dirigeants sont frappées d'incessibilité. La gestion de l'entreprise se poursuit sous la surveillance, ou l'assistance ou la direction de l'administrateur qui doit en principe poursuivre les contrats en cours. Il lui est interdit de payer les créances nées avant le jugement d'ouverture à l'exception des salaires et du créancier – gagiste. Mais les créances postérieures aux jugements et résultant de la continuation de l'activité sont privilégiées, elles doivent être payées avant toutes les autres à l'exception de celles des salariés. Dans la procédure simplifiée il n'y a pas d'administrateur, c'est le débiteur qui poursuit seul son activité.

Les créanciers ont l'obligation de déclarer leurs créances antérieures au jugement d'ouverture dans un délai de deux mois à compter de la publication de celui-ci. Passé ce délai ils seront écartés de la procédure de répartition, les créances non déclarées sont éteintes sauf si la défaillance n'est pas imputable au créancier. Le jugement d'ouverture entraîne l'arrêt des poursuites individuelles des créanciers contre le débiteur et l'arrêt du cours des intérêts. Il rend impossible l'inscription de toute sûreté conventionnelle ou judiciaire.

V. *Le jugement définitif*

La période d'observation prend fin par un jugement du tribunal qui arrête le *plan de redressement* ou, si le redressement apparaît impossible, qui décide de la mise en *liquidation judiciaire de l'entreprise.* Le tribunal ne statue qu'après avoir entendu le débiteur, l'administrateur, le représentant des créanciers et les représentants des salariés.

Le tribunal décide soit la continuation, soit la cession totale ou partielle de l'entreprise, il statue sur les licenciements immédiatement nécessaires et les délais de paiement imposés aux créanciers, il désigne un commissaire à l'exécution du plan.

Si le redressement n'est pas possible la liquidation est prononcée et un liquidateur est désigné, c'est en principe le représentant des créanciers.

Lorsque le tribunal décide de la *cession de l'entreprise* un appel d'offre est lancé et il choisit l'offre qui lui paraît concilier le redressement de l'entreprise, le maintien des emplois et l'apurement du passif. Il enjoint à l'administrateur de procéder à la cession et détermine les contrats qui seront cédés avec l'entreprise. Seul un appel interjeté dans les dix jours est prévu au profit du procureur de la République, du cessionnaire et du cocontractant ou du bailleur. Les autres voies de recours sont irrecevables. Le prix de la cession permet de désintéresser les créanciers.

En cas de liquidation, le *débiteur est dessaisi de ses biens*, sous réserve de certaines exceptions, au profit du liquidateur désigné par le jugement qui procède à la vente des biens de l'entreprise. Soit il vend les unités de production rentables en suscitant des offres dont il retient la plus rentable. Soit le juge – commissaire décide de la vente de biens isolés, de gré à gré, ou par adjudication amiable (intervention d'un notaire), ou par vente judiciaire aux enchères.

Si le débiteur est une société la liquidation entraîne sa dissolution.

Le juge – commissaire procède à la vérification des créances déclarées pendant la période d'observation. Cette vérification peut aboutir à l'annulation des actes contractés par le débiteur au cours de la période suspecte s'ils ont causé un préjudice aux créanciers mais la demande de nullité est réservée à l'administrateur, au représentant des créanciers, au liquidateur et au commissaire à l'exécution du plan.

Le redressement judiciaire ou la liquidation judiciaire implique le paiement des créanciers dans un ordre déterminé. Seront d'abord payés les créanciers postérieurs à l'ouverture de la procédure, puis les créanciers titulaires de sûretés: créanciers privilégiés et créanciers hypothécaires, enfin les créanciers chirographaires dans la mesure où il reste quelque chose. Echappent au concours des créanciers, les cautions, les créanciers dont la marchandise n'a pas encore été livrée, les créanciers titulaires d'une réserve de propriété. Ces derniers peuvent revendiquer la chose dans un délai de trois mois à compter du jugement d'ouverture à condition que le prix n'ait pas été payé et que les marchandises se retrouvent en nature dans les magasins de l'acquéreur.

C. *Les sanctions applicables au débiteur*

Les dirigeants peuvent être obligés par le tribunal de *combler l'insuffisance d'actif* s'ils ont commis une faute de gestion qui a contribué à cette insuffisance. Le défaut de paiement peut entraîner leur mise en redressement judiciaire.

D'autre part, le redressement judiciaire peut être étendu par un jugement aux *associés* lorsque ils sont tenus indéfiniment et solidairement des dettes de la société (société en nom collectif, société civile professionnelle, GIE).

Enfin l'extension du redressement judiciaire peut être appliqué aux *dirigeants de la société* à titre de sanction lorsqu'ils ont abusé de leur gestion (agisse-

ments dans leur intérêt personnel, poursuite abusive d'une gestion déficitaire, abus de biens sociaux, détournement ou dissimulation d'actif, absence de comptabilité régulière, . . .).
Il s'y ajoute une sanction civile, la *faillite personnelle*, que le tribunal a la faculté de prononcer. Elle entraîne une interdiction de faire le commerce ou d'exercer une activité artisanale ou agricole, elle frappe l'intéressé de certaines déchéances (radiation des listes électorales, déchéance des fonctions publiques électives . . .) et l'oblige à payer le passif. C'est une mesure temporaire dont la durée légale minimale est de cinq ans, elle prend fin lorsque le passif a été éteint ou que le tribunal juge que la contribution du failli au paiement du passif est suffisante.
Les dirigeants encourent, en outre, des *sanctions pénales* telle que la banqueroute lorsque leur comportement constitue des infractions (détournement d'actif, comptabilité fictive, emploi de moyens ruineux pour se procurer du crédit . . .).

4.9.8. *Le droit des assurances*

Le droit des assurances est depuis 1976 contenu dans le *code des assurances* dont les dispositions ont été modifiées par la loi du 31 décembre 1989. Elles sont impératives et ne peuvent être écartées par la volonté des parties. Au code s'ajoute des conventions professionnelles visant à faciliter l'indemnisation directe des assurés et le droit communautaire.
La profession est soumise au *contrôle du ministère de l'économie et des finances* et à celui de la Commission de contrôle des assurances créée en 1989.
Les entreprises d'assurance sont constituées sous la forme de société anonymes ou de sociétés d'assurance mutuelle. Elles font appel à des intermédiaires: agents généraux d'assurance et courtiers d'assurance. Les entreprises ressortissantes d'un Etat membre de l'Union européenne bénéficient de la liberté d'établissement à condition d'avoir sollicité un agrément qui ne peut pas leur être refusé dès lors qu'elles remplissent les conditions nécessaires.
Le législateur rend obligatoire l'assurance de certains risques (automobile, maîtres d'ouvrage, agences de voyages, chasseurs . . .)
Les *assurances de dommages* ont pour objet d'indemniser l'assuré pour les dommages qu'il subit personnellement dans son patrimoine ou pour le garantir des conséquences de sa responsabilité civile alors que les assurances de personnes constituent plutôt un acte de prévoyance.
Les conséquences de la faute intentionnelle ou dolosive de l'assuré ne sont pas couvertes par l'assurance.

Le *contrat d'assurance* doit être écrit, il se matérialise par la police d'assurance qui comporte des conditions générales, des conditions particulières et des conventions spéciales ainsi que des mentions obligatoires. Il est en général à durée indéterminée et peut être résilié par les parties à chaque échéance annuelle après un délai de préavis de deux mois mais des motifs de résiliation particuliers peuvent être prévus.
Les assureurs ont un devoir d'information sur les contrats qu'ils proposent et ils doivent veiller à l'évolution de la situation de l'assuré afin que celui-ci ne se trouve pas indûment privé de sa garantie.
L'assuré paye une *prime* à laquelle s'ajoute des taxes perçues au profit du Trésor. Le non paiement de la prime entraîne la suspension de la garantie à l'expiration d'un délai de trente jours après la mise en demeure de l'assureur.
L'assuré a également l'obligation d'informer l'assureur en cas de survenance de circonstances nouvelles aggravant le risque assuré.
Le contrat d'assurance se transmet avec le changement de propriétaire de la chose assurée (cession, succession), sauf pour les véhicules, mais il peut être résilié par l'une ou l'autre des parties.
La survenance du sinistre déclenche la mise en œuvre de la garantie. L'assuré doit en faire la déclaration dans un bref délai qui varie selon les cas.
Conformément au principe indemnitaire, il est nécessaire dans l'assurance de chose de procéder à une évaluation du dommage afin que l'assuré ne bénéficie pas d'un enrichissement sans cause, ceci n'est pas utile en matière d'assurance de responsabilité civile car l'évaluation est faite selon les règles de la responsabilité civile.
Il arrive cependant que l'indemnité d'assurance ne couvre pas la totalité du montant du dommage, c'est la cas notamment en présence de clause prévoyant des plafonds ou des franchises ou encore lorsque l'assuré était sous assuré.
Les modalités de versement de l'indemnité sont légalement prévues en ce qui concerne les dommages résultant d'accidents de la circulation (loi du 5 juillet 1985).
L'assureur qui a versé *l'indemnité* dispose d'une subrogation légale dans les droits et actions de l'assuré contre les tiers, en matière d'assurance de choses et d'assurance de responsabilité.
Les actions dérivant du contrat d'assurance se prescrivent par deux ans à compter de l'événement qui y donne naissance. Elles doivent être portées devant le tribunal du domicile de l'assuré. Mais il y a des exceptions pour les meubles et les immeubles: tribunal du lieu de la situation de la chose, ou pour les accidents: tribunal du lieu de survenance de celui-ci.
Dans le procès entre la victime et l'assuré, l'assureur bénéficie de la faculté de diriger le procès civil mais en cas de poursuites pour homicide ou blessures involontaires devant les tribunaux répressifs son intervention peut être volon-

taire ou forcée. Il peut également être appelé en garantie dans le procès entre la victime et l'assuré.
La victime et ses ayants droit bénéficient contre l'assureur d'une action directe soumise à la prescription de droit commun.

Bibliographie

A. Chavanne et J. J. Burst, Droit de la propriété industrielle (914 p.), Paris, Dalloz, 5° éd.1998

M. Cozian et A. Viandier, Droit des sociétés, Paris, Litec, 11° éd. 1998.

Y. Chaput, – Droit du redressement et de la liquidation judiciaire, Paris, PUF, 1990 – Droit des sociétés (416 p.), Paris, PUF, 1993 – Effets de commerce, chèques, et instruments de paiement (304 p.), Paris, PUF, coll.Droit fondamental, 1992

F. Dekeuwer-Défossez et E. Blary-Clément, Droit commercial (544 p.), Paris, Montchrestien, 5° éd.1997

Y. Guyon, Droit des affaires, t.1 Droit commercial général et sociétés, Paris, Economica, 10° éd.1998; t.2, Entreprises en difficultés- Redressement judiciaire- Faillite, Paris, Economica, 6° éd.1997

M. Jeantin, Droit des sociétés (458 p.), Paris, Montchrestien, 3° éd.1994

M. Pédamon, Droit commercial (716 p.), Paris, Dalloz, 1994

Y. Lambert-Faivre, Droit des assurances (816 p.), Paris, Dalloz 10° éd.1998

Ph. Merle, Sociétés commerciales (844 p.), Paris, Dalloz, 6° éd.1998.

Y. Reinhard, Droit commercial, Actes de commerce, commerçants, fonds de commerce, Paris, Litec 5° éd. 1998

G. Ripert et R. Roblot, Droit commercial, t. 1 Actes de commerce, baux commerciaux, propriété industrielle, concurrence, sociétés commerciales (1308 p.) par *M. Germain et L. Vogel*, Paris, LGDJ, 17° éd. 1998; t. 2 Contrats commerciaux, effets de commerce, banques et bourses, procédures collectives (1376 p.) par *M. Germain et Ph. Delebecque*, Paris, LGDJ, 15° éd. 1996

D. Vidal, Droit des sociétés (450 p.), Paris, LGDJ, 2° éd. 1998

4.10. *Le droit du travail*

La dénomination de droit du travail est apparue en France vers 1950, auparavant on parlait de législation industrielle.
Le droit du travail est la partie du droit qui gouverne les rapports juridiques naissant de l'accomplissement par un travailleur subordonné d'un travail pour le compte d'autrui. Il n'est pas applicable aux relations entre l'Etat ou les collectivités publiques et leurs fonctionnaires, la situation de ces derniers est définie par un statut. Une loi du 26 juillet 1983 a prévu un régime particulier

de représentation du personnel dans les entreprises publiques. Néanmoins le respect des principes généraux du droit du travail s'imposent aussi à l'administration tel que le principe selon lequel un employeur ne peut, sauf dans certains cas, licencier une salariée en état de grossesse ou celui selon lequel tout salarié a droit à un minimum de rémunération qui ne saurait être inférieur au SMIC[47] (salaire minimum de croissance).
Nous distinguerons classiquement entre les relations individuelles de travail établies entre le salarié et son employeur et les relations collectives du travail qui s'établissent dans le cadre de l'entreprise après avoir rappelé les développements et les sources du droit du travail.
Il faudra enfin examiner le droit de la sécurité sociale qui se rattache par ses fondements au droit du travail.

4.10.1. *Le développement et les sources du droit du travail*

A. *Le développement du droit du travail*

La Révolution française a affirmé le principe de la liberté du travail et fort de ce principe le code civil n'a consacré que deux articles au «louage de service» dont le seul qui ait subsisté se contente de prohiber l'engagement perpétuel (c. civ. art. 1780). C'est à partir de la moitié du XIX° siècle que le législateur a commencé à intervenir dans ce domaine, citons notamment la loi du 9 avril 1898 sur les accidents du travail.
Mais la législation sociale ne s'est vraiment développée qu'après la Première Guerre mondiale, en particulier lors du Front populaire de 1936 qui a institué la semaine de quarante heures, les congés payés obligatoires, le délégué du personnel . . .
En 1945 plusieurs lois se sont préoccupées de la place et de la représentation du personnel dans les entreprises en créant les comités d'entreprise et en dotant les délégués du personnel d'un véritable statut.
La crise de 1968 a conduit à reconnaître l'exercice du droit syndical dans l'entreprise.
Enfin dans les vingt dernières années le droit social a évolué au gré des changements politiques ainsi les lois «Auroux» de 1982 ont-elles apporté d'importantes réformes au droit du travail.
Il est à noter que le droit du travail initialement destiné à protéger les salariés s'est écarté de ce but primitif sous l'influence de la récession économique et du chômage, les textes les plus récents sont davantage tournés vers la résolution de la crise de l'emploi. Le droit du travail contemporain a donc acquis une

47 Au 1er juill. 1998 le SMIC mensuel était de 6 797, 18 F (1036, 15 euros).

deuxième finalité, outre la protection des salariés, la politique de l'emploi, ce qui a d'ailleurs conduit le législateur à diminuer parfois la protection des salariés au profit du maintien ou de la création d'emploi.

B. *Les sources du droit du travail*

Les sources du droit du travail présentent un aspect particulier dans la mesure où à côté de la loi et du règlement les conventions et accords collectifs de travail sont créateurs de règles.
La Constitution de 1946 a énoncé parmi les principes «particulièrement nécessaires à nôtre temps», le droit au travail, la prohibition de toute discrimination entre les travailleurs, l'égalité de l'homme et de la femme, les libertés syndicales, le droit de grève, le droit à la négociation collective et celui de participer à la gestion des entreprises. Le Conseil constitutionnel s'assure que les lois qui lui sont soumises se conforment à ces principes généraux.
C'est à la loi qu'il appartient de déterminer les principes fondamentaux du droit du travail et du droit syndical, le reste appartient au pouvoir réglementaire (Constitution de 1958 art.34 et 37).
Le droit du travail a fait l'objet d'une codification dès 1910 mais il ne s'est agi alors que de rassembler et de coordonner les textes en vigueur. Une refonte de ce code est intervenue en 1973 et là encore le nouveau code n'a fait que remettre de l'ordre sans modifier la teneur des textes existants.
Dans de nombreux domaines du droit du travail les règles applicables résultent d'une combinaison de dispositions légales et de dispositions conventionnelles. Cette combinaison est voulue et organisée. La loi n'intervient souvent que pour consacrer les acquis conventionnels ou parfois pour les susciter.
Les *règles légales* sont en droit du travail *impératives* et il n'est pas possible d'y déroger sauf si les dérogations sont favorables aux salariés. C'est l'expression de «l'ordre public social» qui permet à la disposition la plus favorable aux salariés de l'emporter quelle que soit sa source, sauf si la règle moins favorable est d'ordre public strict.
La jurisprudence émane des conseils de prud'hommes et des juridictions de droit commun. Elle provient également des juridictions répressives car de nombreuse règles du droit du travail sont assorties de sanctions pénales et des juridictions administratives appelées à apprécier la légalité des règlements.
Enfin les usages professionnels peuvent combler les lacunes de la loi ou de la convention collective et même prévaloir sur ces dispositions s'ils sont plus favorables aux salariés.

4.10.2. *Les relations individuelles de travail*

Les relations individuelles du travail sont gouvernées par le contrat de travail qui fait l'objet d'une réglementation précise ne laissant que peu de place à la volonté des parties.
Le *contrat de travail* se définit comme le contrat par lequel une personne s'engage à travailler pour le compte et sous la subordination d'une autre moyennant rémunération. Cette définition implique que trois conditions soient réunies: une prestation de travail, une rémunération et un lien de subordination juridique du salarié vis à vis de son employeur.
La liberté d'embauche de l'employeur est restreinte par la nécessité de respecter certains principes: *principe de non-discrimination* en raison de la race, de la couleur, de la religion, de l'opinion politique, de l'origine sociale, de l'âge ou de l'appartenance syndicale; *principe de l'égalité professionnelle* entre les hommes et les femmes qui ne souffre que quelques exceptions; interdiction de prendre en considération l'état de grossesse de la femme. Des priorités d'emploi, pour les *handicapés,* ou des priorités de réembauchage pour le salarié qui a terminé son service militaire, ou pour le salarié licencié pour motif économique par exemple, s'imposent à l'employeur.
Enfin il est *interdit d'employer les enfants de moins de 16 ans* sous réserve de quelques exceptions, ou d'employer un étranger non muni d'un titre de séjour et d'une autorisation de travail sous peine de sanctions pénales.
Tout travailleur recherchant un emploi doit requérir son inscription auprès de l'Agence nationale pour l'emploi. Ce service public a pour mission d'assister les personnes à la recherche d'un emploi et les employeurs, pour l'embauche et le reclassement de leurs salariés. Les bureaux de placement privés sont prohibés.
Le contrat de travail est un contrat conclu «intuitu personae», il nécessite un accord des volontés et les vices du consentement, notamment l'erreur sur les qualités substantielles de la personne, constituent une cause de nullité du contrat. Elle est cependant rarement invoquée.
La rédaction d'un écrit n'est pas, en principe, nécessaire, à la validité du contrat de travail, bien qu'il y ait des exceptions, elle en facilite cependant la preuve et permet d'en fixer le contenu exact.
Le contrat de travail est conclu pour une durée déterminée ou indéterminée. Dans ce dernier cas il n'est pas porté atteinte à l'interdiction des engagements perpétuels dans la mesure ou chacune des parties peut y mettre fin à son gré à conditions des respecter certaines formalités.
Le *contrat à durée déterminée* doit être passé par écrit. Il prend fin par l'arrivée du terme. Sa rupture anticipée n'est possible qu'en cas de faute grave du salarié ou de force majeure. Dans les autres cas elle est fautive et ouvre au salarié ou à l'employeur le droit d'obtenir des dommages-intérêts.

Le *licenciement,* acte par lequel l'employeur met fin unilatéralement au *contrat de travail* conclu pour une *durée indéterminée,* est entouré de nombreuses conditions et formalités.
Le salarié doit être convoqué, par lettre recommandée, pour un entretien préalable avec l'employeur, il peut être accompagné d'un autre salarié de l'entreprise, chargé de l'assister ou, dans certains cas, d'un conseiller extérieur.
Lorsque l'employeur décide du licenciement il doit notifier sa décision par une lettre recommandée avec demande d'avis de réception. Cette lettre doit mentionner les motifs du licenciement et ne doit pas être expédiée moins d'un jour franc après la date de l'entretien préalable. L'inobservation de la procédure de licenciement ouvre droit pour le salarié à dommages-intérêts.
Le licenciement des *«salariés protégés»* (membres du comité d'entreprise, délégués du personnel, délégué syndical) doit être préalablement autorisé par l'inspecteur du travail.
Jusqu'en 1973 seule la *rupture abusive du contrat de travail* pouvait entraîner la responsabilité délictuelle de l'employeur. C'est la loi du 13 juillet 1973 qui a permis au juge de contrôler les motifs du *licenciement* (c. trav. art. L. 122-4 s.) . Celui-ci doit être fondé sur une *cause réelle et sérieuse,* cette dernière notion a donné lieu à une abondante jurisprudence. Sous certaines conditions d'ancienneté, lorsque le salarié est licencié sans motif valable et sans respect de la procédure, le tribunal peut proposer sa réintégration. En cas de refus par l'une ou l'autre des parties, il condamnera l'employeur au versement d'une indemnité qui ne pourra être inférieure à six mois de salaire. L'employeur doit également rembourser les indemnités de chômage qui ont dû être versées au salarié.
Le licenciement de salariés spécialement protégés telles que les femmes enceintes ou les salariés victimes d'un accident du travail est sanctionné par la nullité. Il en est de même des licenciements dont les motifs heurtent des principes d'ordre public.
Le licenciement, en l'absence de faute grave, doit être précédé d'un *préavis* de un ou deux mois selon l'ancienneté du salarié dans l'entreprise, sous réserve de l'application de convention collectives ou d'usages plus favorables. Il entraîne le versement d'une indemnité de licenciement dont le montant est déterminé en fonction de l'ancienneté du salarié à moins que la convention collective ou les stipulations du contrat de travail ne soient plus favorables au salarié que les dispositions légales.
Des règles particulières ont été élaborées pour les *licenciements économiques* qui ne sont pas motivés par le comportement du salarié mais par la situation économique qui contraint l'employeur à supprimer des emplois.
Ces règles consistent en un aménagement de la procédure de droit commun du licenciement et dans l'instauration de procédures de *concertation entre l'employeur* et les représentants du personnel, en général, le *comité d'entre-*

prise. Ces mesures de licenciements s'accompagnent d'un *plan social* établi par l'employeur afin de limiter le nombre des licenciements et de faciliter le reclassement du personnel dont le licenciement ne pourrait être évité. La loi impose ce plan dans les entreprises employant au moins 50 salariés dès lors que le licenciement collectif concerne au moins dix salariés sur une même période de trente jours. La mise en œuvre du plan social et du licenciement collectif est soumis au contrôle des autorités administratives et judiciaires. Une formation spécialisée du conseil des prud'hommes est habilitée à en connaître.

Le transfert d'entreprise entraîne le transfert des contrats de travail.

Sans pouvoir entrer dans le détail des diverses obligations s'imposant aux salariés et aux employeurs notons l'accent mis sur *l'hygiène et la sécurité du travail* par une des lois «Auroux»de 1982 qui institue les comités d'hygiène, de sécurité et des conditions de travail qui sont des organismes élus chargés de veiller au respect par l'employeur des règles légales en la matière. Ce dernier encourt des sanctions pénales en cas d'inobservation de la réglementation.

Enfin la loi du 13 juin 1998[48] prévoit des incitations pour les entreprises à la réduction du temps de travail à trente-cinq heures par semaine afin de promouvoir l'emploi.

4.10.3. *Les relations collectives de travail*

Les relations collectives de travail touchent essentiellement à la représentation du personnel dans l'entreprise, au droit syndical, au droit de grève et aux accords collectifs.

La représentation du personnel est assurée par le délégué du personnel et le comité d'entreprise.

Les *délégués du personnel* sont élus tous les ans dans les entreprises qui occupent au moins onze salariés. Les électeurs doivent être salariés, travailler depuis trois mois dans l'entreprise, avoir 16 ans et ne pas être frappés des incapacités électorales prévues aux articles 5 et 6 du code électoral. Pour être éligible, il faut au surplus avoir travaillé au moins depuis un an dans l'entreprise et ne pas avoir de liens familiaux avec le chef d'entreprise.

L'élection se fait au scrutin de liste avec représentation proportionnelle à la plus forte moyenne. Le scrutin présente cependant la singularité d'être à deux tours. Au premier tour les candidats doivent être présentés par des syndicats représentatifs. Ce n'est que lors d'un éventuel second tour que tous les salariés sont éligibles sans investiture syndicale. Le délégué du personnel est le porte-

48 L. n° 98-461, 13 juin 1998: JO 14 juin 1998.

parole des salariés qu'il représente. Le chef d'entreprise doit le recevoir au moins une fois par mois.

Le *comité d'entreprise* créé en 1945 a un rôle consultatif dans les domaines professionnel et économique et un rôle de gestion des activités sociales et culturelles. Il est composé du chef d'entreprise, qui le préside, d'une délégation élue du personnel et éventuellement de représentants des syndicats représentatifs de l'entreprise. Il est obligatoire pour les entreprises occupant 50 salariés. Le nombre des membres élus varie en fonction du nombre de salariés, il va de trois à quinze. Les conditions d'élection sont les mêmes que pour les délégués du personnel mais leur mandat est de deux ans.

Le comité d'entreprise a la *personnalité juridique*: il peut ester en justice, conclure des contrats de travail (salariés du comité d'entreprise), voir sa responsabilité civile recherchée, avoir un patrimoine. Les ressources du comité proviennent d'une subvention de fonctionnement versée par l'employeur et qui correspond annuellement à 0, 2 % de la masse salariale brute et d'une contribution patronale au financement des activités sociales et culturelles.

La *compétence consultative* du comité s'est développée progressivement. Il doit être consulté préalablement à toute décision importante et sur les questions intéressant l'organisation, la gestion et la marche générale de l'entreprise, (licenciements, transfert du contrôle de l'entreprise, politique de recherche et de développements technologiques . . .). Une obligation de fournir des informations précises et écrites (documents comptables, rapport sur la situation de l'entreprise . . .) au comité pèse sur le chef d'entreprise.

Lorsqu'une entreprise possède plusieurs établissements, chacun doit avoir un *comité d'établissement* constitué et fonctionnant comme le comité d'entreprise. Cette obligation s'impose à l'établissement situé en France d'une entreprise étrangère. Un comité central d'entreprise peut aussi être instauré.

Dans les sociétés, des représentants du comité d'entreprise sont autorisés à assister aux réunions du conseil d'administration ou du conseil de surveillance mais ils n'ont qu'une voix consultative.

Les représentants du personnel bénéficient d'un statut particulier leur permettant d'exercer leur fonction et les protégeant contre le licenciement.

Depuis la loi du 21 mars 1884 autorisant la création des syndicats, le *droit de se syndiquer* a été reconnu comme une liberté. La création et la participation à un syndicat sont libres ainsi que l'a rappelé le préambule de la Constitution de 1946. Cette liberté exclu les clauses de «closed shop» ou de «union shop» qui sont illicites.

Le *pluralisme syndical* est de règle en France. Bien que la constitution d'un syndicat obéisse à des formalités très simplifiées et ne fasse l'objet d'aucun contrôle préalable, seules cinq centrales syndicales sont considérées comme représentatives du côté des salariés: Confédération générale du travail (CGT),

Confédération générale du travail- Force ouvrière (CGT-FO), Confédération française démocratique du travail (CFDT), Confédération française des travailleurs chrétiens (CFTC) et un syndicat catégoriel, la Confédération générale des cadres (CGC). Les employeurs sont essentiellement représentés au sein du Conseil national du patronat français (CNPF) et de la Confédération générale des petites et moyennes entreprises (CGPME).

La loi du 27 décembre 1968 a consacré l'entrée du syndicat dans l'entreprise en instituant la section syndicale d'entreprise et *le délégué syndical.* Toutefois ces institutions ne sont ouvertes qu'aux syndicats représentatifs dans le cadre de l'entreprise.

Le délégué syndical est désigné, dans les entreprises de 50 salariés au moins, par les syndicats représentatifs qui ont constitué une section syndicale. Leur rôle est de représenter le syndicat auprès du chef d'entreprise. C'est un salarié protégé.

Le *droit de grève* a été également consacré par la Constitution de 1946 et aucun licenciement ne peut être prononcé en raison de l'exercice normal du droit de grève.

La grève suspend cependant, en principe, le contrat de travail pendant sa durée et le salaire n'est pas dû tant qu'elle persiste.

La grève n'est légale que tant qu'elle intervient pour la défense d'intérêts collectifs professionnels. Il ne doit pas en être fait un usage abusif.

Le droit de grève dans les services publics est réglementé (c. trav. art. L.521-2 s.). Un préavis de cinq jours francs avant le déclenchement de la grève est exigé. Les grèves tournantes sont interdites. On peut procéder à une retenue forfaitaire sur le salaire correspondant à une journée de travail, même si la grève est d'une durée moindre. La loi prévoit l'organisation d'un «service minimum» pour assurer la continuité du service public.

Le droit de grève est refusé à la police, à l'armée et aux personnels des établissements pénitentiaires.

La loi du 13 novembre 1982 a imposé de véritables obligations de procéder à des *négociations collectives.*

Les *conventions et accords collectifs de travail* ont pour objet de déterminer l'ensemble des conditions d'emploi et de travail et les garanties sociales applicables à une branche d'activité. Ils sont conclus entre les syndicats représentant les salariés à condition qu'ils soient représentatifs dans le champ de l'accord et les syndicats ou tout autre groupement représentant les employeurs. Il n'est cependant pas nécessaire à la validité de l'accord ou de la convention que tous les syndicats de salariés l'aient signé. Ils font l'objet d'un écrit déposé à la direction départementale du travail.

Ces documents peuvent comporter des dispositions plus favorables aux salariés que celles des lois et règlements en vigueur mais ils ne peuvent déroger aux dispositions d'ordre public de ceux-ci.

Conventions et accords collectifs s'imposent aux employeurs qui les ont signés et s'appliquent automatiquement au contrat de travail. Ils sont conclus soit pour une durée déterminée qui ne peut excéder cinq ans, soit pour une durée indéterminée, ils peuvent alors être dénoncés à tout moment en respectant un préavis. Toutefois les parties doivent procéder à de nouvelles négociations et les accords restent applicables jusqu'à ce que de nouveaux accords soient signés.

4.10.4. *Le droit de la sécurité sociale*

C'est à partir de l'ordonnance du 4 octobre, 1945 qu'ont été élaborées les bases d'un régime général de sécurité sociale. Toutefois, contrairement aux prévisions du législateur, ont subsisté à côté du régime général, auquel nous nous limiterons, des régimes spéciaux propres à certaines catégories de salariés (fonctionnaires, mineurs, professions indépendantes . . .). Les nombreux textes intervenus en la matière ont été codifiés dans le Code de la sécurité sociale.

Le système français est un *régime d'assurances sociales obligatoires* dans lequel ne sont assurées que les personnes qui ont versé des cotisations à une caisse ce qui laisse environ 2% de personnes sans protection. Doivent obligatoirement être affiliées à la sécurité sociale les personnes travaillant à quel que titre que ce soit ou en quelque lieu que ce soit pour un ou plusieurs employeurs et quels que soient le montant ou la nature de leur rémunération, la forme, la nature ou la validité de leur contrat. Cette disposition s'applique aussi aux étrangers à condition qu'ils soient en situation régulière au regard de la législation sur les étrangers.

La sécurité sociale est gérée par des organismes dans lesquels sont notamment représentés les employeurs et les assurés sociaux.

Les ressources de la sécurité sociale sont constituées par des cotisations assises sur les salaires. Celui-ci selon les branches n'est pris en considération que dans la limite d'un plafond. Un début de fiscalisation est à noter avec l'institution de la contribution sociale généralisée (CSG).

Mais l'accroissement des dépenses sociales engendrées par le vieillissement de la population et la crise économique pose actuellement un grave problème de financement de la sécurité sociale.

La sécurité sociale est divisée en trois grandes branches: assurance maladie, vieillesse et veuvage, prestations familiales.

A. *L'assurance maladie*

La gestion de l'assurance maladie relève des *caisses primaires d'assurance maladie* (CPAM). Il en existe au moins une par département, il y en a actuellement 129 qui procèdent à l'immatriculation et au versement des prestations. Des caisses régionales (16) et une caisse nationale ont un rôle plus général.

L'assurance maladie couvre des risques non professionnels: la maladie, la maternité, l'invalidité et le décès.

Assises sur l'intégralité du salaire, les cotisations sont payées par l'employeur (12, 80 %) et par le salarié (0, 75 %) (c. séc. soc. art. D 242-3).

Cette branche de la sécurité sociale couvre également les risques professionnels: accidents du travail, maladies professionnelles. Les cotisations qui y sont afférentes portent sur l'intégralité du salaire et sont supportées exclusivement par l'employeur. Leurs taux varient pour s'adapter aux risques professionnels réels de chaque établissement.

L'assurance maladie compense par des prestations en espèces la perte de salaire subie par l'assuré que la maladie ou l'accident empêche de travailler, elle permet par des «prestations en nature» de faire face aux frais médicaux et para – médicaux nécessités par la maladie ou l'accident survenu à l'assuré ou aux membres de sa famille (conjoint ou personne vivant maritalement avec l'assuré et n'ayant pas d'activité professionnelle, enfants à charge de moins de 16 ans ou de moins de 20 ans s'ils poursuivent des études, ascendants dans certaines conditions). La prestation en nature prend la forme d'un remboursement à l'assuré des frais occasionnés par sa maladie mais ce remboursement n'est pas intégral, l'assuré doit en supporter une partie en s'acquittant du ticket modérateur.

L'assuré a le libre choix de son médecin.

B. *L'assurance vieillesse*

L'assurance vieillesse comporte un organisme unique: la caisse nationale d'assurance vieillesse des travailleurs salariés (CNAV) qui assure la centralisation des cotisation et le versement des prestations de vieillesse et de veuvage.

Le financement de l'assurance vieillesse est assuré par des cotisations des employeurs (8, 20 %) et des salariés (6, 55 %) assises sur les salaires dans la limite d'un plafond destiné à tenir compte de l'existence des régimes de retraites complémentaires (c.séc. soc. art. D. 242-4). Quant à l'assurance veuvage, la cotisation est uniquement salariale et représente 0, 10 % du salaire intégral (c.séc. soc. art. D. 242-5).

L'assurance vieillesse assure une garantie de base: le minimum vieillesse, constitué soit d'une pension, soit d'une allocation. Si celle-ci n'est pas suffisante il peut s'y ajouter l'allocation supplémentaire du Fonds national de solidarité. La faiblesse de son montant[49] a conduit à des accords interprofessionnels instituant un régime complémentaire de retraite, obligatoire pour les salariés depuis 1972.

C. *Les prestations familiales*

Les prestations familiales dictées par des préoccupations démographiques, sont gérées par les caisses d'allocations familiales (CAF) (une par département) qui procèdent à l'immatriculation et au versement des prestations et une caisse nationale. Les prestations familiales des salariés sont financées par une cotisation exclusivement patronale assise sur l'intégralité du salaire (5, 4 %) (c.séc. soc. art. D. 242-7). La loi de finance pour 1991 en créant la contribution sociale généralisée complète cette source de financement par un prélèvement frappant l'ensemble des revenus au taux uniforme de 7, 50 % (L. n° 97-1164, 19 déc. 1997).
Les prestations familiales sont versées à la personne qui assume la charge effective et permanente d'enfants de moins de 18 ans ou de vingt ans à condition que l'allocataire et les enfants résident en France.
Le salaire retenu pour le calcul des cotisations sociales est le salaire net (déduction faite des frais professionnels) auquel sont ajoutés les compléments ou les substituts du salaire à l'exception des indemnités de licenciement et des indemnités pour rupture abusive du contrat de travail. Il ne peut être inférieur au SMIC[50].
Le recouvrement des cotisations est effectué par des organismes départementaux: les unions de recouvrement des cotisations de sécurité sociale et d'allocations familiales (URSSAF).
C'est l'employeur qui opère sur le salaire le prélèvement des cotisations dues par le salarié. En cas de non paiement dans le délai légal un taux de majoration de 10 % est appliqué. L'URSSAF peut recourir à des procédés de recouvrement forcé après avoir mis l'employeur en demeure de verser les cotisations. Le non paiement est assorti de sanctions pénales.

D. *L'aide sociale*

La réglementation de la sécurité sociale est complétée par des dispositions sur l'aide sociale qui relève d'une idée d'assistance de la collectivité, elle est à la

49 Le montant annuel du minimum vieillesse était au 1er janv. 1998 de 41 651 F (6 349, 23 euros) pour une personne seule et de 74 720 F (11 390, 24 euros) pour un couple.
50 Le taux horaire du SMIC au 1er juillet 1998 était de 40, 22 F (6, 13 euros).

charge de l'Etat et des collectivités locales. Elle fait l'objet du *code de l'aide sociale*. L'aide sociale s'applique aux personnes qui sont dans un état de besoin et qui ont épuisé tous les autres moyens pour obtenir une aide. Parmi les prestations relevant de l'aide sociale on notera le *revenu minimum d'insertion* (RMI) institué par une loi du 1er décembre 1988 et qui se traduit par le versement d'une allocation et la mise en œuvre de mesures de réinsertion dans la vie sociale et professionnelle en faveur des personnes qui ne bénéficient pas ou pas suffisamment d'autres aides[51].
Enfin tenant à la fois de l'assurance et de la solidarité, *l'indemnisation du chômage* a fait l'objet d'une réforme importante par l'ordonnance du 21 mars 1984. L'indemnisation du chômage est financée par des cotisations assises sur les salaires (5, 70%: 3, 63% par les employeurs, 2, 07% par les salariés au 1er août 1992) et par une aide de l'Etat. Sa gestion a été confiée aux ASSEDIC (Association pour l'emploi dans l'industrie et le commerce) coiffées par l'UNEDIC (Union nationale pour l'emploi dans l'industrie et le commerce).
L'allocation de chômage est servie pendant une durée variable en fonction de la durée d'affiliation préalable au régime et éventuellement de l'âge du chômeur. Le chômeur relevant du régime obligatoire d'assurances sociales avant l'indemnisation au titre du chômage conserve sa qualité d'assuré social pendant toute la durée de l'indemnisation et pendant l'année qui suit l'expiration de celle-ci pour les assurances maladies, maternité, décès.

Bibliographie

Droit du travail

G. Couturier, Droit du travail, Paris, PUF, coll. Droit fondamental, t.1, Relations individuelles de travail (608 p.), 3° éd.1996, t.2, Relations collectives du travail (528 p.), 2° éd.1993.

M. Despax, Le droit du travail, Paris (128 p.), PUF, Que sais-je? n° 1268, 8° éd. 1996.

J. C. Javillier, Droit du travail (780 p.), Paris, LGDJ, 6° éd.1998.

G. Lyon-Caen, Le droit du travail (100 p), Paris, Dalloz, coll. Connaissance du droit, 1995.

G. Lyon-Caen et J. Pélissier, A. Supiot, Droit du Travail (1100 p.), Paris, Dalloz, 19° éd.1998.

Sécurité sociale

J.P. Chauchard, Droit de la sécurité sociale (560 p.), Paris, LGDJ, coll. Manuels, 2° éd. 1998.

51 Au 1er janv. 1999 son montant mensuel était de 2 502, 30 F (381, 44 euros).

J. J. Dupeyroux et R. Ruellan, Droit de la sécurité sociale (1232 p.), Paris, Dalloz 13° éd.1998.
M. Borgetto et R. Lafore, Droit de l'aide et de l'action sociale (472 p.), Paris, Montchrestien, 2° éd. 1998.

4.11. *La procédure civile*

4.11.1. *Généralités sur le procès civil*

Le procès est un litige de caractère juridique soumis à une juridiction pour y être tranché par application des règles de droit. La procédure est l'ensemble des règles qui gouvernent le déroulement du procès. La procédure civile est souvent enseignée en France dans le cadre plus large du droit judiciaire privé qui englobe, en outre, l'organisation judiciaire.
La procédure civile est codifiée depuis 1806, ce code a fait l'objet d'une nouvelle rédaction entrée en vigueur le 1er janvier 1976. Il a été complété en 1981 et en 1991. Le code de procédure civile se divise en cinq livres, le premier consacré aux dispositions communes à toutes les juridictions, le second aux dispositions particulières à chaque juridiction, le troisième traite des dispositions particulières à certaines matières, le quatrième concerne l'arbitrage et le cinquième les voies d'exécution.
L'action en justice est le droit, pour l'auteur d'une prétention, d'être entendu sur le fond de celle-ci afin que le juge la dise bien ou mal fondée. Pour l'adversaire, l'action est le droit de discuter du bien fondé de cette prétention (c. proc. civ. art.30).
L'action n'est ouverte qu'à celui qui y a un intérêt personnel et légitime. La personne qui agit en justice de manière dilatoire ou abusive peut être condamnée à une amende civile de 100 F. à 10 000 F (c. proc. civ. art. 32-1).
Le demandeur doit *avoir un intérêt né et actuel* ce qui rend irrecevable les actions préventives. Toutefois les actions conservatoires et les actions déclaratoires sont recevables dans certains cas. L'exigence d'un intérêt personnel du demandeur rend impossible qu'un particulier puisse exercer une action pour représenter un groupe inorganisé de personnes placées dans une même situation. Le principe selon lequel «nul ne plaide par procureur» s'oppose à ce que puisse être exercée une «class action».
Il existe toutefois des exceptions à ce principe. Ainsi le représentant des créanciers désigné par le tribunal agit au nom et dans l'intérêt de tous les créanciers. Les *syndicats* peuvent agir dans l'intérêt individuel d'un salarié sans avoir à justifier d'un mandat de celui-ci mais à condition que le salarié en soit informé et ne s'y oppose pas. Ils sont également habilités à agir pour la

sauvegarde des intérêts collectifs de la profession si une atteinte a être portée aux intérêts qu'ils représentent.
Quant aux *associations* elles sont libres d'agir pour la défense collective des intérêts individuels de ses membres mais non pour la sauvegarde d'intérêts généraux sauf si une loi les y autorise expressément, ce qui est le cas, par exemple, pour les associations de consommateurs qui remplissent certaines conditions. Les personnes physiques dont les ressources sont insuffisantes peuvent bénéficier de l'aide juridique (L. 10 juill. 1991 modifiée L. 18 déc. 1998).

4.11.2. *Les principes directeurs du procès*

Ils sont énoncés aux articles 1 à 24 du code de procédure civile.
Le premier principe est celui du *respect du contradictoire* qui s'impose aussi bien aux parties qu'au juge.
Ainsi nulle partie ne peut être jugée sans avoir être entendue ou appelée. Il découle du principe du contradictoire que toute personne doit être informée du procès qui lui est fait. Les parties doivent se faire connaître mutuellement en temps utile les moyens de fait sur lesquels elles fondent leurs prétentions, les éléments de preuve qu'elles produisent et les moyens de droit qu'elles invoquent, afin que chacune soit à même d'organiser sa défense.
Lorsque la loi permet ou que la nécessité commande qu'une mesure soit ordonnée à l'insu d'une partie, celle-ci dispose d'un recours approprié contre la décision qui lui fait grief.
Le juge doit en toutes circonstances faire observer et observer lui-même le principe du contradictoire. Cela signifie qu'il ne peut retenir, dans sa décision, les moyens, les explications et les documents invoqués par les parties que si elles ont été à même d'en débattre contradictoirement. Il ne peut fonder sa décision sur les moyens de droit qu'il a relevé d'office sans avoir au préalable invité les parties à présenter leurs observations.
Le principe de la liberté de la défense permet aux parties de se défendre elles-mêmes sous réserves des cas dans lesquels la représentation est obligatoire. Elles choisissent librement leur défenseur soit pour se faire représenter, soit pour se faire assister selon ce que la loi permet ou ordonne. Le juge a toujours la faculté d'entendre les parties elles-mêmes.
Le principe de la publicité des débats impose que les débats soient publics sauf dans les cas où la loi prévoit qu'ils ont lieu en chambre du conseil (en matière d'état et de capacité des personnes par exemple ou si une atteinte à la vie privée risque de se produire).
La *procédure est de type accusatoire* et le code prévoit le rôle de chacun des participants au procès.

Le rôle du juge est de se prononcer sur tout ce qui est demandé et seulement sur ce qui est demandé. Il a aussi pour mission de veiller au bon déroulement de l'instance et il a le pouvoir d'impartir des délais et d'ordonner les mesures nécessaires. Le juge ne peut fonder sa décision sur des faits qui ne sont pas dans les débats. Parmi les éléments du débat, le juge peut prendre en considération mêmes les faits que les parties n'auraient pas spécialement invoqués au soutien de leur prétention. Il peut inviter les parties à fournir les explications de droit qu'il estime nécessaires à la solution du litige. Il doit trancher celui-ci conformément aux règles de droit qui lui sont applicables. Il entre dans la mission du juge de concilier les parties.
Le rôle des parties est de conduire l'instance, il leur appartient d'accomplir les actes de la procédure dans les formes et les délais requis. A l'appui de leurs prétentions les parties ont la charge d'alléguer les faits propres à les fonder et d'en apporter la preuve. Le juge a le pouvoir d'ordonner d'office toutes les mesures d'instruction légalement admissibles et les parties doivent lui apporter leur concours sauf au juge à tirer toutes les conséquences d'une abstention ou d'un refus.
Le principe du double degré de juridiction conduit, enfin, à accorder aux parties un droit d'appel en toute matière sauf si la loi en dispose autrement dès lors qu'elles y ont un intérêt et qu'elles n'y ont pas renoncé.

4.11.3. *Le déroulement du procès civil*

Nous décrirons ici la procédure ordinaire devant le tribunal de grande instance qui est le tribunal civil de droit commun.
L'instance débute par une *assignation*, c'est l'acte de l'huissier de justice par lequel le demandeur cite son adversaire à comparaître devant le juge (c. proc. civ. art. 55). Cet acte doit comporter un certain nombre de mentions obligatoires exigées à peine de nullité pour vice de forme. Le défendeur auquel est signifié une assignation dispose d'un délai de 15 jours pour constituer avocat.
La saisine du tribunal résulte seulement de la remise par l'une des parties d'une copie de l'assignation au greffe du tribunal dans un délai de quatre mois. La saisine du tribunal peut aussi résulter de la remise d'une requête conjointe dans laquelle les parties exposent leurs prétentions respectives, les point sur lesquels elles sont en désaccord ainsi que leurs moyens respectifs. Ce mode de saisine n'est cependant que peu utilisé.
Le président du tribunal fixe alors le jour et l'heure auxquels l'affaire sera appelée. L'affaire est obligatoirement appelée devant le président de la chambre à laquelle elle a été distribuée. Le président confère avec les avocats et décide s'il y a lieu de renvoyer l'affaire devant le *juge de la mise en état.*

Dans chaque chambre du tribunal de grande instance un juge est chargé de contrôler le déroulement de la procédure et l'instruction des affaires qui lui sont renvoyées par le président. Il veille au déroulement loyal de la procédure, spécialement à la ponctualité de l'échange des conclusions et de la communication des pièces. Le juge peut ordonner des mesures d'instruction, il peut lorsque l'une des parties détient un élément de preuve lui enjoindre de le produire au besoin à peine d'astreinte. Il rend des ordonnances sur les incidents de procédure.

Les parties échangent des *conclusions.* Les conclusions sont l'acte de procédure par lequel l'avocat d'une partie fait connaître les prétentions de celle-ci et l'argumentation sur laquelle elles se fondent. Il peut y avoir un nombre important de conclusions échangées.

Dans tous les cas d'urgence, le président du tribunal peut ordonner en *référé* toutes les mesures qui ne se heurtent à aucune contestation sérieuse ou que justifie l'existence d'un différend.

Lorsque le juge estime que l'affaire est en mesure d'être jugée il rend une *ordonnance de clôture*, non motivée et insusceptible de recours, et l'affaire est renvoyée à l'audience du tribunal pour les plaidoiries. Après cette ordonnance aucune conclusion ne peut plus être déposée.

Si le président de la chambre saisie considère que l'affaire le requiert il peut charger un juge d'établir un rapport écrit précisant les éléments du litige. Ce rapport est lu avant le début des plaidoiries. A la clôture des débats, soit le juge prononce son jugement immédiatement soit celui-ci est *mis en délibéré* et n'est rendu que plus tard. Le *jugement doit être écrit.* Il comporte les prétentions des parties et leurs moyens, puis les motifs de la décision et enfin le dispositif qui matérialise la solution du litige. C'est le dispositif qui est revêtu de *l'autorité de la chose jugée.* Elle fait obstacle à ce qu'un nouveau procès soit intenté entre les mêmes parties, ayant le même objet et la même cause. Cette autorité de la chose jugée n'est que relative car elle ne concerne que les parties au litige.

Le jugement est notifié aux parties par acte d'huissier (signification). Cette signification marque en général le point de départ du *délai d'un mois* imparti aux parties pour utiliser les voies de recours dont la principale est l'appel. *L'appel* a un effet suspensif sauf dans les cas où le juge a ordonné l'exécution provisoire. Il tend à faire réformer ou annuler par la Cour d'appel un jugement rendu par une juridiction de premier degré. La Cour d'appel rejuge l'ensemble de l'affaire, soit elle confirme la décision de première instance, soit elle l'infirme, c'est à dire donne une solution différente.

Alors que l'appel est une *voie de recours ordinaire* ouverte à tous, les *voies de recours extraordinaires* ne sont permises que dans les cas spécifiés par la loi, il en est ainsi du *pourvoi en cassation.* C'est une voie de recours qui tend à faire censurer par la Cour de cassation la non conformité du jugement attaqué aux règles de droit. Le pourvoi n'est possible que contre les décisions rendues en dernier ressort, il n'est pas suspensif d'exécution (sauf en matière de divorce ou de nationalité) mais en pratique il est fréquent qu'on attende le résultat pour procéder à l'exécution de la décision. La Cour de cassation ne rejuge pas l'affaire, elle est juge du droit et non des faits et ne constitue pas un troisième degré de juridiction.

Le pourvoi peut être fondé sur une violation de la loi, résultant soit d'une mauvaise interprétation soit d'une mauvaise application de la loi, ou sur un manque de base légale provenant d'une insuffisance ou d'une contradiction de motifs. Le pourvoi est normalement formé par l'une des partie au procès dans un *délai de deux mois* à compter de la notification de la décision attaquée. Les parties doivent, en principe, être représentée par un avocat au Conseil (avocat spécialisé auprès de la Cour de cassation et du Conseil d'Etat).

Un *pourvoi dans l'intérêt de la loi* est exceptionnellement formé par le parquet général de la Cour de cassation contre toute décision contraire aux lois, aux règlements ou aux règles de procédure.

La Cour de cassation *rejette le pourvoi ou casse l'arrêt* et renvoie l'affaire devant une autre Cour d'appel. Celle-ci peut se conformer à l'arrêt de cassation et l'affaire s'arrête là, ou bien elle décide dans le même sens que la première Cour d'appel et un nouveau pourvoi peut être formée qui est jugé par *l'Assemblée plénière* de la Cour de cassation. Si celle-ci casse à nouveau l'arrêt l'affaire est renvoyée devant un troisième Cour d'appel qui a l'obligation de statuer dans le même sens que la Cour de cassation.

La *tierce opposition* est également un recours extraordinaire ouvert aux tiers qui n'a été ni partie, ni représenté au jugement et qui tend à faire rétracter ou réformer un jugement à son profit (c. proc. civ. art. 582).

Enfin, le *recours en révision* est une voie qui tend à faire rétracter un jugement passé en force de chose jugée pour qu'il soit à nouveau statué en fait et en droit (c. proc. civ. art. 593) dans les cas prévus à l'article 595 du code de procédure civile (fraude, faux, éléments nouveaux).

Dans le but de faciliter le règlement des litiges la loi du 8 février 1995 a institué des procédures de *conciliation et de médiation* qui permettent au juge avec l'accord des parties de désigner une personne chargée de cette mission. Lorsque les parties trouvent un accord celui-ci est homologué par le juge (c. proc. civ. art. 127 à 131-15).

4.11.4. *L'exécution forcée des jugements*

Les voies d'exécution ont être profondément réformées par la loi du 9 juillet 1991[52] et le décret du 31 juillet 1992 qui constituent le code des voies d'exécution comportant 400 articles.

Ce sont traditionnellement les *huissiers de justice* qui sont chargés de procéder à l'exécution forcée des décisions de justice. La loi de 1992 a créé, en outre, le *juge de l'exécution*, c'est le président du tribunal de grande instance ou le juge désigné par lui, qui est chargé de connaître de toutes les difficultés et contestations qui s'élèvent à l'occasion de l'exécution même si elles portent sur le fond du droit. Il faut ajouter que si le procureur de la République veille d'une façon générale à l'exécution des jugements, son rôle a été précisé par la loi de 1992, il doit plus particulièrement apporter son concours au créancier en recherchant les informations qui peuvent lui être utiles telles que par exemple, l'adresse du débiteur, l'existence d'un compte bancaire etc. Cette recherche est soumise à un formalisme précis afin de préserver le respect de la vie privée.

Le moyen le plus souvent utilisé pour contraindre un débiteur à exécuter ses obligations est la *saisie de ses biens*, plusieurs types de saisies sont prévues par la loi.

La *saisie attribution* permet au créancier de faire saisir entre les mains d'un tiers (banque par exemple) les créances de son débiteur (c. voies d'exéc. art. R.55 s.)

La *saisie – vente* permet au créancier de faire procéder à la saisie, puis à la vente aux enchères des biens corporels de son débiteur. Cette saisie est précédée d'un commandement de payer qui est signifié au débiteur. Celui-ci dispose alors d'un délai de huit jours pour régler sa dette, s'il ne le fait pas l'huissier saisira son mobilier. La vente aux enchères ne peut intervenir qu'à l'expiration d'un délai d'un mois à compter du jour de la saisie. Au cours de ce délai le débiteur a la faculté de vendre ses meubles à l'amiable. Il doit en informer l'huissier, le créancier a alors un délai de 15 jours pour se décider mais il n'est pas obligé d'accepter ces propositions (c. voies d'exéc. art. R. 81 s.).

Une partie des biens mobiliers sont insaisissables ce sont ceux qui sont nécessaires à la vie et au travail du saisi et de sa famille.

La *saisie des rémunérations* peut être opérée auprès de l'employeur après une tentative de conciliation devant le juge d'instance. Le décret du 31 juillet 1992 a cependant prévu qu'une part des rémunérations serait insaisissable, elle a été fixée au montant du revenu minimum d'insertion institué en 1988[53].

52 L. n° 91-650, 9 juill. 1991: JO 14 juill. 1991; D. n° 92-755, 31 juill. 1992: JO 5 août 1992.

53 Son taux était de 2 502, 30 F (381, 44 euros) au 1er janv. 1999: D. n° 98-1181, 23 déc. 1998: JO 24 déc. 1998.

Pour les obligations de faire, la loi prévoit des obligations de livrer ou de restituer qui pourront être exécutées par l'huissier de justice.
La saisie des véhicules terrestres est également organisée (c. voies d'exéc. art. R.164 s.).
Préalablement à la saisie, des *mesures conservatoires* peuvent être prises pour éviter que le débiteur n'organise son insolvabilité: saisies conservatoires et sûretés judiciaires (c. voies d'exéc. art. R. 210 s.)

4.11.5. *Les règles internationales de procédure civile*

Les règles relatives à la compétence judiciaire et à l'exécution des jugements étrangers ont déjà fait l'objet d'un examen (V. supra 4.8.).

Bibliographie

Procédure
L. Cadiet, Droit judiciaire privé, Paris, Litec, 2° éd.1998
G. Cornu et J. Foyer, Procédure civile (800 p.), Paris, PUF, Thémis, 3° éd. 1996
G. Couchez, Procédure civile (624 p.), Paris, Dalloz, coll. Dalloz Références, 1998.; Sirey, coll. Cours, 10° éd. 1998 (356 p.)
J. Vincent et *S. Guinchard*, Procédure civile (1060 p.), Paris, Dalloz, 24° éd.1996.

Voies d'exécution
Cl. Brenner, Voies d'exécution (192 p.), Paris, Dalloz, Cours, 1998
J. Vincent et *J. Prévault*, Voies d'exécution et procédures de distribution (490 p.), Paris, Dalloz 18° éd.1995
M. Véron et B. Nicod, Voies d'exécutions et procédures civiles, Paris, Armand Colin, 2° éd. 1998

Index